데일 카네기 성공대화론

Public Speaking and Influencing Men in Business

데일 카네기
성공대화론

데일 카네기 지음 | 임상훈 옮김

현대
지성

목차

일러두기

1. 데일 카네기는 1926년 대중연설 수업을 위해 『*Public Speaking: a Practical Course for Business Men*』을 출간했다. 그 후 성인들에게 의사소통 능력뿐 아니라 친구 만드는 능력 또한 절실히 필요하다는 사실을 깨닫고 1936년 『인간관계론』을 펴냈다. 그다음 해인 1937년 『*Public Speaking*』을 대폭 보강하여 『*Public Speaking and Influencing Men in Business*』를 개정판으로 출간했으며 이 책 『성공대화론』의 원문은 그 개정판의 초판이다.

2. 원문 각 장 말미에는 'Speech building' 항목이 수록되어 있으며, 그중 국내 독자에게 유용한 내용인 'Voice Exercise' 부분을 '목소리 훈련' 코너로 구성하여 수록했다. 다만, 영어 단어의 발음 및 영문법 등 현재 어법과 차이가 나거나 국내 독자에게 실용적이지 않은 내용은 제외했다.

3. 본문에서 저자가 성경 구절을 인용할 때는 한국어 성경에서 〈새번역〉 역본을 사용해 옮겼으며, 다른 역본일 경우 별도로 표시했다.

들어가는 말

로웰 토머스Lowell Thomas

성인 대상 말하기 교육이 미국 전역에 열풍이다. 이 흐름을 가장 앞장서서 이끄는 사람이 바로 데일 카네기다. 그는 다른 사람의 말을 그 누구보다 많이 듣고 논평한 인물이다. 로버트 리플리Robert Ripley의 『믿거나 말거나Believe It or Not』에 따르면, 데일 카네기는 무려 15만 편의 연설을 듣고 그에 관한 코멘트를 했다고 한다. 15만이라는 수치가 크게 와닿지 않을 것 같아 부연하자면, 이는 콜럼버스가 미국을 발견한 이래 약 450년간 날마다 한 편씩 연설을 듣고 논평한 것이나 다름없다. 한 사람이 3분씩 연설한다고 해도 15만 명분을 모두 들으려면 1년은 족히 걸릴 것이다.

카네기의 놀라운 이력만 봐도 인간이 독창적인 생각을 품고 열정적으로 무언가에 매진할 때, 얼마나 대단한 일을 성취해내는지 알 수 있다.

기찻길에서 16킬로미터나 떨어진 미주리주 외딴 농장에서 태어난 카네기는 열두 살이 될 때까지 전차조차 구경해본 적이 없었다. 그러나 마흔여섯이 됐을 때는 홍콩에서부터 함메르페스트(노르웨이 북부에 위치한 세계 최북단 도시 중 하나)에 이르기까지 세상 구석구석 다녀보지 않은 곳이 없었다. 심지어 북극 지역에도 갔는데, 북극점에 도달하기까지 남겨놓은 거리는 버드 제독의 발자취에 따른 리틀 아메리카(남극대륙 웨일스만 남쪽 빙원에 있던 탐험 기지) 본부와 남극점 사이의 거리보다 훨씬 가까웠다.

한때 시간당 5센트를 받고 딸기와 우엉을 따던 두메산골 소년이 지금은 대기업 간부들에게 자기표현을 잘하는 법을 가르치며 1분당 1달러를 받고 있다. 사람들 앞에서 연설할 기회가 있을 때 열 번에 다섯 번은 좌절을 맛보았던 이 소년이 지금은 내 매니저 역할을 하고 있다. 내가 성공할 수 있었던 가장 중요한 이유도 그에게 말하는 법을 배웠기 때문이다.

어린 시절 미주리주 북서부 낡은 농장에 쉴 새 없이 불운이 닥치면서 카네기는 학업조차 이어나가기 힘들었다. 거듭된 고초에 지친 가족은 낡은 농장을 팔아치우고 미주리주 워렌스버그 주립 사범대학 근처의 다른 농장을 매입했다. 하루에 1달러만 내면 학교 근처에서 숙식을 해결하며 공부할 수 있었지만 카네기에게는 그럴 만한 돈조차 없었다. 그래서 학교까지 왕복 10킬로미터 거리를 날마다 말을 타고 다녔다.

당시 주립 사범대학 재학생은 6백 명이었는데 카네기는 가까운 도시에서 하숙할 만한 여유가 없어 먼 길을 오가는 외톨이 여섯 명 중 하나였다. 입학하고 얼마 되지 않아 카네기는 학교 내에 나름 명성과 영향력 있는 집단이 존재한다는 사실을 파악했다. 그들은 미식축구 혹은 야구 선수들이거나, 토론 및 대중연설에서 두각을 나타내는 친구들이었다.

운동에 소질이 없음을 잘 알았던 그는 대중연설에 도전해보기로 했다. 연설 준비에만 몇 달이 걸렸다. 그는 학교를 오가는 동안 말안장에 앉아 쉴 없이 연습했고, 소젖을 짜면서도 입을 가만히 두지 않았다. 그런 다음에는 헛간의 건초더미 위에 올라가 온갖 몸짓을 해대며 일본인의 이민을 막아야 하는 이유에 대해 사자후를 토해 헛간에 있던 비둘기들이 놀라 달아나기도 했다.

하지만 그토록 열심히 준비했음에도 카네기는 한동안 실패를 거듭했다. 그러다가 어느 날부터인가 상을 타기 시작했다. 그저 몇 번에 그친 게 아니라, 대학에서 연설 경연이 있을 때마다 매번 1등을 독차지했다. 다른 학생들이 그에게 비결을 알려달라고 애원했다. 그때 카네기의 가르침대로 연습한 학생들 역시 연설 대회에 나가 상을 받았다.

대학을 졸업한 후 카네기는 네브래스카주 서부와 와이오밍주 동부 산골을 돌아다니며 목장주들에게 통신 강좌를 팔기 시작했다. 에너지가 넘치고 열정도 가득했지만 카네기는 좋은 성적을 내지 못했다. 그는 낙담한 나머지 한낮에 네브래스카주 얼라이언스에 있던 자신의 호텔방에 들어가 침대 위에 몸을 던지고는 절망의 눈물을 쏟았다. 대학으로 다시 돌아갈까도 생각해봤다. 인생이라는 힘든 싸움에서 도망치고 싶었지만 그럴 수는 없었다. 그래서 오마하로 가 다른 일을 해보기로 했다. 하지만 수중에는 오마하까지 갈 기차표를 살 돈조차 없었다. 그래서 화물차를 얻어 타고 말들을 돌보는 것으로 푯값을 대신했다.

사우스오마하에서 내린 그는 아무르 상회에 취업해서 베이컨, 비누, 라드lard(돼지비계를 정제해 하얗게 굳혀 요리에 이용할 수 있게 한 식품)를 팔았다. 카네기가 맡은 구역은 불모지이거나 소 떼와 인디언밖에 없는 서부 사우스다코타주였다. 그는 화물차와 마차를 타고 직접 말을 몰면서 구역을 관리했다. 잠은 하얀 모슬린 천으로 방을 나눠놓은 호텔에서 잤다. 그는 판매 방법을 다룬 책을 읽고, 로데오 게임을 하고, 그 지역 사내들과 포커를 하며 수금 방법을 익혔다. 한 상점 주인이 베이컨과 햄을 주문하고 현금을 지불하지 못하자 카네기는 그의 신발장에서 신발을 여러 켤레 꺼내 철도원들에게 팔고는 영수증을 아무르 상회로 보낸 일도 있었다.

사우스오마하의 29개 구역 중 25위 정도에 불과했던 사우스다코타주는 카네기가 맡은 지 2년도 채 되지 않아 매출이 가장 높은 곳으로 떠올랐다. 아무르 상회는 카네기에게 "당신은 불가능해 보이는 것을 이루었습니다"라고 칭송하면서 승진을 제안했다. 하지만 카네기는 승진을 거부했을 뿐만 아니라 회사를 그만두었다. 그러고는 뉴욕의 미국 극예술원American Academy of Dramatic Arts에 들어가 공부하고,《서커스의 폴리Polly of the Circus》라는 연극에서 존 하틀리 역을 맡아 전국 순회공연에 나섰다.

그러나 그에게는 에드윈 부스Edwin Booth나 라이오넬 베리모어Lionel Barrymore처럼 뛰어난 배우가 될 만한 소질은 없었다. 게다가 이 사실을 모를 정도로 눈치 없는 사람도 아니었다. 그래서 그는 다시 한번 세일즈에 뛰어들었다.

이번에는 패커드사에서 트럭을 팔았다. 사실, 카네기는 기계치였으며 기계에 관심조차 없었다. 그는 자기가 끔찍할 정도로 불행하다고 느꼈으며 날마다 자책을 거듭했다. 공부를 더 하고 싶었고, 대학 때부터 꿈꿔왔던 일인 책을 쓰며 살고 싶다는 생각으로 간절해졌다. 결국 그는 일을 그만두었고, 소설을 쓰며 야간학교에서 학생을 가르치며 끼니를 해결하기로 마음먹었다.

그런데 무엇을 가르칠 것인가가 고민이었다. 대학 시절을 반추해보니 용기를 주고 마음의 평정을 쌓게 하면서도 기업인들을 상대하는 데 가장 많은 도움이 되었던 것은 대중연설이었다. 그동안 배운 지식을 전부 더한 것 이상이었다. 그래서 무턱대고 뉴욕에 있는 YMCA를 찾아가 직장인을 상대로 대중연설을 가르칠 기회를 달라고 애원했다.

직장인들에게 대중연설을 가르치겠다고? 누가 보더라도 터무니없는 생각이었다. 전에도 그러한 과정이 있었지만 하나같이 결과가 변변찮았다.

카네기는 하루 2달러를 강사료로 달라고 YMCA에 제안했다가 거절당했다. 결국 그는 수강자 수에 따라 수수료, 즉 수익의 일부를 받기로 하고 계약을 체결했다. 처음에는 이익을 볼 가능성도 거의 없어 보였다. 그러나 3년도 채 지나지 않아, YMCA는 카네기에게 하루 2달러가 아니라 30달러를 지급해야만 했다.

강좌 규모는 점점 더 커졌다. 그의 강좌가 유용하다는 소문이 YMCA 다른 지부와 도시에 널리 퍼져나갔다. 데일 카네기는 마치 유명한 순회 목사처럼 뉴욕, 필라델피아, 볼티모어는 물론 런던과 파리까지 오가며 수강생을 끌어모았다. 강좌에 몰려든 사람들은 당시 교과서가 지나치게 학술적이며 실용성이 떨어진다고 느끼고 있었다. 카네기는 이런 반응을 인지하자마자 새 교과서를 써내려가기 시작한다. 바로 YMCA는 물론 미국 은행가협회와 전미 금융인연합의 공식 교과서가 된 이 책『성공대화론』이다.

오늘날에는 컬럼비아 대학이나 뉴욕 대학에서 진행하는 대중연설 강좌 등록자보다 훨씬 더 많은 수가 데일 카네기의 대중연설 과정을 수강하고 있다.

데일 카네기는 화가 나면 누구든지 이야기를 잘할 수 있다고 강조한다. 마을에서 가장 무식하다고 소문난 사람을 골라 턱을 가격해 쓰러뜨렸다고 하자. 그러면 그는 자리에서 벌떡 일어나 열정적으로, 유창하게, 중요한 부분은 재차 강조해가며 전성기의 윌리엄 제닝스 브라이언^{William Jennings Bryan}(미국을 대표하는 대중연설가이자 정치인)에 필적하는 말을 쏟아놓을 것이다. 카네기는 모든 사람이 마음속에 부글부글 끓어오르고 있는 생각과 자신감만 있으면 충분히 대중연설을 잘할 수 있다고 말한다.

이 자신감을 기르기 위해서는 두려운 일을 성공적으로 해낸 경험을 쌓아야 한다. 그래서 카네기는 강좌 수강자 모두에게 발표 기회를 주었다. 수강생들은 다른 사람들의 발표에 공감했다. 그들 대부분 같은 처지였기 때문이다. 이렇게 연습과 실천을 거듭한 사람들은 용기, 자신감, 열의를 지니고 대중연설에 임할 수 있었다.

대중연설의 세부 사항 숙지는 그저 부차적인 일에 불과하다고 카네기는 말한다. 그가 가장 중요하게 생각한 일은 사람들이 두려움을 극복하고 용기를 내도록 도와주는 것이었다.

처음 대중연설 강좌를 열었을 때 수강생은 대부분 직장인이었다. 그중에는 30년 가까이 살면서 강의실이라고는 구경도 못 해본 사람이 부지기

수였다. 또 대부분 수업료를 할부로 내고 있었다. 그들은 당장 눈에 보이는 결과를 원했다. 다음 날 사업상 인터뷰를 하거나 사람들 잎에서 이야기할 때 써먹을 수 있는 기술을 배우고 싶어 했다.

카네기는 빠르고 실용적인 방법을 내놓아야 했다. 그래서 그는 독특한 교육체계를 개발했다. 대중연설, 판매기술, 인간관계, 인성개발, 응용심리학을 놀라운 방식으로 조합해 맞춤형 강의를 준비한 것이다.

하버드 대학의 윌리엄 제임스William James 교수에 따르면 평범한 사람은 평생에 걸쳐 자신의 잠재된 정신능력의 10퍼센트 정도밖에 쓰지 못한다. 데일 카네기는 모든 사람이 자기 안에 숨겨진 보석을 발견하고 온전히 갈고닦을 수 있도록 용기를 북돋는, 성인 대상 교육의 가장 중요한 흐름을 이끌고 있다.

1장

두려움이 나가면 용기가 찾아온다

용기는 남자다움의 주된 특성이다.

대니얼 웹스터Daniel Webster(정치인, 법률가)

두려움에 찬 눈으로 미래를 바라본다면 안전은 물건너간다.

E. H. 해리먼Harriman(유니언 퍼시픽 철도 임원)

두려움과는 절대로 상의하지 말라.

스톤월 잭슨Stonewall Jackson(미국 장군)의 좌우명

의지만 있으면 아무리 어려운 일도 해낼 수 있다. 하지만 세상에서 가장 쉬운 일이라도 스스로 포기한다면 영영 할 수 없다. 그런 사람은 두더지가 파놓은 두둑조차 감히 오르기 힘든 산처럼 여길 것이다.

에밀 쿠에Emile Coué(심리학자, 약사)

열 번 중 아홉 번 성공하는 비결은 자신을 믿고 최선을 다하는 것이다.

토머스 윌슨Thomas E. Wilson(윌슨 앤 컴퍼니 패커스 회장)

효과적으로 말하는 능력은 선천적인 재능이 아닌 후천적인 노력으로 얻어진다.

윌리엄 제닝스 브라이언William Jennings Bryan(정치인)

남들보다 앞서 나가려면 회의 석상에서 현명하고 신중한 태도를 보이기보다는 말을 유창하게 하는 편이 훨씬 유리하다.

『데일리 텔레그래프Daily Telegraph』

1912년 이래로 1만 8천 명이 넘는 직장인들이 내가 진행하는 다양한 대중연설 강좌를 수강했다. 내 요청에 따라 그들 대부분은 수업을 듣는 이유가 무엇인지, 이 과정을 마치면 무엇을 얻고 싶은지를 써서 제출했다. 표현은 모두 달랐지만 이들이 보여준 핵심 욕망, 기본 욕구는 놀라울 정도로 똑같았다. "자리에서 일어나 발표를 해보라는 요청을 받을 때마다 남의 눈을 의식하게 되고, 두려움에 질려 아무런 생각도 나지 않아요. 주제에 집중할 수 없는 건 물론이고 하고 싶었던 말조차 떠오르지 않습니다. 저는 자신감과 평정심을 지니고 정확하게 판단하고 싶습니다. 그리고 제 생각을 논리적으로 정리해 청중 앞이나 비즈니스 석상에서 명확하고 설득력 있게 말하고 싶습니다." 수천 명이 이렇게 고백했다.

　구체적인 사례를 들어보겠다. 수년 전 D. W. 겐트라는 중년 남성이 필라델피아에서 진행 중인 강좌에 등록했다. 수업이 시작되고 며칠 지나지 않아 그는 점심이나 먹자며 나를 초대했다. 그는 늘 적극적으로 살아온 사람이었고, 제조업체를 운영하면서 교회와 지역 사회 활동에도 앞장서고 있었다. 같이 점심을 먹다가 그는 내 쪽으로 몸을 기울이더니 이렇게 말했다. "이런저런 모임에서 연설해달라는 요청을 여러 번 받았습니다. 하지만 한 번도 응하지 않았어요. 그럴 때마다 머릿속이 하얗게 되어서 도무지 어찌해야 할지 모르겠더라고요. 그러다 보니 모든 연설 요청을 거절해왔지요. 하지만 이제 대학 재단 이사장직을 맡게 되어 회의도 주재해야 하고, 무슨 말이라도 해야 할 처지입니다. 저처럼 나이 먹은 사람이 지금이라도 사람들 앞에서 말하는 법을 배울 수 있을까요?"

나는 이렇게 대답했다. "제 생각을 물어보시는 건가요, 겐트 씨? 제 생각은 중요하지 않습니다. 몇 가지 지침과 제가 가르쳐드리는 내용을 실천에 옮기기만 하면 당신도 잘해낼 거라 확신합니다."

그는 내 말을 믿고 싶어 하는 눈치였지만, 한편으로는 지나치게 낙관적인 장밋빛 전망 정도로 여기는 듯했다. "친절하신 분이니 그저 덕담이나 해주려 한다는 거 잘 알아요. 제게 용기를 북돋워주려는 거지요?"

그가 교육 과정을 마친 후 우리는 한동안 만나지 못했다. 그러다 1921년 다시 같은 식당에서 점심 먹을 기회가 있었다. 처음 만났을 때 앉았던 그 자리였다. 예전에 나누었던 대화 내용을 상기시키며, 여전히 그때 내 말이 지나치게 낙관적이었다고 생각하는지 물어보았다. 그러자 그는 주머니에서 작은 빨간색 노트를 꺼내더니 연설 일정이 빼곡하게 적혀 있는 걸 보여주었다. 그러고는 이렇게 고백했다. "강연 스케줄 잡기, 강연하면서 얻는 기쁨 그리고 지역 사회를 위한 봉사, 이 모든 게 지금 제게 가장 만족을 주는 일들입니다."

겐트 씨와 점심을 먹기 얼마 전 군비제한을 위한 국제회의The International Conference for the Limitation of Armaments가 워싱턴에서 개최되었다. 로이드 조지Lloyd George 영국 총리가 회의에 참석 예정이라는 내용이 알려지자 필라델피아의 침례교회에서 그에게 전보를 보내 자기 집회에 와서 연설해달라고 초청했다. 로이드 조지는 워싱턴에 가게 된다면 기꺼이 초대에 응하겠다고 답신을 보냈다. 겐트 씨는 교회에 모인 청중에게 필라델피아의 모든 침례 교도를 대표해 영국 총리를 소개하는 일을 맡았다고 한다. 3년 전 같은 자리에 앉아 자신이 대중 앞에서 연설하는 게 과연 가능하겠냐며 진지하게 내 의견을 물었던 바로 그 사람이 말이다!

겐트 씨처럼 짧은 기간에 대중연설 능력이 괄목상대한 것은 이례적인 일일까? 전혀 그렇지 않다. 나 자신이 수백 건의 유사한 사례를 보았으니 자신 있게 말할 수 있다. 그중 하나를 들어보겠다. 수년 전에 브루클린에 사는 의사가 있었다. 그를 커티스 박사라고 부르기로 하자. 커티스 박사는 플로리다에서 겨울을 보내고 있었는데, 근처에 샌프란시스코 자이언츠 연습구장이 있었다. 소문난 야구광이었던 그는 자주 그곳에 가서 선수들이 연습하는 것을 지켜보곤 했다. 그러다가 선수들과 친해졌고, 선수들의 만찬 자리에도 초대받았다.

커피와 다과가 제공되고 몇몇 유명 선수들이 인사말을 하는 순서가 되었다. 그런데 예기치 않게 사회자가 이렇게 말하는 게 아닌가. "오늘 밤 의사 선생님 한 분이 이 자리를 함께해주고 계십니다. 커티스 박사님에게 야구 선수들을 위한 건강관리 비법을 듣는 시간을 갖도록 하겠습니다."

커티스 박사는 이 주제에 대해 강연할 준비가 되어 있었을까? 물론이다. 이런 주제라면 누구보다도 잘할 준비가 되어 있었다. 그는 30년도 넘게 개인위생을 연구해왔기 때문이다. 이 주제에 관해서라면 옆에 앉은 사람과 밤새도록 이야기할 수 있을 정도였다. 하지만 자리에서 일어나 적든 많든 여러 사람 앞에서 이야기하는 것은 전혀 다른 문제였다. 그에게는 매우 곤혹스러운 순간이었다. 청중에게 무언가를 말해야 한다는 생각만 해도 심장이 두 배로 빠르게 뛰었고, 심지어 맥박도 느끼지 못할 정도였다. 그가 아는 지식이 머릿속에 하나도 남아 있지 않았다. 그는 살면서 단 한 번도 사람들 앞에서 이야기해본 적이 없었던 것이다.

그는 과연 어떻게 했을까? 청중은 박수를 보내며 그를 뚫어져라 바라보고 있었다. 그는 고개를 저었지만, 그의 행동은 오히려 더 많은 박수를 유도할 뿐이었다. "커티스 박사님! 한마디 하세요!" 이런 요청이 더욱더 커지고 집요해졌다.

정말 난감한 상황이었다. 무턱대고 연설을 시작했다가는 망신만 당할 것이 불 보듯 뻔했다. 아마 여섯 문장도 채 말하지 못하고 주저앉을 것이다. 그는 자리에서 일어나 친구들에게서 등을 돌리고는 아무 말 없이 방을 빠져나왔다. 당황스럽고 굴욕적이었지만 그건 나중 문제였다.

브루클린으로 돌아오자마자 그는 제일 먼저 YMCA 대중연설 강좌에 등록했다. 다시는 말문이 막혀서 어쩔 줄 몰라 하며 얼굴이 붉어지고 싶지 않았기 때문이다.

그는 가르치는 사람의 의욕을 북돋는 수강생이었다. 너무나도 열심히 했다. 사람들 앞에서 자신감 있게 말할 수 있길 열망했고, 그 욕망에 충실했다. 철저하게 발표 준비를 했고, 굳은 의지를 발휘해 연습했으며, 수업에 단 한 번도 빠지지 않았다.

그런 수강생들이 모두 그렇듯 그는 놀라울 정도로 발전을 거듭하며, 기대를 훨씬 뛰어넘는 성과를 보였다. 몇 번의 수업만으로 안절부절못하던 태도가 사라졌고, 자신감은 하늘 높은 줄 모르고 치솟았다. 두 달이 지나자 그는 이미 자기가 속한 그룹 내에서 가장 유능한 화자가 되어 있었다. 그리고 얼마 지나지 않아 여기저기에서 강연 요청을 받기 시작했다. 그는 이제 강연을 통해 명성을 얻은 것은 물론 많은 친구를 사귀며 삶의 희열을 느끼고 있다.

그에 대한 이야기를 들은 뉴욕시 공화당 선거위원회의 간부 한 명이 커티스 박사를 정당 유세에 초청했다. 자신이 초청한 연사가 불과 1년 전만 해도 청중이 두렵다 못해 스스로 말문이 막혀 수치심과 당혹감에 어쩔 줄 몰라 하며 만찬장에서 줄행랑을 친 사람이었다는 사실을 알게 된다면 그

간부는 얼마나 놀랄까!

자신감과 용기를 갖추고 다른 사람 앞에서 명확하게 생각하며 침착하게 말하기는 흔히 생각하는 것보다 10분의 1만큼도 어렵지 않다. 신은 우리 중 극소수에게만 이런 능력을 준 게 아니다. 잘하고 싶다는 의지가 있는 사람이라면 마치 골프 실력을 키워가듯 잠재 능력을 개발할 수 있다.

당신은 여러 사람 앞에 서면 앉아 있을 때만큼 머리가 원활히 돌아가지 않는다는 논리적인 근거를 댈 수 있는가? 물론 그럴 수 없을 것이다. 사실은 여러 사람을 마주했을 때 좀 더 잘 생각할 수 있어야 한다. 다른 사람들이 보고 있다는 것 때문에 더 자극받고 고양되기 때문이다. 많은 화자는 청중이라는 존재야말로 자기 두뇌를 좀 더 명료하고 날카롭게 움직이게 만드는 자극제이자 영감이라고 말한다. 헨리 워드 비처Henry Ward Beecher 목사의 말처럼 사람들은 다른 사람이 보고 있을 때 비로소 자신에게 있는지도 몰랐던 생각, 사실, 아이디어에서 막연한 느낌을 걷어내고 그것들을 명료하게 마주 볼 수 있다. 그저 손을 뻗어 내 것으로 만들기만 하면 된다. 당신도 그런 경험을 해야 한다. 쉬지 않고 꾸준히 연습하다 보면 그렇게 될 수 있다. 청중 앞에 설 때 공포증이 점차 줄어들고 자신감과 용기가 생겨날 것이다.

당신의 사례가 특별히 더 어렵고 남들과 다르다고 생각하지 마라. 연설이라면 내로라하던 사람도 처음에는 막연한 두려움과 자의식 과잉 때문에 고통받았다.

누가 보더라도 노련한 전쟁 영웅처럼 보이는 윌리엄 제닝스 브라이언조차 처음 사람들 앞에 섰을 때는 무릎이 달달 떨렸다고 인정했다.

미국을 대표하는 작가 마크 트웨인Mark Twain도 처음에 자리에서 일어나 이야기를 할 때는 마치 누군가가 자신의 입에 솜을 잔뜩 처넣은 것 같았고, 맥박은 단거리 경주라도 소화한 것처럼 빠르게 뛰었다고 한다.

미국 남북전쟁에서 북군 총사령관이었던 율리시스 그랜트Ulysses S. Grant는 빅스버그를 함락시키고 당대 세계 최강의 군대를 승리로 이끌었다. 하지만 두려움이라고는 전혀 몰랐던 그마저도 대중 앞에 서자, 마치 운동 실조증이라도 걸린 것처럼 몸을 덜덜 떨며 자신을 통제하지 못했다.

비록 고인이 되었지만, 프랑스를 대표하는 정치 연설가 장 조레스Jean Jaurès는 있는 용기 없는 용기 다 끌어모아 최초 의회 연설을 하기 전까지 프랑스 국민회의에서 무려 1년 동안 입을 다문 채 가만히 앉아 있었다.

영국 정치인 로이드 조지는 이렇게 고백했다. "대중 앞에서 처음 연설하는 순간 정말 처참했어요. 그냥 하는 표현이 아니라, 진짜 입이 바싹 말라 혀가 입천장에 딱 달라붙더라고요. 아예 말을 꺼내기조차 힘들었지요."

영국의 걸출한 웅변가이자 남북전쟁 때 미연방과 노예해방이라는 대의를 옹호했던 존 브라이트John Bright는 학교 건물에 모인 시골 사람들 앞에서 처음으로 연설을 했다. 그는 거기까지 가는 중에 연설을 망치면 어쩌나 하는 걱정에 사로잡혀 있었는데, 자기가 긴장한 기색이 역력할 때마다 기운을 북돋을 수 있도록 박수를 쳐달라고 동료에게 간청했을 정도였다.

아일랜드 독립운동을 이끈 위대한 지도자 찰스 스튜어트 파넬Charles Stewart Parnell 역시 첫 연설 시 초조함을 감추지 못했다. 동생의 증언에 따르면 주먹을 얼마나 세게 쥐었던지 손톱이 살로 파고들어 손바닥에 피가 흥건했던 적도 한두 번이 아니었다고 한다.

영국 총리를 역임했던 정치가 벤저민 디즈레일리Benjamine Disraeli는 하원을 대면하는 것보다 차라리 기병대를 이끌고 적진 공격에 나서는 게 낫다고 한 적이 있다. 그의 개회사는 끔찍한 실패로 기록되었고, 아일랜드 태생의 영국 정치가 리처드 브린즐리 셰리든Richard Brinsley Sheridan 역시 디즈레일리와 같은 실패를 겪었다.

사실 영국의 유명한 연설가들이 처음 연단에 올랐을 때 연설을 망치는 경우가 워낙 많다 보니 의회 주변에서는 젊은 정치인이 첫 연설에 성공하면 오히려 불길한 징조로 받아들이곤 했다. 그러니 자신감을 가져도 좋다. 대중연설 실력이 늘어가고, 그와 더불어 경력도 화려해지는 사람들을 수없이 봐온 나로서는 오히려 처음에 말을 좀 더듬고 초조해하며 어쩔 줄 모르는 수강생을 보면 반갑다.

20명밖에 안 되는 비즈니스 회의 석상이라도 발표에는 어느 정도 책임감이 따른다. 따라서 어떤 사람은 긴장하고, 어떤 사람은 충격을 받고, 어떤 사람은 흥분한다. 발표자는 마치 경주를 앞둔 경주마처럼 긴장하기 마련이다. 2천 년 전 위대한 정치가 키케로^{Marcus Tullius Cicero} 역시 훌륭한 대중연설은 모두 긴장감을 특징으로 한다고 말한 바 있다.

연설가는 라디오에서 이야기할 때도 똑같은 기분을 경험한다. 그래서 '마이크 공포'라는 말이 있지 않은가. 미국을 대표하는 희극 배우 찰리 채플린^{Charlie Chaplin}은 라디오에 출연할 때마다 자기가 해야 할 말을 미리 종이에 써 왔다고 한다. 물론 채플린은 청중에 익숙한 사람이었다. 이미 1912년 《보드빌 극장에서 보낸 하룻밤^{A Night in a Music Hall}》이라는 제목의 보드빌^{vaudeville}(노래와 춤을 섞은 대중적인 희가극) 공연으로 미국 전역을 순회한 바 있으며, 그전에는 영국에서 정통 연극에 출연한 적도 있었다. 하지만 방송실 마이크 앞에만 앉으면 폭풍우가 몰아치는 2월에 대서양을 건널 때 느꼈던 그 울렁거림을 또다시 겪곤 했다.

유명한 영화배우이자 감독인 제임스 커크우드^{James Kirkwood}도 비슷한 경험이 있다. 그는 무대 위에서는 반짝이는 스타였지만 보이지 않는 청중을 상대로 이야기하고 방송실을 나설 때면 이마에 땀이 송골송골 맺혀 있는 걸 감출 수 없었다. 그는 다음과 같이 고백했다. "이 일에 비하면 브로드웨이에서 처음 개막했던 시절의 어려움은 아무것도 아니에요."

여러 번 사람들 앞에 선 경험이 있는데도 말을 꺼내기 직전까지 자의식 과잉에 시달리며 어쩔 줄 몰라 하다가 말을 시작하고 나서야 비로소 잠잠해지는 사람도 있다.

링컨^{Abraham Lincoln}도 처음 말을 꺼낼 땐 늘 두려워했다. 링컨의 법률회사

동료였던 윌리엄 헨리 헌던William Henry Herndon은 이렇게 말했다. "처음에는 정말 어색해했습니다. 낯선 환경에 적응하는 게 무척 힘들어 보였어요. 얼마간은 자신감도 없고 지나치게 예민해져 있다는 게 느껴질 정도였지요. 그래서 더 어색해 보였습니다. 저는 링컨의 그런 모습을 여러 번 보았고, 그때마다 안타까웠습니다. 그런 상태에서 연설을 시작하면 듣기에 불쾌할 만큼 새되고 쉰 목소리가 나왔으니까요. 그의 몸가짐, 태도, 어둡고 누렇게 떴을 뿐만 아니라 주름지고 바싹 말라 보이는 얼굴, 어색한 자세, 자신감 없어 보이는 움직임 등 모든 게 형편없었습니다. 하지만 그것은 정말 잠깐에 불과했지요." 링컨은 순식간에 평정심과 열정과 진심을 회복하고, 비로소 진짜 연설을 시작했다.

당신에게도 비슷한 경험이 있을지 모른다. 이 책을 최대한 활용하고 당신이 원하는 것을 신속하게 얻으려면 다음의 네 가지가 꼭 필요하다.

첫째, 강하고 끈질긴 욕망으로 시작하라

당신 생각보다 훨씬 더 중요하다. 가르치는 사람이 당신의 머리와 마음속을 들여다보고 그 간절함을 측정할 수 있다면, 얼마나 빨리 성과를 낼 수 있을지도 어렵지 않게 예측할 수 있을 것이다. 욕망이 미미하고 보잘것없다면, 성과 역시 그와 같을 것이다. 하지만 당신이 이 주제를 집요하게 물고 늘어지며, 마치 고양이를 쫓는 불도그처럼 적극적인 자세로 덤벼든다면, 그 무엇도 당신을 막을 수 없다.

그러니 열정을 가지고 하라. 이 수업이 주는 장점을 나열해보라. 자신감을 가지고 비즈니스에 임할 때 설득력 있게 대화하는 능력이 당신에게 어떤 의미가 있을지 생각해보라. 또 그것을 돈으로 환산한다면 얼마만큼 가치가 있는지, 사회적으로는 어떤 의미가 있는지 생각해보라. 그로 인해 사귈 수 있는 친구, 더 커진 영향력, 당신이 갖게 될 리더십을 생각해보라. 말하는 능력은 당신이 생각하고 상상해온 어떤 활동보다 훨씬 더 빠르게 리더십을 길러줄 것이다.

미국 연방 상원의원이었던 촌시 드퓨Chauncey M. Depew는 이렇게 말했다. "다른 사람의 마음을 얻고, 빠르게 일을 성사시키며, 많은 사람에게 인정받게 하는 인간의 능력 중에 대화만 한 건 없다."

미국의 사업가 필립 아머Philip D. Armour는 수백만 달러를 벌어들인 다음에도 이런 말을 했다. "나는 엄청난 자본가이기보다는 훌륭한 연설가이고 싶다."

이는 교육을 받은 사람이라면 누구나 바라는 목표다. 철강왕 앤드루 카네기Andrew Carnegie가 세상을 떠난 뒤 유품으로 남은 여러 문서 가운데 서른세 살에 쓴 계획서가 발견되었다. 당시 그는 2년 정도 지나면 연 소득이 5만 달러에 이를 수 있게 사업 설계를 해놓았다. 그리고 서른다섯에 은퇴할 계획을 세웠다. 은퇴 후 옥스퍼드로 가서 철저한 교육을 받으며 "특히 대중연설에 많은 관심을 쏟겠다"라고 했다.

이 새로운 능력을 마음껏 펼침으로써 얼마나 큰 만족감과 쾌감을 맛볼 것인지 상상만 해도 즐겁지 않은가? 나는 이 지구라는 행성을 안 다녀본 데 없이 거의 다 돌아다녔다. 다양한 경험도 했다. 하지만 청중 앞에 서서 그들을 내 뜻대로 이끄는 것보다 더 완전하며 지속적인 만족을 준 일은 없었다. 이것은 나에게 힘이 있다는 느낌, 권력을 쟁취한 느낌과도 같다. 목적한 바를 이루었다는 자부심이 들기도 한다. 비슷비슷한 실력의 동료들에게서 떨어져 나와 혼자 우뚝 서 있는 느낌이다. 마치 마법과도 같고 절대 잊을 수 없을 만큼 황홀한 경험이다. 한 연설자는 이렇게까지 말했다. "말을 시작하기 2분 전까지만 해도 연설을 하지 않는 대신 그냥 채찍으로 맞았으면 좋겠다고 생각했습니다. 하지만 시간이 2분밖에 남지 않은 지금은 이야기를 끝내기보다 차라리 총을 맞고 싶은 심정입니다."

어떤 과정이든 어려움을 극복하지 못하고 중도에 그만두는 사람이 있기 마련이다. 따라서 당신은 욕망이 뜨겁게 달아오를 때까지 이 과정이 자신에게 얼마나 중요한지 마음에 거듭 되새겨야 한다. 열의를 가지고 이 프로그램에 임해야 한다. 그래야 모든 과정을 마쳤을 때 성공을 자축할 수 있다. 이 과정에 등록했다고 친구들에게 말하라. 일주일에 하룻밤 정도는 수업 준비를 위해 비워둬라. 예컨대 앞서 나가는 일은 쉽게, 물러서서 포기하는 일은 가능한 한 어렵게 하라.

율리우스 카이사르Julius Caesar가 갈리아에서 출발해 도버해협을 건너 지금의 영국에 도착하자마자 군대를 승리로 이끌기 위해 어떤 일을 했는가? 그는 매우 현명하게 대처했다. 도버해협의 흰 절벽 앞에 병사들을 멈춰 세우고 60미터 아래에서 치는 파도를 내려다보게 한 것이다. 아래에서는 붉은 화염이 널름거리며 그들이 타고 온 배를 집어삼키고 있었다. 적의 소굴에서 대륙과의 마지막 연결고리가 사라지며 유일한 퇴각 수단이 불타버렸기 때문에 그들이 해야 할 일은 오직 한 가지밖에 없었다. 진격해서 정복하는 것! 그들은 바로 그 일을 해냈다.

카이사르의 정신력은 그야말로 대단했다. 청중에 대한 두려움과 싸우는 당신도 카이사르의 태도를 가져보는 건 어떨까?

둘째, 이야기할 내용을 철저하게 파악하라

해야 할 말을 철저하게 준비하지 않고 무엇을 말해야 할지 계획조차 세우지 않는다면 그 누구라도 청중 앞에서 마음이 편할 수 없다. 마치 자신도 맹인이면서 맹인들을 이끄는 기분일 것이다. 그런 상황에서 연설자는 당연히 자의식을 가지고 자신의 태만을 후회하며 부끄러워할 수밖에 없다.

미국 대통령 시어도어 루스벨트Theodore Roosevelt는 자서전에 이렇게 썼다. "나는 1881년 가을 국회의원에 당선되었다. 알고 보니 최연소 의원이었다. 젊고 경험이 모자란 사람들이 그렇듯 나도 사람들 앞에서 이야기하는 일이 상당히 힘들었다. 그때 한 시골 노인에게 냉철한 충고를 들을 수 있어서 참 다행이었다. 그는 웰링턴 공작Duke of Wellington이 했던 말을 마치 자기 말인 양 내게 해주었다(본인도 몰랐을 것이다). 물론 웰링턴 공작도 다른 사람의 말을 자기 말인 양 옮겼을 것이다. 그 충고는 다음과 같았다. '어떤 말을 할 수 있겠다는 확신이 들 때까지는 입을 다물고 있게. 확신이 들면 말하고 자리에 앉게.'"

이 '냉철한 시골 노인'이 루스벨트에게 긴장감을 극복하는 방법에 대해서도 조언했더라면 더 좋았을 것이다. 이렇게 덧붙이면 어떨까? "청중 앞에서 자네가 할 수 있는 일을 찾아낸다면 당혹감을 날려버리는 데 커다란 도움이 될 걸세. 무언가를 보여준다거나, 칠판에 단어를 쓴다든가, 지도의 한 지점을 가리킨다거나, 탁자를 움직이고, 창문을 열고, 책과 서류 뭉치를 다른 데로 옮기는 등등 자네가 의도적으로 하는 신체적 행위는 마음을 편안하게 하는 데 도움이 될 걸세."

물론 그런 행동을 하기 위한 핑곗거리를 찾는 게 그리 쉽지만은 않다. 하지만 좋은 생각이니 가급적 활용해보라. 다만 처음 몇 번으로만 한정해야 한다. 걸음마를 배운 아기는 더는 의자를 잡지 않는 법이다.

셋째, 자신 있게 행동하라

미국의 유명 심리학자인 윌리엄 제임스 교수는 이렇게 말했다.

행동은 감정을 따르는 것처럼 보인다. 하지만 실제로 행동과 감정은 동시에 일어난다. 따라서 인간의 의지로 어느 정도 통제가 가능한 행동을 조절함으로써 우리가 직접 통제할 수 없는 감정을 간접적으로나마 조절할 수 있다.

그러므로 유쾌한 감정이 들지 않을 때, 유쾌한 감정을 갖기 위해 자발적으로 할 수 있는 가장 좋은 방법은 유쾌한 태도를 보이면서 이미 유쾌한 것처럼 말하고 행동하는 것이다. 그렇게 해도 유쾌해지지 않는다면 그 순간 유쾌해질 수 있는 다른 방법은 없다.

따라서 용기를 내야 한다면 용기 있는 사람처럼 행동하라. 모든 의지를 그 목적에만 집중하라. 그러면 갑작스러운 두려움 대신 예기치 못했던 용기가 생겨날 것이다.

제임스 교수의 조언을 활용해보라. 청중 앞에 섰을 때 이미 용기 있는 사람처럼 행동하며 용기를 끄집어내라. 물론 말할 내용을 준비하지 못했다면 연기를 아무리 잘해도 크게 도움이 되진 않을 것이다. 하지만 이야기하려는 내용을 알고 있다면 활기차게 발걸음을 내디디고 숨을 깊게 들이마셔 보라. 청중과 마주하기 전 30초가량 깊은숨을 내쉬어라. 충분한 양의 산소가 몸속에 공급되면 기분이 좋아지고 용기도 생긴다. 위대한 음악가이자 테너인 장 드 레슈케Jean de Reszke는 숨을 크게 쉬어 마음을 가라앉힐 수 있다면 초조함은 곧 사라진다고 입버릇처럼 말했다.

중앙아프리카의 폴라니족 소년은 성인이 되어 아내를 얻으려면 반드시 채찍질을 당하는 의식을 치러야 한다. 부족 여성들이 모두 모여 톰톰(손으로 두드리는, 좁고 아래위로 기다란 북-옮긴이) 리듬에 맞춰 손뼉을 치면서 노래하고, 소년이 웃통을 벗은 채 등장하면 갑자기 채찍을 든 남성이 소년을 공격한다. 가차 없는 채찍질에 맞은 자국이 부풀어 오르고 피부가 찢어져 피가 흐른다. 이렇게 만들어진 흉터는 평생 지워지지 않는다. 태형을 받는 동안 부족에서 존경받는 족장이 희생자의 발치에 웅크리고 앉아 그가 움직이는지, 혹은 조금이라도 고통스러운 기미를 보이는지 세심하게 살핀다. 이 의식을 통과하려면 매질을 당하는 젊은이는 아픔을 견뎌야 할 뿐 아니라, 매를 맞으면서도 신을 찬양하는 노래를 불러야 한다.

어느 시대, 어느 장소를 막론하고 사람들은 늘 용기를 찬양해왔다. 아무리 심장이 쿵쾅거려도 용기 있게 앞으로 나아가 매질을 당하고 자세를 굳건히 유지하는 중앙아프리카 소년처럼, 두 발로 버티고 서서 마치 채찍질을 즐기는 듯 행동하라.

자세를 최대한 곧추세우고 청중의 눈을 똑바로 바라보면서 마치 그들 모두가 당신에게 갚아야 할 빚이 있는 사람처럼 대하고 자신 있게 이야기하라. 청중이 당신에게 원금 상환 일자를 연장해달라고 애원하기 위해 거기 모였다고 상상하라. 그러한 상상은 마음에 대단히 긍정적인 효과를 미칠 것이다.

초조하게 코트의 단추를 만지작거리며 잠그려 하거나 손을 제대로 놀리지 못해 허둥지둥하는 모습을 보여선 안 된다. 만약 초조한 손동작을 감추기 힘들다면 손을 뒤로해 손가락을 비틀거나 안 보이는 곳에 있는 발가락을 꼼지락거려라.

일반적으로 가구 뒤에 숨는 행동은 좋지 않다. 하지만 처음 몇 번은 테이블 혹은 의자 뒤에 서서 그것을 붙잡고 있는 것만으로도, 혹은 동전을 꽉 쥐고 있는 행동만으로도 약간의 용기를 얻을 수 있다.

루스벨트는 특유의 용기와 자립심을 어떻게 개발했을까? 그는 선천적으로 모험심 가득하고 대담한 사람이었을까? 전혀 그렇지 않았다. 자서전에서 그는 이렇게 말했다. "병약하고 소심한 소년이었던 나는 청년이 되어서도 늘 초조해했고, 나의 능력을 믿지 못했다. 그래서 육체는 물론 마음과 영혼을 고통스러울 정도로 단련시켜야 했다."

다행스럽게도 루스벨트는 자신이 어떻게 바뀔 수 있었는지 말해주었다.

어릴 때 영국의 해양 소설가 프레더릭 매리엇Frederick Marryat의 책을 읽은 적이 있는데, 그중 잊을 수 없는 한 구절이 있었다. 영국 소형 군함 함장이 주인공에게 용기를 얻는 법에 대해 말하는 장면이었다. 그의 말에 따르면 처음 전쟁터에 나갈 때 누구든 두려워하기 마련이다. 하지만 정신을 놓지 않고 침착함을 유지한다면 전혀 두렵지 않은 것처럼 행동할 수 있다. 이 상태를 오랫동안 유지하다 보면 처음에는 가식이었던 것이 점점 실제가 된다. 두려움을 느끼지 않아야 할 때 느끼지 않는 연습을 하다 보면, 그 사람은 진정 두려움을 느끼지 않는 사람이 된다. (매리엇의 말을 내 식으로 옮겼다.)

이는 내가 믿고 있는 이론이기도 하나. 나는 두려워하는 게 많다. 회색 곰, 말 안 듣는 사나운 말, 총잡이 등등. 하지만 이것을 두려워하지 않는 척하다 보니 실제로도 조금씩 두려워하지 않게 되었다. 누구나 원하기만 하면 자기 것으로 만들 수 있는 경험이라고 생각한다.

이러한 경험은 당신이 원하기만 하면 가질 수 있다. 제1차 세계대전 연합군 사령관 페르디낭 포슈Ferdinand Foch는 이렇게 말했다. "전쟁에서 최고의 방어는 공격이다." 따라서 당신의 두려움에 공격을 개시하라. 기회가 있을 때마다 용감하고 대담하게 두려움과 맞서 싸우고, 정복하라.

메시지를 생각하고, 그 메시지를 어떻게 전달할까 고민하라. 자신을 전보 배달원이라고 상상해보라. 사람들은 전보를 가져다주는 소년에겐 신경 쓰지 않는다. 관심이 온통 전보에만 쏠려 있기 때문이다. 다시 말해 메시지가 중요하다. 명심하라. 자기 손금을 보듯이 메시지의 내용을 알고 있어야 한다. 그리고 그것에 대해 확신을 가져라. 그런 다음 당신이 말하기로 결심한 대로 전달하라. 그렇게 하면 십중팔구 눈앞에 닥친 상황을 지배하고 자신도 지배하게 될 것이다.

넷째, 끊임없이 연습하라

마지막으로 강조하는 이 내용이 가장 중요하다. 지금까지 읽은 내용은 다 잊더라도 이것만은 기억하라. 대중연설에서 자신감을 개발하는 첫 번째이자 마지막 방법 그리고 절대로 실패하지 않는 방법이 하나 있다면 그것은 '직접 말해보기'다. 사실 이제까지 했던 모든 말은 단 한 마디로 환원할 수 있다. "끊임없이 연습하라." 세상에서 가장 중요한 말이다. 연습 없이는 아무것도 얻을 수 없다.

루스벨트는 이렇게 경고한다.

초보자라면 새로운 경험을 했을 때 흥분할 수 있다. 영어로는 'Buck fever'라고 하는데, 초보 사냥꾼이 처음 사냥감을 대면하는 순간 느끼게 되는, 소심함과는 정반대인 대단히 흥분한 상태를 말한다. 처음 사슴을 보거나 전투에 임할 때와 마찬가지로 대규모 청중 앞에서 처음 이야기할 때는 이런 감정에 영향을 받을 수 있다. 그럴 때 필요한 것은 용기가 아니라 긴장을 조절하는 것, 다시 말해 냉정함을 유지하는 것이다. 하지만 연습해보지 않고서는 긴장을 조절할 수 없다. 반복적으로 자기 제어를 연습해 습관으로 만들어야 비로소 긴장 상태를 완벽히 통제할 수 있다. 결국 습관의 문제다. 반복적인 노력과 반복적인 의지력을 행사해야만 냉정한 상태를 유지할 수 있다. 만약 그 사람이 올바르게 연습한다면 노력과 습관을 통해 더욱 강한 사람이 될 것이다.

그러니 끊임없이 연습하라. 사업상 해야 할 일 때문에 준비가 부족했다는 이유로 수업을 빼먹지 마라. 준비되었든 그렇지 않든 간에 무조건 출석하라. 일단 출석한 다음 강사에게 혹은 동료들에게 주제를 제시해달라고 하라.

청중에 대한 두려움을 떨쳐내고 싶은가? 그 원인이 무엇인지 살펴보도록 하자.

제임스 하비 로빈슨James Harvey Robinson 교수는 『정신의 발달 과정The Mind in the Making』에서 "두려움은 무지와 불확실성에서 비롯된다"라고 말했다. 다시 말하자면 두려움은 확신이 부족해 생긴 결과물이다.

그렇다면 원인은 무엇일까? 당신이 무엇을 해야 할지 모르는 데서 두려움이 비롯된다. 그리고 뭘 할지 모르는 이유는 경험이 부족하기 때문이다. 따라서 성공했던 경험이 있는 사람이라면 두려움 따위는 사라질 것이다. 두려움은 찬연하게 비치는 7월의 아침 태양이 밤안개에 비칠 때처럼 순식간에 사라져버릴 것이다.

한 가지는 확실하다. 수영을 배우기 위해서는 일단 물에 뛰어들어야 한다. 당신은 이 책을 충분히 숙지했다. 이제 잠시 책을 내려놓고 실제 행동으로 옮겨보자.

일단 소재를 선택하라. 자기가 잘 알고 있는 분야면 더 좋다. 3분 스피치를 만들어보자. 그리고 혼자서 여러 번 반복해 연습하자. 그런 다음 가능하면 그 이야기를 들려주고 싶었던 집단 앞에서 당신의 모든 힘과 노력을 쏟아 발표해보자.

두려움이 나가면 용기가 찾아온다

1. 이 강좌를 수강한 수천 명의 수강생은 내게 편지를 써서 이 강좌에 등록한 이유와 이 강좌에서 무엇을 얻어가길 원하는지 말해주었다. 거의 모든 수강생이 첫 번째로 꼽은 이유는 다음과 같다. 그들은 어떤 규모의 집단 앞에서도 소심함을 극복하고, 생각이 흔들리지 않으며 자신 있고 편안하게 이야기하길 원했다.

2. 이러한 능력은 그리 어렵지 않게 습득할 수 있다. 하느님이 극소수의 사람에게만 주신 선물도 아니다. 마치 골프를 치는 것같이 하고 싶은 욕망만 있다면 누구나 잠재된 능력을 충분히 계발할 수 있다.

3. 경험이 풍부한 화자는 누군가와 대화를 나눌 때보다 수많은 청중 앞에 서 있을 때 더 훌륭한 생각을 하고 말을 더 잘한다. 많은 사람이 곧 자극이요, 영감의 원천이기 때문이다. 이 과정을 충실히 수강하고 잘 따른다면 당신도 그런 경험을 할 것이다. 사람들 앞에서 이야기하고 싶어 몸이 근질거리는 기쁨을 느낄 것이다.

4. 당신이 특이한 경우라고 생각하지 마라. 유명한 연설가인 사람들도 처음에는 자의식 과잉에 사로잡히고, 청중에 대한 두려움으로 온몸이 거의 마비되다시피 했다. 브라이언, 장 조레스, 로이드 조지, 찰스 스튜어트 파넬, 존 브라이트, 디즈레일리, 셰리든, 그 밖의 많은 사람이 같은 경험을 했다.

5. 아무리 많은 연설 경험이 있어도 말을 꺼내기 전까지는 늘 스스로를 검열하는 자의식 과잉에 시달릴 수 있다. 하지만 일단 말을 시작하면 얼마 가지 않아 자의식과 청중에 대한 두려움은 완전히 사라질 것이다.

6. 당신이 원하는 것을 최대한 빠르고 신속하게 얻기 위해서는 다음의 네 가지를 반드시 지켜야 한다.
   (1) 강하고 끈질긴 욕망을 가지고 임하라. 이 책으로 당신이 얻을 수 있는 이

점을 나열해보라. 그렇게 스스로 열정을 불러일으켜라. 그것이 당신에게 재정적으로 어떤 도움이 될지, 사회적으로는 어떤 이득이 있을지, 영향력과 리더십에는 어떤 변화를 줄지 생각해보라. 당신의 열정이 얼마나 간절한가에 따라 그만큼 빠르게 발전할 수 있다는 사실도 기억하라.

(2) 대비하라. 어떤 말을 해야 할지 모르는 상태라면 자신감을 가질 수 없다.

(3) 자신 있게 행동하라. 윌리엄 제임스 교수는 "용기를 내야 한다면 용기 있는 사람처럼 행동하라. 모든 의지를 그 목적에만 집중하라. 그러면 갑작스러운 두려움 대신 예기치 못했던 용기가 생겨날 것이다"라고 충고했다. 루스벨트는 회색곰, 사나운 말, 총잡이에 대한 두려움을 그런 방식으로 극복했다고 고백했다. 당신도 이 심리학적 사실을 이용해서 청중에 대한 공포를 극복할 수 있다.

(4) 연습하라. 다른 모든 방법 중에서도 가장 중요하다. 두려움은 확신이 없어서 생긴다. 확신이 없는 이유는 당신이 무엇을 해야 할지 몰라서다. 이는 경험이 부족하기 때문이다. 그러니 성공적인 경험을 계속해서 쌓아가라. 당신의 두려움은 어느새 사라질 것이다.

올바른 호흡 1

"호흡은 아름다운 목소리를 내는 데 가장 중요한 요소다." 오스트레일리아의 소프라노 넬리 멜바Nellie Melba가 한 말이다. 목소리는 호흡을 기반으로 나온다. 즉 호흡은 말을 만들어내는 원자재인 것이다. 따라서 말을 잘하고 목소리를 개선하려면 올바른 호흡법부터 익혀야 한다.

호흡을 바르게 하면 얇고 거친 소리가 아니라 충만하고, 깊고, 둥글둥글한 매력적인 어조로 말할 수 있다. 이런 어조는 사람들에게 호감을 주며 논의를 효율적으로 이끌어갈 수 있는 무기가 된다. 그렇다면 지금 당장 무엇이 올바른 호흡이며, 어떻게 연습해야 하는지 알아봐야 하지 않겠는가.

이탈리아의 유명 가수들은 복식호흡이 중요하다고 부단히 강조해왔다. 아주 낯설고 힘든 방법은 아니다. 우리는 모두 아기 때 완벽히 복식호흡을 했다. 지금도 하루 중 일정 시간에는 하고 있다. 오늘 밤 침대에 똑바로 누워서 자연스럽게 숨을 쉬어보라. 그게 바로 올바른 호흡이며 복식호흡이다. 똑바로 누워 있을 때는 올바른 방법으로 호흡할 수밖에 없다. 즉, 등을 대고 바로 누워 있을 때 하던 방식대로 서 있을 때도 호흡하면 된다. 누구나 어렵지 않게 할 수 있다.

먼저 연습을 해보자. 등을 대고 똑바로 누운 다음 깊이 호흡하라. 여기서 핵심은 몸통 한가운데에 의식을 집중하는 것이다. 이런 자세로 깊이 숨을 들이쉬고 내쉬면 어깨는 들썩거리지 않는다. 이때 작은 구멍이 가득한 폭신폭신한 폐에 공기가 가득 차서 폐가 마치 풍선처럼 부풀어 오른다. 폐는 갈비뼈, 척추, 복장뼈로 둘러싸인 공간에 자리 잡고 있다. 때문에 폐가 부풀어 오름에 따라 갈비뼈가 조금 확장할 수는 있지만, 집중해야 하는 것은 가슴의 바닥이자 배의 천장인 부드러운 근육인 횡격막을 밀어 내리는 감각이다. 횡격막은 우리 몸을 두 부분으로 나눈다. 심장과 폐가 있는 상부와 위장과 간 등 필수 장기가 위치한 복부다. 이 커다란 근육은 마치 평소에는 돔처럼 구부러진 모양을 하고 있다.

저렴한 잡화점에서 산 종이 접시가 있다고 가정해보자. 접시를 테이블에 뒤집어 놓고 튀어나온 부분을 누르면 어떻게 될까? 누른 부분뿐 아니라 다른 부분까지 평평해진다. 이는 마치 공기로 가득 채워진 폐가 횡격막의 구부러진 부분을 지그시 누르는 모습과 같다.

이제 등을 바닥에 대고 누워 숨을 깊게 들이마시고 내쉬면서 손가락을 가슴뼈 바로 밑에 올려두어 보자. 횡격막이 평평해지면서 아래쪽으로 밀고 나오는 것이 느껴지는가? 그다음에 옆구리에 손을 얹고 숨을 깊게 쉬어보라. 폐가 풍선처럼 부풀어 오르며 갈비뼈를 바깥쪽으로 밀어내는 것도 느껴질 것이다.

매일 자기 전 5분간, 아침에 깨자마자 5분간만 이렇게 복식호흡을 해보라. 밤에는 신경을 진정시켜 숙면을 취하게 해줄 것이며, 아침에는 정신을 맑고 새롭게 해줄 것이다. 이를 꾸준히 실천하면 목소리가 좋아질 뿐만 아니라 수명 연장에도 도움이 된다. 오페라 가수들과 보컬 트레이너들은 장수하는 것으로 유명하다. 유명한 가수이자 음악 교육자인 마누엘 가르시아Manuel Garcia도 101세까지 살았다. 장수 비결을 묻는 질문에 그는 매일 복식호흡을 한 덕분이라고 답했다.

2장

자신감은 철저한 준비가 만든다

자신감을 얻는 확실한 방법은 실패할 확률이 희박할 때까지 준비하는 것이다.

록우드 소프 Lockwood Thorpe(『오늘날의 대중연설 Public Speaking Today』저자)

'순간의 영감을 믿어라'라는 말은 수많은 전도양양한 젊은이를 파멸로 이끌었다. 영감은 철저한 준비 없이는 절대 찾아오지 않는다. 나는 능력과 용기가 있는 젊은 이들이 노력하지 않아서 실패하는 것을 수없이 보아왔다. 말하고자 하는 주제를 완벽히 이해하지 못한 상태에서는 결코 어떤 말도 잘할 수 없다.

데이비드 로이드 조지 David Lloyd George(영국 총리)

청중 앞에 서기 전에 "어떤 주제에 대해 연설을 할까 하는데, 이러이러한 점들을 강조하고 싶네"라고 친구에게 편지를 보내라. 그러면 아마 청중 앞에서 말할 내용을 정확하게 순서대로 나열하게 될 것이다. 만약 편지에 쓸 내용이 아무것도 없다면, 초청한 단체에 할머니가 위독해서 참석하지 못할 것 같다고 편지를 쓰는 편이 낫다.

에드워드 에버렛 헤일 Edward Everett Hale 박사(작가, 종교인)

사람들은 나를 천재라고 부르며 칭찬을 아끼지 않는다. 내게 그런 천재성이 보인다면 어떤 주제가 정해지면 열심히 공부하기 때문이다. 낮이고 밤이고 그 주제를 손에서 놓지 않고 다방면으로 면밀하게 살핀다. 머릿속이 온통 그 주제 생각뿐이다. 그렇게 노력해서 얻은 결과를 사람들은 천재성이라고 부르지만, 사실은 노력과 오랜 생각의 산물일 뿐이다.

알렉산더 해밀턴 Alexander Hamilton(법률가, 정치인)

1912년 이후로 나는 1년에 6천 건의 연설을 듣고 즐거운 마음으로 논평한다. 훌륭한 사업가나 전문직 종사자들의 연설 또는 발표가 대부분이었는데, 그들의 연설을 들으며 깨달은 점이 있다. 누군가에게 전하고 싶은 내용이 있다면 철저히 준비해야 한다는 것이다. 그래야 말이 명료해지고 듣는 사람의 마음에 깊이 가닿는다. 나도 모르게 진정성 있는 말을 하는 사람에게 끌린 적이 있지 않은가? 연설을 잘하는 비결의 절반은 준비에 기반한 진정성이다.

그러한 정신적·감정적 상태에 있을 때 화자는 놀라운 사실을 깨닫는다. 연설이 저절로 이루어진다는 것이다. 거침없이, 부담 없이 말이 술술 나온다. 준비가 잘되어 있다면 이미 연설의 90퍼센트는 청중에게 전달된 셈이나 다름없다.

1장에서 언급했듯 사람들은 자신감, 용기, 자립심을 얻기 위해 이 강좌를 수강한다. 그런데 그들이 저지르는 가장 치명적인 실수는 준비 소홀이다. 젖은 화약이나 탄약이 없는 빈 대포로 두려움이라는 이름의 보병대와 불안이라는 이름의 기병대를 물리칠 수 있는가? 준비된 무기가 없다면 청중을 앞에 두고 초조할 수밖에 없다. 백악관에서 링컨은 이렇게 말했다. "저는 아무리 나이가 들어도 준비하지 않은 말을 아무렇게나 할 수 있을 것 같지는 않습니다."

자신감을 갖고 싶다면 내 안의 자신감을 불러일으키는 일을 해야 한다. 사도 요한은 "완벽한 사랑은 두려움을 몰아낸다"라고 했다. 완벽한 준비도 마찬가지다. 노아 웹스터Noah Webster는 준비가 제대로 안 된 상태로 청중 앞에 서느니 차라리 옷을 제대로 입지 않고 나가는 편이 낫다고 말했다.

이 책을 읽는다면 좀 더 신중하게 발표 준비를 해보는 건 어떨까? 어떤 사람들은 준비가 무엇인지도 제대로 이해하지 못한 채 닥치는 대로 준비한다. 또 어떤 사람들은 너무 바빠 시간이 부족하다고 호소한다. 따라서 이 장에서는 이러한 문제에 대해 충분히 논의하고 도움이 되는 방법을 명확하게 따져보려 한다.

올바른 준비 방법

대중연설 준비란 무엇일까? 책을 읽는 것일까? 그것도 준비 방법 중 하나다. 하지만 가장 좋은 방법이라고는 할 수 없다. 책 읽는 것도 도움은 되지만 '통조림'처럼 정제된 생각을 책에서 뽑아내 마치 자기 생각인 양 제시한다면, 그 말에는 무언가 중요한 요소가 빠져 있기 마련이다. 청중은 무엇이 빠져 있는지 정확히 모를 수도 있지만 그런 말에 마음을 내주지는 않을 것이다.

예를 들어보자. 얼마 전 나는 뉴욕의 어느 은행 고위 간부들을 대상으로 대중연설 강좌를 열었다. 소위 '간부'라고 불리는 사람들은 늘 시간이 부족하기 마련이어서 발표 준비를 제대로 못 하거나 뭔가를 준비해야 한다는 생각조차 하지 못하는 경우가 많다. 이들은 자기가 경험으로 배운 것이 항상 옳다고 생각하며 평생에 걸쳐 형성한 자신의 시각으로만 사물을 보려 한다. 그리고 40년간 해왔던 방식 그대로 연설에 쓸 소재를 준비한다. 심지어 이런 사실을 깨닫는 사람조차 소수다. 이들은 '바람에 속삭이는 소나무 소리'를 듣느라 숲은 전혀 보지 못하는 것이다(롱펠로Henry Wadsworth Longfellow의 〈에반젤린Evangeline〉의 한 구절 - 옮긴이).

어느 금요일, 시내 중심가에 있는 은행에서 일하는 한 간부(편의상 잭슨 씨라고 부르겠다)가 시간을 보니 벌써 4시 30분이었다. 모임은 5시부터 7시까지였다. 대체 무슨 이야기를 해야 할까? 그는 사무실 밖으로 나와 가판대에서 『포브스Forbes』를 하나 사서 모임이 있는 연방준비은행에 가는 지하철을 탔다. 그리고 자리를 잡고 「성공을 위한 시간, 앞으로 10년You Have Only Ten Years To Succeed」이라는 기사를 읽었다. 딱히 흥미를 느껴서라기보다는 뭐라도 발표해서 자기에게 주어진 시간을 때워야 했기 때문이다.

1시간 후, 그는 자리에서 일어나 이 기사 내용을 설득력 있고 흥미롭게 이야기해보려 애썼다.

그 결과, 필연적으로 발생한 일은?

그는 말하려던 내용을 채 소화하지 못했고 자기 것으로 만들지도 못했다. '말하려던'이라는 표현이야말로 제격이다. 그는 말해보려 했을 뿐이지 말에 진정한 메시지는 없었다. 그의 태도와 말투가 정확히 그 사실을 보여주고 있었다. 자기도 깊은 인상을 받지 못한 이야기에 청중이 감동하는 게 가능하겠는가? 그는 계속해서 기사 속 이런저런 이야기들을 언급했을 뿐이다. 결론적으로 『포브스』에 나온 이야기는 지나치게 많았고, 아쉽게도 잭슨 본인 이야기는 너무도 없었다.

그래서 나는 그에게 이렇게 말했다. "잭슨 씨, 우리는 이 기사를 쓴 사람에게는 관심이 없어요. 그 사람은 여기에 있지도 않고 우리가 볼 수도 없지요. 우리는 당신과 당신 생각에 관심이 있어요. 다른 사람이 한 말이 아니라 당신이 생각하는 바를 이야기해주세요. 당신이 하는 말에서 당신을 좀 더 많이 느낄 수 있게 해주세요. 다음 주에도 같은 주제를 가지고 이야기해보면 어떨까요? 이 기사를 다시 읽으면서 기자의 생각에 동의하는지 아닌지 자문해보세요. 동의한다면 당신이 직접 경험한 예를 들며 그의 생각을 제시해보세요. 동의하지 않는다면 왜 그런지 저희에게 이야기해주세요. 이 기사는 그저 당신이 발표하고자 하는 내용의 출발점으로만 사용하세요.”

잭슨 씨는 나의 제안을 받아들여 그 기사를 다시 읽었고 글쓴이의 생각에 전혀 동의하지 않는다고 결론 내렸다. 이번에는 지하철에 앉아서 발표해야 할 내용을 준비하지 않았다. 그는 생각이 스스로 꼬리에 꼬리를 물도록 내버려 두었다. 생각은 마치 아이들처럼 발전하고 커 가고 성장했다. 아이들이 그렇듯 그의 생각도 의식하지 못하는 순간에도 밤낮으로 자랐다. 다른 신문 기사를 읽다가 적절한 생각이 떠오르기도 했고, 친구와 이야기하는 동안에 예기치 않게 아이디어가 떠오르기도 했다. 일주일 동안 이따금 생각만 했는데도 이야기할 주제는 점점 깊어졌고, 수준은 높아졌으며, 내용은 길고 풍부해졌다.

마침내 잭슨 씨가 이 주제에 관해 다시 이야기할 때는 마치 자신의 광산에서 파낸 광석, 자신의 조폐국에서 직접 찍어낸 화폐 같이 그 생각이 웅숭깊었다. 어디에도 없는, 하나뿐인 자기의 생각이었다. 게다가 기사를 쓴 사람과 의견이 달랐기 때문에 더 잘 말할 수 있었다. 약간의 대립만큼 사람의 말하고자 하는 욕구를 자극하는 것도 없으니 말이다.

불과 2주 동안 한 사람이 같은 주제로 이야기했는데 정말이지 놀라울 정도로 다른 발표였다. 제대로 된 준비는 얼마나 큰 차이를 만드는가!

준비를 어떻게 해야 하는지, 혹은 어떻게 하면 안 되는지를 보여주는 또 다른 예를 들어보겠다. 이번에는 편의상 그 신사분을 플린 씨라고 부르겠다. 그는 워싱턴 D. C.에서 열린 내 강좌를 수강했다. 어느 날 발표 시간에 플린 씨는 미국의 수도가 얼마나 아름다운지 찬양하는 데 주어진 시간을 다 써버렸다. 『이브닝 스타』에서 발행한 광고책자에서 의미 없는 글들을 급하게 긁어모아 온 것이었다. 그의 말은 무미건조했고 서로 아무런 관계도 없었으며, 스스로도 이해하지 못한 채 말하는 것처럼 들렸다. 이는 선택한 주제에 대해 깊이 생각해보지 않았기 때문이다. 말하고자 하는 것에 대해 자기 공감대가 없다 보니 말을 하면서도 감정을 실을 수 없고 열정이 솟구치지 않는 것이다. 발표는 전체적으로 지루했고, 재미없었으며, 누구에게도 도움이 되지 않았다.

실패할 수 없는 연설

2주 후 플린 씨에게 심각한 일이 일어났다. 공용주차장에 세워둔 플린 씨의 캐딜락을 도둑맞았던 것이다. 경찰서로 달려가고 현상금을 걸었지만 아무 소용이 없었다. 경찰은 이런 일은 범인을 찾아내기 어렵다고 했다. 그러나 바로 1주 전에 경찰은 거리를 돌아다니다가, 플린 씨의 차가 15분 정도 초과 주차된 것을 보고 바로 딱지를 뗀 적이 있었다. 선량한 시민을 괴롭히느라 범죄자를 잡을 시간은 없다는 경찰에게 플린 씨는 분노했다. 이제 그에게는 말할 것이 생겼다. 그것은 『이브닝 스타』에서 발행한 책자에서 발췌한 것이 아니라, 자기 삶과 경험에서 나와 뜨겁게 달궈진 것이었다. 생생하게 살아 있는 이야기였기에 그의 감정을 자극하고 신념을 불러일으키기에 충분했다. 워싱턴을 찬양하는 이야기를 할 때는 문장 하나하나를 힘들게 끄집어냈다. 하지만 이제는 두 다리로 버티고 서서 입을 여는 순간, 경찰에 대한 비판이 마치 베수비오 화산이 분출하듯 솟구쳐 나왔다. 이런 이야기라면 누구라도 잘할 수 있다. 실패할 가능성도 거의 없다. 경험과 성찰을 통해 나온 이야기이기 때문이다.

준비란 무엇인가?

연설 준비란 흠 잡을 데 없는 글귀를 모아 미리 써보거나 암기하는 것일까? 그렇지 않다. 별다른 의미가 없는 일상적인 생각을 그때그때 모아 놓는 것인가? 틀렸다. 당신의 생각, 아이디어, 신념, 충동을 모으는 것이다. 우리는 깨어 있는 동안 매순간 생각과 충동이 생긴다. 심지어 꿈속에서조차 따라다닌다. 마치 바닷가의 조약돌처럼 당신의 무의식 깊은 곳에 단단히 자리 잡고 있다. 당신이라는 존재 자체가 바로 감정과 경험으로 구성되어 있기 때문이다. 연설 준비란 당신에게 가장 매력적인 것이 무엇인지 심사숙고한 뒤 가장 마음에 드는 것을 골라 갈고닦아 당신만의 모자이크로 만드는 것을 뜻한다. 그리 어려운 일처럼 들리지는 않을 것이다. 그렇지 않은가? 그저 약간의 집중력과 생각하는 힘만 있으면 된다.

드와이트 무디Dwight L. Moody 목사는 역사에 길이 남을 만한 설교를 어떻게 준비했을까? 그는 "특별한 비결은 없다"라고 답했다.

주제를 선택할 때 저는 커다란 봉투에 제목부터 씁니다. 그런 봉투가 제법 됩니다. 글을 읽다가 연설 주제에 좋겠다 싶은 게 있으면 글을 오려서 봉투에 집어넣고는 그냥 내버려 둡니다. 저는 늘 노트를 들고 다니는데 설교를 듣다가도 제가 이야기할 주제에 도움이 될 만한 내용을 들으면 받아 적은 후에 봉투를 찾아 집어넣습니다. 그리고 1년이고 2년이고 그냥 내버려 둡니다. 그러다 새로운 설교를 준비해야겠다 싶으면 모아두었던 봉투를 모두 가지고 옵니다. 거기에서 찾은 것과 새롭게 공부한 결과를 합치면 소재는 늘 충분합니다. 그리고 제가 했던 설교를 다시 살펴보면서 필요한 부분은 더하고 필요 없는 부분은 뺍니다. 그런 식으로 제 설교가 구태의연해지지 않게 합니다.

예일대 브라운 대학원장의 현명한 충고

몇 년 전 예일대학교 신학대학원은 창립 1세기를 맞았다. 100주년을 기념해서 대학원장 찰스 레이놀드 브라운Charles Reynold Brown 박사는 설교 기법을 주제로 몇 차례 강연을 했다. 그 강연은 뉴욕의 맥밀런 출판사에서 『설교의 기술Art of Preaching』이라는 제목으로 출간됐다. 브라운 박사는 거의 30년 동안 일주일에 한 번씩 설교했으니 그에 관한 주제라면 누구보다 현명한 충고를 해줄 만한 사람이다. 그의 충고는 시편 91편에 관한 설교를 준비하는 성직자부터 노조 앞에서 연설해야 하는 구두 공장 공장주까지 지위 고하를 막론하고 경청할 만한 가치가 있다. 그래서 나는 허락도 받지 않고 그의 말을 여기에 그대로 옮겨놓는다.

글과 주제에 대해 숙고하라. 그것들이 깊이 있어지고 마침내 반응을 보일 때까지 곰곰이 생각하라. 그 속에서 아이디어가 깨어나 필 것이다. 마치 숨어 있던 자그마한 생각의 씨앗이 싹트고 자라는 것처럼 말이다.

이러한 과정은 길면 길수록 좋다. 일요일 설교를 준비해야 하는 토요일 오전이 될 때까지 이 작업을 미뤄선 안 된다. 목회자가 어떤 진실을 한 달, 혹은 여섯 달, 어쩌면 1년 동안 마음속에 품고 있다면 새로운 생각들이 계속해서 뻗어 나와 멋진 나무로 성장했음을 발견하게 될 것이다. 거리를 걸으면서 혹은 기차에서 몇 시간을 보내면서 눈이 피곤해 더는 글을 읽을 수 없을 때도 생각은 할 수 있다.

밤에도 깊이 생각해볼 수 있다. 목회자가 습관적으로 교회 일이나 설교거리를 잠자리까지 들고 가는 것은 바람직하지 않다. 설교는 설교단에서 해야 하고 잠자리에서는 잠을 자야 하는 법이다. 그렇지만 나 역시 한밤중에 떠오른 생각을 아침이면 잊을까 봐 두려워 자리에서 일어나 써놓은 적이 있다.

특정한 주제에 대해 설교하기 위해 골몰하고 있다면, 그 주제와 관련해 떠오르는 모든 것을 기록해두어라. 처음에는 글에서 본 것을 적고, 그다음에는 그 글과 연관 지어 떠오르는 모든 것을 적어라.

떠오르는 생각을 적을 때는 아이디어를 잊지 않을 정도로만 간결하게, 몇 단어로 요약해서 쓰도록 한다. 살아생전 다른 책은 거들떠 보지 않은 것처럼 최대한 많은 아이디어를 얻기 위해 생각의 나래를 펼쳐라. 이것이야말로 정신을 훈련하는 생산적인 방법이다. 게다가 여러분의 사유를 언제나 새롭고 독창적이며 창조적으로 유지하게 한다.

다른 사람의 도움을 받지 않고 스스로 떠올린 독창적인 생각을 적어라. 순금, 루비, 다이아몬드보다 더 가치 있는 것이 당신의 생각을 펼쳐 보이는 일이다. 가능하면 종잇조각, 오래된 편지지 뒷면, 편지 봉투 조각, 폐지 등 손에 잡히는 대로 집어서 아무 데나 그것들을 적어라. 멀쩡하고 깨끗한 A4 용지를 이용하는 것보다 훨씬 좋은 방법이다. 경제적이기도 하지만 아무 조각에나 적어둔 것들이 나중에 정리할 때 재배치하고 체계화하기 더 쉽기 때문이다.

항상 깊이 생각하면서 머릿속에 떠오른 생각을 끊임없이 기록하라. 급하게 서두를 필요는 없다. 이것은 매우 중요한 정신 활동 중 하나이며, 여러분에게는 이 과정에 참여할 특권이 있다. 여러분의 정신은 이러한 과정을 통해 성장하며 생산성을 갖게 된다.

즐겁게 할 수 있는 설교 그리고 다른 사람의 삶에 크게 도움이 되는 설교는 여러분의 내면 깊숙한 곳에서 끄집어낸 설교다. 그것이야말로 뼈 중의 뼈, 살 중의 살이며, 여러분이 한 정신노동의 결과물이자 여러분이 가진 창조적 에너지의 산물이다. 다른 사람의 말을 고치고 편집한 설교는 뭔가 재가공한 듯한, 다시 데운 음식 냄새가 나기 마련이다. 살아 숨 쉬는 설교, 걷거나 도약하며 성전으로 들어가 하느님을 찬양하는 설교, 독수리처럼 날개를 달고 사람들의 마음속으로 들어가 전혀 두려움 없이 마땅히 해야 할 의무를 다하게 만드는 설교, 이런 진정한 설교는 설교자의 생명력에서 나온다.

링컨이 연설을 준비하는 방법

링컨은 어떻게 연설을 준비했을까? 다행히도 우리는 그 방식을 알고 있다. 70여 년 전에 링컨이 사용했던 몇몇 방법은 앞에서 브라운 대학원장이 이야기한 것과 같다는 생각이 들 것이다. 링컨이 했던 연설 중 예언자적인 비전으로 선언했던 다음과 같은 연설은 매우 유명하다. "분열된 가정은 제대로 유지될 수 없습니다. 저는 사람들이 반은 노예로, 반은 자유롭게 살아가는 정부 역시 영원히 지속할 수 없다고 믿습니다." 그는 일상적인 일을 하면서, 음식을 먹으면서, 길을 걸어가면서, 헛간에 앉아 우유를 짜면서, 재잘거리며 질문을 던졌다가 아무 대답 없는 아버지한테 심술이 나 아버지의 손가락을 홱 잡아당기는 아들과 정육점과 채소가게를 오가면서 이 연설을 생각했다. 링컨은 생각에 몰두하느라 아들이 옆에서 무슨 짓을 하는지 의식도 못 한 채 계속 같은 길을 오갔을 것이다.

이렇게 숙고하고 생각을 키울 때 링컨은 메모, 구절, 문장들을 여기저기 흩어져 있는 편지봉투, 종잇조각, 종이봉투 등에 어디든 닥치는 대로 적곤 했다. 그는 이것들을 모자에 넣고 다니다가 어디라도 앉을 곳이 생기면 자리를 잡고 앉아 정리했다. 그리고 연설이나 출간할 때가 되면 적절한 형태로 다듬고 수정했다.

1858년 대통령 후보 합동토론회에서 스티븐 더글러스Stephen A. Douglas 상원의원은 어디를 가든 똑같은 연설만 반복했다. 하지만 링컨에겐 같은 연설을 반복하기보다 새로운 연설을 하는 편이 더 쉬웠다. 다만 계속 공부하고 지난 일을 반성하며 심사숙고해야 했다. 연설 주제는 가슴 한편에서 잠시도 쉬지 않고 계속해서 자라났다.

백악관에 들어가기 직전 그는 헌법과 세 편의 연설문만 챙겨 들고 스프링필드에 있는 한 가게의 지저분하고 먼지투성이인 뒷방으로 들어갔다. 그리고 그곳에 처박혀서는 누구의 간섭이나 방해도 받지 않고 가지고 들어간 자료만 참조해 자신의 취임 연설문을 썼다.

그렇다면 게티즈버그 연설은 어떻게 준비했을까? 이에 대해서는 여러 버전의 이야기들이 우후죽순 퍼져 있다. 하지만 진실을 듣고 나면 놀랄 것이다. 함께 살펴보자.

게티즈버그 묘지 위원회는 공식적인 추도 행사를 하기로 하고 에드워드 에버렛Edward Everett을 강연자로 초청했다. 그는 보스턴에서 활동하는 목사였고, 하버드 대학 총장, 매사추세츠 주지사, 미국 상원의원, 영국 대사, 국무장관을 역임했으며, 무엇보다도 사람들이 미국 최고의 연설가라고 생각했던 인물이다. 처음 정해진 행사 날짜는 1863년 10월 23일이었다. 현명하게도 에버렛은 연설을 준비할 시간이 너무 촉박하다고 말했다. 그래서 행사는 11월 19일로 거의 한 달이나 미루어졌다. 에버렛에게 충분한 시간을 주기 위해서였다. 마지막 사흘 동안 에버렛은 전장을 돌아보며 게티즈버그에서 일어났던 일을 하나도 놓치지 않고 직접 목도했다. 심사숙고하는 시간이야말로 최고의 준비였고, 그제야 그에게 전쟁이라는 공포가 생생하게 다가왔다.

상·하원의원, 대통령과 내각 각료들에게도 초대장이 발송되었다. 대부분 거절했기 때문에 위원회는 링컨 대통령의 참석 통지에 깜짝 놀랐다. 그렇다면 그에게 연설을 청해야 할까? 위원회는 애초에 그럴 계획이 없었다. 반대하는 이들도 여럿 있었다. 대통령은 아마 연설을 준비할 시간이 부족할 것이다. 시간이 있다고 해도 대통령에게 그럴 만한 능력이 있을까? 대통령의 노예제에 관한 토론이나 쿠퍼 유니언에서 한 연설이 성공적이었던 것은 사실이다. 하지만 추도 연설은 한 번도 한 적이 없다. 심각하면서도 진지한 행사였기 때문에 사소한 실수도 저질러서는 안 되니 모험을 할 수는 없었다. 연설을 청해야 할까? 그들은 고민하고 또 고민했다. 그러나 천 번을 더 고민했다 한들, 미래를 꿰뚫어볼 수 있었다 한들 능력을 의심했던 바로 그 사람이, 이제껏 인간이 했던 모든 연설 중 최고의 연설을 거기서 할 것이라고는 아무도 예상하지 못했을 것이다.

결국 위원회는 행사 2주 전 링컨에게 '적절한 말 몇 마디'를 부탁한다는 내용의 편지를 보냈다. 정말 문자 그대로 '적절한 말 몇 마디' 해달라고 했던 것이다. 감히 미국 대통령에게 그런 글을 쓰다니!

링컨은 즉시 연설 준비에 착수했다. 그는 에드워드 에버렛에게 편지를 써서 그의 연설 사본을 확보했다. 그리고 하루 이틀 후 스튜디오에 사진

찍으러 갈 일이 있었던 링컨은 에버렛의 원고를 가지고 가서 시간이 날 때마다 읽었다. 링컨은 며칠 동안 연설에 대해 곰곰이 생각했다. 백악관과 육군성을 오가며 생각했고, 육군성의 가죽 소파에 누워 늘어지는 전보를 기다리는 동안에도 생각을 멈추지 않았다. 그는 아무렇게나 돌아다니는 종잇조각에 초고를 써 높다란 실크 모자 속에 넣고 다녔다. 잠시도 쉬지 않고 원고에 대해 생각했고, 잠시도 쉬지 않고 원고의 틀을 잡아갔다. 연설 일주일 전 일요일, 링컨은 노아 브룩스^{Noah Brooks}에게 이렇게 말했다. "정확히 다 쓴 건 아닐세. 아직 끝냈다고도 할 수 없지. 두세 번 고쳐 썼네만 만족하려면 한 번 정도 더 꼼꼼하게 훑어봐야 할 거 같네."

링컨은 행사 하루 전날 밤 게티즈버그에 도착했다. 그 작은 마을은 사람으로 가득 차다 못해 넘쳐흐를 지경이었다. 평상시 1,300명이던 인구가 갑자기 1만 5천 명으로 늘어났으니 말이다. 인도는 사람으로 꽉 차 통행이 불가능해서 누구나 더러운 흙길로 다녀야만 했다. 군중은 열 개의 밴드 연주에 맞추어 북부 연합 행진곡인 〈존 브라운의 시신^{John Brown's Body}〉을 불렀다. 사람들은 링컨이 머물고 있던 윌슨 씨 집 앞으로 모여들었다. 그들은 링컨이 머물러 있는 곳을 향해 연설해달라는 요청을 노래처럼 불러댔다. 링컨은 다음 날까지는 연설하지 않겠다는 의사를 돌려 말하기보다 그저 몇 마디 단어로 명쾌하게 전달했다.

사실 그는 자신의 연설을 '다시 한번 꼼꼼히 훑어보며' 늦은 저녁 시간을 보내고 있었다. 심지어 국무장관 윌리엄 수어드^{William Seward}가 머물고 있던 이웃집에 찾아가 연설문을 소리 높여 읽고는 의견을 이야기해달라고까지 했다. 다음 날 아침 식사를 하고 그는 연설문을 '다시 한번 꼼꼼히 훑어보았다'. 글을 읽고 있는데 문밖에서 이제 행렬 속에 자리를 잡아야 할 시간이 되었다는 소리가 들렸다. 당시 대통령 바로 뒷자리에 탔던 카 대령은 다음과 같이 말했다. "행진이 시작되자 대통령은 말 위에 꼿꼿이 앉아 군 통수권자의 본분을 다하는 듯이 보였다. 하지만 막상 행렬이 움직이기 시작하자 몸을 앞으로 숙이고 팔을 축 늘어뜨린 채 고개를 푹 숙이고는 생각에 잠겼다."

우리는 그 순간조차 링컨이 영원히 잊지 못할 열 개의 문장으로 구성된 짧은 연설을 '다시 한번 꼼꼼히 훑어보고' 있었으리라 짐작할 뿐이다.

링컨도 피상적으로만 관심을 가졌던 주제에 대해서는 형편없는 연설을 하기도 했다. 하지만 노예제도와 연방제에 관해 이야기할 때는 비상한 힘을 드러냈다. 왜 그럴까? 그는 이 문제에 대해서 끊임없이 심사숙고해왔기 때문이다. 일리노이의 한 여관에서 함께 하룻밤을 보낸 친구에 따르면, 아침에 일어나 보니 링컨은 이미 침대에 걸터앉아 벽을 쳐다보며 이렇게 말하고 있었다고 한다. "분열된 가정은 제대로 유지될 수 없습니다. 저는 사람들이 반은 노예로, 반은 자유롭게 살아가는 정부 역시 영원히 지속할 수 없다고 믿습니다."

한편 예수는 어떻게 설교를 준비했을까? 그는 일단 군중 속에서 빠져나왔다. 그리고 생각했다. 숙고에 숙고를 거듭했다. 홀로 광야로 나가 40일을 밤낮으로 묵상하며 금식했다. 마태복음에는 "이때부터 예수께서 비로소 전파하기 시작했다"라고 기록되어 있다. 그로부터 얼마 지나지 않아 예수는 세상에서 가장 유명한 연설 중 하나를 선보였다. 산상수훈山上垂訓이었다.

당신은 이렇게 말할지도 모른다. "모두 흥미로운 이야기군요. 하지만 저는 그분들처럼 역사에 길이 남을 연설가가 되고 싶은 생각은 추호도 없습니다. 그저 이따금 사업상 모임에 나가 해야 할 간단한 말이라도 잘하고 싶을 뿐입니다."

안다. 우리는 당신의 욕구를 충분히 잘 알고 있다. 이 과정은 당신은 물론, 당신 주위의 사업가들을 위한 것이다. 할 말이 아무리 간단하고 쉽더라도 과거의 위대한 연설가들이 사용했던 방법을 알고 있다면 많은 도움을 받을 것이다.

발표를 준비하는 방법

할당된 발표 시간에 당신은 어떤 주제로 말하고 싶은가? 어떤 관심사라도 좋다. 가능하다면 스스로 주제를 선택하라. 혹시라도 주제가 당신을 끌어당긴다면 아주 운이 좋은 경우다. 물론 강사가 제시한 주제를 선택하기도 한다.

너무 많은 영역을 다루려고 애쓰지 마라. 누구나 저지르는 실수다. 한가지 주제에 관해 한두 개 정도의 관점만 가지고 충분히 이야기하라. 이강좌의 짧은 발표 시간을 고려했을 때 그렇게만 한다면 당신은 연설을 매우 잘하는 축에 속한다.

적어도 발표하기 일주일 전에는 주제를 정하라. 그래야 그 문제에 대해 골똘히 생각할 시간을 가질 수 있다. 일주일 동안 그 주제를 열심히 생각하라. 자면서도 생각하고, 잠에 곯아떨어지기 직전까지도 생각하라. 다음날 아침에 면도하면서도 생각하고, 목욕하면서도 생각하라. 차를 타고 출근하면서도, 엘리베이터를 기다리면서도 생각하라. 점심 약속을 기다리면서도 생각하라. 그리고 친구들과 논의해보라. 대화의 소재로 삼으라.

스스로 그 주제에 대해 할 수 있는 모든 질문을 해보라. 예를 들어 이혼에 대해 이야기할 예정이라면 많은 사람이 이혼하는 이유는 무엇인지, 이혼이 사회와 경제에 미치는 영향은 무엇인지 자문해보라. 이혼이 가져오는 부정적인 면은 어떻게 극복할까? 이혼법은 시대에 상관없이 언제나 같아야 할까? 왜 그럴까? 이혼법이라는 게 과연 필요하긴 할까? 이혼을 불가능하게 만들어야 하는 건 아닌가? 지금보다 더 하기 어렵게 만들면 어떨까? 아니면 더 하기 쉽게 하면 어떨까?

이 과정에 등록한 이유에 대해 이야기할 예정이라면 다음과 같은 질문을 해보아야 한다. 나의 문제는 무엇인가? 이 과정을 통해 나는 무엇을 배우려 하는가? 사람들 앞에서 이야기해본 경험이 있던가? 그렇다면 언제, 어디서였나? 어떤 일이 일어났는가? 직장인들은 이 과정을 꼭 들어야 하는가? 내가 아는 사람 중에 자신감 있는 태도로 확실한 존재감을 주며 말하는 능력 덕분에 남들보다 앞서가는 직장인이 있는가? 혹은 이러한 사산이 없어서 성공의 한계를 느끼는 사람은? 좀 더 구체적으로 생각해보자. 이름은 언급하지 말고 그 사람들에 관해 이야기해보자.

만약 당신이 자리에서 일어나 2~3분 동안 생각을 명확하게 이야기할 수 있다면, 처음 몇 번은 그것만으로도 괜찮다. 이 과정을 수강한 이유와 같은 쉽고 뻔한 화제는 약간의 시간을 들여 자료를 모으고 정리하면 누구나 잘 말할 수 있다. 당신이 본 것, 당신의 욕망, 당신의 경험을 말하는 것이기 때문이다.

반면에 당신이 하는 일에 대해 이야기한다고 하면 준비 방법이 다르다. 외부에서 자료를 찾을 필요가 없다. 당신이 하는 일이라는 주제라면 이미 자료는 차고 넘친다. 그렇다면 문제는 그중 어떤 것을 어떻게 골라 어떻게 배치할 것인가다. 3분 안에 당신이 아는 모든 것을 말하려고 하지 마라. 불가능한 일이다. 그렇게 할수록 강연은 외려 지나치게 추상적이고 단편적으로 흘러간다. 이야기하려는 것 중 단 하나만을 선택하라. 그 후 그 주제를 확장하고 확대해나가라. 예를 들어 당신이 그 사업이나 직업을 어떻게 선택하게 되었는지 들려주는 건 어떨까? 우연이었나? 아니면 스스로 선택한 결과였나? 일을 시작했을 때 얼마나 힘들었는지 어떤 좌절을 맛보았는지 이야기하고, 지금까지 어떤 결실을 거두었는지, 앞으로 무엇을 바라고 있는지 이야기하라. 직접 경험했던 진짜 인생을 이야기하라. 진정성 있는 내면의 이야기는 인간적인 관심을 끈다. 어떤 삶이든 다른 사람을 폄훼하지 않고 겸손하게 이야기한다면 누구에게나 흥미롭게 들리기 마련이다. 당신의 인생이야말로 최고의 연설 재료다.

혹은 당신이 하는 일을 다른 관점에서 생각해볼 수도 있다. 어떤 문제가 있는지? 당신이 하는 일에 관심 있는 젊은이에게 어떤 충고를 해줄 수 있는지?

또는 당신이 만나는 사람들에 대해 이야기할 수도 있다. 직원과는 어떤 문제가 있는지, 고객과는 어떤 문제가 있었는지 이야기해보라. 당신이 하는 일로 깨달은 인간 본성은 무엇인가? 일의 전문성에 초점을 맞추면 흥미를 끌기 어렵다. 하지만 인간관계나 사람의 본성을 드러내는 소재로는 오히려 실패하기가 어렵다.

무엇보다 추상적인 설교는 늘어놓지 마라. 모두가 지루해할 뿐이다. 여러 겹으로 된 페이스트리 빵을 굽는 것처럼 한 겹은 구체적인 사례로, 또 한 겹은 일반적인 담론으로 반복해서 채워라. 직접 경험한 구체적인 사례에서 근본적인 사실을 도출하라. 구체적인 사례는 추상적인 내용보다 훨씬 기억하기 쉬워 말하기도 수월하다. 다양한 사례는 당신의 연설을 도와주고 빛나게 한다.

여기 다양한 사례 제시라는 방식을 매우 잘 활용한 글이 있다. 이 글은, 경영인은 동료에게 책임을 분산해야 한다고 주장했던 B. A. 포브스Forbes의 기사에서 발췌했다. 다양한 경영인을 둘러싼 소문을 어떻게 다루고 있는가에 주목하라.

오늘날의 수많은 거대 기업도 한때는 1인 기업에 지나지 않았다. 하지만 대부분 1인 기업을 훌쩍 벗어나 성장했다. 사실 여전히 거대 기업은 '한 사람의 거대한 그림자'다. 그러나 근래의 산업이 거대규모로 운영되다 보니 아무리 유능한 거인이라도 고삐를 제대로 쥐기 위해서는 필연적으로 도움이 될 만한 똑똑한 동료를 두어야 한다.

울워스Woolworth는 한동안 1인 기업처럼 일했다. 그 결과 건강이 크게 상했다. 몇 주씩 병원에 누워 있던 끝에 울워스는 자기가 원하는 만큼 기업을 확장하려면 경영 책임을 분산해야 한다는 사실을 깨달았다.

베들레헴 철강회사Bethlehem Steel Corporation 역시 누가 보더라도 1인 기업 형태를 오랫동안 유지하고 있었다. 찰스 슈와브Charles M. Schwab는 모든 일을 혼자서 처리했다. 하지만 유진 그레이스Eugene G. Grace의 지위가 조금씩 높아지더니 슈와브보다 더 유능한 철강인으로 성장했다. 슈와브도 여러 번 이 사실을 인정한 바 있다. 이제 베들레헴 철강 회사는 더 이상 슈와브 개인의 회사가 아니다.

초창기 이스트먼 코닥Eastman Kodak은 조지 이스트먼George Eastman 혼자 모든 것을 도맡아 하는 기업이었다. 하지만 이스트먼은 현명하게도 이미 오래전에 자신의 회사를 효율적인 기업으로 만들어놓았다.

시카고의 커다란 식품 가공 공장 역시 창립자가 살아 있는 동안 비슷한 경험을 했다. 또 알려진 것과 달리 스탠더드 오일Standard Oil은 대기업으로 성장한 후 단 한 번도 개인기업이었던 적이 없었다. 지금은 엄청난 금융 거물이 된 J. P. 모건Morgan은 유능한 동료와 함께 책임을 공유해야 한다는 사실을 그 누구보다 열렬히 믿었다.

지금도 회사를 1인 기업처럼 좌지우지하고 싶은 야심 찬 기업가들이 있을 것이다. 하지만 이제는 개인적인 호불호와 상관없이 현대적 경영 구조가 거대해지면서 책임을 위임할 수밖에 없다.

어떤 사람은 자기 사업에 대해 이야기할 때 철저히 자기 관심 분야만 언급하는 용서할 수 없는 실수를 저지른다. 청중 앞에서 말하는 사람이라면 응당 청중이 무엇을 좋아하는지 알아야 하지 않겠는가? 사람들의 관심에 호소해야 하지 않겠는가? 청중이 화재보험 외판원이라고 가정해보자. 그럼 화재 예방법에 대해 말해야 하지 않을까? 만약 은행원이라면 금융이나 투자에 대한 이야기를 해야 하지 않을까?

청중이 누구인지, 어떤 사람인지 연구해야 한다. 그들의 욕망과 바람에 대해 생각해보라. 때로는 이것이 발표라는 전투 준비의 절반을 차지한다.

시간이 허락한다면 몇 가지 주제에 대한 책을 읽으며 다른 사람들이 어떤 생각을 하고 어떤 말을 했는지 찾아보는 것도 필요하다. 하지만 스스로가 정말 필요하다는 생각이 들기 전까지는 책을 읽지 마라. 당신의 생각이 숙성되는 것이 먼저다. 그 후 공공 도서관에 가서 사서에게 무엇이 필요한지 말하라. 이런저런 주제로 발표를 준비하고 있다고 말하라. 솔직하게 도움을 청하라. 평소 혼자 자료를 찾아 공부하는 습관이 있지 않다면, 아마 사서가 제공하는 도움에 깜짝 놀랄 것이다. 사서는 당신의 주제에 꼭 들어맞는 책은 물론 그 주제와 연관된 토론 개요 혹은 요약본까지도 제시할 것이고, 당대를 대표하는 양쪽의 주장이 담긴 책도 찾아줄 것이다. 또 『정기간행물 독자 가이드Reader's Guide to Periodical Literature』, 『세기의 기록Century Book of Facts』, 『세계 연감World Almanac』과 같은 20세기 이래 논의된 다양한 주제를 보기 좋게 정리해놓은 책도 알려줄 것이다. 그 외에도 백과사전 등의 많은 참고도서도 귀띔해줄 것이다. 이 자료들은 작업장에 있는 도구와 마찬가지니 적극 활용할수록 좋다.

여력이 생기는 비결

원예 과학자 루서 버뱅크Luther Burbank는 죽기 직전 이런 말을 남겼다. "대략 수백만 종의 식물 표본을 만들었지만, 그중 쓸만한 것은 한두 개밖에 없었다. 나머지 표본들은 모두 없애버려야 했다." 연설도 다소 낭비가 심하다 싶을 정도로 자료를 준비한 후 그중에서 골라내야 한다. 100개가 넘는 생각을 모았다면 그중 90개는 버려라.

실제로 이용할 수 있는 것보다 더 많은 자료와 정보를 모으라. 자료와 정보를 많이 모으면 모을수록 주제를 제대로 다룰 수 있겠다는 자신감이 들 것이다. 당신의 태도와 심리 상태를 더욱 단단히 하기 위해서라도 더 많은 자료와 정보를 모으라. 이는 모든 강연 준비의 기본이며 핵심이다. 그러나 많은 이들이 대중연설을 준비하든 인터뷰를 준비하든 상황과 관계 없이 이를 간과한다.

교육자이자 축구선수로 유명했던 아서 던Arther Dunn은 이렇게 말했다.

저는 수백 명이 넘는 세일즈맨, 외판원, 판매원을 가르쳐왔습니다. 그들의 가장 커다란 약점은 자기가 판매하는 제품의 특성을 제대로 모를뿐너러 그것이 얼마나 중요한지조차 깨닫지 못한다는 것이었습니다.

많은 세일즈맨이 사무실에 와서 상품에 대한 설명을 듣고, 영업은 어떻게 하는지에 대해 간략히 듣고 나서 바로 물건을 팔고 싶어 합니다. 이러한 세일즈맨 중 대부분이 일주일을 버티지 못했고, 심지어 48시간도 견디지 못하는 사람도 있었습니다. 특별 식품food specialty(이를테면 지역특산품) 판매를 전문으로 하는 외판원과 세일즈맨을 교육할 때, 저는 그들을 식품 전문가로 만들기 위해 노력합니다. 일단 미국 농무부에서 발행한 식품성분표를 연구하게 합니다. 성분표를 보고 그들이 판매하는 식품에 얼마나 많은 수분, 단백질, 탄수화물, 지방, 탄산칼륨이 포함되어 있는지 파악하게 합니다. 며칠 동안 관련 학교에 보내 시험도 치르게 합니다. 그렇게 제품 성분을 이해한 다음에야 비로소 그 제품을 팔라고 합니다. 동료 세일즈맨에게 그 제품을 팔아보게도 합니다. 그리고 최고의 세일즈맨을 선정해 상을 줍니다.

자기가 팔 물건을 연구하는 것에도 짜증을 내는 세일즈맨을 적지 않게 보았습니다. 그들은 이렇게 말하더군요. "소매점에서는 이런 걸 설명할 시간도 없어요. 그들은 너무 바쁘거든요. 단백질과 탄수화물에 대해 이야기하면 듣는 시늉도 안 할 겁니다. 듣는다고 해도 무슨 소린지 알아듣지도 못할 테고요." 그러면 저는 이렇게 말합니다. "고객을 위해서가 아니라 여러분을 위해 지식을 습득하는 겁니다. 여러분이 판매하는 제품을 완벽히 알게 되면 뭐라 설명하기 힘든 느낌이 들 겁니다. 이성과 감성이 모두 강력해져 누구에게도 질 것 같지 않은 압도적인 느낌 말입니다."

스탠더드 석유회사의 역사를 기록한 아이다 타벨Ida M. Tarbell은 몇 년 전 파리에서 체류하던 중 『매클루어』 잡지 창간자인 S. S. 매클루어McClure로부터 짧은 기사를 써달라는 제의를 받았다. 대서양을 관통하는 해저 케이블

이 주제였다. 그녀는 런던으로 가서 해저 케이블 유럽 담당자와 인터뷰하고 기사를 쓰기에 충분할 만큼 자료를 모았다. 거기에 그치지 않았다. 그녀는 대영박물관을 방문해 전시 중이던 모든 케이블을 조사하고, 케이블의 역사에 관한 책을 읽고, 심지어 런던 외곽에 있던 제조업체를 찾아가 케이블 제조 공정까지도 꼼꼼하게 살펴보았다.

그녀는 왜 자신이 사용할 정보보다 열 배나 많은 정보를 모았을까? 그래야 여력이 생긴다고 믿었기 때문이다. 알면서도 드러내지 않는 것들이 그녀가 하는 얼마 안 되는 말에 생동감을 부여한다는 사실을 알고 있었기 때문이다.

에드윈 제임스 커텔Edwin James Cattell은 지금까지 어림잡아 3천만 명을 상대로 강연했다. 그는 집으로 돌아오는 길에 '그 이야기를 했어야 했는데…'라는 생각이 들지 않으면 실패한 연설이라 생각한다고 내게 털어놓았다. 왜 그럴까? 그는 오랜 경험을 통해 훌륭한 연설은 주어진 시간 내에 모두 사용할 수 없을 정도로 많은 자료가 축적된 연설이라는 사실을 알고 있기 때문이다.

당신은 이렇게 반박할 것이다. "뭐야? 이 사람은 내가 이런 일을 할 정도로 시간이 남아돈다고 생각하는 건가? 사업은 물론이고 건사해야 할 아내와 두 아이, 거기에다 에어데일테리어 두 마리를 키우는 나한테 박물관에 달려가서 케이블을 구경하고 거기에 관한 책을 읽으며 꼭두새벽부터 일어나 발표 준비를 하라는 건가?"

잘 알고 있다. 당신의 푸념에 공감하는 부분도 많다. 또 당신은 그 주제에 관해 이미 충분히 생각해봤을 것이다. 강연을 미리 구상할 필요가 없다는 이야기를 듣기도 할 것이다. 청중 앞에서 즉흥 연설을 할 수 있을 정도로 쉬운 화제가 주어질 수도 있다. 즉석에서 생각하고 말하는 것은 대단히 훌륭한 훈련 기회이기도 하다. 사업상 느닷없이 말을 해야 하는 상황에 처할 수도 있으니 말이다.

이 책을 읽는 독자 중에는 연설거리를 준비하는 법을 배워야 할 필요성을 느끼지 못하는 사람도 있다. 그 자리에서 떠오른 아이디어로 비즈니스 회의 석상에 참여하길 좋아하는 사람들이 그렇다. 그들은 강의를 들으며 발표자로부터 약간의 영감을 얻는 것에 만족하곤 한다. 이 방법을 제한적으로 사용한다면 추천할 만하다. 하지만 남용해서는 안 된다.

이 장에서 제시한 방법을 따라 해보라. 그러다 보면 쉽고 효과적으로 발표를 준비하게 될 것이다. 발표를 준비할 여유 시간이 날 때까지 어물쩍거린다면 그 시간은 절대 오지 않을 것이다. 그러나 이런 작업을 습관적으로 할 수 있게 정해놓으면 어떨까? 일주일에 하루, 저녁 8시에서 10시까지와 같은 식으로 특정 시간을 할애해 이 일에 전념하는 건 어떨까? 확실하면서도 체계적인 방법이다. 시도해보지 않겠는가?

자신감은 철저한 준비가 만든다

1. 머리와 마음속에 진심으로 하고 싶은 말이 있을 때, 다시 말해 무언가를 말하고자 하는 내적 충동이 있을 때 화자는 훌륭한 연설을 할 수 있다. 더불어 준비가 잘되어 있다면 이미 90퍼센트는 청중에게 전달된 셈이나 다름없다.

2. 준비란 무엇인가? 기계적으로 종이 위에 문장들을 적어 내려가는 것인가? 누군가가 했던 멋진 표현을 외우는 것인가? 결코 아니다. 진정한 준비란 당신의 내면에서 무언가를 캐내고, 그 누구도 아닌 자기만의 생각을 모아 정리하는 것이다. 자기 생각을 소중히 여기고 잘 자라도록 물을 주는 것이다. 예를 들어 뉴욕의 잭슨 씨는 『포브스』에 실린 기사에서 추려낸 남의 생각만 되풀이해서 말하다가 실패했다. 그 기사를 발표하려는 내용의 출발점으로만 사용하고 자기가 직접 경험한 사례를 말한 후에야 그는 비로소 성공적인 연설을 했다.

3. 자리에 앉아 30분 만에 뚝딱 발표문을 만들어내려 하지 마라. 발표 내용은 스테이크처럼 주문하면 바로 나오는 요리가 아니다. 이야기는 성장해야 한다. 주초에 발표할 화제를 선택하고 이따금씩 생각해보라. 곰곰이 따져보고 자면서도, 꿈을 꾸면서도 떠올려라. 대화 소재로 삼고 친구들과 논의하라. 그 주제에 대해 가능한 한 모든 질문을 하라. 떠오르는 수많은 단상과 사례를 종이에 적고, 생각하길 멈추지 마라. 목욕하거나, 운전하거나, 저녁 식사를 기다리고 있을 때도 아이디어나 제안, 대안 들이 불현듯 떠오를 것이다. 링컨 역시 이러한 방법을 이용했다. 사실 성공한 연설가들의 거의 대부분이 이 방법을 활용해왔다.

4. 우선 혼자서 고민해본 후, 시간이 허락하면 도서관에 가서 자신이 이야기하고자 하는 주제에 관한 책을 찾아서 읽으라. 사서에게 필요한 것을 말하라.

아마 많은 도움을 받을 수 있을 것이다.

5. 당신이 사용하고자 하는 것보다 훨씬 더 많은 자료를 모으라. 루서 버뱅크를 모방하라. 그는 한두 개의 훌륭한 표본을 얻기 위해 수백만 종의 표본을 만들 어야 했다. 100개의 생각을 모으고 그중 90개는 버려라.

6. 여유 있는 태도를 만드는 가장 좋은 방법은 쓰고자 하는 양보다 훨씬 더 많은 정보를 축적하는 것이다. 다시 말해 지식을 충분히 비축해두는 것이다. 아서 던이 특별 식품을 판매하는 세일즈맨을 교육했던 방법을 떠올려보라. 아이 다 타벨이 대서양 해저 케이블에 관한 기사를 준비할 때 썼던 방법을 따라 해 보라.

❖

올바른 호흡 2

유명한 성악가 장 드 레슈케는 이렇게 충고했다. "넥타이를 높게 매고 다녀라." 자리에서 일어나 그의 말대로 해보자. 어깨는 올리지 말고 가슴을 적절한 위치까지 끌어올린다. 발 앞꿈치에 무게를 두고 서서 손은 머리 위에 놓는다. 뒤꿈치를 바닥에서 떼지 않은 채 손으로 머리를 내리누른다. 팔의 근육을 지나치게 쓰지 말고 가능한 한 꼿꼿하게 서보라. 이제 됐다. 당신은 지금 똑바로 서 있는 것이다. 배는 들이밀고, 넥타이와 가슴은 들어 올린 상태에서 목덜미가 옷깃과 붙어 있다. 혹시 어깨가 들려 있는가? 그렇다면 자세를 이완하고 어깨를 내려라. 어깨가 아니라 가슴을 들어 올려야 한다. 그다음에는 가슴을 내리지 말고 숨을 내쉬어라. 숨이 다 빠져나갈 때까지 가슴의 위치를 높게 유지하라.

이제 당신은 올바르게 숨을 쉴 준비가 되었다. 눈을 감고 천천히, 편하게 코로 숨을 깊이 들이마셔라. 앞서 '올바른 호흡 1'에서 횡격막 호흡을 연습할 때 어떤 느낌이 들었는지 떠올려보라. 횡격막이 거듭 팽창해서 갈비뼈를 옆으로 밀어내는 모습을 상상하라. 종이 접시가 압력을 받아 납작해지는 것처럼 횡격막이 평평해지는 기분을 옆구리와 등에서 느껴야 한다. 손가락을 가슴뼈 바로 아래 말랑말랑한 부분에 대고 천천히 숨을 들이마시며 횡격막이 아래로 부푸는 것을 느껴보라.

한 번 더 실행해보자. 코로 숨을 들이마신다. 거듭 말하지만 어깨를 들어 올리지 마라. 일부러 폐를 지나치게 확장하려 해서도 안 된다. 넥타이가 높게 올라간 상태에서 다시 한번 숨을 들이마신다. 몸 가운데가 팽창하는 느낌이 들어야 한다.

세계적인 알토 슈만하잉크Ernestine Schumann-Heink는 "저는 하루도 빼놓지 않고 깊은 숨쉬기를 연습합니다"라고 말했다. 전설적인 테너 카루소Enrico Caruso도 마찬가지였다. 그 결과 그는 엄청나게 강한 횡격막을 갖게 되었다. 음악을 배우는 학생들이 찾아와서 호흡에서 가장 중요한 것이 무엇이냐고 물을 때마다 그는 이렇게 말하곤 했다. "내가 힘을 빼고 있을 테니 내 횡격막을 주먹으로 있는 힘껏 눌러보게." 그러고는 빠르게 숨을 들이마시며 몸을 부풀려 주먹을 튕겨냈다고 한다.

아무리 올바른 호흡법을 알고 있어도 실천하지 않으면 아무런 소용이 없다. 매일같이 길을 걸으면서 연습해보라. 사무실에서도 틈틈이 할 수 있다. 한 시간 정도 어떤 문제에 집중하고 난 다음이면 창문을 활짝 열고 신선한 공기를 폐에 가득 채워라. 시간 낭비가 아니다. 오히려 활력을 높이고 건강을 되찾는 소중한 시간이다. 이 연습은 아무리 열심히 해도 나쁠 게 전혀 없다. 꾸준히 하다 보면 어느새 몸에 밸 것이다. 그러면 도대체 전에는 어떻게 숨을 쉰 것인지 돌아볼 것이다. 폐의 위쪽으로만 호흡하는 것은 숨을 반만 쉬는 것이나 마찬가지다. 산스크리트 경전에는 "반쯤 숨을 쉬는 사람은 반쯤 살아 있는 셈이다"라는 말도 있다.

이 책에서 제시하는 올바른 호흡법을 날마다 실천에 옮긴다면, 목소리가 좋아질 뿐 아니라 폐렴에 걸릴 가능성도 줄어든다. 사람들을 겨울마다 괴롭히는 감기에도 잘 걸리지 않을 것이다.

3장

위대한 연설은 어떻게 탄생하는가

당신의 생각을 뒤죽박죽 정리되지 않은 상태로 가지고 다니는 것과 당장 전달할 수 있을 만큼 포장된 상태로 가지고 다니는 것은 엄청난 차이가 있다.

조지 로리머George Lorimer (『경영자 아버지의 백 년 전 편지』 저자)

문제의 본질을 간파하는 능력은 똑똑한 사람과 그렇지 않은 사람을 가르는 핵심 역량이다. 단언하건대 대학 교육의 가장 큰 이점은 잘 훈련된 사고방식으로 그 능력을 습득하게 하는 것이다.

존 그리어 히븐John Grier Hibben (프린스턴 대학교 총장)

사람들 중에 누가 더 우월한지 어떻게 구별할 수 있을까? 우월한 정신을 가진 사람을 즉각적으로 돋보이게 하는 건 무엇일까? 그들의 사고방식이 체계적일 때 우리는 그런 인상을 받는다.

새뮤얼 테일러 콜리지Samuel Taylor Coleridge (영국 시인, 비평가)

말하기에 대해 흔히 하는 착각은 '할 말만 있으면 된다'라는 것이다. 이는 완전히 틀린 생각이다! 그 '할 말'이 확신에서 나온 게 아니라면 차라리 바람에 대고 이야기하는 편이 낫다. 또 오늘날의 연설가라면 '할 말'은 물론 그것을 가장 잘 전달하는 방법도 배워야 한다. 채텀, 웹스터, 비처 같은 연설가도 '할 말'이 있었지만 그것을 어떤 순서와 방식으로 보여줄지에 대해서는 치밀하게 구상했다.

아서 에드워드 필립스Arthur Edward Phillips (『효과적인 연설Effective Speaking』 저자)

뉴욕 로터리 클럽 오찬 모임에 참석했을 때였다. 그날 초청 연설자는 정부 고위 관리였다. 모든 참석자가 지위는 물론 명망도 높은 그의 강연을 기대하고 있었다. 그는 자기 부서의 활동에 대해 말하기로 되어 있었다. 뉴욕에서 활동하는 사업가라면 누구나 관심 가질 만한 주제였다.

그는 자기가 연설할 주제에 대해 너무나도 잘 알고 있었다. 아마 연설에서 전달하려는 것보다 훨씬 많이 알고 있었을 것이다. 그러나 연설을 제대로 준비하지 않았던 것이 문제였다. 화제를 고르지도 않았고, 질서정연하게 정리하지도 않았다. 그런데도 경험이 모자란 사람의 특징이라 할 수 있는 만용을 부리며 부주의하고 맹목적으로 자기 연설에 심취했다. 어디로 가야 하는지 목적지도 알지 못한 채 무턱대고 길을 나선 셈이었다.

그의 머릿속은 뒤죽박죽된 상태였고 따라서 우리에게 내놓은 마음속 향연 또한 엉망진창이었다. 맨 마지막에 디저트로 나와야 할 아이스크림이 가장 먼저 나오고, 그다음에 수프를 내는 식이었다. 그 후에 생선과 견과류가 나왔다. 게다가 수프, 아이스크림 그리고 정체를 알 수 없는 것들을 마구 섞어놓은 듯한 음식도 있었다. 나는 어디에서도 그렇게 당황스러워하는 연설가를 본 적이 없다.

그는 즉흥 연설을 해보려 애썼다. 절망에 사로잡혀 주머니에서 서둘러 원고 뭉치를 꺼냈는데 비서가 그 원고를 작성했다는 사실을 고백이라도 하려는 것처럼 보였다. 누가 봐도 뻔히 알 수 있었다. 원고 뭉치는 구겨진 고철을 잔뜩 실은 수레처럼 아무런 질서를 찾아볼 수 없었기 때문이다.

그는 초조하게 원고를 뒤적거렸다. 이 원고를 보다가 저 원고를 보며 필사적으로 방향을 잡아보려 애썼다. 막다른 골목에서 탈출구를 찾아내 우아하게 연설하려 했지만 이미 불가능한 일이었다. 그는 사람들에게 미안하다고 하고 물을 한 잔 청했다. 손을 부들부들 떨며 물을 마시고, 종잡을 수 없는 몇몇 문장을 꺼냈다가 이전에 했던 말을 반복하고, 다시 원고를 뒤적거렸다. 시간이 흐를수록 점점 더 비참해지고, 당황스러워하고, 어쩔 줄 몰라 하며, 부끄러워했다. 초조함으로 이마에는 땀이 흐르기 시작했다. 땀을 훔치는 손수건마저 덜덜 떨렸다.

자리에 앉아 이 엉망진창인 연설을 듣고 있노라니 측은함마저 느껴져 지켜보는 것만으로도 고통스러웠다. 우리는 그가 느끼는 수치심을 똑같이 체험하고 있었다. 하지만 분별력보다는 고집이 앞섰던 화자는 허둥대고, 원고를 들여다보고, 사과하고, 물 마시는 일을 계속 반복했다. 처음에는 진기했던 구경거리가 이제는 완전히 재앙으로 바뀌었다. 마침내 그가 자리에 앉으며 이 끔찍한 선생이 그치자 모두가 한숨 돌리며 안도했다. 내가 겪어본 가장 불편했던 연설이었다. 이제껏 내가 보아온 가장 부끄럽고 굴욕적인 연설가였다. 그는 마치 루소Jean Jacques Rousseau가 말했던 연애편지 쓰는 법을 실천에 옮기듯 강연했다. 다시 말해 그는 무슨 말을 해야 할지 모르는 상태에서 시작해 자신이 이제껏 무슨 말을 했는지도 모른 채 끝을 맺었다(루소는 연애편지 쓰는 법에 대해 "좋은 연애편지를 쓰기 위해서는 어떤 말을 해야 할지 모르는 상태에서 시작해서 무슨 이야기를 썼는지 모르는 상태에서 끝내야 한다"라고 말했다-옮긴이).

허버트 스펜서Herbert Spencer의 이 말이 이야기의 교훈을 잘 말해준다. "정리되지 않은 지식이 많으면 많을수록 더 혼란스럽기 마련이다."

제정신인 사람이라면 설계 도면도 없이 무작정 집을 지으려 하지 않을 것이다. 마찬가지로 전반적인 개요나 순서도 생각해보지 않고 강연을 시작하는 건 무슨 심산인가?

강연은 목적지가 있는 항해다. 따라서 해도 위에 미리 경로를 그려보아야 한다. 아무 데서나 출발하는 사람은 아무 데나 도착하기 마련이다.

대중연설을 배우려는 학생들이 모이는 전 세계의 교실마다 붉은 글씨로 나폴레옹이 한 다음과 같은 말을 써놓고 싶다. "전쟁이란 미리 예측하지 않으면 성공할 수 없는 과학이다."

사람들 앞에서 하는 연설에도 이 진실은 적용된다. 하지만 화자들이 이 진실을 알고 있을까? 알고 있더라도 이 진실을 실천하는가? 그렇지 않다. 강조하건대 절대 그렇지 않다. 많은 대중연설 준비가 그저 아이리시스튜를 끓이는 것 정도의 계획과 준비에 그친다.

아이디어를 가장 효과적으로 배치하는 방법은 무엇일까? 그 아이디어를 직접 들여다보기 전까지 이에 답할 수 있는 사람은 아무도 없다. 즉 질문은 하나지만 답은 항상 다르며, 모든 화자는 끊임없이 자문해야 한다. 절대적으로 옳은 방법이란 없다.

여기서는 구체적인 사례를 통해 생각을 질서정연하게 정리하는 법부터 간략하게 살펴보도록 하자.

상 받은 연설의 구성 방식

다음 연설은 이 강좌를 들었던 한 수강생이 전미 부동산협회National Association of Real Estate Boards 제13차 정기총회에서 했던 연설이다. 이 연설은 여러

도시의 27개의 연설들과 경합해 1등을 차지했다. 이 연설은 명확하고 생생하면서도 흥미롭고 구성 역시 훌륭하다. 패기 있게 전진해간다. 읽어보고 연구해볼 만한 가치가 충분하다.

의장님과 내외빈 여러분,

144년 전 미국이라는 이 위대한 나라는 제가 사는 도시 필라델피아에서 태어났습니다. 이 자랑스러운 역사를 가진 도시가 강력한 미국 정신을 보여주며, 미국 최고의 산업중심지로 성장하고, 전 세계에서 가장 크고 아름다운 도시가 된 건 당연한 일입니다.

필라델피아에는 2백만에 가까운 사람들이 살고 있고, 크기는 밀워키와 보스턴, 파리와 베를린을 합쳐놓은 것과 비슷합니다. 더구나 그 210제곱킬로미터 부지 중 32제곱킬로미터에 달하는 땅을 아름다운 공원, 광장, 대로로 만들어 미국인이라면 응당 누려야 할 쾌적한 환경은 물론, 휴식과 오락을 즐길 수 있는 공간으로 제공하고 있습니다.

내외빈 여러분, 필라델피아는 이렇듯 크고 깨끗하고 아름다운 도시이면서 전 세계에서 최고의 일자리를 제공하는 도시로도 유명합니다. 우리 시의 9,200여 곳의 공장은 40만 명이 넘는 사람들을 고용해 10분당 10만 달러 상당의 가치를 창출하고 있습니다. 한 저명한 통계학자에 따르면 양모, 피혁, 편물, 직물, 중절모, 하드웨어, 공구, 저장용 배터리, 강선鋼船 등 이렇게 많은 분야에서 수많은 제품을 생산하는 도시는 미국 어디에서도 찾기 어렵습니다. 밤낮을 막론하고 두 시간마다 기관차 한 대를 만들어내고 있으며, 이 위대한 나라에 사는 사람 중 절반가량은 필라델피아에서 만든 전차를 타고 다닙니다. 1분마다 1천 개의 시가를 생산하고, 작년에는 115군데의 양말 공장에서 미국인 모두가 두 켤레씩은 신을 수 있을 만큼의 양말을 만들었습니다. 영국과 아일랜드를 합쳐도 우리 도시에서 생산하는 만큼의 카펫과 러그를 만들어내지 못합니다. 사실 우리 도시의 상업과 산업 규모가 엄청나다 보니 작년 어음 교환액이 무려 370억 달러에 달해 미국 전체에서 발행했던 리버티 본드Liberty bond(제2차 세계대전을 위해 발행했던 채권 - 옮긴이)와 맞먹을 정도였습니다.

내외빈 여러분, 우리가 이룬 엄청난 산업 발전만큼이나 우리 도시가 미국에서 가장 큰 의료, 예술, 교육센터를 갖춘 도시 중 하나라는 사실에도 자부심을 느낍니다. 하지만 무엇보다 세계 어느 곳보다 많은 주택이 있다는 것에 가장 큰 자긍심을 느낍니다. 필라델피아에는 39만 7천여 채의 개인 주택이 있습니다. 이 주택을 7.6미터 너비의 단층으로 나란히 세우면 필라델피아에서부터 지금 이 회의가 열리고 있는 캔자스시티 공회당을 지나 덴버에 이르기까지 무려 3,027킬로미터에 달할 것입니다.

하지만 여러분이 특히 주목해야 할 것은 이 집들이 대부분 필라델피아 노동자들이 소유하거나 살고 있는 집이라는 점입니다. 발을 딛고 서 있는 땅이 있고, 머리를 눕힐 수 있는 지붕을 소유한 노동자라면 세계독립노동자협회의 주장에 귀를 기울일 가능성, 사회주의나 볼셰비즘이라고 알려진 수입된 질병에 걸릴 일도 없습니다.

필라델피아는 유럽의 무정부주의 따위가 싹 틔울 수 있는 땅도 아닙니다. 우리의 가정, 교육제도, 거대 산업은 진정한 미국 정신에 의해 만들어졌기 때문입니다. 선조들의 유산인 이 정신은 바로 우리 도시에서 싹텄습니다. 필라델피아는 이 위대한 조국을 낳은 어머니 같은 도시입니다. 미국의 자유를 낳은 발원지가 바로 필라델피아입니다.

필라델피아는 미국 국기가 최초로 만들어진 도시이고, 최초로 미국 의회가 소집된 도시이며, 독립선언문 서명이 이루어진 도시인 동시에 미국인들이 가장 사랑하는 유물인 자유의 종이 수많은 이들에게 용기를 불어넣었던 도시입니다. 우리 도시는 금송아지를 섬기지 않고 미국 정신을 퍼뜨리며 자유의 불꽃을 꺼뜨리지 않는 신성한 역할을 감당하고 있다고 믿습니다. 하느님이 허락하시는 한 조지 워싱턴과 링컨 그리고 시어도어 루스벨트 정부가 모든 인류에게 희망을 주었다고도 믿습니다.

이 연설을 분석해보자. 구성 방식은 어떤지, 어떤 효과가 있는지 살펴보도록 하자. 우선 시작과 끝이 있다. 웬만한 연설에서는 찾아볼 수 없는 장점이다. 당신이 생각하는 것보다 훨씬 보기 드문 장점이다. 일단 중요한 부분에서 시작하고 있다. 기러기가 나는 것처럼 전혀 주저하지 않고 바로 정곡을 찌른다. 꾸물거리지 않는다. 시간을 낭비하지 않는다.

신선하고 개성 있다. 다른 화자라면 꺼내기 힘들었을 이야기로, 다시 말해 자기가 살고 있는 도시가 바로 미국의 발상지라며 연설을 시작한다.

그는 필라델피아가 세상에서 가장 크고 아름다운 도시 중 하나라고 말한다. 하지만 이 주장은 일반적이고 진부하며 그 자체만으로는 별로 인상적이지 않다. 화자도 이 사실을 알고 있다. 그래서 그는 필라델피아가 "밀워키, 보스턴, 파리와 베를린을 모두 합쳐놓은 것과 같다"라고 말하며 청중들에게 필라델피아의 규모를 머릿속으로 그려볼 수 있게 돕는다. 명확하면서 구체적이다. 흥미로우면서 놀랍다. 시선을 사로잡는다. 통계 수치로 그 크기를 전달하는 것보다 훨씬 더 잘 와닿는다.

그런 다음 필라델피아가 전 세계에서 최고의 일자리를 제공하는 도시라고 선언한다. 과장된 이야기처럼 들린다. 그렇지 않은가? 마치 선동하는 것처럼 느껴진다. 아무런 설명 없이 바로 다음 내용으로 넘어갔다면 누구도 그의 말을 믿지 않았을 것이다. 하지만 화자는 그러지 않았다. 그는 다음 내용으로 넘어가는 대신 세계에서 가장 많은 생산량을 자랑하는 '양모, 피혁, 편물, 직물, 중절모, 하드웨어, 공구, 저장용 배터리, 강선' 등 필라델피아에서 생산되는 제품들을 일일이 열거한다.

자, 이제는 그다지 선동하는 것처럼 들리지 않는다. 그렇지 않은가?

"밤낮을 막론하고 두 시간마다 기관차 한 대를 만들어내고 있으며, 이 위대한 나라에 사는 사람 중 절반가량은 필라델피아에서 만든 전차를 타고 다닙니다."

이 말을 듣고 이렇게 생각할 수도 있다. '몰랐는걸. 어제 그 전차 중 한 대를 타고 시내에 갔을지도 모르겠네. 내일은 우리 시가 어디서 전차를 구매하는지 한번 알아봐야겠군.'

"1분마다 1천 개의 시가를 생산하고, 작년에는 115개의 양말 공장에서 미국인 모두가 두 켤레씩은 신을 수 있을 만큼의 양말을 만들었습니다."

우리는 더 깊은 인상을 받는다. '내가 좋아하는 시가를 필라델피아에서 만들었을지도 모를 일이군. 내가 지금 신고 있는 양말도….'

그리고 화자는 무슨 말을 하는가? 앞서 말했던 필라델피아의 규모에 관한 이야기로 돌아가 언급하지 않았던 다른 사실들을 나열하는가? 아니다. 전혀 그렇지 않다. 그는 한 가지 주제가 완전히 끝날 때까지 집요하게 논점을 물고 늘어지기 때문에 앞에서 언급했던 화제로 돌아갈 필요가 없다. 그 점에 있어서 화자에게 정말로 고맙게 생각한다. 황혼 녘에 길을 잃은 박쥐처럼 이 이야기에서 저 이야기로 왔다 갔다 하는 연설이야말로 가장 혼란스럽고 지리멸렬한 연설이기 때문이다. 많은 화자가 이런 잘못을 저지른다. 1, 2, 3, 4, 5 순서대로 자신의 요점을 말하지 않고, 마치 미식축구 쿼터백이 27, 34, 19, 2라고 신호를 보내듯이 말한다. 아니다. 그보다 더 형편없다. 많은 화자가 27, 34, 27, 19, 2, 34, 19와 같이 종잡을 수 없는 순서로 이야기한다.

하지만 우리의 화자는 정해진 시간에 맞춰 잠시도 쉬지 않고, 뒤를 돌아보지 않고, 좌고우면하지 않고 곧바로 나아간다. 마치 자신이 이야기했던 기관차처럼 말이다.

그러다가 전체 연설 중에서 가장 근거가 취약한 주장을 내놓는다. 그는 "필라델피아가 미국에서 가장 큰 의료, 예술, 교육센터를 갖춘 도시 중 하나"라고 선언한다. 이것으로 끝이다. 빠르게 다른 화제로 넘어간다. 열두 개의 단어만으로 우리의 기억에 선명하게 뭔가를 남기려 하지만, 65개의 단어로 구성된 문장에서 이 열두 개의 단어는 눈에 띄지 않는다. 아무런 효과가 없다. 당연한 사실이다. 인간의 기억력은 그렇게 뛰어나지 않기 때문이다. 화자는 이 요점에 많은 시간을 할애하지 않았고, 너무나 모호하게 주장했고, 자신도 이 사실에 별로 깊은 인상을 받지 못한 느낌을 주다 보니 청중에게 아무런 영향을 미치지 못한다. 그러면 어떻게 해야 했을까? 그는 필라델피아가 세계의 일터라는 사실을 입증하기 위해 사용했던 방법을 여기서도 사용할 수 있었다. 물론 그도 알고 있었다. 다만 경연을 위해 주어진 시간이 5분이며 1초도 더 넘길 수 없다는 사실도 알았다. 그래서 시간이 부족해 이 부분은 얼버무리고 넘어갈 수밖에 없었던 것이다.

"세계 어느 곳보다 많은 주택이 있다"라는 문장을 보자. 화자는 이 화제를 어떻게 인상적이면서도 설득력 있게 제시할 수 있었을까? 우선 그는 39만 7천이라는 구체적인 수치를 댔다. 둘째, 그는 이 수치를 머릿속에 그려보게 했다. "7.6미터 너비의 단층으로 나란히 세우면 필라델피아에서부터 지금 이 회의가 열리고 있는 캔자스시티 공회당을 지나 덴버에 이르기까지 무려 3,027킬로미터에 달할 것입니다."

그가 이 문장을 끝마치기도 전에 청중은 방금 언급된 구체적인 수치를 잊을 수도 있다. 하지만 두 번째 문장을 머리에 그린 사람은 어떨까? 그 그림을 잊기란 불가능에 가깝다.

사실관계에 대해서는 이쯤 해두자. 자료만으로 유창한 연설을 만들어내기는 힘들기 때문이다. 이에 우리의 화자는 청중의 감정을 고조시켜 클라이맥스를 만들고 감동을 주고자 했다. 그는 마지막 부분에 집어들이 감정적인 재료를 끄집어내기 시작한다. 그는 노동자가 주택을 소유하고 있는 것이야말로 이 도시의 정신이라고 말한다. '사회주의와 볼셰비즘, 유럽의 무정부주의라고 알려진 수입된 질병'을 비난한다. 그리고 필라델피아를 "미국의 자유를 낳은 발원지"라고 칭송한다. 자유는 그야말로 마법과도 같은 낱말이다. 수백만 명의 사람이 기꺼이 자신의 목숨을 내어놓는, 억제하기 힘든 감정을 불러일으키는 낱말이기 때문이다. 그는 듣는 사람의 심금을 울리는 신성한 역사적 사건과 유물을 구체적으로 언급함으로써 훨씬 더 커다란 효과를 만들어낸다. "필라델피아는 미국 국기가 최초로 만들어진 도시이고, 최초로 미국 의회가 소집된 도시이며, 독립선언문 서명이 이루어진 도시… 자유의 종… 미국 정신… 자유의 불꽃을 꺼뜨리지 않는 신성한 역할… 하느님이 허락하시는 한 조지 워싱턴과 링컨 그리고 시어도어 루스벨트 정부가 모든 인류에게 희망을 주었다고 믿는다." 이 부분이야말로 진정한 클라이맥스다!

연설의 구성만 놓고도 이렇게 할 말이 많다. 구성이라는 관점으로만 봤을 때 훌륭한 연설이지만, 아무런 열정과 활력 없이 그저 차분하고 조용하게 표현했다면 이 연설은 오히려 슬픔을 불러일으키거나 실패한 연설이 되었을 것이다. 하지만 우리의 화자는 진정으로 우러나오는 감정과 열의를 담아 연설했다. 1등을 한 것도, 시카고 컵을 수상한 것도 이상한 일이 아니다.

콘웰 박사가 연설을 준비하는 방법

이미 말했던 것처럼 아이디어를 구성하는 방식에 모두 적용될 법한 규칙은 없다. '모든' 연설은커녕 상당수 연설에 들어맞을 만한 근사한 설계도, 계획표, 도표 같은 것도 찾아내기 어렵다. 그럼에도 몇몇 경우에 유용하게 활용할 수 있는 연설 계획표를 몇 가지 제시해보려 한다. 『내 인생의 다이아몬드』(이코북, 2004)를 쓴 유명 작가 러셀 콘웰Russell H. Conwell은 다음과 같은 방법을 이용해 수없이 많은 연설문을 만들었다.

첫째, 사실을 말하라.
둘째, 사실을 근거로 논증하라.
셋째, 행동을 촉구하라.

이 강좌를 들은 수강생들은 다음과 같은 계획도 상당히 도움이 되고 자극을 준다고 했다.

첫째, 잘못된 것을 제시하라.
둘째, 잘못을 어떻게 고칠지 제시하라.
셋째, 협조를 구하라.

다른 방식으로 이야기해보자.

첫째, 바로잡아야 할 상황이 있다.
둘째, 이 문제를 두고 이런저런 일을 해야만 한다.
셋째, 이러한 이유로 당신이 도와야 한다.

이 책의 15장에서는 또 다른 연설 준비 방법에 대해 제시하고 있다. 간략하게 요약하자면 다음과 같다.

첫째, 흥미와 관심을 유도하라.
둘째, 신뢰를 얻으라.
셋째, 사실을 말하고 사람들에게 당신이 주장하는 것의 장점을 알려라.
넷째, 사람들을 행동하게 만드는 동기에 호소하라.

혹시 관심이 있다면 지금 15장을 펼쳐 확인하라.

베버리지 상원의원의 연설문 작성법

앨버트 베버리지Albert J. Beveridge 상원의원은 『대중연설의 기술The Art of Public Speaking』이라는 간결하면서도 실용적인 책을 썼다. 탁월한 선거 유세로 유명한 이 정치가는 이렇게 말한다.

화자는 자신이 이야기할 주제에 관한 모든 것을 꿰뚫고 있어야 한다. 다시 말해 한쪽 자료뿐 아니라 반대쪽 자료는 물론, 모든 면을 수집하고 정리하고 연구해 내용을 충분히 이해하고 있어야 한다. 그 자료는 추정이나 입증되지 않은 주장이 아니라 확실한 사실이어야 한다. 어떤 것도 당연하게 받아들여서는 안 된다.

모든 항목을 점검하고 확인하라. 힘에 부친다는 생각이 들 정도로 파고들어라. 어떻게 하는 거냐고? 시민들에게 정보를 제공하거나, 새로운 방법을 제안하는 권위자로 인정받을 때까지 연구하는 것이다.

모든 관련된 사실을 모으고 정리한 다음에는 이러한 사실들을 가지고 어떤 해결 방안을 도출할 수 있는지 생각하라. 그래야 당신의 이야기에 독창성과 개성이 담기고, 활력 넘치며 설득력 있는 이야기가 될 것이다. 그 이야기 안에 당신이 있을 것이다. 그러고 나서 가능한 한 당신의 생각을 명확하고 논리적으로 연설문에 담으라.

다시 말해 양쪽의 사실을 제시하고, 이러한 사실에 바탕한 결론을 명확히 제시하라.

우드로 윌슨이 개요를 만드는 법

우드로 윌슨Woodrow Wilson에게 자기만의 연설 준비 방법을 알려달라고 하자, 그는 이렇게 대답했다. "우선 다루고 싶은 주제를 목록으로 나열합니다. 머릿속에서 그 주제들을 자연스럽게 배치해봅니다. 맞습니다. 뼈대를 만드는 셈이지요. 그런 다음 빠르게 써봅니다. 속기에 익숙하다 보니 시간이 많이 절약되더군요. 그런 다음에는 타이핑해 옮깁니다. 타이핑하면서 구절을 바꾸고, 문장을 고치고, 자료들을 더해갑니다."

루스벨트는 독특한 방법으로 연설을 준비했다. 그는 모든 사실을 하나하나 파헤치고, 검토하고, 평가하고, 다시 확인하고, 결론을 도출하면서 흔들리지 않는 확신에 도달했다.

그는 생각을 정리한 노트를 펼쳐놓고 읽으면서 비서에게 자기 말을 타이핑하게 했다. 읽는 속도가 매우 빨랐는데, 그래야 즉흥성과 살아 있는 듯한 활력을 글 속에서도 느낄 수 있다고 믿었기 때문이다. 그러고는 이렇게 타이핑 한 내용을 다시 검토하며 수정하고, 삽입하고, 삭제했다. 그후 또다시 연필 자국으로 가득한 원고를 읽으며 타이핑시켰다. 그는 "고된 노동과 정확한 판단 없이는 아무것도 얻을 수 없습니다"라고 말했다.

연설을 타이핑하는 동안 루스벨트는 종종 비평가들을 불러 그들에게 연설을 읽어주곤 했다. 연설 내용 자체로 논쟁하는 것은 거부했다. 이미 내용에 대한 확신은 돌이킬 수 없을 정도로 강했기 때문이다. 그는 무슨 말을 해야 하는지가 아니라, 어떻게 말해야 하는지에 대해 듣고 싶어 했다. 몇 번이고 타이핑한 내용을 검토하고, 잘라내고, 고치고, 개선했다. 신문에 실린 연설문은 바로 그렇게 해서 만들어진 것이다. 그는 내용을 모두 외우지 않았다. 오히려 즉흥적으로 연설했다고 할 수 있다. 사람들 앞에서 하는 연설은 신문에 실린 세련된 연설문과는 다른 경우가 많았다. 그러나 타이핑하게 하고 수정하는 일은 이야기를 준비하는 데 있어 꼭 필요한 과정이었다. 이런 작업을 거쳐야 화제에 익숙해지고 요점을 순서대로 정리할 수 있게 된다. 매끄럽고, 안정적이고, 잘 다듬어진 문장을 만들 수 있다. 다른 방식으로는 이것을 얻을 수 없다.

영국의 물리학자이자 발명가 올리버 로지Oliver Lodge 경은 청중을 앞에 둔 것처럼 말하면서 연설을 받아 적게 하는 것은 훌륭한 연설 준비법이라고 말한 적이 있다.

내 강좌를 수강하는 많은 이들도 딕터폰dictaphone(나중에 옮겨 적을 수 있도록 말을 녹음하고 재생하는 기계 - 옮긴이)에 자신의 말을 녹음하고 들어보는 게 연설 능력계발에 도움이 된다는 사실을 깨달았다. 때로는 자기 목소리를 듣고 실망하고 자책하겠지만 대단히 유용한 방법이다. 추천하는 바다.

실제로 말할 내용을 쓰다 보면 억지로라도 생각하게 된다. 그러면서 생각이 명확해지고 기억 속에 자리 잡는다. 생각이 방황하는 시간도 최소한으로 줄어들 것이다. 어휘력이 좋아지는 것은 물론이다.

벤저민 프랭클린의 옛날이야기 활용법

벤저민 프랭클린은 자서전에서 어휘력을 늘린 비결과 이를 통해 말하는 능력, 생각 정리법이 어떻게 발전했는지 언급했다. 이 책은 고전이지만, 보통의 고전과 달리 읽기 쉽고 정말 재미있다. 분명하면서도 쉬운 영어의 표본이라고 할 수 있는 책이다. 직장인이라면 누구나 재미있게 읽으며 많은 지혜를 얻을 수 있을 것이다. 이 책에서 내가 들려주고 싶은 부분을 당신도 좋아하리라고 믿는다.

이즈음 나는 『스펙테이터Spectator』(영국을 대표하는 보수 성향의 잡지 - 옮긴이)라는 잡지를 우연히 보았다. 세 번째 호였다. 이런 잡지가 있다는 이야기는 들어본 적도 없었다. 잡지를 사서 읽고 또 읽다 보니 정말 재미있었다. 워낙 훌륭한 글들이 많아 나도 이들처럼 글을 쓰고 싶다는 생각이 들었다. 나는 종이를 몇 장 꺼내 따라 하고 싶은 문장의 정서를 담고 있는 낱말을 종이에 옮겨 적고 며칠을 묵혔다. 그런 다음 잡지는 보지 않고 종이 위에 쓰인 힌트만 보고 나름대로 적절한 낱말들을 활용해 최대한 원문에 가깝게 표현해보고자 했다. 그런 다음 내가 쓴 글과 『스펙테이터』 원문을 비교해보고 내 잘못을 찾아내 고치곤 했다. 그러다 보니 내가 시를 썼더라면 내 안의 낱말을 훨씬 더 쉽게 꺼내 썼을 수도 있었겠다는 생각이 들었다. 시를 쓸 때는 운율을 맞추기 위해 같은 의미이지만 길이는 다른 낱말을 알고 있어야 하고, 같은 의미이지만 소리가 다른 낱말도 알아야 하니 말이다. 아마도 끊임없이 다양한 낱말을 찾아 헤매고 외우다 보면 내 마음대로 쓸 수 있게 되지 않을까? 나는 다시 몇몇 이야기를 선택한 후 꼼꼼히 살펴보았다. 때로는 종이에 쓴 힌트들을 마구 섞어놓고 몇 주 뒤 다시 가장 좋은 순서대로 추려 문장을 만들곤 했다. 이것은 내게 생각을 정리하는 법을 알려주었다. 나중에는 내가 쓴 것과 원본을 비교하며 많은 오류를 찾아내 고치는 걸 반복했다. 운 좋게도 별로 중요하지 않은 몇몇 특정 분야에서 어법이 나아졌고, 나는 조만간 괜찮은 영어를 구사하는 작가가 될 수 있지 않을까 하는 터무니없는 공상에 빠져 즐거워하기도 했다.

메모를 가지고 놀아라

당신은 지난 수업에서 메모하라는 조언을 받았다. 다양한 아이디어와 사례를 종잇조각에 적어 그것들을 가지고 놀아라. 혹시 솔리테르^{solitaire}(마이크로소프트 윈도우에 내장되기 이전에도 유명했던 혼자 하는 카드 게임. 화투의 패 뜨기와 비슷하다-옮긴이)를 할 줄 안다면 그 게임처럼 하면 된다. 이 종잇조각들을 서로 관계 있는 것끼리 모으라. 중심이 되는 종잇조각 뭉치는 당신이 말하고자 하는 이야기의 주제가 된다. 종잇조각들을 다시 좀 더 작은 덩어리로 나누라. 필요 없다 싶은 조각들은 버리고 정말 중요한 조각 하나만 남겨두어라. 심지어 그 중요한 조각도 무시해버리고 사용하지 않을 수도 있다. 이 과정을 제대로 했다면 자기가 모은 재료의 극히 일부밖에 사용하지 않을 것이다.

연설이 완성될 때까지 종잇조각을 버리고 다시 가져오고 다시 나누는 작업을 절대 멈추지 마라. 심지어 연설을 마친 다음에도 요점이나 개선점, 바꾸었어야 할 것들에 대해 생각하라.

훌륭한 연설자는 연설을 마치고 나면 네 가지 종류의 연설이 있다는 것을 깨닫는다. 준비했던 연설, 사람들 앞에서 한 연설, 신문에 실린 연설 그리고 집으로 돌아오면서 하고 싶었지만 하지 못해 아쉬웠던 머릿속에 남아 있는 연설이다.

"연설 도중에 원고를 봐도 될까요?"

링컨은 뛰어난 즉흥 연설가였지만, 백악관에 입성한 다음에는 어떠한 즉흥 연설도 하지 않았다. 심지어 모든 것을 완벽히 작성하기 전까지는 각료들과 비공식적인 대화조차 하지 않으려 했다. 물론 취임사 등의 공식적인 자리에서는 정확한 어법이 너무도 중요하기 때문에 연설문 없는 즉흥 연설은 당연히 어울리지 않는다. 하지만 일리노이 시절만 해도 링컨은 연설 중에 절대 원고를 들여다보지 않았다. 심지어 "연설문을 보고 읽는 연설은 언제나 듣는 사람을 지루하게 하고 짜증 나게 하지요"라고도 말했다.

누가 그의 말에 반박할 수 있겠는가? 원고를 보고 읽는 것은 말의 재미를 절반은 감소시킨다. 화자와 청중 사이에 있어야 하는 매우 소중한 친밀감이 원고로 인해 차단되거나 대폭 줄어들지 않는가? 어떤 인위적인 느낌이 조성되지 않는가? 청중은 화자가 자신감과 여유가 없다고 느끼지 않겠는가?

반복해서 말하지만, 메모하라. 연설을 준비 중이라면 정성 들여 많은 것들을 써두어라. 혼자서 연습할 때 원고가 필요할지도 모른다. 청중을 마주하고 있을 때도 주머니에 원고가 있다면 마음이 좀 더 편해질 것이다. 하지만 객차에 마련되어 있는 망치와 톱과 도끼처럼 그것은 응급상황일 때만 써야 하는 도구다. 충돌이 일어나거나, 커다란 사고로 죽음과 재앙이 코앞에 닥친 경우에만 사용하는 비상 도구가 되어야 한다.

따라서 굳이 원고를 봐야 한다면, 아주 간략하게 정리해서 커다란 종이에 큰 글씨로 필요한 것만 써두어라. 그런 다음 연설하기로 한 장소에 일찍 가 단상 위에 있는 책 뒤에 숨겨놓으라. 필요하다면 흘낏 쳐다보아도 좋지만, 그 순간을 청중이 알아채지 못하도록 하라. 영국의 정치가이자 웅변가였던 존 브라이트는 테이블 위에 커다란 모자를 올려두고 그 안에 원고를 숨겨놓곤 했다.

지금까지 한 이야기와는 사뭇 다를 수 있지만, 원고를 보는 것이 더 지혜로울 때도 있다. 예를 들어 대중 앞에서 처음으로 이야기하는 사람이 너무 긴장한 나머지 사람들 눈을 의식해 준비한 연설을 까맣게 잊었다고 하자. 결과는 어떻겠는가? 연설은 엉뚱한 방향으로 나아갈 것이다. 열심히 연습했던 내용을 잊고, 원래 목표했던 길에서 벗어나 진창 속에서 허우적거리게 될 것이다. 그런 사람이라면 처음 몇 번쯤은 내용을 압축해서 요약해놓은 메모를 손에 쥐고 이야기를 시작하는 게 더 낫지 않겠는가? 걸음마를 배우는 아기는 일단 손에 잡히는 가구를 짚고 일어난다. 그러나 계속 그렇게 하지는 않는다.

문자 그대로 외우지는 마라

연설문을 읽지 마라. 낱말 하나하나 있는 그대로 외워서 말하려 하지 마라. 시간을 낭비하는 일일뿐더러 엄청난 참사를 불러일으킬 수 있다. 이렇게 단단히 주의를 줘도 이 경고문을 본 사람 중 분명 그런 시도를 하는 사람이 있을 것이다. 그 사람이 연설할 차례가 되었다고 하자. 무슨 생각을 할까? 전달하고픈 메시지를 생각할까? 아니다. 정확한 문구를 떠올리려고 애쓸 것이다. 사람들이 통상적으로 생각하는 과정과 정반대로, 이제 곧 벌어질 일을 생각하는 게 아니라 거꾸로 과거만을 생각하는 것이다. 그러한 연설은 뻣뻣하고, 차갑고, 아무런 색채도 없어서 비인간적으로 느껴진다. 간청하건대, 제발 그런 쓸데없는 일에 당신의 시간과 에너지를 낭비하지 마라.

사업상 중요한 인터뷰가 잡혔을 때, 당신은 자리를 잡고 앉아 인터뷰 때 해야 할 이야기를 한마디도 빼놓지 않고 모두 외우는가? 물론 그렇지는 않을 것이다. 당신은 말하고자 하는 주제가 분명히 떠오를 때까지 생각에 잠길 것이다. 약간의 메모를 하고 기록해둔 것을 참조할 수도 있다.

그러고는 이렇게 혼잣말을 할 것이다. "이러저러한 것을 제안해야지. 이러 저러한 이유로 반드시 어떤 조치를 취해야 한다고 말해야겠어." 그런 다음 그 이유를 열거하고 구체적인 사례도 생각해볼 것이다. 사업상 인터뷰는 원래 이렇게 준비하지 않는가? 연설을 준비할 때도 이처럼 상식적인 방법을 사용해보는 건 어떨까?

애퍼매톡스의 그랜트 장군

남북전쟁 막바지에 이르러 남군 총사령관 리Robert Edward Lee 장군이 북군 총사령관 그랜트Ulysses S. Grant 장군에게 항복 조건을 제시해달라고 했다. 그때 그랜트 장군은 파커Ely Samuel Parker 장군에게 자료를 요청했다. 그랜트 장군은 회고록에서 이렇게 말하고 있다. "조건에 관해 써야 하는데, 어떤 말로 시작해야 할지 몰랐다. 하지만 머릿속에는 하고 싶은 말이 있었다. 단지 나는 그것을 오해의 여지 없이 명확하게 표현하고 싶었다."

사실 그랜트 장군은 첫 단어를 어떻게 시작해야 할지 생각할 필요도 없었다. 이미 생각해두고 있었으니까. 확신이 있었으니까. 하고 싶은 말, 명확하게 하고 싶은 말이 있었으니까. 그 결과 의식적으로 노력하지 않아도 습관적인 표현이 튀어나왔다. 모든 사람에게 적용될 수 있는 이야기다. 믿어지지 않는다면 거리에서 환경미화원을 아무 이유 없이 때려 눕혀보라. 그 사람은 쓰러졌다 일어난 다음에 자신이 하고픈 말을 별 어려움 없이 쏟아낼 것이다.

2천 년 전 로마의 서정시인 호라티우스Horace는 이렇게 썼다.

어떻게 말할까 찾지 마라. 사실과 생각만을 좇아라.
그러면 생각지도 않던 말이 물밀듯 밀려올 것이다.

머릿속에 아이디어가 단단히 자리 잡고 나면 처음부터 끝까지 연습해보라. 거리를 걸으며, 버스나 엘리베이터를 기다리며 소리 내지 말고 머릿속으로 연습하라. 혼자 방에 있을 때는 소리 내 연습하라. 제스처를 취하며 활력 넘치게, 기운차게 말해보라. 캔터베리 성당 참사회 회원 녹스 리틀^{Knox Little}은 목회자가 설교를 다섯 번은 해야 비로소 설교의 진정한 메시지가 생긴다고 말하곤 했다. 당신은 그 정도 연습도 하지 않고 진정한 메시지를 낼 수 있다고 생각하는가? 연습할 때는 실제 청중이 앞에 있다고 상상하라. 실감 나게 상상하면 나중에 청중이 한 명이라도 있을 때, 이미 오래전에 경험했던 일처럼 느껴질 것이다. 많은 범죄자가 사형대에 오를 때 허세를 부리는 것도 바로 그러한 이유 때문이다. 그런 일을 수천 번씩 상상하다 보니 사형대에 오르면서도 두려움이 없는 것이다. 실제로 처형당하는 순간에도 이전에 여러 번 겪었던 일처럼 느끼는 것이다.

농부들이 링컨을 '끔찍하게 게으르다'라고 했던 이유

이런 연습 방식은 많은 위대한 연설가들이 앞서 걸었던 길을 충실히 따라가는 것이다. 영국 정치가 로이드 조지는 고향 웨일스의 토론 클럽 회원이었을 때 시골길을 걸어 다니며 나무와 울타리 기둥을 상대로 제스처를 취하면서 끊임없이 연설 연습을 했다.

어린 시절 링컨은 브레킨리지^{John C. Breckinridge}와 같은 유명한 연설가의 이야기를 들으려 왕복 50~60킬로미터가 넘는 거리를 걷곤 했다. 연설을 듣고 돌아올 때면 연설가가 되겠다는 꿈에 부풀어, 들판의 일꾼들을 불러 모은 후에 그루터기 위에 올라가 한바탕 열변을 토하곤 했다. 일꾼을 고용한 사람들은 화가 머리 끝까지 나 '미국의 어린 키케로'를 가리켜 끔찍하게 게으른 녀석이라고 비난했다. 링컨의 농담과 웅변 때문에 일꾼들이 일할 시간이 줄었기 때문이다.

영국의 정치가이자 총리를 역임한 허버트 헨리 애스퀴스^{Herbert Henry Asquith}는 옥스퍼드 대학교의 유니언 토론 클럽에 적극 참여하면서 능변가가 되었다. 나중에 그는 직접 클럽을 창설하기도 했다. 우드로 윌슨도 토론 클럽에서 연설을 배웠다. 헨리 워드 비처 목사도 그러했고 최고의 연설가이자 보수주의의 화신 에드먼드 버크Edmund Burke 역시 마찬가지였다. 미국의 정치인이자 국무장관을 역임한 엘리후 루트Elihu Root는 뉴욕 23번가에 있는 YMCA의 문학 클럽에서 연설 실력을 쌓았다.

저명한 연설가들의 경력을 살펴보다 보면 하나의 공통점을 발견할 수 있다. 연습하고, 연습하고, 또 연습했다는 점이다. 가장 빠르게 달라진 사람은 가장 열심히 연습한 사람이었다.

연습할 시간이 없으면 어떻게 하느냐고? 그렇다면 미국의 외교관 조셉 초트Joseph Choate가 사용했던 방법을 시도해보라. 초트는 일하러 가는 중에 조간신문을 한 부 사서는 아무도 자기를 방해하지 못하도록 신문에 얼굴을 파묻고 다녔다. 그러고는 그날의 스캔들과 가십 기사를 읽는 대신 자기가 해야 할 일을 생각하고 계획했다.

촌시 드퓨는 철도 기업 사장이자 미연방 상원의원으로서 대단히 활동적이었던 사람이다. 하지만 그렇게 바쁜 와중에도 거의 매일 밤 연설문을 썼다. 그는 말했다. "연설문 작성이 제 일을 방해하지 않습니다. 오후 늦게 사무실에서 출발해 집에 도착할 때면 이미 연설문을 쓸 준비가 다 되어 있으니까요."

우리 모두 하루에 세 시간 정도는 마음대로 쓸 수 있는 여유가 있다. 다윈은 건강이 좋지 않았기 때문에 시간을 아껴 공부했다. 24시간 중 세 시간을 현명하게 사용한 결과 그는 전무후무한 생물학자가 되었다.

루스벨트는 백악관에 있을 때 오후 내내 여러 인터뷰를 연달아 해야 했던 적이 있다. 그는 단지 몇 초라도 시간이 나면 틈틈이 들여다볼 수 있게 항상 책을 옆에 두고 있었다.

만약 당신이 매우 바쁘고 시간에 쫓기고 있다면 아널드 베넷Arnold Bennet의 『하루 24시간 어떻게 살 것인가』(범우사, 1996)를 읽어보기 바란다.

100쪽 정도를 찢어 주머니에 넣고 다니며 시간 날 때마다 읽으라. 나는 이런 식으로 이 책을 이틀 만에 다 읽었다. 이 책은 시간을 절약하는 방법, 하루 24시간을 더 잘 활용하는 방법을 가르쳐준다.

평소 하던 일에 기분 전환과 변화를 줄 필요가 있듯이 연설 연습도 변화를 줄 필요가 있다. 가능하다면 이 과정을 수강하는 다른 사람과 시간을 맞춰 매주 한 번 정도 만나 연습하라. 그럴 시간도 없다면 집에서 가족을 모아놓고 즉흥 연설 연습을 하는 것도 좋다.

더글러스 페어뱅크스와 찰리 채플린이 여가를 즐기던 방식

누구나 알고 있겠지만 미국 배우 더글러스 페어뱅크스Douglas Fairbanks와 찰리 채플린에게는 풍족하게 여유를 즐길 만한 수입이 있었다. 하지만 부와 명성에도 불구하고 이들이 저녁 시간을 보내는 가장 즐거운 방법은 즉흥 연설이었다.

더글러스 페어뱅크스는 수년 전 『아메리칸 매거진American Magazine』에서 이렇게 말했다.

어느 날 저녁 우리는 장난을 치고 있었어요. 저는 만찬에서 찰리 채플린을 소개하는 상황극을 했지요. 어쩔 수 없이 그는 그 자리에서 일어나 소개에 걸맞은 말을 한마디 해야 했어요. 바로 그때부터 우리가 2년 동안 거의 매일 밤 즐겨했던 놀이가 시작된 겁니다. 우리 셋(메리 픽퍼드Mary Pickford, 페어뱅크스, 채플린)은 각각 쪽지에 단어를 쓰고 접은 후 뒤섞었습니다. 그리고는 각자 제비를 뽑았지요. 그 단어가 무엇이건 간에 제비를 뽑은 사람은 일어나 그 단어를 주제로 최소 1분 동안 이야기해야 했습니다. 똑같은 단어는 두 번 다시 쓰지 않았습니다. 그 놀이가 늘 새롭게 느껴졌던 것은 그런 이유 때문이었지요. 우리는 생각나는 단어를 모두 써보았습니다. 예를 들어 어느 날 저녁의 화제는 '믿음'과 '램프 갓'이었습니다. 그중 '램프 갓'이 제 몫이었습니다. 60초 동안 '램프 갓'을 소재로 이야기했던 일이 아마 제 인생에서 가장 힘든 시간이 었던 것 같습니다. 쉬운 거 같으면 한번 해보세요. 일단 누구나 씩씩하게 시 작할 수 있습니다. "램프 갓에는 두 가지 용도가 있지요. 하나는 빛의 밝기를 조절하는 것이고, 다른 하나는 장식적인 기능입니다." 램프 갓에 관한 지식이 저보다 많지 않다면 이내 말문이 막혀버릴 겁니다. 어찌어찌 간신히 제 몫을 끝냈습니다. 하지만 중요한 점은 우리 세 명 모두 그 놀이를 시작한 이후 매 우 예리해졌다는 사실입니다. 우리는 이제 아주 사소한 주제에 대해서도 상 당한 지식을 축적하고 있습니다. 또 그보다 훨씬 더 중요한 사실은 어떤 주 제에 대해서도 아주 짧은 시간 동안 지식과 생각을 모아서 간결하게 제시하 는 방법을 배우고 있다는 점입니다. 우리는 즉석에서 생각하는 방법을 배우 고 있습니다. 제가 '배우고 있다'라고 말하는 이유는 우리가 여전히 그 놀이 를 즐기고 있기 때문입니다. 2년이라는 세월이 흘렀지만 절대 싫증이 나지 않습니다. 그 놀이가 여전히 우리를 성장시키고 있다는 것을 의미합니다.

위대한 연설은 어떻게 탄생하는가

1. 나폴레옹은 "전쟁이란 미리 계산하고 생각해보지 않으면 성공할 수 없는 과학이다"라고 말했다. 그것은 연설에도 적용되는 금언이다. 연설은 항해와 같다. 해도 위에 미리 경로를 그려보아야 한다. 화자가 자기 이야기를 아무렇게나 시작한다면 끝도 아무렇게나 마치기 마련이다.

2. 연설의 구성과 아이디어를 효과적으로 배치하는 절대적으로 옳은 규칙은 없다. 연설할 때마다 항상 새로운 문제가 있기 마련이다.

3. 연설자는 요점을 집요하게 다룬 다음 다시는 그 요점에 대해 언급해서는 안된다. 필라델피아를 주제로 1등상을 받았던 연설을 참조하라. 황혼 녘에 길을 잃은 박쥐처럼 이 이야기에서 다른 이야기로 왔다 갔다 하는 식으로 갈팡질팡해서는 안 된다.

4. 콘웰 박사는 다음을 바탕으로 연설문을 작성했다.

   (1) 사실을 말하라.

   (2) 사실을 근거로 논증하라.

   (3) 행동을 촉구하라.

5. 다음과 같은 계획도 도움이 될 것이다.

   (1) 잘못된 것을 제시하라.

   (2) 잘못을 어떻게 고칠지 제시하라.

   (3) 협조를 구하라.

6. 훌륭한 연설 준비 방법을 하나 더 제시한다(상세한 내용은 15장을 참조하라).

   (1) 흥미와 관심을 유도하라.

   (2) 신뢰를 얻으라.

   (3) 사실을 말하고 당신 주장의 장점을 알려라.

(4) 사람들을 행동하게 만드는 동기에 호소하라.

7. 앨버트 베버리지 상원의원은 이렇게 말했다. "모든 면을 수집하고, 정리하고, 연구해 내용을 충분히 이해하고 있어야 한다. 추정이나 입증되지 않은 주장이 아니라 확실한 사실에 기반한 자료여야 한다. 그 어떤 것도 당연하게 받아들여서는 안 된다."

8. 연설 전에 링컨은 수학적인 엄밀성에 이를 때까지 자신의 결론에 대해 철저히 생각했다. 국회의원이 된 다음 나이가 마흔에 접어든 후에도 링컨은 궤변을 찾아내고 결론을 예증하기 위해 유클리드 기하학을 공부할 정도였다.

9. 루스벨트는 연설을 준비하기 전에 모든 사실을 하나하나 파헤치고, 검토하고, 평가한 다음 연설을 타이핑하게 하고 빠르게 읽었다. 그리고 타이핑된 글을 읽으며 수정하고는 마지막으로 다시 한번 타이핑하게 했다.

10. 가능하다면 딕터폰에 연설을 녹음하고 귀 기울여 들어보라.

11. 원고는 말의 재미를 절반은 감소시킨다. 그러니 원고를 보지 마라. 무엇보다도 원고를 보며 연설해서는 안 된다. 원고를 보며 읽는 지루한 연설을 참고 견디는 청중은 아무도 없다.

12. 연설을 철저히 준비하고 생각을 정리한 다음에는 길거리를 걸으며 소리 내지 않고 연습해보라. 어디든 혼자 있을 때는 처음부터 끝까지 소리 내 연습해보라. 다른 사람의 시선을 의식하지 말고 제스처를 써가며 실제 청중 앞에서 연설한다고 상상하라. 이런 연습을 많이 하면 할수록 연설할 때 마음이 편안해질 것이다.

❖

이완하기

"긴장이야말로 목소리를 망치는 주범이다. 가수는 늘 이완 상태로 있어야 한다. 물론 무기력해야 한다는 뜻이 아니다. 노래 부르기 전에 온몸에 힘이 다 빠진 기절한 것과 같은 상태를 유지해야 한다는 말도 아니다. 가수에게 이완이란 쾌활하고, 가볍고, 자유롭고, 편하고, 몸의 어떤 부분에서도 조임이 없는 기분 좋은 상태를 의미한다. 이완할 때면 마치 몸의 모든 원자가 공중에 둥둥 떠다니는 듯하다. 단 하나의 신경도 긴장하지 않는다."

성악가 슈만하잉크는 노래할 때의 자세를 이야기하고 있다. 이러한 원리는 대화 시에도 적용할 수 있다. 긴장이 목소리를 망친다고 했기 때문이다. 숨 가쁘게 돌아가는 요즘 시대에는 긴장과 신경과민이 주변에 흔하다. 이 두 가지는 얼굴뿐 아니라 목소리에서도 명백하게 드러난다. "이완하라!"를 생활 속 표어로 삼고, 구호처럼 외쳐야 한다. 유명 오페라 가수인 알레산드로 본치Alessandro Bonci는 "이완이야말로 훌륭한 목소리의 비결"이라고 말하곤 했다.

어떻게 해야 이완할 수 있을까? 우선 온몸을 이완시키는 법을 배워야 한다. 몸은 목소리의 공명판 역할을 한다. 피아노 공명판의 사소한 부분에 이상이 생겨도 소리가 변한다. 예를 들어 나사 하나만 헐거워져도 음색에 영향을 미치기 마련이다. 몸도 마찬가지다. 몸의 모든 부분이 목소리에 영향을 주기 때문에 몸 곳곳이 긴장되어 있다면 완벽한 목소리가 나올 수 없다.

긴장을 푸는 방법은 간단하다. 다시 말하지만 이완하라! 그게 전부다. 몹시 어려운 뭔가를 해야 하는 게 아니다. 도리어 아무것도 하지 않는 게 중요하다. 필요한 것은 노력이 아니라 노력이 없는 상태다. 팔을 앞으로 쭉 내밀고 긴장을 풀면 팔이

툭 떨어지면서 마치 추처럼 움직이지 않는가? 만약 그런 움직임이 없다면 긴장을 풀지 않고 팔을 그냥 내린 것이다. 다시 한번 해보라. 이번에는 성공했는가?

날마다 자기 전에 똑바로 누워서 앞에서 이야기했던 횡격막 호흡을 깊게 해보라. 하지만 그 전에 이완해야 한다. 몸 전체의 긴장을 풀어라. 완전히 풀어야 한다. 털실로 짠 가방처럼 축 늘어졌다고 생각하라. 팔에, 다리에, 목에 있는 모든 에너지가 몸의 중심으로 흘러간다고 생각하라. 이완하다 보면 자기도 모르게 입이 벌어질 것이다. 팔과 다리 그리고 몸 전체가 침대에 무겁게 축 늘어져 있어서 몸을 일으키지 못하겠다는 느낌이 든다면 제대로 해낸 것이다. 느긋하게 생각하라. 이제 숨을 천천히 깊이 자연스럽게 쉬어라. 편안함과 이완만 생각하라.

걱정, 문제, 현재와 미래에 대한 불안 등이 마치 모기떼처럼 머릿속에 몰려들어 나를 괴롭히고 긴장시킨다. 다음과 같은 말로 모기떼를 몰아내라. "나는 편하다. 완전히 긴장을 풀고 있다. 팔을 들어 올릴 힘도 없다. 완전히 이완되어 있다." 그런 생각으로 깊은 호흡을 반복하다 보면 빠르게 졸음이 온다. 여러분은 깊은 잠에서 둥둥 떠다니게 될 것이다. 셰익스피어가 "걱정이라는 엉킨 번뇌의 실타래를 곱게 풀어주는 잠, 그날이라는 생의 사멸, 힘든 노동의 땀을 씻고 마음의 상처를 낮게 하는 영약"이라고 불렀던 그 잠 말이다. 잠이 사람을 얼마나 상쾌하게 만들고, 얼마나 많은 위로를 주며, 버틸 힘을 주는지 모른다.

이렇게 기분 좋은 이완을 경험했다면 일상에서 계속 느끼려고 해보라. 슈만하잉크가 노래하면서 느꼈던 감정을 사람 앞에서 이야기할 때 똑같이 가지려고 해보라. "이완할 때면 마치 몸의 모든 원자가 공중에 둥둥 떠다니는 듯하다. 단 하나의 신경도 긴장하지 않는다."

이렇게 이완하고 올바르게 숨 쉰다면, 완벽한 목소리를 낼 수 있는 확실한 길에 들어선 것이다.

4장

기억력을 향상시키는 법

비즈니스맨에게 가장 절실히 필요한 것은 기억력이다.

E. B. 고윈Gowin (『실행 능력 계발Developing Executive Ability』 저자)

비즈니스에서 가장 큰 비용을 치르게 만드는 요소는 바로 건망증이다.
뛰어난 기억력은 누구에게나 막대한 가치를 안겨준다.

『새터데이 이브닝 포스트Saturday Evening Post』

한때 알았지만 잊어버린 것을 다시 배우는 데 사람들이 시간을 쓰는 동안
배운 것을 잊지 않는 사람은 앞으로 나아간다.

윌리엄 제임스William James (하버드 대학 교수, 철학자)

중요한 것에 대해 말하려고 할 때, 나는 청중에게 어떤 인상을 남기고 싶은지를
생각해본다. 그리고 노트에 두서너 장 정도 메모하면서 주장과 사실을 어떻게 펼
쳐나갈지 적는다. 때로는 정확한 표현을 위해 짧은 글을 쓰지만 대부분은 결론을
담은 한 단어나 한 줄의 문장만 쓴다.

존 브라이트John Bright (역사학자)

저명한 심리학자 칼 시쇼어$^{Carl \ Seashore}$ 교수는 이렇게 말했다. "평범한 사람은 타고난 기억력의 10퍼센트도 사용하지 않는다. 사람들은 기억의 자연법칙을 위반하면서 90퍼센트를 낭비하고 있다."

당신도 이런 평범한 사람 중 한 명인가? 그렇다면 사회적으로는 물론 사업을 할 때도 불리한 조건인 셈이다. 당신이 그런 사람이라면 이 장을 열심히 읽어 도움을 얻길 바란다. 이 장에서는 기억의 자연법칙을 설명한 후 연설은 물론 비즈니스에 활용하는 법을 알려줄 것이다.

'기억의 자연법칙'은 사실 간단하다. 세 가지 법칙밖에 없다. 바로 인상, 반복, 연상이다. 사실 모든 기억체계는 이 세 가지에 기반한다.

기억의 첫 번째 법칙은 기억하고 싶은 사물의 '인상'을 깊이, 생생하게, 지속적으로 마음에 새기는 것이다. 그러기 위해서는 집중력이 필요하다. 시어도어 루스벨트는 놀라운 기억력으로 만나는 사람 모두에게 깊은 인상을 남겼다. 이런 놀라운 능력은 그가 '물이 아닌 강철에' 인상을 새겨놓으려고 했기 때문에 가능했다. 그는 꾸준한 연습으로 열악한 상황 속에서도 집중할 수 있도록 자신을 단련했다. 1912년 시카고에서 열린 불 무스 전당대회 중 그는 콘그레스 호텔에 본부를 설치했다. 군중은 길가에 운집해 깃발을 흔들며 "테디! 테디!(시어도어의 애칭)"를 연호하고 있었다. 아마 평범한 사람이라면 군중의 함성, 밴드의 음악, 부산하게 오가는 정치인들, 끝없는 회의와 회담 등으로 정신이 나가버렸을 것이다. 하지만 루스벨트는 이 모든 상황을 의식도 하지 못한 채 방 안 안락의자에 앉아 고대 그리스 역사가 헤로도토스Herodtos의 책을 읽고 있었다. 브라질의 황야를 여행할 때도 마찬가지였다. 저녁에 야영장에 도착하자마자 커다란 나무 아래 마른 장소를 발견하고는 캠핑 의자를 꺼내 앉은 뒤 에드워드 기번Edward Gibbon의 『로마제국 쇠망사Decline and Fall of the Roman Empire』를 옮겨 적었다. 그리고는 이내 책 속에 파묻혀 비가 오는지, 캠핑장에서 어떤 일이 벌어지는지, 열대 숲에서 어떤 소리가 들리는지 의식하지 못했다. 이런 상태라면 읽은 내용을 제대로 기억하고 있다고 해도 그다지 놀랄 일이 아니다.

혼란스러운 상태에서 정신없이 며칠을 보내는 것보다 단 5분이라도 생생하고 활력 넘치는 상태에서 집중하는 편이 더 효과적이다. 미국의 목사 헨리 워드 비처는 이렇게 썼다. "한 시간 집중하는 것이 비몽사몽 보내는 몇 년보다 더 좋은 결과를 만들어낸다." 베들레헴 철강회사 사장으로 오랫동안 재임했던 유진 그레이스는 이렇게 말했다. "내가 배운 것 중 무엇보다 중요하고, 어떠한 상황에서도 매일 실천하려고 애쓰는 게 있다면 바로 지금 하는 일에 집중하는 것이다."

이것이 바로 모든 뛰어난 능력의 비결이며, 특히 뛰어난 기억력의 비결이다.

사람들은 빛나무를 보지 못했다

토머스 에디슨Thomas Edison은 자신의 조수 중 27명이 6개월 동안 매일 램프 공장에서 뉴저지 멘로파크에 있는 작업장까지 갈 때 특정한 길을 이용했다는 사실을 알게 됐다. 그 길을 따라 벚나무가 자라고 있었는데, 에디슨이 질문했을 때 그 나무의 존재를 의식한 사람은 단 한 명도 없었다.

에디슨은 열의에 차서 이야기했다. "평범한 사람의 뇌는 눈에 보이는 것의 1천분의 1도 담아두지 않습니다. 우리의 관찰력이 얼마나 형편없는지 믿을 수 없을 정도입니다."

아주 평범한 사람을 두세 명의 친구에게 소개한다고 가정해보자. 아마도 2분만 지나도 친구 중 한 명은 그의 이름도 제대로 기억하지 못할 것이다. 왜 그럴까? 애초에 주의를 기울이지 않았고, 정확히 관찰하지도 않았기 때문이다. 그는 아마도 자기 기억력이 나쁘기 때문이라고 말할 테지만, 사실은 그렇지 않다. 기억력이 형편없는 게 아니라 관찰력이 좋지 않은 것이다. 짙은 안개 속에서 찍은 사진이 잘 나오지 않았다고 해서 카메라를 욕하지는 않는다. 당신은 머릿속에 흐릿하고 뿌연 인상이 조금이라도 남아 있기를 기대하지만 그런 일은 일어나지 않는다.

『뉴욕 월드』를 창간한 퓰리처Joseph Pulitzer는 편집실에 있는 모든 사람에게 세 단어를 써서 책상에 올려놓게 했다.

정확성

정확성

정확성

퓰리처가 원했던 것이 바로 그것이다. 상대방 이름을 정확하게 들으라. 이름을 말해달라고 하라. 그리고 다시 말해달라고 요청하라. 스펠링도 물어보라. 당신이 관심을 가지면 그는 우쭐해질 것이고, 당신은 그의 이름을 기억할 수 있을 것이다. 분명하고 정확한 인상을 받게 된 것이다.

링컨이 큰 소리로 읽은 이유

링컨은 어렸을 때 통나무를 쪼개 마룻바닥을 만들고, 습자 교본에서 찢은 종이를 유리 대신 창에 붙인 시골 학교에 다녔다. 교과서가 한 권밖에 없어서 선생님이 그 책을 큰 소리로 읽어주고, 학생들은 한목소리로 선생님을 따라 했다. 끊임없이 큰 소리가 이어지다 보니 동네 사람들은 그 학교를 '시끌벅적한 학교'라고 불렀다.

이 '시끌벅적한 학교'에서 링컨은 평생 습관을 몸에 익혔다. 그는 외우고 싶은 것이 있으면 큰 소리로 읽었다. 아침에 스프링필드에 있는 법률 사무소에 도착하자마자 그는 길고 볼품없는 다리를 근처 의자에 걸치고는 소파에 앉아 신문을 소리 내 읽었다. 동료는 이렇게 말했다. "짜증 났어요. 참을 수 없을 정도였습니다. 한번은 왜 그렇게 소리 내 읽느냐고 물었지요. 그랬더니 그가 이렇게 말하더라고요. '소리 내서 읽다 보면 두 감각이 동시에 하나의 아이디어를 포착하게 되지. 우선 읽는 걸 보게 되고, 다음에는 그걸 듣게 되지. 그러면 좀 더 잘 기억할 수 있다네.'"

그의 기억력이 얼마나 좋았던지 이렇게 말한 적도 있다. "제 머리는 마치 강철과 같아서 흔적을 남기기는 어렵지만 일단 흔적이 남으면 그걸 지워버리기란 거의 불가능하지요."

두 감각을 동시에 이용하는 것. 이것이 링컨이 기억력을 강화하는 데 사용했던 방법이다. 당신도 같은 방법을 시도해보라. 보고 듣는 데서 그치지 않고, 만지고 냄새 맡고 맛보기까지 하면 더 좋다.

그러나 무엇보다도 보아야 한다. 인간은 시각적인 동물이기 때문이다. 따라서 눈을 통한 인상이야말로 가장 오래 남기 마련이다. 심지어 이름은 몰라도 얼굴은 기억날 때가 있다. 눈에서 뇌로 이어지는 신경은 귀에서 두뇌로 이어지는 신경에 비해 20배가 더 많다. "백문이 불여일견"이라는 속담까지 있지 않은가.

기억하고 싶은 이름과 전화번호, 연설 개요 등을 쓴 후 잘 살펴보라. 그

다음 눈을 감고 글자에서 불길이 타오르는 듯한 모습을 머리에 새겨보라.

메모 없이 연설하는 방법을 배운 마크 트웨인

미국을 대표하는 작가 마크 트웨인은 시각 기억을 이용하는 법을 발견한 후에 수년 동안 연설에 방해가 되었던 메모를 버릴 수 있었다. 『하퍼스 매거진Harper's Magazine』에 실린 그의 이야기는 다음과 같다.

날짜는 기억하기 어렵습니다. 숫자로 되어 있기 때문이지요. 숫자는 보기에 단조롭고 특징도 없어요. 따라서 오래 기억에 남지 않습니다. 어떤 그림도 떠오르지 않아서 눈이 숫자를 붙잡아 둘 수 없어요. 그림이 있다면 날짜가 머리에 남겠지요. 그림만 있으면 거의 모든 것을 기억할 수 있어요. 특히 스스로 떠올린 그림이라면 말입니다. 이것이 가장 중요한 핵심입니다. 스스로 그림을 만들어내세요. 저도 경험을 통해 알게 되었습니다. 30년 전 저는 매일 밤 강연을 위한 연설문을 외워야 했습니다. 매일 밤 혼란을 피하려고 메모를 만들어두어야 했지요. 메모에는 문단의 첫 마디를 적어놓았지요. 문단이 11개면 다음과 같은 구절들을 11개 적었습니다. "그 지역의 날씨는… 당시의 관습은… 그러나 캘리포니아에서는 그 누구도…."

이렇게 11개나 되는 문장을 적어서 들고 다녔습니다. 이 구절들을 보면 말해야 할 내용의 각각의 도입부를 알 수 있어 내용을 건너뛰지 않을 수 있었으니까요. 하지만 종이 위에 쓰인 그 구절들은 다 비슷비슷해 보였습니다. 어떠한 그림도 떠오르지 않았지요. 저는 그 구절들을 외웠습니다만 순서까지 정확하게 기억할 수는 없었습니다. 그래서 항상 메모를 옆에 놓고 잠깐잠깐 참조했습니다. 한번은 그 메모를 어디에 두었나 도통 생각나지 않더라고요. 그날 밤 제가 겪은 공포를 상상도 못 하실 겁니다. 대책이 필요하다는 생각이 들었습니다. 그래서 저는 문장의 첫 철자를 순서대로 외웠습니다. I, A, B 이런 식으로요. 그러고는 다음 날 밤 열 손톱 모두에 그 철자들을 펜으로 써서 연단에 올랐습니다. 하지만 도움이 되지 않았어요. 얼마간은 손가락을 차례대로 보았지만 곧 어디까지 보았는지 잊고 말았기 때문입니다. 제가 미지막으로 본 손가락이 어떤 손가락인지 확신할 수 없었습니다. 손톱을 본 후 지워버리면 그만인데, 그럴 수는 없었습니다. 성공을 보장해주긴 했지만 사람들의 호기심을 감당할 자신이 없었으니까요. 이미 사람들은 충분히 호기심을 느꼈거든요. 청중이 보기에 저는 강연 내용보다 손톱에 더 관심이 많은 사람처럼 보였을 겁니다. 연설이 끝난 다음에도 한두 명은 왜 손을 그리 자주 쳐다보느냐고 묻더군요.

바로 그때 그림을 이용해보자는 아이디어가 떠올랐습니다. 그러자 지금까지의 모든 고통이 사라졌습니다. 저는 2분 만에 펜으로 여섯 장의 그림을 그렸습니다. 그 그림은 11개 구절의 역할을 대신했는데, 생각보다 효과가 컸습니다. 저는 그림을 완성한 순간 메모를 던져버렸습니다. 눈을 감아도 언제 어디서든 떠올릴 수 있다는 확신이 있었기 때문이지요. 벌써 25년 전 이야기입니다. 당시 연설 내용은 이미 20년 전에 제 머릿속에서 사라졌지만 저는 그 그림을 가지고 당시 연설을 다시 쓸 수 있습니다. 그림은 머리에 남았거든요.

나는 최근 기억을 주제로 연설할 기회가 있었는데 이 장의 자료들을 가능하면 많이 사용해보고 싶었다. 그래서 해야 할 이야기의 요점을 그림으로 만들었다. 창밖에서 군중이 소리를 지르고 밴드가 정신없이 음악을 연주하는 와중에 역사책을 읽고 있는 루스벨트를 그렸다. 벚나무를 보고 있는 토머스 에디슨을 떠올렸다. 신문을 소리 내 읽고 있는 링컨을 이미지로 만들었다. 청중을 앞에 두고 손톱을 핥아 잉크를 지우고 있는 마크 트웨인을 상상했다.

이제 이 그림의 순서를 어떻게 기억해야 할까? 1, 2, 3, 4… 순서대로일까? 아니다. 너무 어렵다. 나는 이 숫자들마저 그림으로 바꿔서 숫자의 그림과 개요에 해당하는 그림을 조합했다. 예를 들어 숫자 원one은 읽으면런^{run}처럼 들린다. 그래서 경주마를 1에 대응시켰다. 그러고는 경주마를 타고 책을 읽고 있는 루스벨트를 그려보는 것이다. 투^{two}처럼 들리는 모음을 가진 낱말 중에는 주^{zoo}가 있다. 그러면 나는 토머스 에디슨이 동물원 곰 사육장에서 벚나무를 보고 있는 광경을 그려본다. 쓰리^{three}로는 비슷한 발음을 가진 트리^{tree}를 떠올리고, 링컨이 나무 꼭대기에 걸터앉아 동료에게 소리 내 무언가를 읽어주는 그림을 그린다. 포^{four}에서는 비슷한 발음인 도어^{door}를 떠올린다. 마크 트웨인이 문을 열고 문설주에 기대 청중에게 이야기하며 손톱 잉크를 핥고 있는 그림을 연상한다.

여기까지 읽은 사람들은 참 우스꽝스러운 방법이라고 생각할 것이다. 사실 그렇기는 하다. 하지만 바로 그런 이유 때문에 더 효과적이다. 기상천외하고 우스꽝스러운 것은 쉽게 잊히지 않기 때문이다. 숫자만 가지고 순서를 기억하려 했다면 금방 순서를 잊었을 것이다. 하지만 지금까지 이야기했던 체계를 이용한다면 잊는 것이 오히려 더 힘들다. 세 번째 요점을 기억하고 싶으면 나무 위에 무엇이 있는지 생각하면 된다. 바로 링컨이 나무 위에 걸터앉아 있다.

편의상 1부터 20까지를 그림으로 만들었다. 이 그림은 숫자와 비슷한 소리를 가졌다. 여기 적어보겠다. 당신이 이 그림숫자를 기억하기 위해 30분만 투자하면 20개 정도의 목록은 한 번만 들어도 정확하게 순서대로 반복할 수 있고 어떤 것이 여덟 번째, 열네 번째, 세 번째였는지 무작위로 불러내도 기억할 수 있을 것이다.

이제 그림과 숫자들을 제시하겠다. 직접 한번 해보라. 대단히 재미있다.

1^{one}	run:	경주마를 떠올려라.
2^{two}	zoo:	동물원의 곰 사육장을 떠올려라.
3^{three}	tree:	나무 위에 놓여 있는 어떤 것을 떠올려라.
4^{four}	door:	혹은 wild boar(멧돼지), four와 비슷한 발음을 가진 사

물이나 동물도 괜찮다.

5^{five} bee hive: 벌통을 떠올려라.

6^{six} sick: 아프니까 간호사를 떠올린다.

7^{seven} heaven: 황금으로 깔린 길에서 천사가 하프를 연주하고 있다.

8^{eight} gate: 문을 떠올려라.

9^{nine} wine: 와인병이 쓰러져 와인이 아래에 있는 뭔가에 쏟아지고 있다. 그림 속에 행동을 추가하라. 그러면 기억이 좀 더 오래 남는다.

10ten Den: 깊은 숲속 바위 동굴 안에 야생 동물들이 살고 있다.

11^{eleven} A football: 11명의 미식축구팀이 미친 듯이 운동장을 질주한다. 열한 번째로 기억하고 싶은 물건을 들고 달리고 있다고 상상한다.

12^{twelve} Shelve: 누군가 선반 뒤쪽에 무언가를 쩔러 넣고 있다.

13^{thirteen} Hurting: 상처에서 피가 솟구쳐 나와 열세 번째 항목을 붉게 물들이는 모습을 떠올린다.

14^{fourteen} Courting: 연인이 어딘가에 앉아 사랑을 속삭인다.

15^{fifteen} Lifting: 튼튼한 사람, 예를 들어 미국의 권투선수 존 설리번 John L. Sullivan 같은 사람이 무언가를 머리 위로 들어 올리고 있는 것을 상상한다.

16^{sixteen} Licking: 주먹다짐을 떠올려라.

17^{seventeen} Leavening: 가정주부가 반죽을 하고 있는데 만죽 인에 열일곱 번째 항목을 넣고 있다.

18^{eighteen} Waiting: 한 여성이 깊은 숲속 두 갈래 길에 서서 누군가를 기다리고 있다.

19^{nineteen} Pining: 한 여성이 울고 있다. 눈물이 당신이 기억하고픈 열아홉 번째 항목 위에 떨어지고 있다.

20^{twenty}　Horn of Plenty: 꽃, 과일, 옥수수로 장식한 염소의 뿔을 떠올려라.

테스트해보고 싶다면 일단 몇 분 동안 이 그림과 숫자를 기억하려 노력하라. 원한다면 그림을 당신이 생각한 다른 그림으로 대체해도 좋다. 예를들어 10은 렌^{wren}, 펜^{pen}, 혹은 헨^{hen} 혹은 센센^{sen-sen} 등 텐^{ten}과 비슷한 소리가 나는 것이면 된다. 열 번째 항목에서 당신이 풍차에 대해 말하려 한다고 하자. 그러면 당신은 풍차 위에 올라가 있는 암탉을, 혹은 만년필에 잉크를 채워 넣으려 펌프질하고 있는 풍차를 떠올리면 된다. 그런 다음 열 번째 항목이 무엇이었는지 질문받으면 10은 생각하지 말고 그저 암탉이 어디에 앉아 있었는지만 떠올리면 된다. 일단 시도해보라. 사람들은 곧 당신의 엄청난 기억력에 깜짝 놀랄 것이다. 다른 건 몰라도 무척 재미있다는 건 알게 될 것이다.

신약성서처럼 긴 책을 쉽게 외우는 방법

카이로에 있는 알아즈하르 대학은 세상에서 가장 큰 대학 중 하나다. 이슬람교 계통인 이 학교에는 2만 1천 명이나 되는 학생이 다니고 있다. 이 학교에 입학하기 위해서는 코란을 외워서 낭송하는 시험을 치러야 한다. 코란은 신약만큼 길어 낭송하는 데 꼬박 사흘은 걸린다!

'학동'이라고 부르는 중국의 학생들도 고전을 암기해야 한다. 아랍과 중국의 평범한 학생들이 어떻게 이 놀라운 암기 능력을 갖게 되었을까?

바로 기억의 두 번째 자연법칙이라 할 수 있는 '반복'을 통해서다.

당신도 충분히 자주 반복하기만 하면 끝이 보이지 않는 긴 내용도 암기할 수 있다. 외우고 싶은 내용을 반복해서 암기하라. 그것을 이용하고 적용하라. 대화할 때 새로 배운 낱말을 사용하라. 낯선 사람을 기억하고 싶다면 그 사람 이름을 자주 부르라. 다른 사람과 대화할 때 연설에서 말하고 싶은 내용의 요지를 반복해서 이야기하라. 이렇게 얻은 지식은 머릿속에서 사라지지 않는다.

반복이 중요한 이유

하지만 단순히 맹목적이고 기계적으로 외우는 것만으로는 충분하지 않다. 우리에게 필요한 것은 지능적인 반복, 다시 말해 확고히 정립된 정신 특성에 기반해 수행하는 반복이다. 독일의 심리학자 헤르만 에빙하우스 Hermann Ebbinghaus 교수는 학생들에게 'deyux'나 'quli' 등 의미가 통하지 않는 음절들로 만들어진 긴 목록을 주고 외우라고 했다. 그에 따르면 학생들은 한자리에 앉아서 68번을 반복하고 이것을 무려 3일 동안 38번이나 한 뒤에야 이 음절들을 암기했다고 한다. 다른 심리검사들도 이와 비슷한 결과를 보여준다.

이는 기억력의 작동 방식에 대한 중요한 발견이다. 어떤 것을 외울 때까지 한자리에 앉아 그것을 반복하는 사람은 반복 과정에 약간의 간격을 둔 사람에 비해 같은 결과를 얻기까지 두 배 이상의 시간과 에너지가 필요했다.

이러한 특이성은 두 가지 요소로 설명할 수 있다.

첫째, 벌어진 간격 사이에서 우리의 무의식은 연관성을 좀 더 공고히 하느라 바쁘다. 제임스 교수는 다음과 같이 재치 있게 말했다. "우리는 겨울에 수영을 배우고 여름에는 스케이트를 배운다."

둘째, 그렇게 약간의 간격을 두고 과제에 집중해야 우리의 정신이 피곤해지지 않는다. 『아라비안나이트』를 번역했딘 리처드 버턴 Richard Burton 경은 27개 국어를 모국어처럼 구사했다. 그러나 그는 어떤 언어도 한 번에 15분 이상 공부한 적이 없다고 했다. "오래 붙잡고 있으면 두뇌가 활력을 잃기 때문입니다."

이러한 사실들을 확인하고도 전날 밤까지 연설 준비를 미루는 사람은 없으리라고 본다. 그런 사람은 자신이 사용할 수 있는 기억 역량의 절반밖에 활용하지 못할 것이다.

　기억을 잊어버리는 과정을 이해하는 데 대단히 도움이 될 만한 발견이 있다. 한 심리학 실험을 통해, 새롭게 외운 자료를 처음 8시간 동안 잊어버리는 양이 그 후 30일에 걸쳐 잊어버리는 양보다 더 많다는 사실을 밝혀낸 것이다. 놀라운 비율이지 않은가! 즉, 회의에 들어가기 직전 혹은 연설하기 직전에 자료를 들여다보며 말하고자 하는 사실을 검토해보고 기억을 환기시키는 것이 필요하다.

　링컨은 이런 습관이 매우 중요하다는 사실을 알고 실천에 옮겼다. 게티즈버그 연설 때 뛰어난 웅변가이자 학문에도 조예가 깊었던 에드워드 에버렛이 링컨보다 앞서 연설을 했다. 에버렛의 길고 긴 연설이 끝나가자 링컨은 눈에 띄게 초조해했다. 이는 앞사람이 연설할 때 그가 항상 보였던 증상이다. 그는 서둘러 안경을 고쳐 쓰고 주머니에서 원고를 꺼내 기억을 되새기며 혼잣말을 중얼거렸다.

윌리엄 제임스 교수의 훌륭한 기억력의 비결

　기억의 세 번째 법칙인 '연상' 역시 기억에 있어 없어서는 안 되는 요소다. 사실 연상은 기억 자체에 대한 설명이라 할 수 있다. 윌리엄 제임스 교수의 현명한 논평을 들어보자.

　　우리의 정신은 기본적으로 연상하는 기계다. 내가 잠시 침묵을 지킨 후 명령조로 이렇게 말한다고 가정하자. '기억하라! 생각하라!' 여러분의 기억 능력은 이 명령에 따라 과거의 어떤 특정한 이미지를 불러오는가? 물론 그렇지 않다. 아마 여러분의 기억력은 멀뚱멀뚱 쳐다보다가 이렇게 질문할 것이다. "도대체 뭘 기억하라는 거요?" 요컨대 기억에는 단서가 필요하다. 반면에 만약 내가 당신 생일을 기억하라! 혹은 아침에 무엇을 먹었는지, 어떤 음계의 연속적인 음을 기억하라고 한다면 여러분의 기억력은 즉시 필요한 결과를 끄집어낸다. 엄청나게 방대한 단서 중에서 어떤 것을 특정하면 되기 때문이다. 어떻게 이러한 일이 일어나는지 살펴보다 보면, 그 단서가 여러분이 기억하는 것과 긴밀하게 연관되어 있음을 알게 된다. '생일'이라는 낱말은 어떤 특정한 숫자, 달 혹은 해와 깊은 연관성이 있다. '오늘 아침 식사'와 같은 단서는 다른 모든 기억 회선을 차단해버리고 오직 커피, 베이컨, 달걀만을 연상하게 한다. '음계'라는 낱말은 도, 레, 미, 파, 솔, 라와 같은 낱말과 떼어놓기 힘든 관계다. 이렇듯 연상 법칙은 사실상 외부로부터 오는 감각에 방해받지 않으면서 우리의 생각을 지배한다.

우리 머릿속에 떠오르는 것은 반드시 단서를 통해 소개된 것이고, 소개받을 때 그것은 이미 우리 머릿속에 있는 것과 관계가 있다. 이것은 여러분이 생각하는 모든 것, 기억하는 모든 것에 적용된다. 기억력 훈련을 한 사람은 조직적인 연상체계를 가지고 있다. 훈련된 기억력에는 두 가지 특징이 있다. 첫째는 연상의 지속력이고, 둘째는 연상의 다양성이다. … '훌륭한 기억력의 비결'은 우리가 기억하고자 하는 모든 사실에 다양한 연상을 하는 것이다. 여러 사실들끼리 연관성을 만들려면 가능한 한 더 많은 사실을 생각해보는 것밖에 없다. 간단히 말해서 똑같은 경험을 한 두 사람 중에서 자신의 경험을 더 많이 생각해보고, 그 경험을 체계적인 관계로 엮어내는 사람의 기억력이 더 좋다.

여러 사실을 어떻게 연결할 것인가

좋다. 하지만 사실들을 어떻게 체계석으로 엮을 수 있을까? 그러기 위해서는 먼저 사실에 대해 깊이 생각하며 그 의미를 파악해야 한다. 어떤 새로운 사실에 다음과 같은 질문을 던지고 대답하면, 다른 사실과 체계적으로 엮는 데 도움이 된다.

1. 이것은 왜 이럴까?

2. 어떻게 이럴까?

3. 언제 이렇게 되었을까?

4. 어디에서 이렇게 되었을까?

5. 누가 이렇다고 했을까?

　예를 들어, 모르는 사람을 만났다고 치자. 그의 이름이 흔한 것이라면 같은 이름을 가진 다른 친구와 연결 지어 생각할 수 있다. 반면 아주 특이한 이름이면 그 이름이 특이하다고 언급할 수 있다. 그 사람은 종종 그러한 말을 듣는다며 자기 이름에 관해 좀 더 자세히 이야기할 것이다. 이 장을 쓰는 동안 나는 소터 부인이라는 사람을 소개받았다. 만나자마자 나는 그 이름의 철자가 어떻게 되느냐고 묻고 특이하다고 이야기했다. 그러자 그녀가 이렇게 말했다. "네, 아주 드문 이름이지요. 그리스어로 '구세주'라는 뜻이랍니다." 그러고는 자신의 남편이 아테네 출신이며 그의 집안이 거기에서 꽤 지위가 높은 가문이라고 이야기했다. 나는 사람들에게 자기 이름에 관한 말을 하게 만드는 일이 전혀 어렵지 않다는 걸 알게 되었을 뿐더러 그 이름을 훨씬 더 잘 기억할 수 있게 되었다.

　사람들의 외모를 예리하게 관찰하라. 눈과 머리카락 색에 주목하고 이목구비를 자세히 살펴보라. 어떻게 옷을 입고 있는지 살피고, 말하는 방식에도 귀를 기울여라. 외모와 성격에 대해 명확하고 예리하며 생생한 인상을 얻고, 그의 이름과 연관시켜라. 다음에 이 날카로운 인상이 머릿속에 떠오르면 그 이름을 쉽게 기억할 수 있을 것이다.

　어떤 사람을 두세 번 만났는데 그 사람이 하는 일은 기억이 나지만 이름은 떠오르지 않은 경험이 있는가? 그 이유는 사람의 직업은 명확하고 구체적이기 때문이다. 직업에는 의미가 있어 반창고처럼 기억에 찰싹 달라붙는다. 반면 이름은 대체로 아무런 의미가 없어서 마치 비탈진 지붕 위에 내리는 우박처럼 그대로 굴러떨어진다. 따라서 누군가의 이름을 기억하고 싶다면, 그가 하는 일과 이름을 연결시키는 문구를 만들어라. 의심의 여지가 없을 정도로 효율적인 방법이다.

예를 들어보자. 서로 전혀 모르는 20명의 사람들이 최근 이 강좌를 수강하기 위해 필라델피아에 있는 펜 애슬레틱 클럽이라는 곳에서 만났다. 각자 자리에서 일어나 이름과 하는 일을 이야기해달라고 했다. 그다음 이둘을 연결시켜 표현을 만들어보았다. 몇 분도 안 되어 참석한 사람 모두가 방 안에 있는 다른 사람의 이름을 외울 수 있었다. 심지어 이 강좌 과정이 끝날 때까지 각자의 이름과 하는 일을 잊지 않았다. 두 개가 서로 연결되어 있었기 때문이다. 이처럼 연상으로 이루어진 연결은 풀어지지 않는다.

다음은 이 모임에 참가한 열 명의 이름을 알파벳 순서대로 적은 것이다. 그리고 그다음에 나오는 것은 이름과 일을 연결 지은 조금은 유치한 문구다.

G. P. 알브레히트Albrecht(모래 채취업): 모래는 모두를 똑똑하게 만든다Sand makes all bright.

조지 앤슬리George A. Ansley(부동산 중개업): 부동산을 팔려면 앤슬리 잡지에 광고를 내라To sell real estate, advertise in Ansley's Magazine.

G. W. 베일리스Bayless(아스팔트 관련 사업): 아스팔트를 써서 돈을 절약하라Use asphalt and pay less.

H. M. 비들Biddle(모직 관련 사업): 비들 씨가 모직에 소변을 본다Mr. Biddle piddles about the wool business.

기드온 보에리케Gideon Boericke(광산업): 보에리케 씨는 광산에 구멍을 빨리 뚫는다Boericke bores quickly for mines.

토머스 데버리Thomas J. Devery(인쇄업): 모든 사람은 데버리의 인쇄를 필요로 한다Every man needs Devery's printing.

O. W. 둘리틀Doolittle(자동차 매매업): 대충대충 하다 보면 자동차 판매에 성공

하지 못할 것이다Do little and you won't succeed in selling cars.

토머스 피셔Thomas Fischer(석탄 사업): 그는 석탄을 얻기 위해 낚시를 한다He fishes for coal orders.

프랭크 골디Frank H. Goldey(목재 산업): 목재업에는 황금이 있다There is gold in the lumber business.

J. H. 핸콕Hancock(『새터데이 이브닝 포스트』 기자): 빈칸에 서명해서 『새터데이 이브닝 포스트』를 정기구독해라Sign your John Hancock to a subscription blank for the Saturday Evening Post(John Hancock에는 서명이라는 의미가 있다 - 옮긴이).

날짜를 외우는 방법

날짜는 이미 머릿속에 자리 잡은 중요한 다른 날짜와 연결하면 잘 기억할 수 있다. 예를 들어 1869년 수에즈 운하가 개통했다고 외우는 것보다 남북전쟁이 끝나고 4년 후 처음으로 배가 수에즈 운하를 통과했다고 기억하는 편이 미국인들에게는 더 쉽지 않을까? 유럽인이 최초로 오스트레일리아에 정착한 해가 1788년이었다는 사실을 아무리 기억하려 애써도 그 년도는 차에서 헐거운 나사가 떨어져 나가는 것처럼 뇌리에서 쉽게 사라질 것이다. 미국인이라면 차라리 1776년 7월 4일과 연관 지어, 미국 독립선언이 있고 12년 후에 정착했다고 외우는 편이 좀 더 오래 기억하는 방법이다. 이는 마치 기억의 나사를 조이는 것과 같다. 그래야 제대로 붙어 있는다.

전화번호를 선택할 때도 이런 원리를 명심하라. 예를 들어 제1차 세계대전 중 내 전화번호는 1776번이었다. 이 번호는 누구라도 쉽게 외울 수 있었다. 만약 당신의 번호가 1492, 1861, 1865, 1914, 1918 같은 것이라면, 친구들은 굳이 전화번호부를 뒤지지 않더라도 당신에게 전화를 걸 수 있을 것이다(1776년은 미국이 독립선언을 한 해이고, 1492년은 콜럼버스가 미국을 발견한, 1861년은 남북전쟁이 발발한, 1865년은 남북전쟁이 종전된, 1914년은 제1차 세계대전이 발발한, 1918년은 제1차 세계대전이 종전된 해다-옮긴이). 당신이 별 설명 없이 전화번호를 알려준다면 사람들은 당신 전화번호가 1492번이라는 것을 기억하지 못할 수도 있다. 하지만 "내 전화번호는 잊기 힘들걸? 1492, 콜럼버스가 미국을 발견한 해지"라고 말한다면 당신의 전화번호를 잊지 못할 것이다.

당신이 오스트레일리아나 뉴질랜드, 캐나다 사람이라면 1776, 1861, 1865 대신 자기 나라에서 역사적으로 중요한 날로 대체하면 된다.

그렇다면 다음과 같은 숫자를 외우는 가장 좋은 방법은 무엇일까?

> 1564: 셰익스피어가 탄생한 해
>
> 1607: 영국 이주민이 제임스타운에 최초로 정착한 해
>
> 1819: 빅토리아 여왕이 탄생한 해
>
> 1807: 로버트 리 장군이 탄생한 해
>
> 1789: 바스티유 감옥이 붕괴된 해

만약 미연방에 가입한 순서대로 13개 주의 이름을 외우려 한다면 당연히 지겨울 것이다. 하지만 이야기로 엮으면 많은 시간과 노력을 들이지 않고도 외울 수 있다. 다음 단락을 한번 읽어보라. 집중해서 읽고 다 읽고 난 후 13개 주 이름이 순서대로 떠오르는지 확인해보라.

어느 토요일 오후 **델라웨어**에서 온 한 젊은 **여성**이 가볍게 여행을 떠나려고 **펜실베이니아**에서 기차를 탔다. 가방에는 **뉴저지**산 스웨터가 들어 있었고, 친구 **조지아**를 만나러 **코네티컷**으로 갔다. 다음 날 아침 그녀는 집주인과 함께 **미사**(Mass: 매사추세츠)에 참석하기 위해 **메리의 땅**(Mary's land: 메릴랜드)에 있는 교회에 갔다. 그런 다음 그들은 **사우스 카 라인**(South car line: 사우스캐롤라이나)을 타고 집으로 돌아와 **새 햄**(new ham: 뉴햄프셔)으로 저녁을 먹었는데, 햄은

유색인종 요리사 **버지니아**가 구웠고, 그녀는 **뉴욕** 출신이었다. 저녁을 먹은 후 이들은 **노스 카 라인**(North car line: 노스캐롤라이나)을 타고 **아일랜드**(rode to the island: 로드 아일랜드)로 갔다.

연설의 요점을 기억하는 방법

어떤 내용을 생각해내는 방법에는 두 가지밖에 없다. 하나는 외부 자극을 통해서이고, 나머지 하나는 이미 머릿속에 들어 있는 어떤 것과의 연상을 통해서다. 이를 연설에 적용해보면 다음과 같은 결론을 도출할 수 있다. 첫째, 메모와 같은 외부 자극의 도움을 받아 요점을 기억한다. 하지만 원고를 보고 읽는 연설자를 누가 좋아하겠는가? 둘째, 이미 머릿속에 들어 있는 것과 연관시켜서 요점을 기억한다. 이 방법을 쓸 경우 연설의 첫 번째 요점은 필연적으로 두 번째와, 두 번째 요점은 필연적으로 세 번째와 이어지는 식으로 논리적으로 배열한다. 마치 하나의 방문이 다른 문과 이어지는 것처럼 자연스럽게 이어지며 기억되도록 해야 한다.

간단한 이야기처럼 들리겠지만 청중 앞에서 두려움으로 머리가 하얘진 초보자에게는 그렇지 않을 것이다. 여기, 요점들을 묶어 연결하는 누구나 이용 가능한 쉽고 빠른 방법이 있다. 바로 우스꽝스러운 문장을 이용하는 것이다. 예를 들어보자. 소, 시가, 나폴레옹, 집, 종교와 같이 서로 연관성이 없어 기억하기 힘든 내용의 연설을 한다고 가정해보자. 이 뒤죽박죽 나열된 단어들로 터무니없는 문장을 만들어 연결고리를 생성할 수 있는지 살펴보자. "소는 시가를 피우며 나폴레옹을 낚았고, 그 집은 종교로 홀딱 망해버렸다."

자 이제 손으로 이 문장을 가리고 다음 질문에 답해보자. 세 번째 요점은 무엇이었는가? 다섯 번째는? 네 번째는? 두 번째는? 첫 번째는?

효과가 있는가? 물론이다! 이 책을 읽는 독자들에게도 이 방법을 이용하길 강력하게 권한다.

어떤 내용이건 이와 유사한 방식으로 서로 연결할 수 있다. 연결된 문장이 우스꽝스러울수록 기억하기는 더 쉽다.

완전히 잊어버리면 어떻게 해야 할까?

아무리 철저하게 준비하고 대비해도 사람들 앞에서 연설하던 도중 갑자기 머리가 하얗게 될 수 있다. 더는 이야기를 진척시키지 못하고 완전히 갈팡질팡하며 청중만 바라보는 사태 말이다. 무시무시한 상황이다. 그렇다고 혼란과 패배감에 싸인 채 자리에 앉고 싶지는 않다. 그러기엔 자존심이 허락하지 않는다. 10초, 15초만 있으면 다음 요점 혹은 어떤 요점이라도 떠올릴 수 있을 것 같다. 하지만 수많은 청중 앞에서 그렇게 끔찍한 상태로 15초를 보내는 것 역시 재난 상황이나 다름없다. 무엇을 할 것인가? 한 유명한 미국 상원의원은 최근 이런 상황에 맞닥뜨렸다. 그러자 그는 자기 목소리가 충분히 크냐고 물었다. 강연장 끝에서도 이야기를 분명히 들을 수 있냐고 물었다. 물론 잘 들린다는 건 이미 알고 있었다. 그는 정보를 요청한 것이 아니다. 시간이 필요했을 뿐이다. 잠깐의 시간을 벌고는 어떤 이야기를 하려 했는지 떠올리고 다시 이야기를 이어나갈 수 있었다.

이와 같은 정신적 재난의 순간을 맞이했을 때, 우리의 목숨을 구해줄 최고의 방법을 제시하겠다. 직전에 했던 말의 마지막 낱말이나 구절 혹은 마지막 문장에 있었던 생각을 그대로 가져와 새 문장을 시작하는 데 이용하라. 그러면 마치 테니슨의 시에 등장하는 시냇물처럼 거침없고 끝없이 이어지게 만들 수 있을 것이나(앨프리드 테니슨 경Alfred Lord Tennyson의 유명한 시 〈시냇물Brook〉에서 시냇물은 사람들과 상관없이 영원히 흐른다는 후렴구가 나온다 – 옮긴이). 실제로 이 방법이 얼마나 효과가 있는지 한번 살펴보기로 하자. 사업적 성공을 주제로 이야기를 하던 한 강연자가 다음과 같은 말을 한 후 막다른 골목에 몰렸다고 가정해보자. "평범한 직원들은 출세하지 못합니다. 자기가 하는 일에 관심이 적고 주도적으로 행동하지 않기 때문입니다."

그렇다면 다음 문장을 '주도성'으로 시작하라. 어떤 말을 해야 할지 아이디어가 떠오르지 않고 문장을 어떻게 끝내야 할지 모를 수도 있다. 하지만 우선 시작하고 보라. 형편없는 이야기라도 시작하는 편이 완벽한 침묵보다 나은 법이다.

주도성이란 독창성입니다. 스스로 일을 시작하는 거지요. 누가 명령할 때까지 기다리지 않고요.

엄청난 발견도 아니다. 역사에 길이 남을 만한 말도 아니다. 하지만 모든 사람을 괴롭히는 침묵보다는 낫지 않은가? 마지막 말은 무엇이었나? "명령을 기다린다"였나? 좋다. 그러면 이 문구를 가지고 새 문장을 시작해보자.

독창적인 사고를 거부하는 직원에게 끊임없이 명령하고 지시하고 몰아붙이는 일은 가장 고통스러운 일일 겁니다. 상상만 해도요.

자, 이제 '명령'에 대한 이야기는 끝났다. 다음 단락으로 넘어가보자. 이번에는 '상상'에 대해 이야기할 차례다.

우리가 필요한 것은 바로 상상입니다. 즉, 비전이지요. 솔로몬 왕은 이렇게 말한 적이 있습니다. "계시(비전)의 말씀이 없으면 백성이 방자해진다."

순조롭게 나아가고 있다. 용기를 내 계속해보자.

해마다 비즈니스 전쟁에서 쓰러지고 마는 많은 직장인을 보면 진심으로 안타깝습니다. 유감스럽다고 말하고 싶습니다. 조금 더 충성하고, 조금 더 야망을 가지고, 조금 더 열정적이었더라면 성공과 실패 사이에서 자신을 조금 더 끌어올렸을 수도 있었을 테니까요. 비즈니스 세계에서는 실패를 절대 허용하지 않습니다.

기타 등등. 강연자는 즉석에서 이런 상투적인 말을 하는 동시에 연설에서 진짜 하려고 했던 다음 요점, 즉 원래 하려고 했던 이야기를 열심히 생각해내야 한다.

이 끝없이 이어지는 이야기를 계속하다 보면 결국 화자는 자두 푸딩이나 카나리아 가격 따위를 논의하는 함정에 빠질 위험도 있다. 그렇더라도 망각 때문에 일시적으로 작동 중지된 정신에는 대단히 훌륭한 응급처치다. 이 처방은 숨을 몰아쉬면서 죽어가고 있는 연설을 극적으로 소생시키는 방법이다.

모든 종류의 기억력을 향상시킬 수는 없다

이 장에서 나는 생생한 인상을 얻고, 반복하고, 요점끼리 엮어 어떻게 하면 기억력을 개선할 수 있는지에 대해 다루었다. 하지만 기억이란 근본적으로 연상의 문제이다 보니 제임스 교수는 다음과 같은 한계를 지적하기도 했다. "기억의 근본 능력은 변하지 않는다. 단지 사물과 연관된 특수한 기억력만 향상될 뿐이다."

예를 들어보자. 셰익스피어 작품의 유명한 구절을 하루에 하나씩 외운다고 하년, 문학 작품을 인용하는 능력이 놀라울 정도로 향상된다. 새로 외우는 인용구들이 머릿속에 있던 기존의 인용구들과 긴밀한 관계를 맺는다. 하지만 『햄릿』과 『로미오와 줄리엣』을 전부 다 외운다고 해도 면화 시장에 대한 정보라든지, 선철銑鐵에서 불순물을 제거하는 베서머법Bessemer process과 관련된 사실을 외우는 데는 전혀 도움이 되지 않는다.

다시 말해 이 장에서 논의한 원칙을 적용하고 사용한다면 무엇을 외우든 기억하는 방식과 효율성을 향상시킬 수 있다. 하지만 이러한 원칙을 적용해 야구에 대한 천만 가지 규칙을 외우더라도 주식시장에서 일어나는 일을 기억하는 데는 아무런 도움이 되지 않는다. 아무런 관계가 없는 자료들을 하나로 묶을 수는 없기 때문이다. "우리의 정신은 근본적으로 연상하는 기계다."

기억력을 향상시키는 법

1. 저명한 심리학자 칼 시쇼어 교수는 말한다. "평범한 사람은 타고난 기억력의 10퍼센트도 사용하지 않는다. 사람들은 기억의 자연법칙을 위반하며 90퍼센트를 낭비하고 있다."

2. '기억의 자연법칙'에는 인상, 반복, 연상 세 가지가 있다.

3. 기억하고 싶은 사물의 인상을 마음에 새겨라. 그러기 위해서는 반드시 아래 네 가지를 기억하라.

    (1) 집중하라. 루스벨트 기억력의 비결이다.

    (2) 자세히 관찰하라. 분명하고 정확한 인상을 새겨라. 짙은 안개 속에서 사진을 찍으면 잘 나오지 않는 듯 흐릿하고 뿌연 인상만 머릿속에 있다면 남아 있는 게 없다.

    (3) 가능한 한 많은 감각을 통해 인상을 새겨라. 링컨은 기억하고픈 내용을 소리 높여 읽었다. 시각적·청각적 인상을 동시에 받기 위해서였다.

    (4) 무엇보다 눈으로 새겨라. 그렇게 새긴 인상은 오래 남는다. 눈에서 뇌로 이어지는 신경은 귀에서 두뇌로 이어지는 신경에 비해 20배가 더 많다. 마크 트웨인은 메모를 사용할 때는 해야 할 이야기의 개요조차 기억하지 못했다. 하지만 메모를 버리고 주제를 연상시키는 그림을 이용하자 모든 문제가 사라졌다.

4. 기억의 두 번째 법칙은 반복이다. 수만 명의 이슬람교 학생들은 모두 신약성서만큼이나 두꺼운 코란을 암기한다. 이들은 대체로 반복의 힘을 이용했다. 우리도 자주 반복한다면 무엇이든 외울 수 있다. 다음과 같은 사실을 염두에 두자.

    (1) 어떤 것이든 외워질 때까지 무턱대고 반복하지 마라. 한두 번 시도한 후에

잠시 쉬고 나중에 다시 반복해보라. 이렇게 시간 간격을 두고 반복하면 한 번에 외우려고 노력하는 것보다 시간을 절반으로 줄일 수 있다.

(2) 어떤 것을 외우고 난 다음 처음 8시간 동안 잊어버리는 양이 그 후 30일에 걸쳐 잊어버리는 양보다 많다. 따라서 연설하러 자리에서 일어나기 전에 단 몇 분 만이라도 메모를 검토하라.

5. 기억의 세 번째 법칙은 연상이다. 어떤 것을 기억하는 유일한 방법은 다른 사실과 연관시키는 것뿐이다. 윌리엄 제임스는 말했다. "무언가를 소개받을 때 그것은 이미 우리 머릿속에 있는 것과 관계가 있다. 이것은 당신이 생각하는 모든 것, 기억하는 모든 것에 적용된다. 자신의 경험을 더 많이 생각해보고, 그 경험을 체계적인 관계로 엮어내는 사람의 기억력이 더 좋다."

6. 하나의 사실을 머릿속에 이미 존재하는 다른 것들과 연관시키고 싶다면, 새로운 사실을 여러 측면에서 생각해보라. 이런 질문을 던져보라. "이것은 왜 이럴까? 어떻게 이럴까? 언제 이렇게 되었을까? 어디에서 이렇게 되었을까? 누가 이렇다고 했을까?"

7. 낯선 사람의 이름을 잘 기억하기 위해서는 '철자는 어떻게 쓰나요?' 등 이름에 관한 질문을 하라. 상대의 얼굴을 세밀하게 관찰하라. 그 사람의 이름과 얼굴을 연결해보라. 그가 무슨 일을 하는지 알아보고, 이름과 일을 연결하는 익살스러운 표현을 만들어라. 펜 애슬레틱 클럽의 예를 참조하라.

8. 날짜를 기억하기 위해서는 당신에게 익숙한 유명한 날짜와 연관시켜보라. 예를 들어 셰익스피어 탄생 300주년 되는 날 남북전쟁이 발발했다.

9. 연설의 요점을 기억하기 위해서는 하나의 요점이 자연스럽게 다른 요점으로 이어질 수 있도록 논리적으로 배열해야 한다. 주요 요점들로 익살스러운 문장을 만들 수도 있다. 예를 들어 다음과 같은 문장이다. "소는 시가를 피우며 나폴레옹을 낚았고, 그 집은 종교로 홀딱 망해버렸다."

10. 아무리 철저하게 준비해도 사람들 앞에서 연설하는 도중 말하려던 내용을 갑자기 잊어버릴 수 있다. 이런 때는 직전에 했던 말의 마지막 낱말, 구절 혹은

마지막 문장에 있었던 생각을 가져와 새 문장으로 시작해보라. 완전한 파국에서 벗어날 수 있다. 요점이 떠오를 때까지 이런 식으로 버텨라.

※

목의 긴장 풀기

긴장하면 듣기 싫은 소리가 나온다. 특히 더 티가 나는 부분은 어디일까? 긴장이 마치 독사처럼 고개를 꼿꼿이 세우고 불꽃같은 혀로 계속 핥아대는 부위는 바로 목이다. 목근육 신경이 경직되면 목소리가 거칠어지고, 쉬게 되고, 피로해지며 심지어 통증을 느낀다. 교사와 목사 그리고 강연자들에게 이런 문제가 자주 나타난다. 반면 사업상 몇 달간 매일같이 쉬지 않고 말을 많이 해도 전혀 목이 아프지 않은 사람이 있다. 그렇다면 대중연설을 하는 사람에게는 왜 이런 증상이 나타날까? 한마디로 말하면 긴장 때문이다.

이런 사람은 발성기관을 제대로 이용하지 않는다. 긴장하고 있어서 자기도 모르게 목근육을 수축시킨다. 숨을 지나치게 크게 쉬고, 가슴을 들어 올리고, 그 상태를 유지하며 가슴 근육의 긴장이 목을 팽팽하게 죄게 만든다. 강한 어조로 말할수록 목이 더 긴장되고 팽팽하게 죈다. 큰 소리를 내려고 목에서부터 강제로 소리를 밀어낸다. 그 결과 거칠고 불쾌한 목소리, 멀리까지 들리지 않는 꽉 막힌 목소리가 나오게 된다. 이는 권하고 싶지 않은 방법이다.

이제 검증된 방법을 제시하겠다. 목의 힘을 완전히 빼라. 목은 폐에서 나온 공기가 빠져나가는 통로에 불과하다고 생각하라. 이탈리아의 소프라노 아멜리타 갈리쿠르치Amelita Galli-Curci는 "가능한 한 목에 어떤 노력을 기울이고 있다는 의식조차 하지 말아야 해요"라고 하면서 이렇게 자랑하곤 했다. "이탈리아 가수들은 목이 없어요." 그리고 보니 카루소, 넬리 멜바, 아델리나 파티Adelina Patti, 메리 가든Mary Garden 같은 가수 중 목이 있는 듯 노래를 불렀던 사람은 한 명도 없다.

어떻게 해야 긴장 없이 열려 있는 목 상태를 유지할 수 있을까? 간단하지만 쉽게 잊히지 않는 방법이 있다. 누군가 "이탈리아 가수들은 목을 써서 노래하나요?"라고 질문을 던졌다고 하자. 당신은 아니라고 대답하려 한다. 눈을 감고 하품을 생각해보라. 하품을 시작한다는 느낌을 가져보라. 여러분도 알다시피 우선 깊은숨으로 시작한다. 사실 하품은 좀 더 많은 숨이 필요해서 하는 것이다. 숨을 들이마시다가 하품이 시작되는 시점에 목이 완전히 열리고 이완된다. 이때 하품 대신 말을 해보라. "아니요"를 생각하고 "아니요"라고 말하라. 당신의 어조가 귀에 쏙쏙 들어오지 않는가? 명확한 어조의 조건에 해당하기 때문이다. 즉 어조를 만들어내는 데 필요한 조건은 깊은 횡격막 호흡, 이완된 몸, 열린 목이다.

하루에 스무 번씩 이 연습을 하라. 먼저 하품으로 시작하라. 폐의 아래쪽이 공기로 가득 차 아래쪽 갈비뼈와 등을 확장시키고, 횡격막이라고 부르는 아치형 근육을 내리누르며 평평하게 만드는 것을 느껴보라. 자, 이제 하품 대신 말을 하라. 운율이 느껴지는 문장을 말해보라.

말을 하면서 낱말들을 마시고 있다고 느껴보라. 하지만 목으로 넘기는 것이 아니라 머릿속에 있는 열린 방으로 밀어 넣는다고 생각하라. 코를 통해 깊게 숨을 쉴 때도 머리에 있는 방이 열려 있다고 느껴보라.

마지막으로 깊은숨을 들이마신 다음에는 가슴을 완전히 이완시켜라. 가슴이 내부에 있는 공기 쿠션에 얹혀 있다고 생각하라. 자동차 타이어가 안쪽 튜브의 부푼 공기 위에 앉은 것처럼 가슴이 호흡 위에 그저 얹혀 있어야 한다. 이렇게 가슴을 이완시키지 못하면 가슴의 위치를 높이느라 사용하는 근육이 목을 긴장시킨다. 숨을 늘이마실 때 어깨가 아닌 가슴을 높게 유지하고, 가슴이 몸 한가운데 있는 공기의 압력 위에 있도록 해야 한다.

5장

청중을 깨어 있게 만들어라

천재성은 곧 집중력이다. 마치 불도그가 고양이를 쫓는 것처럼, 몸의 모든 근육을
긴장시키고 목표를 추구하는 사람만이 가치 있는 것을 획득한다.

W. C. 홀먼Holman (내셔널 캐시 레지스터 컴퍼니 판매부장)

열정적인 사람은 언제나
만나는 모든 사람을 자석처럼 끌어당기고 영향력을 행사한다.

H. 애딩턴 브루스Addington Bruce (작가)

진심을 다하라. 열정은 열정을 불러일으킨다.

러셀 콘웰Russell H. Conwell (『내 인생의 다이아몬드』 저자)

나는 열정이 넘쳐흐르는 사람이 좋다.
진흙 웅덩이보다는 뜨거운 물이 솟아나는 온천이 낫지 않은가.

존 셰드John G. Shedd (마셜 필드 앤드 컴퍼니 사장)

그는 … 하는 일마다 최선을 다하였으므로,
하는 일마다 잘되었다.

구약성서 역대기 하편 31:21 (새번역)

한 사람의 장점은 자신감을 낳고, 자신감은 열정을 낳는다.
그리고 열정은 세상을 지배한다.

월터 코팅햄Walter H. Cottingham (셔윈 윌리엄스 컴퍼니 사장)

달변의 요소에는 정직도 포함된다.
정직해야 다른 사람을 설득할 수 있다.

윌리엄 해즐릿William Hazlitt (비평가, 수필가)

한번은 세인트루이스 상공회의소 모임에서 셔먼 로저스^{Sherman Rogers}와 함께 연설한 적이 있었다. 내 순서가 먼저였다. 그럴듯한 변명거리가 있다면 그가 먼저 한 다음에 하고 싶었다. 그는 별명이 '벌목꾼 연설가'일 정도로 이미 그 바닥에서는 정평이 난 인물이었다. 그럼에도 솔직히 그 연설이 지루할 거라고 생각했다. 둘리 씨(미국 언론인 핀리 피터 던^{Finley Peter Dunne}이 만든 가상의 아일랜드계 이민 바텐더. 우리나라의 고바우 영감 같은 캐릭터 - 옮긴이)처럼, 나도 소위 '연설'이라고 하면 그럴듯하지만 재미는 없는 이야기인 줄 알았기 때문이다. 하지만 그날 나는 놀랍고도 즐거운 경험을 했다. 로저스 씨는 내가 이제껏 들어본 적 없는 최고의 연설을 너무나도 쉽게 했다.

셔먼 로저스는 누구인가? 그는 진실한 벌목꾼이다. 실제로 서부에 있는 큰 숲에서 평생을 보내다시피 했다. 그는 연설에 관한 복잡하고 정교한 규칙 따위는 아예 몰랐고 관심조차 없었다. 그의 말은 화려하지 않았지만 호소력이 있었다. 세련되지 않았지만 열정이 있었다. 문법적인 오류도 자주 저질렀는데, 대충 세어본 것만 해도 무려 여섯 개였다. 하지만 그런 오류가 연설을 망치는 건 아니다. 모든 연설의 미덕을 상실할 때 비로소 연설은 엉망이 된다.

그의 이야기는 엄청났다. 벌목꾼으로서, 작업반장으로서 살아온 그의 삶에서 바로 튀어나와 퍼덕대는 날것 그대로였다. 책 냄새는 조금도 나지 않았다. 그의 연설은 살아 있었다. 그의 연설은 바로 당신을 겨냥해 웅크렸다 뛰어오르는 야수와도 같았다. 그의 말은 뜨거운 마음에서 솟구쳐 나왔다. 청중은 마치 감전된 듯했다.

그의 성공 비결은 무엇이었을까? 모든 경이로운 성공 비결과 다르지 않다. 에머슨의 말을 빌려 말하자면 "역사에 기록된 모든 위대한 성취는 열정이 거둔 승리다".

열정enthusiasm이라는 마법의 단어는 '안'를 뜻하는 '엔'en과 '신'을 뜻하는 '테오스'theos라는 그리스어에서 비롯되었다. 열정은 문자 그대로 '우리 안에 있는 신'을 뜻한다. 그래서 열정적인 사람은 마치 신에게 사로잡힌 사람처럼 말한다.

물건을 광고하고, 팔고, 어떤 일을 완성하는 데 있어 열정은 가장 효과적이며 중요한 요소다. 단일품목으로는 세계에서 가장 큰 규모인 광고업자 윌리엄 밀스 리글리William Mills Wrigley는 30년 전 주머니에 50달러도 안 되는 돈을 들고 시카고에 도착했다. 그리고 현재 매년 3천만 달러 규모의 껌을 팔고 있다. 그의 사무실 벽에는 다음과 같은 에머슨의 말이 액자에 담겨 걸려 있나. "위대한 일 중에 열정 없이 이루어진 것은 아무것도 없다."

한때 나도 대중연설 규칙에 상당히 의존하던 때가 있었다. 그러나 세월이 흐르면서 연설할 때의 진심, 혹은 정신이 더 중요하다고 믿게 되었다.

윌리엄 제닝스 브라이언은 이렇게 말했다.

설득력 있는 말이란 자신이 무슨 말을 하는지, 그 의미가 무엇인지 알고 있는 사람이 하는 말이라 정의할 수 있습니다. 다시 말해, 열정적인 생각이지요. 열정이 없는 화자에게 지식이란 무의미합니다. 설득력 있는 말은 머리에서 머리가 아니라, 마음에서 마음으로 이어지는 말입니다. 화자가 자신의 감정을 청중 앞에서 속이긴 힘듭니다. 2천 년 전, 한 라틴 시인은 이렇게 표현했습니다. "다른 사람의 눈에서 눈물을 자아내게 하고 싶다면 자신이 슬프다는 신호를 먼저 보여주어야 한다."

마르틴 루터Martin Luther는 이렇게 말했다. "노래를 만들거나, 글을 쓰거나, 기도하거나, 설교를 잘하고 싶으면 먼저 마음속에서 분노가 타올라야 한다. 내 몸의 모든 피가 끓어올라야 서슬 퍼런 판단이 생긴다."

굳이 분노해야 할 필요까지는 없다. 하지만 우리의 감정은 끓어올라야 하고, 진지하고, 진실하며, 열정적이어야 한다.

말과 같은 짐승조차 진심이 들어간 이야기에 영향을 받는다. 유명한 동물 조련사인 레이니는 말을 화나게 만들어 맥박을 분당 열 번은 더 빠르게 뛰게 만드는 단어를 알고 있다고 했다. 확실히 청중은 말만큼이나 민감하다.

듣는 사람의 태도는 우리가 규정한다는 사실을 절대 잊지 말아야 한다. 연설할 때 청중은 우리 손바닥 안에 있다. 우리가 뜨뜻미지근하게 이야기하면 청중도 뜨뜻미지근하게 반응한다. 우리가 수줍어하면 청중도 수줍어한다. 우리가 약간만 관심을 가지면 청중도 약간의 관심만 둔다. 하지만 우리가 말하는 내용이 진심이라면 그리고 감정, 자발성, 힘, 높은 확신을 가지고 이야기한다면 청중도 우리의 생각에 전염되지 않을 수 없다.

뉴욕의 유명한 만찬 연설가 마틴 리틀턴Martin W. Littleton은 이렇게 말했다.

우리는 이성에 의해 움직인다고 생각하겠지만, 사실 세상은 감정으로 움직입니다. 너무 진지하거나 너무 재치 있게 말하고자 애쓰는 사람은 실패하기 쉽습니다. 하지만 진정한 확신이 느껴지게 호소하는 사람은 절대 실패하지 않습니다. 백색레그혼 종의 번식이건, 아르메니아 기독교인의 고난이건, 연맹이나 국제연맹에 관한 것이건 어떠한 주제라도 여러분에게 전달하고픈 메시지를 마음속 깊이 진심으로 확신하고 있다면 그의 연설은 불꽃처럼 타오를 것입니다. 그가 자신이 확신한 것을 어떻게 표현하느냐는 중요하지 않습니다. 오직 얼마만큼의 진정성과 마음의 힘으로 청중을 향해 전달하느냐가 중요할 따름입니다.

열의와 진정성과 열정이 있다면 화자의 영향력은 마치 증기처럼 팽창할 것이다. 화자에게 5백 개의 잘못이 있다 해도 실패하지 않는다. 위대한 피아니스트 아르투르 루빈스타인Arthur Rubinstein도 건반을 잘못 누를 때가 수없이 많았다. 그러나 누구도 개의치 않아 했다. 석양을 보면서도 커다란 붉은 원 외에는 어떤 것도 보지 못했던 사람들의 영혼에 그가 쇼팽의 시를 들려주었으니 말이다.

역사 기록에 따르면 아테네의 위대한 지도자였던 페리클레스Perikles는 연설 전에 무가치한 말은 단 한마디도 하지 않게 해달라고 신에게 기도했다고 한다. 그는 자신이 전하려는 메시지에 영혼을 담았기에 그 메시지는 곧바로 아테네 사람들의 가슴에 가 닿을 수 있었다.

미국의 저명한 여류 소설가 윌라 캐더Willa Cather는 이렇게 말했다. "모든 성공하는 예술가의 비결은 열정이다. 누구나 알고 있는 비결이고 완전히 믿어도 좋은 비결이다. 영웅주의처럼 싸구려 재료로는 절대로 열정을 모방할 수 없다." 모든 대중연설가의 비결도 마찬가지다.

열정, 느낌, 혼, 진정성 등을 당신 연설의 특징으로 만들어라. 그러다 보면 청중은 당신의 사소한 잘못쯤은 용서할 것이다. 아니, 의식조차 하지 못할 것이다. 연설의 역사를 대충 훑어보아도 알 수 있다. 링컨은 귀에 거슬릴 정도로 어조가 높았다. 고대 그리스 웅변가 데모스테네스Demosthenes는 말을 더듬었다. 미국 정치인 찰스 후커Charles E. Hooker는 목소리가 너무 작았다. 아일랜드 연설가 존 필포트 커런John Philpot Curran은 말을 더듬는 것으로 악명 높았다. 아일랜드 정치인 에드워드 셰일Edward Sheil은 쇳소리를 냈다. 소 윌리엄 피트William Pitt the younger(영국의 정치가, 유명인사인 아버지도 같은 이름을 썼기 때문에 대·소를 붙여 구분한다 - 옮긴이)의 목소리는 알아듣기 힘들었고 듣기 좋은 소리도 아니었다. 그러나 이 사람들은 진정성을 가지고 있었고, 그것으로 모든 단점을 극복했다. 진정성이야말로 모든 단점을 뛰어넘게 하는 힘을 가지고 있다.

절실하게 하고 싶은 이야기가 있어야 한다

브랜더 매슈스Brander Matthews 교수는 『뉴욕타임스Newyork Times』에 실린 흥미로운 기사에서 이렇게 말했다.

정말 하고 싶은 이야기가 있어야 좋은 강연을 할 수 있다. 나는 몇 년 전에 이 진실을 절실하게 깨달았다. 당시 나는 컬럼비아 대학에서 커티스 메달을 수여하는 세 명의 심사위원 중 한 명으로 위촉되었다. 대여섯 명 정도 되는 학부생 후보들이 있었다. 그들은 정식으로 웅변 교육을 받은 학생들이었고, 모두 좋은 결과를 내길 간절히 바랐다. 단 한 명을 제외하고는 메달을 받고 싶어 안달이 난 듯 보였다. 하지만 그들에게서 심사위원을 설득하고픈 의욕은 거의 보이지 않았다. 이들이 선택한 화제를 보니 그저 웅변술 계발에나 도움될 만한 내용이었다. 주장하는 내용에 대해서는 개인적인 관심조차 없어 보였다. 따라서 연이은 연설 모두 그저 웅변술 연습에 지나지 않았다. 하지만 단 한 명, 줄루족 왕자만은 예외였다. 그는 "아프리카가 현대 문명에 기여한 것"이라는 제목을 단 화제를 선택했다. 그는 한마디 한마디에 강렬한 감정을 담아 말했다. 그의 연설은 그냥 하는 말이 아니었다. 살아 있는 확신과 열정에서 비롯된 살아 숨 쉬는 이야기였다. 그는 자기 민족의 대표로서,

대륙의 대표로서 말하고 싶은 것이 있었다. 진정으로 하고픈 말이 있었다. 그랬기 때문에 모두가 공감할 만큼 진심을 담아 말했다. 심사위원은 그에게 메달을 수여했다. 다른 두세 명의 경쟁자들이 웅변 기술 면에서는 훨씬 세련되었지만, 그 기술은 수상과는 아무 상관 없었다. 심사위원들은 그의 연설에서 웅변가들이 가져야 할 진정한 열정을 느꼈다. 그의 뜨거운 호소력에 비하면 다른 연설은 가스난로 연통의 미지근한 온기 정도에 불과했다.

많은 연설가가 실패하는 점이 바로 이 지점이다. 대부분 확신 없이 말한다. 그러다 보니 연설을 들어도 어떠한 욕망이나 충동도 느낄 수 없다. 화약도 넣지 않은 채 총을 쏘고 있는 격이다.

당신은 이렇게 말할지도 모른다. "아, 그래요. 좋아요. 하지만 당신이 그토록 칭찬해 마지않는 진정성, 영혼, 열정은 어떻게 계발하나요?" 수박 겉핥기식으로 이야기해서는 절대 할 수 없다는 것만은 확실하다. 분별력 있는 청중이라면 강연자가 피상적 인상만 가지고 이야기하고 있는지, 자기 내부 깊숙이에서 길어 올린 표현인지 구분할 수 있다. 따라서 관성에서 벗어나야 한다. 마음을 담으라. 그리고 캐내라. 당신 내면에서 잠자고 있는 숨겨진 자원들을 찾으라. 사실을 취하고 사실 뒤에 숨어 있는 원인을 밝혀내라. 집중하라. 사실과 원인이 당신에게 중요한 것이 될 때까지 생각하고 또 생각하라. 결국 당신은 철저하고 제대로 된 준비에 모든 것이 달려 있음을 알게 될 것이다. 마음부터 준비해야 머리로도 준비할 수 있는 법이다.

예를 들어보자. 나는 미국 은행협회 뉴욕 지부 사람들에게 절약을 주제로 연설할 수 있게 가르친 적이 있다. 그런데 한 명이 특히 열의가 없어 보였다. 그저 해야 하니 어쩔 수 없이 말한다는 식이었다. 그 사람의 마음과 머리에 군불을 지피는 것이 이 교육의 첫 단계였다. 나는 그에게 스스로 불을 붙이고 열정으로 타오를 때까지 주제에 대해 곱씹어보라고 충고했다. 뉴욕의 유언 검인 법원Probate Court(유언을 확인하고 집행하는 전문 법원)에 따르면 85퍼센트 이상이 아무런 재산도 남기지 않고 죽는다는 사실을 상기시켰다. 단지 3.3퍼센트만이 1만 달러 이상의 유산을 남기고 사망한다. 나는 그에게 절약 캠페인이 사람들에게 큰 부탁을 하는 것이 아니며, 불가능한 일을 요구하는 것도 아니라는 사실을 마음에 되새겨보라고 했다. 그리고 다음의 말을 되뇌게 했다. "나는 이 사람들이 노년에 의식주에 불편함 없이 편히 살 수 있도록 그리고 죽은 뒤에 아내와 아이들을 보호할 수 있도록 대비시켜주려는 것이다." 그렇게 그가 훌륭한 사회 복지 서비스를 제공하는 중이라고 상기시켰다. 예수의 복음을 응용해 실용적인 일을 하고 있다며, 십자군 같은 신성한 활동을 하고 있다며 용기를 불어넣어 주었다.

그는 이러한 사실들을 받아들였다. 마음에 깊이 새겨 넣은 후 비로소 그 중요성을 깨달았다. 스스로 관심의 불씨를 키웠고, 열정이 불타올랐으며, 신성한 사명감까지 느꼈다. 마침내 사람들 앞에 섰을 때 그의 말에는 확신이 담겨 있었고 울림이 있었다. 절약에 관한 그의 연설은 워낙 많은 사람으로부터 관심을 끈 나머지 미국에서 가장 커다란 은행에서 스카우트 제의를 받을 정도였고, 후에 그 은행의 남아메리카 지부에서 일할 수 있는 계기가 되었다.

승리의 비결

한 젊은이가 볼테르에게 소리쳤다. "저는 살아야 해요." 철학자는 대답했다. "나는 그 필요성을 모르겠다."

세상 역시 당신의 말에 대체로 유사한 태도를 보인다. 당신이 말하는 것의 필요성을 모르겠다고 한다. 하지만 성공하길 원한다면 반드시 당신의 말에 필요성을 느끼게 해야 한다. 그것에 골몰해 지금 당장 세상에서 가장 중요한 것으로 여겨야 한다.

드와이트 무디는 신의 은총을 주제로 한 설교를 준비하던 중 너무나 골몰한 나머지 자신도 모르게 서재를 뛰쳐나와 길거리에서 처음 만난 사람에게 느닷없이 이런 질문을 던졌다. "당신은 신의 은총이 무엇인지 아십니까?" 이렇게 진지하고 열정적인 사람이 청중에게 마법을 부린다고 해서 그리 놀랄 만한 일은 아니지 않은가?

얼마 전 파리에서 진행하던 수업에서 매번 특색 없는 발표를 하는 수강생이 있었다. 사실 그는 우수한 학생이었다. 관련 사실들을 제법 잘 수집했고 정리도 매우 깔끔하게 했다. 하지만 그 사실들을 열정과 관심을 기울여 제대로 결합시키지는 못했다. 한마디로 진정성이 부족했다. 그는 자기 말을 돋보이게 하는 데 실패했다. 때문에 청중은 자연스럽게 주의를 기울이지 않았다. 청중은 그의 연설을 그가 평가한 만큼만 받아들였다. 나는 몇 번이고 연설을 중단시키고, 그에게 힘을 불어넣고, 일깨워보려고 노력했다. 차가워진 온풍기에서 억지로 뜨거운 김을 내뿜게 하려는 느낌을 떨쳐낼 수 없었다. 마침내 그의 준비 방법에 문제가 있다는 사실을 이해시킬 수 있었다. 머리와 가슴 사이에 어떤 의사소통 체계를 만들어야 한다고도 설득했다. 사실만 제시하는 게 아니라 그 사실에 대한 태도도 드러내야 한다고 알려주었다.

그다음 주에 그는 자신이 가치 있다고 생각되는 주제를 들고 왔다. 마침내 무언가에 관심이 생긴 것이었다. 18세기를 대표하는 소설가 새커리 William Marepeace Thackeray가 『허영의 시장』 주인공 벡키 샤프를 사랑했듯이 드디어 그에게도 사랑하는 메시지가 생겼다. 그 메시지를 전하기 위해서라면 어떠한 노고도 감당할 준비가 되어 있었다. 그의 발표가 끝나자 청중석에서는 마음에서 우러나오는 긴 박수갈채가 이어졌다. 뜻밖의 성공이었다. 마침내 마음을 움직이는 진정성을 보여준 것이다. 이것이 이야기 준비 과정에서 가장 중요한 점이다. 우리가 2장에서 배웠던 것처럼 좋은 연설 준비란 몇몇 단어를 종이에 기계적으로 끄적이거나 주요 표현을 단순히 암기하는 데 그치는 것이 아니다. 또 책이나 신문 기사에서 읽은 다른 사람의 생각을 옮기는 것으로 끝내서도 안 된다. 제대로 연설을 준비하려면 마음과 삶의 깊숙한 곳으로 내려가 진정으로 당신 것이라 할 수 있는 신념과 열정을 끄집어내야 한다. 당신의 것! 당신 자신의 것이 필요하다! 파고, 파고, 또 파다 보면 반드시 발견할 것이다. 의심하지 마라. 당신만의 광맥, 당신이 꿈에서조차 생각해본 적 없을 정도로 풍부한 잠재력이 거기 있을 것이다. 당신은 스스로의 잠재력을 체감한 적이 있는가? 그렇지 않을 것이다. 윌리엄 제임스 교수는 평범한 사람은 타고난 지적 능력의 10퍼센트도 쓰지 못한다고 말한 적이 있다. 8기통 자동차에서 1기통만 작동하는 것보다 더 안타까운 일이다!

그렇다. 연설에서 중요한 것은 객관적인 표현이 아니라 그 표현 뒤에 숨어 있는 인간, 정신, 신념이다. 영국 정치가 리처드 브린즐리 셰리든 Richard Brinsley Sheridan이 영국 하원에서 워런 헤이스팅스Warren Hastings를 탄핵했던 연설은 에드먼드 버크, 윌리엄 피트, 윌리엄 윌버포스William Wilberforce, 찰스 제임스 폭스Charles James Fox 등 유명 연설가들에 의해 영국 역사상 최고라는 찬사를 받았다. 그러나 셰리든은 자신의 연설을 차가운 활자로 담기에는 너무나 뜨겁고 일시적이라 생각했다. 그래서 그는 출판에 대한 대가로 제시받은 5천 달러를 거절했다. 그 결과 오늘날 그 연설문은 남아 있지 않다. 혹 지금 그 연설문을 읽을 수 있다 해도 실망하리라는 데는 의문의 여지가 없다. 그 연설을 위대한 연설로 만들었던 특징이 지금은 없기 때문이다. 마치 박물관에서 날개를 펼치고 있는 독수리처럼 속은 텅 비어 껍질만 남아 있을 것이기 때문이다.

당신 자신이 연설에서 가장 중요한 요소라는 사실을 잊지 마라. 에머슨의 지혜로운 명언을 기억하라! "당신이 아닌 것은 어떠한 말로도 표현할 수 없다." 자기표현 기술에 대해 내가 들었던 말 중 가장 의미심장하다. 강조하기 위해 반복해보고자 한다. "당신이 아닌 것은 어떠한 말로도 표현할 수 없다."

재판에서 승리를 거둔 링컨의 연설

링컨이 에머슨을 읽지 않았을 수도 있다. 그래도 한 가지만은 분명하다. 그는 에머슨의 말이 진실임을 알고 있었다. 하루는 독립전쟁으로 남편을 잃고 나이가 들어 등이 굽은 한 노부인이 다리를 절뚝거리며 링컨의 변호사 사무실을 찾아왔다. 노부인은 연금 담당 직원이 자신이 받아야 할 금액의 절반에 해당하는 2백 달러라는 터무니없는 수수료를 요구했다고 말했다. 링컨은 분개해서 당장 소송을 제기했다.

링컨은 소송을 어떻게 준비했을까? 그는 워싱턴의 전기와 독립전쟁사를 읽으면서 감정에 불을 지펴가며 열정을 불러일으켰다. 링컨은 자신이 변론할 차례가 되자 애국자들이 자유를 외치며 싸웠던 억압의 사례로 말문을 열었다. 굶주린 배를 움켜잡고 맨발로 얼음과 눈을 기어오르며 피를 철철 흘렸던 포지계곡에서의 고통을 묘사했다. 사람들에게는 잘 알려지지 않은 사실이었다. 그러고는 분노로 가득 차서 그 영웅들의 미망인 중 한 명인 노부인에게서 연금을 갈취한 악당 쪽으로 몸을 돌렸다. 피고의 "기름진 가죽을 벗겨버리겠다"라고 선언하며 거친 말을 쏟아내는 그의 눈빛은 번득이고 있었다.

링컨은 다음과 같이 말하며 자신의 이야기를 마쳤다.

많은 세월이 흘렀습니다. 이제는 독립전쟁의 영웅들이 저세상에서 진을 치고 있겠지요. 병사들은 세상을 떠났지만 다리를 절고, 눈이 멀고, 몸이 망가진 그들의 미망인은 배심원 여러분과 제게 억울함을 풀어달라고 옵니다. 이 노부인은 원래부터 이런 모습이 아니었습니다. 한때는 아름다운 젊은 여성이었지요. 걸음은 활기차고, 얼굴은 백옥 같았고, 목소리는 버지니아의 어떤 산에 울려 퍼졌던 소리보다도 더 달콤했습니다. 하지만 이제는 가난하고 돌봐줄 사람조차 없습니다. 어린 시절 살았던 그 아름다운 동네에서 수백 킬로미터 떨어진 여기 일리노이평원에서 그녀는 도움을 청하고 있습니다. 애국지사들이 쟁취한 권리를 누리고 있는 우리에게 억울한 사정을 호소하고 있습니다. 제가 하고 싶은 말은 단 하나입니다. 그녀를 도와야 하지 않겠습니까?

그가 변론을 마치자 배심원 중 몇몇은 눈물을 훔쳤다. 배심원단은 노부인이 요구한 금액 전부를 반환하라는 평결을 내렸다. 링컨은 그녀의 보증인이 되었고, 호텔 비용과 집으로 돌아갈 차비까지 내주었으며, 법률 서비스 비용에 대해서는 단 한 푼도 청구하지 않았다.

며칠 후 링컨의 동료는 사무실에서 종이쪽지 하나를 발견했다. 링컨의 연설 개요였다. 그는 그걸 읽다가 웃음을 터뜨릴 수밖에 없었다.

계약 없음 - 전문적인 서비스 못 받음 - 비합리적인 수수료 - 피고는 원고에게 돈 보내지 않음 - 독립전쟁 - 포지계곡의 비참한 상황 묘사할 것 - 원고의 남편 - 입대하는 군인 - 피고의 가죽을 벗기자 - 끝.

당신의 마음속에서 뜨거운 열정을 불러내기 위해 맨 먼저 해야 할 일은 전달하고 싶은 메시지가 떠오를 때까지 계속 파고드는 것이라는 진실이 제대로 전달되었길 바란다.

진정성 있게 행동하라

1장에서 보았던 윌리엄 제임스 교수의 지적을 상기해보자. "행동과 감정은 동시에 일어난다. 따라서 인간의 의지로 어느 정도 통제가 가능한 행동을 조절함으로써 우리가 직접 통제할 수 없는 감정을 간접적으로나마 조절할 수 있다."

따라서 진정성과 열정을 갖기 위해서는 자리에서 일어나 진실되고 열정적으로 행동해야 한다. 탁자에 기대지 마라. 당당하게 서라. 가만히 서 있으라. 앞으로 갔다 뒤로 갔다 하지 마라. 몸을 위아래로 흔들지 마라. 지친 말처럼 한쪽 다리에 몸무게를 실었다가 다시 다른 다리로 옮기며 짝다리를 짚지 마라. 요컨대 초조해하는 동작을 하지 마라. 그런 동작은 당신이 편안하지 않고 침착한 상태가 아님을 세상 모두에게 알리는 것이나 다름없다. 당신의 육체를 통제하라. 그러면 균형감각을 갖춘 권위 있는 모습으로 보인다. 달리기를 즐기는 튼튼한 사람처럼 버티고 서라. 반복하겠다. 산소로 허파를 가득 채워라. 더 채울 수 없을 때까지 채워라. 청중을 똑바로 바라보라. 급하게 할 말이 있는 사람처럼 청중을 바라보라. 교사가 학생을 바라보듯 자신감과 용기를 갖고 바라보라. 당신은 교사이고 청중은 당신의 말을 들으러 왔으니 배우러 온 것이나 마찬가지다. 그러니 자신 있게, 씩씩하게 마음속 이야기를 풀어놓으라. 예언자 이사야는 이렇게 말했다. "너의 목소리를 힘껏 높여라. 두려워하지 말고 소리를 높여라."

그리고 강조하는 제스처를 취하라. 아름다운 동작이건 우아한 동작이건 개의치 마라. 강하고 자연스러워 보이는 것이 중요하다. 다른 사람에게 어떻게 보일지 신경 쓰지 말고 당신에게 의미 있는 제스처를 취하라. 그러면 놀라운 일이 생길 것이다. 심지어 라디오를 듣는 청취자에게 이야기하는 경우라도 제스처 취하는 걸 잊지 마라. 청취자는 당신의 모습을 볼 수 없지만, 그 제스처로부터 나온 결과는 들을 수 있기 때문이다. 제대로 된 제스처를 취하면 당신의 어조에 활력과 에너지가 넘쳐흐르고, 당신의 태도에도 생기가 넘쳐흐른다.

생기 없는 수강생의 이야기를 도중에 끊고, 그가 마뜩잖아하던 제스처를 연습시킨 경우가 수도 없이 많다. 강요된 동작이라도 몸을 자꾸 쓰다 보면, 결국 자극을 받아 자기도 모르게 제대로 된 자세를 취하게 된다. 심지어 얼굴도 밝아지고 태도도 더 진지하고 단호해진다.

진정성 있게 행동하다 보면 진정성 있어 보이게 된다. 셰익스피어는 말했다. "진정성이 없으면 진정성이 있는 척이라도 하라."

무엇보다 입을 크게 벌리고 말하라. 한번은 미 법무부 장관 조지 위커샴George W. Wickersham은 내게 이렇게 말했다. "평범한 사람이 대중연설을 하면 10미터만 떨어져도 그 목소리를 들을 수 없지."

이 말이 과장된 것이라 생각하는가? 최근에 나는 저명한 대학 총장의 연설을 들은 적이 있다. 네 번째 줄에 앉아 있었는데도 그가 하는 이야기의 반도 알아들을 수 없었다. 최근 유니온 대학 졸업식에서는 한 유럽 대사가 축하 연설을 했다. 워낙 말에 힘이 없다 보니 연단에서 6미터밖에 떨어져 있지 않았는데도 거의 들리지 않았다.

경험 많은 연설가도 이러한 실수를 저지르는데, 하물며 초보자들에게 무엇을 바라겠는가? 초보자들은 청중이 듣기에 알맞은 정도로 목소리를 크게 하는 데 익숙하지 않다. 따라서 충분한 활력을 담아 이야기할 때도 이러다가 목청이 터지는 것은 아닌지 염려하고, 청중이 언제라도 비웃을 수 있다고 상상한다.

대중연설을 할 때도 대화식 어조를 이용하라. 다만 힘을 주어라. 30센티미터 떨어진 거리에서는 작은 글씨도 읽을 수 있지만, 강당 건너편에서는 신문 1면 헤드라인 정도는 되어야 겨우 보인다.

청중이 졸 때 가장 먼저 해야 할 일

한 시골 목사가 헨리 워드 비처에게, 무더운 일요일 오후에 신도들이 조는 것을 방지하려면 어떻게 해야 하는지 물은 적이 있다. 비처는 교회 좌석 안내원에게 날카로운 나뭇가지를 하나 주고 그것으로 설교자를 쿡쿡 찌르게 하라고 대답했다.

마음에 든다. 대단히 훌륭하다. 매우 상식적이다. 평범한 화자에게는 웅변 기술에 관한 어려운 학술서보다 훨씬 실용적으로 들린다.

청중을 이야기에 빠져들게 만드는 가장 확실한 방법은 아예 처음부터 자기 자신을 잊어버리도록 말로 때려눕히는 것이다. 그러기 위해서는 이야기에 열정과 활력과 혼을 담아야 한다. 배우들은 무대에 올라가기 전 관객을 흔들어 깨우는 일이 얼마나 중요한지 알고 있다. 마술사 후디니 Harry Houdini는 무대 뒤에서 껑충껑충 뛰어다니고, 두 주먹을 허공을 향해 맹렬히 휘두르며 있지도 않은 상대와 섀도복싱을 했다. 독일 태생의 미국 배우 리처드 맨스필드Richard Mansfield는 때로 의도적으로 아무에게나 트집을 잡으며 자신을 대단히 화가 난 상태로 만들고는 했다. 에너지를 끌어올리고 진정성을 불러일으키기 위해 어떤 구실이라도 필요했기 때문이다. 나는 배우들이 큐 사인을 기다리며 마치 야수처럼 가슴을 치는 걸 여러 번 본 적이 있다. 그래서 발표를 앞둔 수강생들에게 옆 방에 가서 피가 끓고 얼굴과 눈이 생기로 빛날 때까지 가슴을 치고 오라고 시키기도 한다. 또 커다란 동작과 함께 순서대로 알파벳을 목청껏 외치게 만들기도 했다. 청중 앞에 서려면 출발선을 넘어 질주할 듯 경주장에 들어오는 말처럼 해야 하지 않을까?

사람들 앞에서 이야기하기 직전에는 가능하면 충분히 휴식을 취해야 한다. 옷을 벗고 편안하게 몇 시간 잘 수 있다면 가장 좋다. 또 가능하다면 일어나서 찬물에 몸을 담그고 힘차게 몸을 문지르라. 아예 수영을 할 수 있다면 더 좋다.

영화 제작자 찰스 프로먼Charles Frohman은 배우를 캐스팅할 때 그들이 활력 넘치는 사람인지 아닌지를 본다고 한다. 좋은 연기나 강연을 하기 위해서는 상당한 정신적, 육체적 에너지를 필요로 하며, 프로먼은 그 사실을 너무나 잘 알고 있었다. 나는 히커리 나무를 베어내어 장작으로 썼던 경험이 있다. 두 시간씩 청중 앞에서 이야기한 적도 있다. 두 가지 모두 똑같이 힘들었다. 제1차 세계대전 중 미국의 변호사 더들리 필드 멀론Dudley Field Malone은 뉴욕 센추리 극장에 모인 수많은 청중 앞에서 열정적으로 호소했다. 1시간 30분 동안 이어진 연설이 절정에 이른 순간 그는 너무나 지쳐 쓰러지고 말았고, 의식을 잃고는 무대에서 실려 나가야 했다.

시드니 스미스Sydney Smith는 대니얼 웹스터Daniel Webster를 두고 '바지 입은 증기기관'이라고 표현한 적이 있다.

헨리 워드 비처는 이렇게 말하기도 했다. "뛰어난 화자는 활력 넘치고 회복력이 뛰어난 사람입니다. 자기가 하고 싶은 말을 폭발적으로 쏟아내는 사람입니다. 마치 멈추지 않는 기관차 같아서 다른 연설가들은 먼저 지쳐 쓰러지고 맙니다."

'양파밭 같은 것'과 모호한 말

당신이 하는 말에 활력을 불어넣으라. 확실하게 이야기하라. 하지만 지나치게 단정적이어서는 안 된다. 무지한 사람만이 모든 일에 단정적이다. 반면 나약한 사람들은 모든 말을 "이렇게 생각하는데요", "아마도", "제 생각에는요"라고 시작하고 "그런 것 같아요"로 끝낸다.

거의 모든 연설 초보자는 지나치게 단정적인 말투보다는 자신 없는 표현을 사용하다가 연설을 망친다. 언젠가 뉴욕의 한 사업가가 자동차로 코네티컷을 돌아본 경험에 대해 말하는 것을 들은 적이 있다. 그는 이렇게 말했다. "길 왼쪽으로 가면 양파밭 같은 게 나오는 거 같아요." 하지만 양파밭 같은 것은 없다. 양파면 양파고 아니면 아니다. 양파밭을 알아보는 데 특별한 능력이 필요한 것도 아니다. 이 사례는 화자가 때로 얼마나 터무니없는 말을 하는지 보여준다.

루스벨트는 이런 모호한 표현을 '족제비의 말weasel words'이라고 불렀다. 여기에 족제비weasel가 등장하는 이유는, 족제비가 달걀 껍데기는 그대로 두고 내용물만 쪽 빨아 먹기 때문이다. 그래서 껍데기만 있고 알맹이는 없는 말을 가리켜 '족제비의 말'이라고 한다.

소극적이고 변명하는 듯한 어조와 알맹이 없는 표현으로는 확신을 줄 수 없다. 기업이 다음과 같은 문구로 광고를 한다고 생각해보라. "제 생각에 결국 당신은 언더우드를 구매하게 될 것입니다." 이에 반해 푸르덴셜의 광고문구는 명확하고 힘차다. "당신은 결국 우리 밀가루를 사용하게 될 것입니다. 그렇다면 지금 당장 사용해보는 게 어떨까요?"

1896년 브라이언이 처음 대통령 선거에 출마했을 때였다. 당시 어린아이였던 나는 왜 그렇게 확신 있게 자신이 뽑힌다고 단언하고, 매킨리는 패배할 거라고 확신하는지 궁금했다. 이유는 간단했다. 브라이언은 대중이 강조와 증명을 구별하지 못한다는 사실을 알고 있었다. 그는 어떤 말을 반복해서 열정적으로 하면, 그 이야기를 듣는 사람 대부분이 결국 그것을 믿게 된다는 사실을 알고 있었다.

위대한 지도자들은 이 세상에는 자신의 주장을 반박할 가능성을 찾을 수 없다는 듯 커다란 목소리로 단언했다. 부처는 죽음을 앞두고 논쟁하려 들거나, 우는소리를 하거나, 자기주장을 펴지 않았다. 그저 권위 있는 사람으로서 남겨진 사람들에게 말했다. "내가 가르친 대로 행하라."

수백만 명에게 지대한 영향을 미치고 있는 코란을 보면 다음과 같은 말이 나온다. "이 책을 의심할 수는 없다. 이 책 자체가 목적이다."

빌립보(마케도니아의 옛 수도) 감옥의 간수가 바울 사도에게 물었다. "내가 어떻게 해야 구원을 얻을 수 있습니까?" 이 질문의 대답은 어떤 논증도, 얼버무림도, '내가 보기에는' 같은 모호한 추측도, '나는 이렇게 생각한다' 같은 주장도 아니었다. 그보다 훨씬 더 높은 수준의 명령이었다. "주 예수를 믿으시오. 그리하면 구원을 얻을 것입니다."

그럼에도 이미 말했듯이 항상 단정적이어서는 안 된다. 때와 장소는 물론, 주제와 청중에 따라 지나친 단정이 역효과를 낼 때가 있다. 일반적으로 청중 수준이 높을수록 단정적인 주장은 성공을 거두지 못하는 경향이 있다. 지적 수준이 높은 사람들은 배우고 싶어 하지 충동적으로 끌려가는 걸 좋아하지 않는다. 그들은 사실만 알려주면 판단은 스스로 하고 싶어 한다. 질문하는 것을 좋아하지 하염없이 이어지는 단편적인 주장을 듣고 싶어 하지 않는다.

청중을 사랑하라

몇 년 전 영국에서 강연 전문가라고 불리는 많은 이들을 고용해서 가르친 적이 있다. 많은 비용과 노력을 들였지만 수습 기간이 끝난 후 그중 세 명을 해고했다. 그중 한 명은 5천 킬로미터 떨어진 미국으로 돌려보내야 했다. 그들의 가장 큰 문제는 청중에게 봉사하는 것에 별 관심이 없다는 점이었다. 그들은 자기 자신과 월급봉투에만 관심이 있었다. 누구나 느낄 수 있을 정도였다. 청중에게 무관심했기에 당연히 청중도 이들에게 무관심했다. 마치 빽빽거리는 나팔이나 딸랑거리는 심벌즈와 같았다.

사람들은 강연자의 말이 입에 발린 소리인지, 가슴 깊숙이에서 나오는 소리인지 귀신같이 알아챈다. 심지어 지나가는 개도 그쯤은 눈치챈다.

나는 대중연설가 링컨에 대해 집중적으로 연구해왔다. 그는 의심의 여지 없이 미국인이 가장 사랑하는 사람이고, 최고의 연설가라는 사실에도 의문의 여지가 없다. 어떤 면에서는 천재라고도 할 수 있지만, 사실 그가 청중을 사로잡았던 힘은 상당 부분 그의 공감 능력, 정직, 선함에서 비롯되었다. 그는 자기 국민을 사랑했다. 그의 아내는 이렇게 말했다. "팔이 긴 만큼이나 마음도 넓어요." 어떤 면에서는 예수와 같았다. 2천 년 전 최초로 웅변에 대해 쓴 책에서 달변가란 "말하는 기술이 좋은 선한 사람"이라고 정의되어 있다.

유명한 프리마돈나 슈만하이크는 이렇게 말했다. "청중에게 절대적으로 헌신하는 게 제 성공 비결입니다. 저는 청중을 사랑해요. 그들 모두가 제 친구들이지요. 그들 앞에 서는 순간 우리가 서로 연결되어 있다는 걸 느껴요." 그녀가 전 세계적으로 성공한 비결은 여기에 있었다. 우리도 이런 태도를 익혀야 한다.

가장 좋은 연설은 육체적인 것도, 정신적인 것도 아니다. 그것은 바로 영적인 것이다. 죽음이 임박한 대니얼 웹스터의 머리맡에 있던 책은 모든 살아 있는 연설가들이 책상 위에 두어야 할 책이다. 예수는 사람을 사랑했기에 대화를 마친 후에는 그들의 마음이 뜨거워졌다. 대중연설에 관한 최고의 책을 원한다면 멀리서 찾을 필요 있겠는가? 신약성서를 읽으라.

청중을 깨어 있게 만들어라

1. 당신의 말에 따라 청중의 태도가 결정된다. 당신이 뜨뜻미지근하게 이야기하면 청중도 뜨뜻미지근하게 반응한다. 당신이 약간만 관심을 가지면 청중도 약간의 관심만 둔다. 당신이 열정을 다한다면 청중은 당신 이야기의 핵심을 파악하려 할 것이다. 열정은 연설에서 가장 중요하다고 할 순 없지만, 매우 중요한 요소 가운데 하나다.

2. 마틴 리틀턴은 말한다. "너무 진지하거나 너무 재치 있게 말하고자 애쓰는 사람은 실패하기 쉽습니다. 하지만 진정한 확신이 느껴지게 호소하는 사람은 절대 실패하지 않습니다. 전달하고픈 메시지를 마음속 깊이 진심으로 확신하고 있다면 그의 연설은 불꽃처럼 타오를 것입니다."

3. 신념과 열정이 지닌 엄청난 전파력에도 불구하고 많은 사람에게는 이러한 특징이 없다.

4. 브랜더 매슈스 교수는 말한다. "정말 하고 싶은 이야기가 있어야만 좋은 강연을 할 수 있다."

5. 사실에 대해 곰곰이 생각해보고, 그 중요성을 마음에 새겨라. 다른 사람을 설득하기 전에 먼저 자신에게 열정이 있는지부터 살펴라.

6. 머리와 가슴 사이에 의사소통 체계를 만들어라. 사실만 제시할 것이 아니라 그 사실에 관한 태도도 밝혀야 한다.

7. "당신이 아닌 것은 어떠한 말로도 표현할 수 없다." 이야기에서 중요한 것은 말이 아니라 말 뒤에 숨어 있는 그 사람의 진정성이다.

8. 진정성과 열정을 갖기 위해 자리에서 일어나 진실되고 열정적으로 행동하라. 당당하게 서서 청중을 똑바로 응시하라. 단호한 몸짓을 취하라.

9. 무엇보다도 다른 사람들이 들을 수 있게 입을 크게 벌리고 큰 소리로 말하라.

10미터만 떨어져도 목소리가 들리지 않는 사람이 많다.

10. 한 시골 목사가 헨리 워드 비처에게, 무더운 일요일 오후에 신노들이 조는 것을 방지하려면 어떻게 해야 하는지 물은 적이 있다. 비처는 교회 좌석 안내원에게 날카로운 나뭇가지를 하나 주고 그것으로 설교자를 쿡쿡 찌르게 하라고 대답했다. 어려운 학술서보다 나은 매우 실용적인 충고다.

11. "제가 볼 때는 말입니다"나 "제 보잘것없는 생각으로는" 같은 모호한 말로 당신의 연설을 약화시키지 마라.

12. 청중을 사랑하라.

✤

호흡 조절법

유명한 오페라 가수 율리아 클라우센Julia Claussen은 인터뷰 중 이렇게 말했다. "제게 지금 어린 소녀를 가르치라고 한다면 숨을 깊이 들이마시고, 횡격막 바로 아래 허리가 팽창하도록 주의를 기울이라고 할 거예요. 그런 다음 숨을 내쉬며 가능한 한 많은 낱말을 말해보면서 동시에 횡격막에 가까운 근육으로는 호흡을 유지하라고 하겠어요. 다시 말해, 호흡을 마치거나 횡격막을 끌어올리지 않은 채로 호흡을 유지하는 거죠. 비결은 목을 거미줄같이 섬세한 상태로 유지하면서 가장 적은 호흡으로 가장 적은 긴장감을 갖는 거예요. 제겐 '아'가 가장 힘든 모음이었어요. 이 발음을 할 때 목이 제일 크게 열려서 호흡의 흐름을 마음대로 통제하기가 어렵거든요. 그래서 저는 '우, 오, 아, 에, 이' 순서로 연습하곤 했어요."

아주 훌륭한 방법이다. 어린 소녀도 아니고 설사 노래에 관심이 없을지라도 율리아 클라우센이 제안한 대로 실천한다면 전보다 훨씬 나은 목소리로 이야기할 수 있다.

먼저 그녀가 말했듯이 숨을 깊이 들이마셔라. 깊게 더 깊게. 폐가 풍선처럼 팽창하는 게 느껴져야 한다. 옆구리와 등에서 아래쪽 갈비뼈가 확장된다고 생각하라. 횡격막이라 불리는 아치 모양의 근육을 내리눌러 평탄하게 만든다고 생각하면서 신경을 집중하라. 횡격막은 부드러운 근육이다. 이 근육을 강화해야 한다.

이제 하품 직전이라는 느낌으로 목을 열고, '아' 소리를 내라. 가능한 한 소리를 길게 끌어야 한다. 시간은 각자의 호흡 조절 능력에 달려 있다. 마치 구멍 난 풍선에서 바람이 새어 나가듯 숨이 빠르게 빠져나갈 것이다. 폐는 복원력이 있어서 팽창한 만큼 수축한다. 팽창한 폐가 밀어낸 갈비뼈들이 다시 폐를 압박해 공기를 내

뽑게 한다. 횡격막도 통제하지 않으면 빠르게 아지 보양으로 돌아가서 팽창된 허파를 눌러 공기를 빼낸다.

하지만 공기가 이렇게 갑자기 빠져나가게 방치한다면 당신의 목소리에는 공기가 지나치게 많이 섞일 것이다. 그러면 무슨 뜻인지 구별하기도 어렵고 듣기에도 썩 좋지 않다. 어떻게 해야 한꺼번에 소리가 빠져나가는 것을 막을 수 있을까? 카루소는 "호흡 조절법을 완벽하게 익히지 않고 예술적으로 노래를 부르는 것은 불가능하다"라고 말했다. 마찬가지로 호흡 조절법을 익히지 않고는 이상적인 목소리를 얻을 수도 없다.

그렇다면 호흡이 순식간에 빠져나가는 것을 어떻게 통제할 수 있을까? 어디에서 시작해야 할까? 호흡을 조절하기 위해 우리는 무의식 중에 목을 옥죈다. 하지만 그것은 가장 나쁜 방법이다. 율리아 클라우센은 목을 "거미줄같이 섬세한 상태로" 유지하라고 했다.

목은 숨이 빠져나가는 것과 아무런 상관이 없어야 한다. 목으로는 수축하려는 폐를 압박할 수 없기 때문이다. 따라서 다른 기관으로 폐를 조절할 수밖에 없다. 바로 횡격막과 갈비뼈다. 이 둘을 통제해야 한다. '아' 소리를 내며 가볍고 부드럽게 폐를 압박해보라. 어조가 흔들리지 않는 상태로 얼마나 오래 유지할 수 있는지 살펴보라. 그런 다음 클라우센이 말했던 다른 음도 내보자. "우, 오, 아, 에, 이."

6장

성공적인 말하기의 필수 요소

나는 어떠한 역경이 닥쳐도 절대 낙담하지 않는다.
무언가를 성취하기 위해서는 상식, 노력 그리고 끈기, 이 세 가지만 있으면 된다.

토머스 에디슨Thomas Edison (발명가)

공든 탑은 언제나 한순간의 방심으로 무너진다.

E. H. 해리먼Harriman (유니언 퍼시픽 철도 임원)

절대 절망하지 마라. 혹시 절망하더라도 노력을 멈추지 마라.

에드먼드 버크Edmund Burke (영국의 철학자, 정치인)

인내는 모든 문제를 해결하는 최고의 명약이다.

플라우투스Plautus (로마의 극작가)

인내하라. 모든 일이 완벽해질 것이다.

러셀 콘웰Russell H. Conwell (『내 인생의 다이아몬드』 저자)

할 수 있다고 믿는 사람은 뭐든 할 수 있다. 매일 두려움에 사로잡혀 있다면
인생의 맨 처음 교훈을 아직 깨닫지 못한 것이다.

랄프 왈도 에머슨Ralph Waldo Emerson (사상가, 시인)

승리는 의지의 문제다.

나폴레옹Napoleon (프랑스의 군인, 정치인)

상한 목적의식과 징직, 열정은
위대한 성취에 어울리는 위대한 태도다.

프레더릭 로빈슨Frederick B. Robinson (뉴욕시립대학교 총장)

일단 행동하기로 했다면 결과에 대한 걱정은 완전히 잊으라.

윌리엄 제임스William James (하버드 대학 교수, 철학자)

지금 이 글을 쓰고 있는 오늘 1월 5일은 탐험가 어니스트 섀클턴Ernest Shack-
leton의 기일이다. 그는 '탐구Quest'라는 뜻의 퀘스트호를 타고 남극으로 가
던 중 사망했다. 퀘스트호에 오르면 가장 먼저 눈에 띄는 게 동판에 새겨
진 다음과 같은 구절이었다.

꿈을 꿔도 꿈의 노예가 되지 않을 수 있다면,
생각은 해도 생각 그 자체를 목표로 삼지 않을 수 있다면,
성공과 실패라는 두 사기꾼을 만나도 똑같이 대할 수 있다면,

오래전에 쇠약해졌을지라도 차례가 왔을 때
심장과 신경과 근육에서 온힘을 끌어낼 수 있다면,
그래서 네 안에 '견뎌내자'라고 하는 의지 외에
아무것도 남지 않았더라도 결국 견뎌낸다면,

무가치하게 흘려보내는 1분이란 시간을

60초의 장거리 달리기로 여길 수 있다면,

온 세상과 그 안의 만물은 네 것이 될 것이고

무엇보다 너는 비로소 남자가 될 것이다, 내 아들아.

새클턴은 이 시를 '퀘스트호의 정신'이라고 불렀다. 실제로 남극 탐험을 위해 시작하는 사람에게 걸맞은 정신이기도 하다. 남극 탐험이나 대중연설이나 자신감을 가져야 하는 것은 마찬가지다.

하지만 안타깝게도 대중연설을 배우기 시작한 모든 사람에게 이런 정신이 있는 것은 아니다. 몇 년 전 교육 사업을 할 때 야간학교에 등록한 학생들 대다수가 목표를 달성하기도 전에 지쳐 포기하는 걸 보고 매우 놀랐다. 한편으론 한탄스럽기도 했다. 인간 본성에 관한 서글픈 흔적이 아닐 수 없다.

이제 당신은 이 책의 6장에 이르렀다. 지금 이 부분을 읽고 있는 사람 중 상당수는 6주라는 시간이 지났는데도 청중 공포증을 극복하거나 자신감을 얻지 못해 실망했으리라는 것을 오랜 경험을 통해 알고 있다. 안타까운 일이다. "인내하지 못하는 자는 얼마나 불행한가? 천천히 아물지 않는 상처도 있단 말인가."

인내가 필요하다

프랑스어, 골프, 대중연설 같은 것을 새로 배울 때, 실력이 꾸준히 발전하는 것은 아니다. 어느 날 갑자기 도약하고, 순식간에 저만큼 가 있기도 한다. 그러다가 또 정체기를 맞이한다. 혹은 퇴보하기도 하고 이전보다 실력이 더 나빠질 때도 있다. 심리학자들은 이러한 침체기 혹은 퇴행기를 밝혀내고 이를 '학습 곡선의 고원'이라고 불렀다. 대중연설을 배우는 수강생들도 이러한 고원에서 몇 주씩 정체되어 있을 때가 있다. 아무리 열심히 노력해도 거기에서 벗어나지 못하는 것이다. 의지가 약한 사람은 이럴 때 절망에 빠져 포기하고 말지만 끈기 있는 사람은 끝까지 버텨낸다. 그러다 어느 날 갑자기 이유도 모르지만 엄청나게 발전한다. 마치 비행기가 갑자기 고원 위로 날아오르는 것같이 말이다. 어느 순간 말하기 요령을 터득해 돌연 자연스러워지고 힘과 자신감을 습득한다.

이미 다른 곳에서도 언급했듯 청중을 마주하는 처음 몇 분 동안에는 두려움, 충격 혹은 초조함이 빠르게 스쳐 지나갈 것이다. 존 브라이트는 자신의 길고 긴 경력을 모두 마칠 때까지 그 감정을 경험했다고 한다. 글래드스턴William Gladstone도 윌버포스William Wilberforce도 그 밖의 저명한 연설가들도 마찬가지였다. 대중 앞에 수없이 섰던 위대한 음악가들도 모두 그랬다. 이그나치 얀 파데레프스키Ignacy Jan Paderewski는 피아노 앞에 앉기 직전까지 초조함을 감추지 못하고 늘 소맷자락을 만지작거렸다. 미국의 오페라 가수 릴리안 노르디카Lillian Nordica는 가슴이 쿵쾅대는 소리까지 느꼈다. 오스트리아의 오페라 가수 마르첼라 젬브리히Marcella Sembrich도 미국의 소프라노 엠마 임스Emma Eames도 그랬다. 하지만 이런 청중 공포증은 때가 되면 마치 8월의 햇빛 아래 안개처럼 순식간에 사라진다.

당신도 그들과 같은 경험을 할 것이다. 조금 참고 견딘다면 이 최초의 두려움을 제외한 모든 두려움은 완전히 사라질 것이다. 최초의 두려움은 그야말로 맨 처음에만 느낄 뿐 어떤 일이 진행되는 즉시 잊게 되지 않던가? 당신은 사람들 앞에서 즐기면서 말하게 될 것이다.

계속해서 견뎌라

법률가가 되고 싶었던 한 젊은이가 링컨에게 조언을 구하는 편지를 보내자, 그는 이렇게 답장을 보냈다. "진심으로 법률가가 되기로 마음먹었다면 이미 절반 이상은 이룬 셈입니다. 성공하겠다는 결심이 다른 무엇보다 중요하다는 사실을 언제나 잊지 마시길 바랍니다."

링컨은 너무나 잘 알고 있었다. 자신이 직접 겪어보았기 때문이다. 그는 평생을 통틀어 1년도 채 학교에 다니지 못했다. 책은 있었을까? 책을 빌리려면 집에서 80킬로미터나 걸어가야 했다. 또 밤에 책을 읽으려면 오두막집을 따뜻하게 해주는 장작의 불빛을 이용해야 했다. 링컨은 땔감 사이에 책을 끼워놓았다가 아침 해가 밝아와 내용이 보이겠다 싶으면 나뭇잎을 모아 만든 침대에서 몸을 일으켜 눈을 비비고는 다시 미친 듯이 읽기 시작했다.

어디선가 대중연설이 개최된다는 소리를 들으면 30~50킬로미터를 걸어가서 연설을 들었다. 돌아오는 길에는 들판이든, 숲이든, 겐트리빌의 존스 잡화점 앞에 모인 군중 앞이든, 어디든 가리지 않고 연설 연습을 했다. 뉴세일럼과 스프링필드의 문학 모임, 토론 모임에 가입해 지금 이 강좌를 듣는 당신처럼 그날그날 주어진 화제를 가지고 연설 연습을 했다.

링컨은 항상 열등감에 시달렸고, 특히 여성 앞에만 서면 수줍음 때문에 말문이 막히곤 했다. 메리 토드Mary Todd와 연애할 때도 숫기가 없어 한마디 말도 하지 못하고 거실에 앉아 메리가 말하는 걸 조용히 듣고만 있었다. 그랬던 링컨이 부단한 연습과 학습을 통해 뛰어난 웅변가 더글러스 상원의원과 토론을 벌일 정도로 훌륭한 연설가가 되었다. 그리고 게티즈버그에서, 또 두 번째 대통령 취임 연설에서는 인류가 쉽사리 다다르지 못했던 높은 경지를 보여주었다.

링컨의 약점과 눈물겨운 노력을 생각한다면 "법률가가 되기로 마음먹었다면 이미 절반 이상은 이룬 셈입니다"라고 말한 게 그리 놀랄 일도 아니다.

미 대통령 집무실에는 에이브러햄 링컨 사진이 걸려 있다. 이에 대해 시어도어 루스벨트는 이렇게 말했다. "중요한 결정을 해야 할 때, 어떤 일을 처리하기 힘들 때, 이해와 권리가 충돌하는 일이 발생했을 때, 저는 종종 링컨 초상화를 올려다봅니다. 그분이라면 어떻게 했을까, 저와 같은 상황이라면 어떻게 일을 처리했을까 상상해보곤 합니다. 누군가에게는 이상하게 들릴지 모르지만, 솔직히 말해 고민이 생겼을 때 이렇게 하면 쉽게 고민이 해결되곤 합니다."

당신도 루스벨트가 사용한 방법을 시도해보는 건 어떨까? 낙담이 밀려들어 대중연설가가 되려는 꿈을 포기하고 싶을 때, 주머니에서 5달러 지폐를 꺼내 링컨의 얼굴을 보며 당신 같은 상황이라면 그는 어떻게 했을까 자문해보는 것이다. 물론 당신은 그가 어떻게 했을지 알고 있다. 연방 상원의원 선거에서 스티븐 더글러스에게 패배한 후 링컨은 지지자들에게 "이번 한 번 졌다고 혹은 앞으로 백 번을 더 지더라도 절대 포기하지 마라"라고 타일렀다.

확실한 보상

하버드 대학교의 유명 심리학자 윌리엄 제임스 교수는 다음과 같이 말했다. 이 말을 외울 때까지 일주일 동안 매일 아침 식탁에 이 책을 펼쳐놓길 진심으로 바란다.

젊은이라면 무엇을 배우더라도 그 결과에 조바심을 내서는 안 된다. 매일 쉬지 않고 열심히 노력하다 보면 최종 결과는 신경 쓰지 않아도 괜찮다. 확신하건대 그렇게 하다 보면 목표가 무엇이든 간에 어느 날 아침 눈을 떴을 때 또래 중 가장 유능한 사람이 되어 있을 것이다.

이제 나는 제임스 교수의 말을 빌려 이렇게 말하고자 한다. 당신이 이책을 성실하고 열정적으로 읽고 훈련을 계속한다면, 어느 날 아침 눈을 떴을 때 당신이 사는 도시나 집단에서 가장 유능한 연설가가 되어 있을 것이라고 말이다.

꿈같은 이야기처럼 들리겠지만, 통상적인 원리에 비추어볼 때 사실이다. 물론 예외는 있다. 형편없는 정신과 인격을 가지고 있고, 말하고 싶은 주제가 전혀 없다면 아무리 노력해봐야 대니얼 웹스터 같은 대단한 연설가는 되지 못할 것이다. 하지만 이런 예외가 아니라면 일반적으로는 맞는 주장이다.

구체적인 예를 하나 들어보겠다. 뉴저지 주지사였던 에드워드 스토크스Edward Stokes는 트렌턴에서 있었던 대중연설 강좌 종강 파티에 참석했다. 그는 그날 학생들의 연설을 듣고는 미국 의회에서 들었던 연설만큼이나 훌륭하다고 칭찬을 아끼지 않았다. 그들은 몇 달 전만 해도 청중 앞에서 두려움에 떨며 입도 떼지 못했던 기업인들이었다. 키케로 같은 능변가의 재능을 타고나지 않은, 어디서나 흔히 볼 수 있는 평범한 사업가들이었다. 하지만 이들은 어느 날 문득 자신이 그 지역에서 최고의 연설가 중 하나로 인정받고 있음을 알았다.

당신이 훌륭한 연설가가 될 가능성은 다음 두 가지에 달려 있다. 하나는 타고난 능력이고, 다른 하나는 당신의 욕망이 얼마나 깊고 강한지다.

제임스 교수는 이렇게 말했다.

> 거의 모든 일에서 여러분의 열정이 여러분을 구해줍니다. 결과를 위해 충분히 노력한다면 원하는 걸 가질 수 있습니다. 부자가 되길 원하면 부자가, 학식을 가지고 싶다면 학식 있는 사람이, 선한 사람이 되길 원하면 선한 사람이 될 수 있습니다. 다만 여러분은 그것을 진심으로 바라고, 또 그것만을 바라야 합니다. 아무 상관 없는 백 가지를 똑같이 바라서는 아무것도 되지 않습니다.

제임스 교수가 다음과 말했더라도 또한 진실이었을 것이다. "당신이 자신감 넘치는 대중연설가가 되길 바란다면, 그렇게 될 수 있습니다. 하지만 진심으로 그렇게 되길 바라야 합니다."

나는 사람들 앞에서 자신 있게 이야기하는 능력을 얻으려고 애썼던 수천 명을 알고 있고, 그들을 세심히 관찰해왔다. 선천적으로 남보다 탁월한 능력을 지녀 성공한 사람은 극히 드물었다. 성공한 사람들은 대체로 당신이 흔히 만날 수 있는 평범한 사람들이었다. 다만 이들은 노력하는 걸 그치지 않았다는 공통된 특징이 있었다. 오히려 똑똑한 사람들은 돈 버는 일에만 골몰하다 보니 커다란 성취를 이루지 못하는 경우가 많다. 하지만 끈기 있게 하나의 목적만을 추구하는 평범한 사람들은 이 장의 마지막 부분에서도 볼 수 있겠지만, 최고의 성취를 이룬다.

인간적이면서도 당연한 이치다. 직장은 물론 사회에서도 항상 똑같은 일이 일어난다. 록펠러John Davison Rockefeller는 사업에 성공하기 위한 첫 번째 비결로 인내를 꼽았다. 당신이 수강하는 이 대중연설 과정을 성공적으로 마치기 위한 첫 번째 비결도 인내다.

제1차 세계대전에서 연합군을 승리로 이끌었던 페르디낭 포슈 장군은 자신의 미덕은 하나뿐이라고 했다. 어떤 상태에서도 절대로 절망하지 않는 것 말이다.

1914년 프랑스군이 마른강까지 후퇴했을 때 조제프 조프르Joseph Joffre 사령관은 2백만 군인을 거느린 휘하 장군들에게 더는 후퇴하지 말고 공세를 취하라고 명령했다. 역사상 가장 중요한 전투 중 하나가 된 이 전투는 이틀에 걸쳐 치열한 공방을 거듭했다. 당시 중앙 부대를 맡고 있던 포슈 장군은 전쟁사에 길이 남을 인상적인 메시지를 조프르 장군에게 보냈다. "중앙이 무너지고 있습니다. 우익도 후퇴하고 있습니다. 최고의 상황입니다. 공격하겠습니다."

그 공격이 파리를 구했다.

자, 친애하는 연사들이여. 싸움이 힘들고 가망 없어 보일 때, 중앙이 무너지고 우익도 후퇴하고 있을 때, 그때가 바로 '최고의 상황'이다. 공격하라! 공격! 공격을 퍼부으라. 그러면 당신은 용기와 믿음이라는 최고의 가치를 구할 수 있을 것이다.

빌더 카이저 오르기

몇 해 전 여름, 나는 '빌더 카이저'라는 이름의 알프스산맥 봉우리를 등반한 적이 있다. 여행 안내서를 보니 산세가 매우 험해 아마추어 등반가라면 반드시 안내자가 필요하다고 했다. 나와 내 친구는 안내자가 없을뿐더러 누가 봐도 아마추어였다. 주변에 있던 누군가는 정말로 올라갈 수 있겠냐고 물었다.

"물론이지요." 우리는 대답했다.

"어떻게 확신할 수 있어요?" 그가 물었다.

"안내자 없이 오른 사람들도 있잖아요. 그러니 불가능한 건 아니지요. 그리고 저는 어떤 일도 실패할 거라 생각하며 시작하지 않아요." 나는 이렇게 대답했다.

나는 정말 서툰 초보 등반가에 불과하다. 하지만 나의 태도는 대중연설이나 에베레스트산 등정이나 어떤 일에든 적용될 수 있다. 당신이 수강하고 있는 지금 이 과정도 성공적으로 마칠 것이라 생각하라. 자신을 완벽하게 통제하며 대중 앞에서 연설하는 모습을 상상하라. 어렵지 않은 일이다. 성공할 것이라 믿으라. 그렇게 굳게 믿는다면 성공에 필요한 일을 알아서 하게 된다.

새뮤얼 프랜시스 듀폰Samuel Francis Du Pont 제독은 찰스턴 항구에 정박하고 있는 포함砲艦을 공격하지 말아야 할 그럴듯한 이유를 여러 개 세시했다. 데이비드 패러겟Daivd Farragut 제독은 그 이야기를 가만히 듣더니 이렇게 말했다. "아직 언급하지 않은 이유가 하나 더 있군요."

"뭐죠?" 듀폰 제독이 물었다.

"당신이 할 수 있다고 믿지 않는 거요."

이 대중연설 강좌를 수강하며 당신은 자신감이라는 수확을 얻어야 한다. 성취할 수 있는 능력이 자신에게 있다는 믿음이다. 어떤 일을 성공시키기 위해 이보다 더 중요한 게 있을까?

성취에 대한 의지

미국 작가이자 철학자 앨버트 허버드Elbert Hubbard의 훌륭한 조언을 인용해보겠다. 만일 평범한 사람이 그 조언에 담긴 지혜를 실천한다면 더없이 행복하고 더없이 부유한 삶을 살 것이다.

> 밖에 나갈 때마다 턱을 당기고, 머리는 곧추세우고, 가슴을 최대한 펴라. 햇볕을 쬐면서 숨을 힘껏 들이마시고, 미소로 친구들을 반기고, 진심에서 우러나온 악수를 해라. 오해를 사지 않을까 두려워 말고, 적들을 생각하느라 1분도 낭비하지 마라. 하고 싶은 일에 마음을 집중하고, 이리저리 흔들리지 말고, 곧바로 목표를 향해 나아가라. 늘 해내고 싶은 위대하고 근사한 것들을 생각하라. 그러면 산호가 필요한 영양분을 조류에서 흡수하듯 당신도 성공하는 데 필요한 기회를 자연스럽게 포착하게 될 것이다. 늘 유능하고 성실하고 유용한 사람이 되어야겠다고 생각하라. 그 생각이 당신을 매시간 변화시켜 그런 사람으로 만들어줄 것이다. 생각은 엄청난 힘을 갖고 있다. 용기, 솔직함, 쾌활함 같은 올바른 정신 자세를 견지하라. 바르게 생각해야 결과물을 만들어낼 수 있다. 모든 것은 욕망의 결과물이며 모든 거짓 없는 기도는 응답받는다. 우리는 우리가 원하는 사람이 된다. 턱을 당기고, 머리를 곧추세워라. 우리는 아직 깨어나지 않은 신과 같은 존재다.

나폴레옹, 웰링턴, 리, 그랜트, 포슈는 모두 위대한 군사 지도자였고, 모두 승리에 대한 의지와 확신이 승리에 가장 중요한 요소라는 사실을 알고 있었다.

포슈 장군은 말했다. "싸움에 패배한 9만 명의 병사가 승리한 9만 명의 병사보다 먼저 후퇴하는 이유는 단 한가지다. 싸움에 지쳐서 충분히 싸웠다고 생각하고는 더 이상 승리할 수 있다고 믿지 않는 것, 즉 사기가 꺾였기 때문이다."

다르게 말하자면 후퇴하는 9만 명의 병사는 육체적으로 지친 게 아니라 정신에 타격을 입은 것이다. 용기와 확신을 잃은 것이다. 이러한 군대에는 희망이 없다. 이런 사람 역시 희망이 없다.

미 해군 군목이었던 존 프레이저John Frazier는 제1차 세계대전 중 군목으로 입대하길 원하는 사람들을 면접했다. 그에게 군목으로 성공하기 위해 가장 필요한 게 무엇이냐고 묻자, 그는 네 가지라고 말했다. "품위, 적극성, 투지 그리고 용기지요."

이는 대중연설에서 성공하기 위해 필요한 요소이기도 하다. 그러니 이것들을 당신의 좌우명으로 삼으라. 로버트 서비스Robert Service의 시를 읊으며 전투를 준비하라.

> 황야에서 길을 잃어 아이처럼 두려울 때,
> 죽음이 네 눈을 빤히 바라보고 있을 때,
> 몸이 펄펄 끓는 것처럼 아플 때,
> 방아쇠를 당겨 죽는 건 쉽다.
> 그러나 인간의 규약은 말한다. "최선을 다해 싸워라."
> 자기 소멸은 금지되어 있다.
> 굶주림과 고통 속에서, 오, 방아쇠를 낭기는 건 쉬운 일이다.
> 지옥 같은 아침을 먹는 것, 그것이 오히려 힘들다.
> 너는 사는 일에 지치고 말았구나.
> 글쎄, 안타까운 일이다.
> 너는 젊고, 용감하고, 똑똑한데 말이다.
> 부당한 대우를 받았구나.

안다. 하지만 소리 지르지 마라.

힘을 내서 죽도록 싸워라.

계속해서 최선을 다하는 것만이 승리를 가져다준다.

그러니 절대 움츠러들지 마라, 친구여!

배짱 있게 버텨라. 그만두는 건 너무나 쉬운 일이다.

턱을 당당하게 들어 올리는 것, 그것이 오히려 힘들다.

실패에 눈물 흘리며 죽는 건 쉬운 일이다.

도망치고 굽실거리는 건 쉬운 일이다.

하지만 희망이 눈에서 멀어질 때까지 싸우고 또 싸우는 것,

그것이 오히려 힘들다.

격렬한 싸움 끝에

그저 두들겨 맞아 깨지고 상처투성이라도

한 번 더 해보는 거다. 죽는 건 쉬운 일이니.

계속해서 살아가는 것, 그것이 오히려 힘들다.

성공적인 말하기의 필수 요소

1. 프랑스어, 골프, 대중연설 같은 걸 새로 배울 때 실력이 꾸준히 발전하는 건 아니다. 어느 날 갑자기 도약하고, 순식간에 저만큼 가 있기도 한다. 그러다가 또 정체기를 맞이한다. 혹은 이전보다 실력이 더 나빠질 때도 있다. 심리학자들은 이러한 침체기 혹은 퇴행기를 밝혀내고 이를 '학습 곡선의 고원'이라고 불렀다. 이 '고원'에 진입하면 오랫동안 열심히 노력하는데도 그 고원을 좀체 벗어날 수 없거나 더 나아가지 못할 때도 부지기수다. 발전 방식에서 볼 수 있는 이 기묘한 사실을 이해하지 못하는 사람은 이 고원에서 낙담하고 포기하고 만다. 참으로 안타까운 일이다. 조금만 더 버티면 그리고 계속 연습하면 어느 날 갑자기 비행기가 떠오르듯 엄청난 발전을 이룰 수 있는데 말이다.

2. 연설하기 직전 약간의 초조함을 느끼는 일이 계속될지도 모른다. 브라이트나 글래드스턴, 윌버포스 모두 자신의 경력을 마칠 때까지 처음 몇 분 동안은 이러한 초조함을 경험했다. 하지만 당신이 잘 참고 견딘다면 이 최초의 두려움을 제외한 모든 두려움은 완전히 사라질 것이다. 그리고 말하다 보면 이 최초의 두려움 역시 사라질 것이다.

3. 제임스 교수는 무엇을 배운 뒤에 조바심낼 필요 없다고 말했다. 매일 쉬지 않고 열심히 노력하다 보면 "확신하건대 그렇게 하다 보면 목표가 무엇이든 간에 어느 날 아침 눈을 떴을 때 또래 중 가장 유능한 사람이 되어 있을 것이다." 이 유명한 현자가 언급한 진실은 대중연설을 배우는 당신에게도 그대로 적용된다. 여기에는 의문의 여지가 없다. 대중연설에서 성공한 사람들은 탁월한 능력을 가진 사람들이 아니었다. 오히려 끈기 있고 집요한 결단력이 있는 사람들이었다. 이들은 끊임없이 노력했고, 마침내 원하는 것을 얻었다.

4. 성공할 것이라 믿으라. 그러면 성공에 필요한 일을 알아서 하게 된다.

5. 낙담을 거듭한다면 루스벨트처럼 링컨의 사진을 보며, 링컨이라면 비슷한 상황에서 어떻게 행동했을까 자문해보라.

6. 제1차 세계대전 중 미 해군 군목이었던 존 프레이저는 군목으로 성공하기 위해서는 네 가지가 필요하다고 말했다. 그것은 무엇인가?

혀끝 사용하기

전설적인 테너 카루소는 자신의 성공 비결 중 하나로 '다른 사람보다 혀를 능수능란하게 사용하는 재주'를 꼽았다. 이탈리아의 소프라노 아멜리타 갈리쿠르치Amelita Galli-Curci를 비롯해 여러 가수들도 비슷한 이야기를 했다. 카루소는 혀끝을 강하고 민첩하게 사용할 수 있을 때까지 단련했다고 한다. 그는 혀 뒤쪽을 가만히 놓아두고 혀끝만 움직여 많은 것을 할 수 있었다. 이는 대단히 중요한 점을 시사한다. 혀 뒤쪽의 근육은 후두와 연결되어 있기 때문에 혀 뒤쪽을 자주 움직이면 목이 불필요하게 긴장되거나 수축된다.

혀끝의 힘과 민첩성을 강화하는 가장 좋은 방법은 'R' 소리를 높고 짧게 굴려 내는 것이다. 마치 나팔을 부는 것처럼 계속 소리를 내라. 마치 기관총이라고 생각하라. 그저 'R' 소리만 내는 게 아니라 높고 짧게 굴리듯 발음해야 한다. 성난 방울뱀이 상대를 공격하기 직전에 꼬리를 맹렬하게 움직이는 모습을 본 적이 있는가? 그렇다면 앞니 뒤쪽 입천장에 혀끝을 대고 빠르게 굴린다는 의미가 무엇인지 짐작할 수 있을 것이다. 혹은 이른 봄에 딱따구리가 썩은 나무를 쪼는 소리를 들어본 적이 있는가? 딱따구리가 내는 스타카토와 비슷한 속도로 혀끝을 움직여야 한다. 팀파니를 울리는 것과 비슷하다고도 할 수 있다.

일단 'burr'를 발음해 보사. 'r'에서 혀끝을 빠르게 움직여라. Brrrrrrrrrrrr. 그다음에는 'cur'를, 그다음에는 'slur'를 발음하면서 혀끝을 단련하라.

다음 단계는 하품이다. 숨을 깊이 쉬면서 몸 한가운데의 움직임을 느껴보라. 하품을 시작하기 전, 'r' 소리를 내라. 호흡이 허락하는 한 길게 소리를 내보라. 5장에서 설명한 호흡 조절법을 활용하라.

'r' 소리를 빠르고 길게 내는 훈련을 일주일에 한 번 60초씩 하는 정도로만 그치면 원하는 결과를 얻을 수 없다. 에머슨은 이렇게 말했다. "신은 모든 걸 공정한 가격으로 판매한다." 목소리를 개선하기 위해 우리가 치를 대가는 연습, 연습, 또 연습이다. 하지만 다른 소중한 일을 할 시간까지 떼어내 연습할 필요는 없다. 화장실에서도, 아침에 일어났을 때도, 누운 자리에서도 충분히 할 수 있기 때문이다.

7장

제대로 전달된 연설이 좋은 연설이다

사실을 이해하고 껴안아라.
사실보다 중요한 건 열정이고 열정은 헌신으로부터 나온다.

랄프 왈도 에머슨Ralph Waldo Emerson (사상가, 시인)

연설에는 지식보다 더 중요한 게 있다. 반드시 진정성이 있어야 한다.
사람들이 들어야 하는 말을 하고 있다고 느껴야 한다.

윌리엄 제닝스 브라이언William Jennings Bryan (정치인)

당신 마음이 하는 조언에 귀 기울여라. 그보다 더 믿을 만한 이는 없다.
높은 탑에 앉은 일곱 정찰대보다 세 배는 더 많은 걸 말해줄 때도 있다.

러디어드 키플링Rudyard Kipling (소설가)

한 번에 하나만 하라.
그리고 그 하나의 일에 목숨이 달린 듯 하라.

유진 그레이스Eugene Grace (베들레헴 철강 회사 사장)

좋은 설교와 좋은 연설이란 생각, 어조, 동작이 갖춰진 상태에서 대화하듯 말하는
것이다. 함께하는 사람들과 일상적인 대화를 정확하고, 자연스럽고, 진정성 있게
나누도록 애쓰라. 그러면 연단에서 말할 때 자연스럽게 자신을 표현할 수 있을 것
이고, 사람들은 연설을 듣는다는 생각소차 하시 못할 것이다.

존 빈센트John H. Vincent (성공회 주교)

제1차 세계대전이 끝나고 얼마 되지 않았을 무렵 나는 런던에서 형제인 로스 스미스^{Ross Smith} 경과 키스 스미스^{Keith Smith} 경을 만났다. 이들은 런던에서 오스트레일리아까지 최초 비행에 성공해서, 그 대가로 오스트레일리아 정부가 주는 5천 달러 상금을 받아 영연방 전체에 돌풍을 일으켰으며, 이제 막 기사 작위를 받은 참이었다.

풍경 사진작가로 유명했던 캡틴 헐리^{Captain Hurley}는 이들과 함께 비행하며 영화를 찍었다. 나는 이들이 사람들 앞에서 여행에 관해 어떤 이야기를 어떻게 해야 할지 알려주었고, 사람들 앞에서 이야기하는 방법도 훈련시켰다. 그들은 필하모닉 홀에서 4개월에 걸쳐 매일 두 번씩, 한 번은 오후에 다른 한 번은 밤에 사람들에게 여행담을 들려주었다.

이 둘은 정말 똑같은 경험을 했다. 나란히 앉아 세계를 반 바퀴 돌았으니 당연하다. 그리고 이 둘은 똑같이 이야기했다. 사용하는 단어마저 똑같을 때가 많았다. 하지만 왠지 그 똑같은 말이 전혀 똑같게 들리지 않았다.

말에는 낱말보다 중요한 게 있다. 말을 할 때 전해지는 느낌이 그러하다. 무슨 말을 하느냐보다 어떻게 말하느냐가 더 중요한 것이다.

한번은 이그나치 얀 파데레프스키가 쇼팽의 마주르카를 연주하는 콘서트장에서 한 젊은 여성 옆에 앉은 일이 있다. 그녀는 악보를 보며 의아함을 감출 수 없었다. 도무지 이해할 수 없었다. 파데레프스키의 손가락은 정확하게 그녀가 연주했던 바로 그 음을 누르고 있었기 때문이다. 그런데 자기 연주는 평범했고 파데레프스키의 연주는 청중을 사로잡을 만큼 탁월하고 놀라웠다. 사실 파데레프스키는 단지 같은 음을 누르기만 한 게 아니었다. 연주할 때의 방식, 느낌, 기교, 개성이 있었다. 이것이 평범함과 비범함의 차이다.

위대한 러시아 화가 카를 브률로프Karl Bryullov가 가르치던 학생의 작품을 고쳐준 적이 있다. 학생은 고쳐진 그림을 경탄하며 바라보다가 이렇게 소리쳤다. "아니, 그저 조금 손 보셨을 뿐인데, 완전히 다른 작품이 되었어요." 브률로프는 이렇게 대답했다. "예술은 아주 사소한 것에서 시작한다네." 이 말은 그림은 물론 파데레프스키의 연주, 나아가 연설에도 적용된다.

피아노 건반을 어떻게 누르느냐에 따라 연주가 달라지는 것처럼 연설도 어떻게 말하느냐에 따라 완전히 다른 작품이 된다. 영국 의회에는 "모든 것은 말하는 내용이 아니라 말하는 방식에 달려 있다"라는 오래된 격언이 있다. 영국이 로마제국 식민지였던 시절 로마의 수사학자 퀸틸리아누스Quintilianus가 했던 말이라고 한다.

대부분의 격언이 그러하듯 너무 쉽게 믿어선 인 되겠지만, 별로 중요하지 않은 내용이라도 전달 방식이 좋으면 대단한 연설처럼 들릴 수 있다는 교훈이다. 대학교 연설 경연대회에서는 내용이 훌륭해서라기보다 선택한 내용이 돋보이도록 말을 잘해서 우승하는 경우를 많이 본다.

영국 정치인 존 몰리John Moley 경은 냉소적으로 이렇게 말했다. "연설에는 세 가지가 중요하다. 누가 말하는가, 어떻게 말하는가 그리고 무엇을 말하는가다. 그런데 이 셋 중에서 마지막이 가장 덜 중요하다." 과장이라고 생각하는가? 물론 그럴 수 있다. 하지만 겉면만 살짝 긁어내면 빛나는 진실을 볼 수 있다.

에드먼드 버크는 논리와 논법, 구성면에서 누구도 필적할 수 없는 연설문을 썼다. 그의 글은 오늘날 전 세계의 절반에 이르는 대학에서 고전적인 연설문의 본보기로 연구되고 있을 정도다. 하지만 버크는 연설가로서는 악명 높을 정도로 형편없었다. 그는 자신의 주옥같은 명문을 전달하는 기술이 없었다. 말에 흥미와 힘을 불어넣지 못했다. 영국 하원에서 그의 별명은 '저녁 종'이었다. 그가 연설하기 위해 일어나면 다른 국회의원들이 헛기침을 하며 조심스레 떼를 지어 질서정연하게 퇴장했기 때문이다.

방탄조끼를 뚫을 수 있는 총알일지라도 그것을 그냥 던지면 옷에 흔적 하나 남기지 못한다. 하지만 촛농일지라도 총에 담아 쏠 수 있다면 송판도 뚫는다. 게다가 유감스럽지만 촛농을 총에 넣고 발사한 이야기가 총알을 손으로 던진 이야기보다 훨씬 더 또렷한 인상을 남긴다.

그러므로 이야기하는 방식에 유의하라.

전달이란 무엇인가?

당신이 구매한 물건을 백화점에서 '전달'할 때, 그들이 어떻게 하는가? 뒷마당에 그냥 던져놓고 가는가? 누군가에게서 그 물건을 받았다는 게 배달 아닌가? 전보를 손에 든 소년 우체부는 수취인 손에 그 전보를 정확하게 전달한다. 모든 화자가 그렇게 하는가?

수많은 사람이 하는 전형적인 방식을 예로 들어보겠다. 스위스 알프스의 유명한 리조트 뮈렌에서 있었던 일이다. 나는 런던의 한 기업에서 운영하는 호텔에 묵고 있었는데, 그 기업은 매주 두어 명의 강연자를 초빙해 손님을 대상으로 강연을 열었다. 그중에는 유명한 영국 소설가도 있었는데 "소설의 미래"를 주제로 잡았다. 그녀는 그 주제를 자신이 직접 선택하지 않았다고 인정했다. 문제는 그게 다가 아니었다. 그녀는 그 주제를 가지고 이야기할 내용이 없었을뿐더러, 들을 만한 가치가 있는 원고를 준비하는 정성도 기울이지 않았다. 그녀는 두서없이 준비한 쪽지를 들고 사람들 앞에 섰다. 그러고는 청중을 무시한 채, 심지어 쳐다보지도 않고, 때로는 청중의 머리 위를, 자신이 써온 쪽지를, 간혹 바닥을 내려다보며 멀뚱멀뚱한 눈초리로, 자기 관심은 온통 다른 곳에 있다는 듯 커다랗고 공허한 목소리로 쪽지를 읽어 내려갔다.

그러한 연설은 말을 전달하는 것이 아니다. 그것은 독백일 뿐이다. 의사소통을 전혀 염두에 두고 있지 않기 때문이다. 자, 드디어 좋은 연설의 첫 번째 필수 요소인 의사소통이 등장했다. 청중은 화자의 정신과 마음에서 자신의 정신과 마음으로 어떤 메시지가 곧장 전달되고 있다고 느껴야 한다. 앞에서 이야기했던 영국 강연자의 연설은 사람은커녕, 사방에 모래밖에 없는 고비 사막에서 하더라도 아무 상관 없었을 것이다. 실제로도 아무도 없는 장소에서 하려고 만든 연설 같아 보였으니 말이다.

생각을 말로 전달하는 것은 간단하면서도 매우 복잡한 과정이다. 이 과정에는 많은 오해와 오용이 있을 수 있다.

훌륭한 전달의 비결

연설을 잘하는 방법에 관해서는 터무니없는 헛소리가 너무나도 많다. 수많은 규칙과 관습들로 결부되어 실체를 알 수 없을 정도로 신비롭게 대상화된 것도 있다. 누가 보더라도 거슬릴 정도로 낡아빠진 '웅변술'로 연설은 더 우스꽝스러워졌다. '웅변'을 주제로 한 책을 찾으려고 도서관이나 서점을 아무리 뒤져도 쓸모 있는 책은 한 권도 찾기 어렵다. 다른 학문은 엄청난 발전을 이룬 지금에도 미국의 거의 모든 주에서 학생들은 여전히 웹스터나 잉거솔Robert G. Ingersoll의 화려한 수사법이나 암기하라고 가르친다. 오늘날 잉거솔 부인이나 웹스터 부인이 다시 살아서 돌아온다면, 그들이 쓰고 있을 모자만큼이나 시대에 어울리지 않고 낡아빠진 스타일인데도 말이다.

남북전쟁 이후 완전히 새로운 연설의 흐름이 생겼다. 시대정신에 발맞춰 『새터데이 이브닝 포스트』만큼이나 현대적이고, 전보만큼이나 즉각적이고, 자동차에 붙이고 다니는 광고만큼이나 효율성이 강조된 연설이었다. 한때 유행했던 이와 같은 언어의 불꽃놀이는 요즘같이 세련된 청중들에게는 유치하게 들린다.

오늘날의 청중은 열댓 명이 참석한 비즈니스 회의이든, 천 명이 모인 천막 안이든, 마치 화자가 수다를 떠는 것처럼 한 사람 한 사람과 직접 대화하듯 이야기하는 것을 선호한다.

연설도 마찬가지 방식으로 해야 한다. 하지만 사적인 대화와 똑같은 에너지로 해서는 안 된다. 그랬다가는 청중에게 철저히 외면당할 것이다. 자연스럽게 보이기 위해서는 한 사람에게 말할 때보다 40명에게 말할 때 더 많은 에너지를 사용해야 한다. 땅에 서 있는 사람의 눈에 건물 꼭대기에 있는 동상이 실물 크기처럼 보이려면 실제보다 훨씬 더 크게 만들어야 하는 것과 마찬가지다.

네바다의 광산촌에서 마크 트웨인이 강연을 마칠 즈음 나이가 든 한 광부가 다가와 이렇게 물었다고 한다. "평소에도 지금처럼 말씀하시나요?"

청중이 원하는 게 바로 그것이다. '평소 말하는 것'처럼 들리지만 조금 크게 하는 것. 상공회의소에서 연설할 때는 정치인 존 헨리 스미스John Henry Smith에게 말하듯 연설하라. 상공회의소라는 게 존 헨리 스미스와 같은 사람들을 모아놓은 곳이니 말이다. 개인에게 통했던 방법이라면 집단에게도 통하지 않겠는가?

조금 전 한 여성 소설가의 연설에 대해 언급했다. 며칠 후 나는 그녀가 연설했던 바로 그 장소에서 영국 물리학자 올리버 로지Oliver Joseph Lodge 경의 강연을 듣는 영광을 누렸다. 그의 주제는 "원자와 세계"였다. 그는 반세기 이상을 바쳐 이 주제를 연구하고 실험해왔던 사람이다. 그에게는 자신의 정신과 마음과 삶 속에서 필연적으로 우러나온 이야기, 정말 하고 싶은 이야기가 있었다. 그는 너무나 다행스럽게도 자신이 강연하고 있다는 사실조차 잊어버리고 있었다. 그건 전혀 걱정할 일이 아니었다. 그는 청중에게 원자에 대해 정확하고 명료하며 감동적으로 전달하는 것에만 집중했다. 그는 자신이 이해하고 느낀 것을 우리도 이해하고 느낄 수 있기를 진심으로 바라고 있었다.

그 결과는 어땠을까? 그의 강연은 정말이지 너무나도 훌륭했다. 매력과 힘을 모두 갖춘 멋진 강연이었고, 깊은 인상을 남겼다. 그는 뛰어난 능력을 갖춘 연설가다. 하지만 스스로는 그렇게 생각하지 않을 것이라고 확신한다. 실제로 그의 강연을 들은 사람 중 그를 훌륭한 대중연설가라고 생각하는 사람은 많지 않다.

사람들 앞에서 말할 때 당신의 대중연설 훈련 경험이 도드라져선 안 된다. 그렇다면 당신은 훌륭한 연설가가 아니다. 혹시 당신을 가르친 사람이 있다면 자랑스러워하지도 않을 것이다. 그저 당신이 자연스럽게 말해서 훈련받았다는 사실조차 눈치 채지 못하길 바랄 것이다. 좋은 창문은 자신을 쳐다봐달라며 관심을 끌지 않는다. 다만 빛을 들여보낼 뿐이다. 좋은 연설가도 마찬가지다. 너무 자연스러워서 청중이 그가 말하는 방식에 신경 쓸 필요가 없이 그가 말하는 내용에만 집중할 수 있어야 한다.

헨리 포드의 충고

모든 포드 자동차는 똑같습니다. 하지만 세상에 똑같은 사람은 하나도 없습니다. 하늘 아래 새 생명은 모두 새롭습니다. 그 전에 그와 똑같은 사람이 없었듯 앞으로도 절대 없을 겁니다. 청년이라면 스스로 이렇게 생각해야 합니다. 다른 사람과 다르게 만드는 나만의 불꽃을 찾고, 모든 사람에게 가치 있는 사람이 되도록 그 불꽃을 개발해야 합니다. 사회와 학교는 청년을 단련시켜 자신만의 불꽃을 피워내도록 도와야 합니다. 그런데 그들은 모든 사람을 같은 틀 속에 집어넣으려고만 하고 있습니다. 불꽃이 꺼지지 않도록 잘 지키십시오. 그것이 여러분의 가치를 증명해줄 유일한 증거입니다.

포드 자동차를 만든 헨리 포드Henry Ford가 즐겨했던 말이다. 헨리 포드의 말은 대중연설에도 그대로 적용된다. 세상에 당신과 같은 사람은 단 한 명도 없다. 두 개의 눈, 하나의 코, 하나의 입을 가진 사람은 수없이 많지만 그중 당신과 똑같이 생긴 사람은 어디에도 없다. 마찬가지로 당신과 똑같은 특성과 태도와 정신 세계를 지닌 사람도 없다. 당신이 연설할 때 자연스럽게 취하는 제스처나 표현을 똑같이 하는 사람도 없다. 다시 말해 당신은 그 자체로 개성을 지니고 있다. 이는 화자로서, 연설자로서, 무엇과도 바꿀 수 없는 소중한 자산이다. 그것을 지켜라. 소중히 여겨라. 그리고 계발하라. 그 불꽃이 당신의 연설에 힘과 진정성을 불어넣어 줄 것이다. "그것이 당신의 가치를 증명해줄 유일한 증거다."

올리버 로지 경은 다른 사람과는 다르게 말했다. 그 자체가 다른 사람과 달랐기 때문이다. 말투는 개성의 일부며 수염이나 대머리와 마찬가지로 사람을 차별화시키는 중요한 요소다. 영국 총리를 역임한 정치인 로이드 조지가 아무리 근사해 보여도 그를 흉내만 내려 한다면 자기 개성을 버리는 셈이고, 따라서 당연히 실패할 것이다.

1858년 일리노이 평원에 펼쳐진 도시에서 스티븐 더글러스 상원의원과 에이브러햄 링컨은 미국에서 가장 유명한 논쟁을 벌였다. 링컨은 키가 컸지만 어설퍼 보였고, 더글러스는 작지만 품위 있어 보였다. 두 사람은 겉모습만큼이나 성격, 생각, 개성, 기질 또한 전혀 달랐다.

더글러스는 교양 있고 세련된 사람이었고 세상일에도 해박했다. 링컨은 친구가 찾아오면 구두도 신지 않고 맞으러 나가는 소박한 사람으로,

도끼를 잘 다룬다고 해서 "울타리 만드는 사람"이라는 별명을 가지고 있었다. 더글러스의 제스처는 우아했지만 링컨은 어색하기만 했다. 더글러스에게선 입담이라고는 찾아볼 수 없었지만, 링컨은 역사상 가장 위대한 이야기꾼 중 한 명이었다. 더글러스는 직유법마저도 쓰는 경우가 드물었다. 링컨은 끊임없이 비유와 사례를 들어 주장했다. 더글러스는 건방지고 오만해 보였다. 링컨은 겸손하면서도 인정 많아 보였다. 더글러스는 순식간에 많은 생각을 해냈고, 링컨은 그보다는 훨씬 굼떴다. 더글러스는 회오리바람처럼 몰아치듯 연설했다. 하지만 링컨은 조용하고, 사려 깊고, 신중했다.

둘은 정말 달랐지만 모두들 대단히 유능한 연설가였다. 둘 다 상식과 용기를 갖춘 사람들이었다. 둘 중 한 사람이 상대방을 모방하려 했다면 아마도 끔찍한 실패를 맞이했을 것이다. 두 사람은 자신의 재능을 최대한 활용해 개성 있으면서도 강력한 연설을 했다. 당신도 그렇게 해보라.

기분이 상할 정도로 쉬운 충고다. 하지만 정말 쉽기만 할까? 절대 그렇지 않다. 포슈 장군은 병법에 관해 이렇게 말한 적이 있다. "생각하는 건 어렵지 않습니다. 불행하게도 실행에 옮기는 게 복잡할 뿐입니다."

청중 앞에서 자연스러워지려면 연습이 필요하다. 연기자들은 그 사실을 잘 알고 있다. 당신이 네 살배기 어린아이였다면 아마 무대에 올라가 청중 앞에서 자연스럽게 '읊어주고' 내려왔을 수도 있다. 그런데 당신이 스물넷 혹은 마흔넷이라면 무대에서 연설을 시작할 때 어떤 일이 일어날까? 네 살배기의 무의식적인 자연스러움이 나올 수 있을까? 뭐 그럴 수도 있다. 하지만 십중팔구는 기계처럼 뻣뻣해지거나, 먹이를 다 먹은 거북이처럼 단단한 껍질 속으로 움츠러들지 않을까 싶다.

사람들에게 연설을 가르치거나 훈련시키는 일은 없던 재주를 덧붙이는 일이 아니다. 오히려 장애물을 제거해주고 그로부터 자유롭게 만들어주는 일이다. 그리하여 이유 없이 맞아 넘겨졌을 때 나타나는 반사작용처럼 자연스럽게 말하도록 하는 것이다.

나는 수백 번도 넘게 발표를 끊고 제발 '사람처럼 말하라'라고 사정하곤 했다. 사람들에게 자연스럽게 말하라고 가르치느라 정신적, 육체적으로 완전히 탈진해 집에 돌아온 밤이 셀 수 없을 정도로 많다. 정말이다. 생각보다 그렇게 쉬운 일이 아니다.

이 자연스러움이라는 기술을 획득하는 방법은 하늘 아래 연습밖에 없다. 말하다가 스스로 경직된 것 같으면 잠깐 멈추고 머릿속으로 이렇게 꾸짖으라. "자! 뭐가 문제야? 정신 차려. 사람이 되려고 노력하라고." 그러고는 청중 속에서 한 사람을 골라라. 뒤쪽에 있는, 가장 둔해 보이는 사람이어도 좋다. 그러고는 그에게 말을 걸어봐라. 다른 사람이 지켜보고 있다는 사실은 잊으라. 그와 대화를 나눠라. 그가 당신에게 질문하고 당신은 대답하고 있다고 상상하라. 그가 일어나서 당신에게 말을 걸면 그에게 다시 대답한다고 생각하라. 이 과정은 당신의 이야기를 더 자연스럽고 사적인 대화처럼 만들어줄 것이다. 그러니 지금 당장 그런 일이 일어나고 있다고 상상하라.

실제로 당신이 질문을 던지고 그 질문에 대답하는 형식을 취해도 좋다. 예를 들어 연설 도중 이렇게 말하는 것이다. "제 주장에 어떤 근거가 있냐고 물으시는 겁니까? 적절한 근거가 있습니다. 자 보여드리지요." 그러고는 가상의 질문에 대답하라. 누구나 이용할 수 있는 매우 자연스러운 방식을 잘 활용하면 단조로움은 피하면서 대화하는 것처럼 자연스러우면서 유쾌한 연설이 가능해진다.

성실과 열정, 진정성도 도움이 된다. 사람은 감정의 영향을 받을 때 본연의 모습이 드러난다. 연설 앞의 장벽은 사라지고, 뜨거운 감정이 모든 장애물을 불태운다. 즉흥적으로 행동하며 즉흥적으로 말한다. 자연스러워지는 것이다.

그래서 결국 전달이 잘되는 연설은 무엇인가라는 질문에 대한 답도 앞서 여러 번 강조했던 것과 비슷한 결론에 이른다. 말에 마음을 담는 것이다.

예일 신학교의 브라운 학장은 설교에 관한 강의에서 이렇게 말했다.

제 친구가 런던에서 참석했던 예배에 관한 일화를 저는 절대 잊지 못할 겁니다. 설교자는 조지 맥도널드Geroge MacDonald 목사였습니다. 그는 그날 아침 히브리서 11장을 읽었습니다. 그리고 설교 시간이 되자 이렇게 말했습니다. "여러분 모두가 이 신앙심 깊은 사람의 이야기를 들었습니다. 신앙이 무엇인지 이야기하진 않겠습니다. 저보다 신학과 교수들이 훨씬 더 잘 설명해줄 테니까요. 제 역할은 여러분이 신앙을 가지도록 도와주는 것입니다." 그런 다음 눈에 보이지는 않지만 영원히 살아 계시는, 그분을 섬기는 자신의 신앙을 단순하지만 위엄 있게 표현했습니다. 그의 설교로 그곳에 모인 사람들의 마음에는 더 깊은 신앙이 싹텄지요. 맥도널드의 말 속에는 그의 마음이 담겨 있었던 겁니다. 그의 설교가 사람의 마음을 움직였던 이유는 자신의 마음이 일하도록 했기 때문입니다.

"말 속에는 마음이 담겨 있다." 이것이 좋은 연설의 비결이다. 물론 이런 교훈이 그다지 인기가 없다는 건 나도 알고 있다. 너무 모호하고 막연하기 때문이다. 대개의 학생들은 언제든지 적용할 수 있는 명명백백한 규칙을 원한다. 분명한 것, 구체적인 것, 자동차 운전법처럼 명확한 것을 원한다.

사람들이 원하는 것도, 내가 주고 싶은 것도 마찬가지다. 들어서 쉽게 이해할 수 있고 실천하기 쉬운 것이어야 한다. 하나 더 덧붙이자면, 내가 충고하기에도 좋은 것이어야 한다. 실제로 그런 규칙들이 있긴 하다. 그런데 사소한 문제가 하나 있다. 그런 규칙들은 얼핏 들어선 아무런 효과가 없다는 것이다. 더군다나 그 규칙들을 적용해 연설을 해보면 자연스러움도, 즉흥성도, 생명력도, 활력도 그 어떤 것도 찾아볼 수 없다. 나도 알고 있다. 어린 시절 이러한 규칙을 찾아서 시도하느라 많은 에너지를 낭비해 보았기 때문이다. 굳이 여기에 그 규칙들을 나열하지는 않겠다. 미국의 유머작가 조시 빌링스^{Josh Billings}는 다음과 같이 말했다. "별 필요도 없는 걸 알아보려고 노력하는 일은 정말 쓸모없는 짓이다."

대중연설할 때 해야 할 행동

자연스러운 말의 특징을 살펴보겠다. 그래야 자연스러운 말이 무엇인지 좀 더 분명하고 정확하게 이해할 수 있을 테니 말이다. 나로서는 피하고 싶던 논의이긴 하지만. 틀림없이 이렇게 말하는 사람이 있을 것이다. "아! 알았어요. 이것만 열심히 하면 괜찮아지겠군요." 아니다. 그렇지 않다. 그것을 열심히 하더라도 여전히 목각인형 같고 로봇 같은 상태에서 벗어나지 못할 것이다.

당신은 어제저녁에 먹은 음식을 소화시키듯 어제 나눈 대화에서 이 원리 대부분을 무의식적으로 사용했다. 그것이 이 원리를 이용하는 유일한 방법이다. 대중연설에서 이 원리를 이용하려면 이미 말했듯이 연습을 통해서만 가능하다.

첫째, 중요한 말에는 강세를 주고 중요하지 않은 말은 약하게 말하라

우리는 대화할 때 한 낱말의 한 음절에만 강세를 둔다. 그런 다음 다른 것들은 마치 부랑자 무리를 스쳐 지나가는 철도처럼 서둘러 무시하며 지나친다. 예를 들어 매사추세츠^{MassaCHUsetts}, 어플릭션^{afFLICtion}, 어트랙티브니스^{attRACtiveness}, 인바이런먼트^{enVIRonment}를 읽어보라. 문장도 마찬가지다. 한두 개의 중요한 낱말이 브로드웨이에 있는 울워스 빌딩처럼 다른 건물보다 높이 솟아 있다.

내 설명이 낯설거나 특이하게 들리지 않을 것이다. 잘 들어보라. 주변에서 항상 벌어지고 있는 일이다. 당신도 어제 하루에 백 번, 아니 천 번은 활용했고, 내일도 백 번은 더 쓸 것이다.

예를 들어 다음의 문장을 읽어보라. 고딕체로 써놓은 낱말은 크게 강조해서 읽으라. 그리고 다른 낱말은 빨리 읽으라. 어떤 효과가 있는가?

나는 무슨 일을 하든 간에 **성공한다**. 왜냐하면 나에게는 그렇게 하려는 **의지가** 있기 때문이다. 나는 단 한 번도 **망설여본** 적이 없다. 그래서 나는 다른 사람보다 더 **뛰어날** 수 있었다.

– 나폴레옹

이렇게만 문장을 읽어야 하는 건 아니다. 다른 방식으로 읽는 연설가도 있을 것이다. 강조하는 데 절대적인 규칙이란 없다. 상황에 따라 다르다.

다음의 글을 전달하려는 부분이 분명하고 설득력 있게 들리도록 큰 소리로 진지하게 읽어보라. 의미 있는 중요한 단어는 강조하고, 다른 단어들은 서둘러 읽고 넘어가는 게 느껴지는가?

당신이 패배했다고 생각한다면, 당신은 패배한 것이다.
당신이 그렇지 않다고 믿는다면, 그렇지 않은 것이다.
이기고 싶지만 이길 수 없다고 생각한다면,
당연히 승리할 수 없다.
삶에서의 전투란
늘 강하고 빠른 사람만이 이기는 것은 아니다.
대체로 이기는 사람은
자신이 이길 수 있다고 생각하는 사람이다.

– 저자 불명

개성을 만드는 요소 중에 굳은 다짐만큼 중요한 건 없다. 위인이 되고 싶거나 어떤 식으로든 죽어서 이름을 남기고 싶으면 수천 개의 장애를 극복하겠다는 다짐은 물론이고, 수천 번 패배할지라도 승리하겠다고 다짐해야 한다.

– 시어도어 루스벨트

둘째, 높낮이에 변화를 주어라

대화를 할 때 당신의 목소리는 마치 바다의 수면처럼 잠시도 쉬지 않고 계속해서 높아졌다 낮아졌다 한다. 왜 그럴까? 아무도 모른다. 게다가 아무도 신경 쓰지 않는다. 하지만 그로 인해 기분 좋게 들린다. 자연의 방식이 모두 다 그러하다. 굳이 공들여 배워야 하는 것도 아니다. 아주 어린 시절부터 자연스럽게 체득한 것이다. 그러나 자리에서 일어나 청중을 마주하면 우리의 목소리는 아마 네바다 사막처럼 다시 지루하고, 권위적이고, 단조로워질 것이다.

대개 높은 소리로 말하겠지만, 당신 목소리에서 단조로움이 느껴진다면 잠깐 멈추고 이렇게 되뇌어보라. '나는 목각 인디언 인형처럼 이야기하고 있어. 여기 앞에 있는 사람들에게 이야기해야 해. 자, 이제 사람이 되자. 자연스러워지자.'

이런 다짐이 도움이 될까? 약간은 효과가 있다. 말하던 도중에 잠깐 중단하는 것 자체가 도움이 된다. 다시 말하지만, 당신을 구할 수 있는 것은 바로 당신 자신뿐이고, 가장 좋은 방법은 연습밖에 없다.

목소리를 갑자기 올렸다 내렸다 하는 것만으로도 어떠한 말과 표현을 앞마당의 푸른 월계수 나무만큼이나 두드러져 보이게 할 수 있다. 이것은 브루클린의 유명한 목사 캐드먼John Cadman이 즐겨 쓰던 방식이다. 올리버 로지 경이나 브라이언, 루스벨트 대통령 역시 이 방법을 사용했다. 사실 저명한 연설가라면 대부분 이 방식을 사용한다.

다음 문장에서 고딕체로 된 낱말을 평소보다 훨씬 더 낮은 소리로 말해보라. 어떤 효과가 있는가?

나의 장점은 단 하나뿐이다. 어떤 상태에서도 **절대로 절망하지 않는 것**이다.

포슈 장군

교육의 가장 위대한 목적은 지식이 아니라 **행동**이다.

- 허버트 스펜서

저는 86년을 살아오면서 수많은 사람이 성공이라는 나무를 오르는 걸 보았습니다. 그들을 보며 성공의 **가장 중요한 요소는 믿음이라는 사실**을 알게 되었습니다.

- 기번스^{James Gibbons} 추기경

셋째, 말의 속도에 변화를 주어라

어린아이가 말할 때나 우리가 일상적인 대화를 할 때, 말은 끊임없이 빨라졌다 느려졌다 한다. 듣기 좋게 하고, 때론 특정 단어나 메시지를 강조하려는 자연스럽고도 무의식적인 방법이다. 실제로 이것은 어떠한 생각을 돋보이게 만드는 가장 훌륭한 방법 중 하나다.

미주리 역사학회에서 발행한 『기자가 본 링컨*Reporter's Lincoln*』을 썼던 월터 스티븐스*Walter B. Stevens*는 링컨이 핵심을 전달하기 위해 즐겨 사용했던 방법을 이렇게 전한다.

> 그는 몇 구절을 엄청나게 빠르게 읽다가 강조하고 싶은 단어나 구절에 이르면 시간을 오래 끌면서 천천히 그러나 또박또박 말합니다. 그러고 나서 다시 번개처럼 문장 끝까지 달려갑니다. 강조하고 싶은 단어 한둘을 발음하는 데 걸리는 시간은 그다음에 이어지는 그다지 중요하지 않은 대여섯 단어를 말하는 데 걸리는 시간과 엇비슷합니다.

이러한 방법은 항상 주목받기 마련이다. 예를 들어보자. 나는 대중연설을 할 때 기번스 추기경의 말을 인용할 때가 많다. 그럴 때마다 고딕체로 표시한 낱말은 천천히, 마치 깊은 감명을 받은 듯 길게 늘여 말한다. 물론 실제로도 깊은 감명을 받았다. 당신도 다음 문단을 큰 소리로 읽어보았으면 한다. 나와 같은 방법으로 읽고 그 효과에 주목하라.

죽기 직전 기번스 추기경은 이렇게 말했다. "저는 **86년**을 살아오면서 **수많은** 사람이 **성공**이라는 나무를 **오르는 걸** 보았습니다. 그들을 보며 성공의 가장 **중요한** 요소는 **믿음**이라는 사실을 알게 되었습니다. **용기가 없다면 어떤 사람도 위대한 일을 할 수 없습니다.**"

자, '3천만 달러'를 발음하는데, 즉 얼마 되지 않는 돈이라고 느껴지게 가볍게 말해보라. 이번에는 '3만 달러'를 천천히, 그 엄청난 돈에 깊은 감명을 받은 듯 발음해보라. 3만 달러가 3천만 달러보다 훨씬 더 큰 돈처럼 느껴지지 않는가?

넷째, 중요한 아이디어 앞과 뒤에서 잠깐 멈추어라

링컨은 연설 도중 자주 말을 멈추었다. 청중 마음에 깊이 새기고 싶은 문구가 떠오르면 몸을 앞으로 기울이고 사람들의 눈을 그윽하게 바라보면서 한동안 아무 말도 하지 않았다. 갑작스러운 침묵은 갑작스러운 소음과 같이 사람들을 주목하게 만드는 효과가 있다. 사람들의 주의를 끌고, 관심을 집중하게 하며, 다음에 어떤 말이 나올지 궁금하게 만든다.

예를 들어보자. 더글러스와의 유명한 논쟁이 끝나갈 무렵, 모든 지표가 링컨의 패배를 가리키자 그의 말투에 애절하고 울적한 느낌이 묻어나왔고 이는 사람들의 연민을 자극했다. 연설을 마무리하던 중 그는 갑자기 말을 멈추고 잠시 가만히 서 있었다. 그러고는 반쯤은 무관심한 듯, 반쯤은 금방이라도 눈물이 떨어질 것같이 침울하고 움푹 패인 눈으로 사람들의 얼굴을 바라보았다. 마치 이 힘겨운 싸움에 지쳤다는 듯 팔짱을 끼며 특유의 단조로운 어조로 이렇게 말했다. "여러분, 중요하지 않습니다. 별로 큰 차이도 없고요. 저나 더글러스 판사 중 누가 미국 대통령이 되더라도 말입니다. 하지만 오늘 저희가 여러분께 제시한 쟁점은 개인의 이익이나 정치적 운명보다 훨씬 더 중요합니다. 그리고 여러분, ……" 그는 다시 말을 멈추었다. 청중은 낱말 하나하나에 집중하고 있었다. "그 쟁점은 형편없고, 연약하고, 말조차 제대로 못 하는 저나 더글러스 판사가 죽어 무덤에 묻힌 다음에도 살아 숨 쉴 것입니다."

링컨의 전기작가 중 한 사람은 이렇게 썼다. "이 단순한 말과 이것을 말하는 방식이 모든 사람의 심금을 울렸다."

링컨은 강조하고자 하는 문구 다음에도 말을 멈추곤 했다. 의미가 사람들 마음속에 충분히 자리 잡고 새겨질 때까지 침묵 속에서 잠시 기다리며 그 말에 힘을 실어준 것이다.

올리버 로지 경도 연설 중에 중요한 문구 전후에서 말을 멈추는 경우가 많았다. 한 문장에서 서너 번씩 그러기도 했다. 무의식적으로 자연스럽게 나오는 것이었다. 그래서 굳이 올리버 경의 연설 방법을 분석하는 사람이 아니라면 누구도 눈치채지 못하고 넘어갔다.

키플링은 말했다. "당신은 침묵으로 이야기한다." 침묵이 금이라는 사실을 인정한다면, 연설 중에 지혜롭게 사용한 침묵보다 더 빛나는 금은 없다. 침묵은 무시하고 넘어가기엔 너무나 중요한 도구다. 하지만 초보들은 흔히 간과하는 장치다.

다음 글은 세일즈 매니저 워싱턴 홀먼Washington Holman이 부하직원들에게 한 충고를 책으로 엮은 『진저가 이야기하다Ginger Talks』의 일부다. 청중 앞에서 이야기할 때 잠시 말을 멈추면 좋을 법한 부분에 표시해두었다. 그 부분이 반드시 쉴 부분이라는 건 아니다. 그저 하나의 예시다. 어디선가 잠시 멈췄다 가야 한다는 엄격한 규칙은 없다. 의미와 그때그때의 기분과 감정에 따라 좌우될 뿐이다. 오늘은 이곳에서 말을 멈추었지만, 내일이면 똑같은 연설을 하면서도 다른 곳에서 멈출 수도 있다.

처음에는 쉬지 말고 소리 내어 단번에 읽으라. 그런 다음 내가 표시한 부분에서 잠시 쉬면서 읽어보라. 어떤 차이가 느껴지는가?

영업은 전쟁입니다. (멈춘 후 전쟁이라는 단어가 마음에 와닿을 만큼의 시간을 주어라.) 싸움꾼들이나 이길 수 있습니다. (멈추어서 의미를 받아들이게 하라.) 이러한 상황이 마음에 들지 않을 수도 있지만, 우리가 만들 수도, 바꿀 수도 없는 상황입니다. (멈춤) 판매라는 게임을 하겠다고 마음먹었다면 용기를 내야 합니다. (멈춤) 만일 그렇지 않다면, (멈추어서 긴장감을 조성한다.) 타석에 들어설 때마다 삼진아웃을 당하고 계속해서 점수를 내지 못할 겁니다. (멈춤) 투수를 두려워하면 절대 3루타를 칠 수 없습니다. (멈추어서 요점을 이해할 만큼의 시간을 주어라.) 기억하세요. (멈추어서 요점을 이해할 시간을 한 번 더 준다.) 공이 찢어져라 타격해 펜스를 훌쩍 넘기는 홈런을 치는 사람은 타석에 들어설 때 (멈추고 이 대단한 선수에 대해 뭐라고 할까 궁금해지도록 긴장감을 조성한다.) 이미 단호한 결심을 합니다.

다음의 경구를 소리 내어 힘 있게 그리고 의미를 반추해가며 읽어보라. 어디에서 자연스럽게 멈추어야 하는지 생각하라.

미국의 가장 커다란 사막은 아이다호, 뉴멕시코 혹은 애리조나에 있지 않다. 평범한 사람의 모자 바로 아래 있다. 그곳은 물리적인 사막이 아니라 정신적인 사막이다.

-J. S. 녹스Knox

인간의 병을 모두 고쳐주는 약은 없다. 그나마 가장 비슷한 약이 있다면 병을 널리 알리는 것이다.

- W. F. 올브라이트Albright

내가 기쁘게 해야 할 존재는 딱 두 명이다. 하나는 신이고, 다른 하나는 가필
드다. 이곳에서는 가필드와 살아야 하고, 저세상에서는 신과 함께 살아야 하
니 말이다.

- 제임스 가필드James A. Garfield

이 장에서 말한 원칙들을 잘 따른다 해도 여전히 수많은 실수를 저지를
것이다. 일상적인 대화처럼 대중연설을 하다 보면 듣기 싫은 목소리로 이
야기하거나, 문법적인 오류를 저지르거나, 분위기를 망치는 말을 하거나,
기분 나쁜 이야기를 늘어놓거나, 그 외에도 수십 가지 불쾌한 일을 저지
를 수 있다. 대화하듯 자연스럽게 연설하기 위해서는 많은 노력이 필요하
다. 대화할 때 자연스럽게 말하는 방법을 완벽하게 익힌 다음, 그 방법을
연단 위에서 사용해야 한다.

제대로 전달된 연설이 좋은 연설이다

1. 말에는 낱말보다 중요한 게 있다. 말을 할 때 전해지는 느낌이다. "무슨 말을 하느냐보다 어떻게 말하느냐가 더 중요하다."

2. 많은 화자가 청중은 무시한 채 청중의 머리 위를 보거나 바닥만 내려다본다. 이런 화자는 독백을 하는 셈이다. 이런 연설에서는 의사소통, 다시 말해 청중과 화자 사이에 주고받을 수 있는 것이 없다. 대화의 생명력을 죽이는 이런 태도는 연설도 죽인다.

3. 좋은 연설은 대화하는 듯한 어조로 청중 한 명 한 명과 직접 대면하고 있다는 인상을 준다. 상공회의소에서 연설할 때는 정치인 존 헨리 스미스에게 말하듯 연설하라. 상공회의소는 존 헨리 스미스와 같은 사람들을 모아놓은 곳이니 말이다.

4. 모든 사람에게는 능력이 있다. 이 말에 의심이 간다면 직접 실험해보라. 당신이 아는 가장 무지한 사람을 때려 눕혀보라. 그가 일어나면서 무슨 말을 할 텐데, 그가 말하는 방식에서 결점을 찾기란 불가능할 것이다. 대중에게 연설할 때도 그런 자연스러움이 필요하다. 자연스러움을 개발하는 방법은 연습밖에 없다. 다른 사람을 모방하지 마라. 자연스러움이 스며들면 세상 어떤 사람과 이야기해도 모두 다른 방식으로 대화할 수 있다. 당신의 개성을, 당신만의 방식을 이야기 속에 넣으라.

5. 청중이 자리에서 일어나 당신의 말에 대답한다고 생각하며 청중에게 말하라. 실제로 청중이 일어나 질문하면 틀림없이 당신의 연설은 더 나아질 것이다. 따라서 연설 중에 누군가가 당신에게 질문하고 당신은 거기에 대답한다고 상상하라. "이걸 어떻게 알았냐고요? 말씀드리지요…." 이런 말은 더할 나위 없이 연설을 자연스럽게 하고, 말투에 묻어 있는 딱딱함을 누그러뜨린

다. 당신의 연설은 따뜻하고 인간적으로 변할 것이다.

6. 연설에 마음을 담으라. 그 어떤 규칙보다 진정한 마음이 더 도움이 된다.

7. 우리는 대화를 나눌 때 무의식적으로 다음 네 가지를 사용하며 말한다. 하지만 대중 앞에서 연설할 때도 그런가? 대부분 사람이 그렇지 않다.

   (1) 문장에서 중요한 낱말은 강세를 주어 말하고, 나머지는 빨리 읽고 지나가는가? "이것, 그리고, 하지만"과 같은 낱말을 또박또박 발음하는가? '매사추세츠'를 말할 때와 같이 특정 부분, 특정 낱말을 강조하는가?

   (2) 목소리의 높낮이가 어린아이가 말할 때처럼 높게 올라갔다 낮게 내려갔다 하며 오르락내리락하는가?

   (3) 말하는 속도에 변화가 있는가? 중요하지 않은 말은 빠르게 하고, 강조하고 싶은 말은 좀 더 시간을 들여 하는가?

   (4) 중요한 문장 전후에 잠깐 멈추는가?

·❖·

밝고 매력적인 어조 만들기

당신의 목소리를 밝고 매력적으로 바꾸어줄 훈련법을 소개한다.

1. 소리를 공명시키도록 훈련하라. 깊이 숨을 들이마시면서 공기가 밀려 들어올 때 코가 자유롭게 열리고 확장되는 느낌에 주목하라. 아래 음절을 반복해서 읽으라. 코로 음의 높낮이를 조절하라. 각 단어의 끝부분에서 'ing' 발음에 유의하며 2~3초간 소리를 계속 내보라. 코안에서 종소리 같은 울림이 느껴져야 한다.

   Singing⋯ Wringing⋯ Bringing⋯ Clinging⋯

   Flinging⋯ Winging⋯ Hanging⋯ Banging⋯

   Longing⋯ Wronging⋯

2. 두성을 사용해 높은 소리를 내는 팔세토 기법을 연습하다 보면 일상적으로 말하는 어조도 밝아진다고 한다. 팔세토 기법이 무엇인지 모른다면 그냥 가성이라고 생각하고 다음을 따라 해보라. 당신의 목소리를 가능한 한 가장 높이 올려, 거의 날카로운 비명 소리가 될 때까지 만들어라. 남성의 경우 여성의 목소리에 가까워지면서 우스운 소리가 날 수도 있다. 금방 피곤해질 수도 있으니 목에 무리가 간다 싶으면 연습을 중단하라.

   시인 롱펠로는 유명 배우 메리 앤더슨Mary Anderson에게 날마다 아름다운 서정시를 소리 내어 읽다 보면 목소리도 아름다워질 것이라고 조언했다. 즐겁고 행복한 어조는 다른 사람도 행복하게 만든다. 당신이 날마다 감정을 넣어서 즐겁고 희망찬 시를 소리 내어 읽는다면, 어느덧 당신의 목소리는 당신이 흉내 내고 싶은 감정과 닮아 있을 것이다. 이 말이 심리학적으로도 타당하다는 사실은 윌리엄 제임스 교수가 보장해줄 것이다(1장을 보라).

3. 이탈리아 소프라노 아멜리타 갈리쿠르치는 연습할 때나 공연할 때 모두 '노래하는 기쁨'을 느끼는 게 자신의 원칙이라고 말했다. 당신도 기쁘게 말하고 있다는 인상을 청중에게 주어야 한다.

서정시를 서너 번 소리 내어 읽으면서 시인이 어떤 감정이었을지 느껴보라. 그 감정을 자신의 것으로 만들어보라. 당신이 하는 말에서 그런 감정이 드러나도록 해보라.

8장

연단에서 해야 할 일과
하지 말아야 할 일

행동은 소리쳐 말하는 것과 같다. 멍청한 자들은 눈으로 보아야 믿는다.

셰익스피어Shakespeare (극작가)

깨어 있는 정신은 깨어 있는 육체에서 나온다.

나단 셰퍼드Nathan Sheppard (『청중 앞에서 서는 법Before an Audience』 저자)

제스처가 너무 없어도 너무 많은 것만큼 부자연스럽다. 아이들이나 길에서 이웃과 대화를 나누는 사람들만 보아도 제스처를 적절히 쓴다는 게 무엇인지 알 수 있는데, 그 중용의 미덕을 연단에서 볼 수 없다는 게 참 이상하다.

윌리엄 매슈스William Matthews (『연설과 연설가들Oratory and Orators』 저자)

뛰어난 연설가는 선택한 단어뿐 아니라 자신의 어조, 눈, 분위기로도 말한다.

프랑수아 6세 드 라로슈푸코 공작François VI, Duc de La Rochefoucauld (프랑스 공작)

연설할 때 하는 모든 제스처를 깡그리 잊으라. 해야 할 말과 왜 그 말을 해야 하는지에만 집중하라. 생각을 표현하는 데 모든 영혼을 쏟으라. 열정, 진심 어린 진정성을 담으라. 그러다 보면 행동은 자연스럽게 나온다. 생각과 충동이 강하면 당신의 몸은 표현하고 싶어 저절로 움직인다. 그러니 연설할 때는 하려는 말만 생각하라. 미리 제스처를 계획하지 마라. 자연스러운 충동이 행동을 이끌게 하라.

조지 롤런드 콜린스George Rowland Collins (『대중연설Platform Speaking』 저자)

언어는 생각을 전달하는 도구이지만 동시에 생각을 전달하는 걸림돌이 되기도 한다. 단순한 생각은 몸짓을 통해 더 쉽게 전달되기 때문이다. "방을 나가주세요"라는 말보다 문을 가리키는 게 의미를 훨씬 더 빠르게 전달한다. "말하지 마세요"라는 말보다 입술에 손가락을 가져가는 편이 더 강력하다. "이리 오세요"라는 말보다 손짓 한 번이 낫다. 눈을 크게 뜨고 눈썹을 들어 올리는 것보다 놀라움을 더 잘 표현할 수 있는 낱말은 없다. 어깨를 한 번 으쓱하는 행동을 말로 표현하려고 하면 그 수많은 의미가 제대로 전달되지 않는다.

허버트 스펜서Herbert Spencer (철학자)

한번은 카네기 공과대학에서 백 명의 뛰어난 기업인을 대상으로 지능 검사를 한 적이 있었다. 전쟁 중 미 육군이 시행했던 것과 비슷한 검사였다. 그 결과 카네기 공과대학은 사업의 성공은 뛰어난 지능보다 개성에 의해 좌우된다고 발표했다.

이 결과는 매우 의미심장하다. 기업인은 물론 교육자, 전문직 종사자 그리고 연설가에게도 중요한 시사점을 준다.

대중연설에서 연습을 제외하면 개성이 가장 중요한 요소다. 미국의 작가이자 철학자 앨버트 허버드는 "훌륭한 연설을 위해서 필요한 건 말이 아니라 태도다"라고 말했다. 나는 여기에 아이디어도 덧붙여야 한다고 생각한다. 개성이란 모호하면서도 파악하기 힘든 것이다. 마치 제비꽃 향기처럼 분석하기 어렵다. 보통 우리는 사람의 육체, 정신 그리고 영혼을 합쳐 개성이라 부른다. 다시 말해 개성이란 사람의 특성, 성향, 기질, 성품, 활력, 경험, 교육, 삶을 모두 합쳐놓은 것이다. 따라서 아인슈타인의 상대성 이론만큼이나 복잡하고 이해하기 힘든 게 바로 개성이다.

개성은 물려받은 것이어서, 대체로 태어나기 전에 이미 결정된다. 물론 자라난 환경도 어느 정도 관련이 있다. 생각하기에 따라서 더 강화하고 더 매력적으로 만들 수도 있지만 타고난 요소를 바꾸거나 개선하기란 대단히 힘들다. 따라서 우리는 자연이 우리에게 준 이 희한한 것을 최대한 활용하기 위해 노력해야 한다. 이것은 우리 모두에게 대단히 중요한 일이다. 개선 가능성에 한계가 있긴 하지만 그 가능성에 대해 논의하고 연구해볼 가치는 충분히 있다.

당신이 가진 개성을 최대한 활용하고 싶다면 적절한 휴식을 취한 다음 청중을 만나라. 피곤한 사람은 다른 사람의 마음을 사로잡을 만큼 매력적이지 않다. 준비와 계획을 미루고 미루다 마지막 순간에야 정신 없이 지나간 시간을 벌충하려는 잘못을 저지르지 마라. 이런 식으로 작업하다 보면 신체에는 독이 쌓이고, 뇌에는 피로가 쌓여 당신을 지치게 하고, 활력을 잠식하고, 두뇌와 신경을 쇠약하게 만든다.

만약 4시에 위원회에서 중요한 회의가 있다면 가능한 한 점심 식사 후 사무실에 돌아오지 마라. 가능하다면 집에 가서 가볍게 점심을 먹고 낮잠을 자는 것도 좋다. 어쨌든 휴식을 취하라. 당신에게 필요한 것은 바로 휴식이다. 육체적으로든 정신적으로든 신경학적으로든 모두 마찬가지다.

미국 소프라노 가수 제럴딘 패러^{Geraldine Farrar}와 이제 막 친구가 된 사람들은 그녀가 초대한 친구들을 남편에게 맡기고 이른 저녁에 작별 인사를 한 뒤에 태연히 침실로 가버리는 걸 보고 놀라곤 한다. 그녀는 음악이 자신에게 무엇을 요구하는지 정확하게 알고 있었다.

미국의 오페라 가수 릴리안 노르디카^{Lillian Nordica}는 프리마돈나가 되기 위해서는 파티도, 친구도, 음식도 포기해야 한다고 말한 적이 있다.

당신이 중요한 연설을 해야 한다면 배부름에 유의하라. 가능하면 성자^{聖者}처럼 적게 먹으라. 사회개혁 연설로 유명했던 헨리 워드 비처는 일요일 오후가 되면 5시에 약간의 과자와 우유만 먹고 그 이후에는 아무것도 먹지 않았다.

오스트레일리아의 소프라노 가수 넬리 멜바는 이렇게 말했다. "저는 저녁을 먹지 않고 5시에 생선이나 닭고기 혹은 송아지 고기에 구운 사과와 물 한 잔으로 간단하게 요기만 합니다. 그래서 오페라나 콘서트가 끝나고 나면 배가 고파서 미칠 지경이 되고 맙니다."

멜바와 비처가 얼마나 현명했는지 나는 전문 연설가가 되고 나서야 깨달았다. 초기에는 저녁을 마음껏 먹고 매일 두 시간에 걸친 강연을 하곤 했다. 하지만 사과를 곁들인 광어 구이를 해치우고, 소고기 스테이크와 감자튀김, 샐러드와 디저트까지 꾸역꾸역 먹어치우고 한 시간 동안이나 서 있는 건 내가 하고자 하는 이야기의 영향력을 줄이는 것은 물론 내 몸을 학대하는 짓이라는 생각이 들었다. 뇌로 가야 할 혈액이 저 아래 위장에서 스테이크와 감자와 싸우느라 올라가지 못했기 때문이다. 피아니스트이기도 했던 파데레프스키의 말이 옳았다. 그는 연주회 전에 먹고 싶은 대로 다 먹으면 자기 안에 있는 야수가 깨어나 손가락 끝까지 온몸을 둔하게 만들어 형편없는 연주를 하게 된다고 했다.

다른 사람보다 더 관심을 끄는 방법

당신을 둔하게 만드는 어떤 일도 하지 마라. 그래야 청중이 당신에게 주목한다. 강사를 고용하거나 교육에 필요한 사람을 충원할 때도 나는 활력, 생동감, 열정을 가장 중요하게 생각한다. 마치 기러기가 가을 밀밭에 모여들 듯이 사람들은 활력이 넘치는 사람 주변에 모여들기 마련이다.

이 모습은 런던 하이드파크에 가면 흔히 볼 수 있다. 하이드파크 동북쪽 입구 마블 아치는 모든 인종과 신념을 대표하는 연설가들이 모여드는 곳이다. 일요일 오후가 되면 교황의 무오류성을 설명하는 가톨릭 신자, 카를 마르크스의 경제 복음을 전하는 사회주의자, 이슬람교도가 왜 네 명의 아내를 거느려야만 잘 살고 번창할 수 있는지를 설명하는 인도인들 중 아무나 선택해서 들으면 될 것처럼 보인다. 하지만 수백 명의 군중은 한 강연자에게 몰려들고 다른 강연자 앞에는 그저 몇 사람밖에 없다. 왜 그럴까? 화자가 청중을 끌어들이는 현상을 단지 그가 택한 이야기 주제만으로 설명할 수 있을까? 그렇지 않다. 원인은 화자에게서 찾아야 한다. 다른 사람보다 자신의 주제에 더 깊은 관심이 있는 화자는 더 많은 사람의 관심을 끈다. 그런 사람은 더 흥미롭고 더 생동감 있게 말한다. 그렇게 주변에 활력과 생기를 발산한다. 이러한 특징이 그를 주목하게 만든다.

옷은 어떻게 입어야 하는가?

한 심리학자가 많은 사람들을 대상으로 옷차림이 어떤 영향을 미치는가에 대한 설문 조사를 했다. 거의 모든 사람이 옷을 잘 차려입고 단정한 몸가짐을 할 때 그리고 그 사실을 자기 자신도 알고 있을 때, 설명하기는 힘들지만 매우 분명하고 실재적인 효과를 느꼈다고 대답했다. 단정한 옷차림으로 인해 자신감이 생기고 자존감도 더 높아진다는 것이다. 성공한 사람의 모습을 갖추었을 때 성공을 생각하기가 더 쉽고, 성공을 이루기도 더 쉽다. 옷차림이 그 옷을 입은 사람에게 미치는 영향력은 그만큼 대단하다.

그렇다면 청중에게는 어떤 영향을 미칠까? 나는 연설자가 축 늘어진 바지를 입고, 형태가 망가진 코트나 신발을 신고, 앞주머니에 만년필이나 연필이 꽂혀 있고, 신문이나 파이프나 담뱃갑으로 인해 주머니가 불룩한 채 연설하는 것을 수없이 보아왔다. 그리고 그 사람이 자기 외모에 관심 없는 것처럼 청중 역시 연설자를 그렇게 존경심 없이 대한다는 걸 알게 되었다. 단정치 못한 머리나 지저분한 신발만큼이나 연설자는 형편없는 정신을 갖고 있다고 생각하는 게 당연하지 않겠는가?

그랜트가 살면서 후회한 것

남북전쟁 당시 남군 총사령관 리 장군이 항복문서에 서명하기 위해 애프매톡스 코트 하우스에 도착했을 때, 그의 새 군복은 흠잡을 데 하나 없이 완벽했고 옆에는 훌륭한 칼을 차고 있었다. 반면 북군 사령관 그랜트는 코트는커녕 칼도 없이 일반 병사들이나 입을 만한 셔츠와 바지를 걸치고 있었다. 그랜트는 회고록에 이렇게 썼다. "후줄근한 복장을 하고 있던 나는 멋지게 차려입고 키가 180센티미터도 넘는 흠 잡을 데 없는 사람과 정말 끔찍할 정도로 대조를 이루고 있었다." 그랜트는 이 역사적인 행사에서 복장을 제대로 갖추어 입지 못한 걸 두고두고 후회했다.

워싱턴의 농무부 실험 농장에서는 수백 개의 벌통을 관리하고 있다. 농장 내부에는 전기를 공급하고 있고 각각의 벌통에는 확대경이 설치되어 있어 낮이고 밤이고 아무 때나 벌들을 자세히 관찰할 수 있다. 여러 사람 앞에서 연설하는 사람도 이 벌과 비슷한 처지다. 스포트라이트를 받고 있고, 확대경 아래 놓여 있으며, 모든 시선을 받고 있다. 때문에 외적인 모습에서 보이는 사소한 단점은 평원에 우뚝 솟은 산처럼 크게 보인다.

"우리는 말하기도 전에 이미 욕을 먹거나 칭찬을 받는다"

몇 년 전 『아메리칸 매거진*The American Magazine*』에 뉴욕의 한 은행가에 관한 글을 연재할 때였다. 나는 그 은행가에게 성공의 비결이 무엇이냐고 물었다. 그랬더니 상당 부분은 자신의 매력적인 미소 때문이라고 대답했다.

처음에는 좀 심한 과장이 아닌가 하는 의심도 들었지만, 두고두고 보니 그 말은 사실이었다. 다른 수십 아니 수백 명의 사람이 그보다 더 풍부한 경험과 더 뛰어난 판단력을 가졌을 수도 있다. 하지만 그는 다른 사람이 갖고 있지 못한 중요한 자산을 가지고 있었다. 그것은 대단히 매력적인 성품이었다. 사람을 기분 좋게 하는 따뜻한 미소는 그의 성품 중에서도 가장 두드러진 특징이었다. 그런 미소는 순식간에 상대방으로부터 호의를 얻게 할 뿐만 아니라 자신감을 고취시킨다. 그런 사람은 성공하기 마련이다. 그런 사람과 사업을 하는 건 정말 즐거운 일이다.

"웃지 못하는 사람은 장사하면 안 된다"라는 중국 속담이 있다. 미소는 계산대 뒤에서나 사람들 앞에서나 똑같이 사람을 기분 좋게 한다. 브루클린 상공회의소에 개설한 대중연설 강의를 듣던 수강생 한 명이 생각난다. 그는 언제나 거기에 서 있는 게 너무 기분 좋다는 표정으로 서서 주어진 일을 즐기는 듯 보였다. 항상 미소 지으며 우리를 만나 정말 반가운 듯 행동했다. 그의 발표를 들은 사람이라면 누구라도 그에게 부드러운 태도로 상냥한 표정을 지을 수밖에 없었다.

하지만 그런 사람만 있는 건 아니다. 같은 강좌를 들었던 수강생 중에는 하기 싫은 일을 억지로 하는 것처럼 차갑고 형식적인 태도로 연단에 서는 사람도 있었다. 그 사람은 자기 이야기가 끝날 때마다 하느님께 감사를 드리곤 했는데, 정작 하느님께 감사드려야 할 사람은 바로 우리였다. 태도는 전염되기 마련이다.

해리 오버스트리트Harry Overstreet 교수는 『인간 행동에 영향을 미치는 법 Influencing Human Behavior』에서 다음과 같이 말했다. "콩 심은 데 콩 나고, 팥 심은 데 팥 나기 마련입니다. 우리가 사람들에게 관심을 가지면 사람들도 우리에게 관심을 기울입니다. 우리가 사람들을 싫어하면 그들도 마음속으로 혹은 겉으로도 우리를 험악하게 바라봅니다. 우리가 소심해하며 당황한다면 사람들도 마찬가지로 우리를 신뢰하지 못합니다. 우리가 뻔뻔하고 잘난 척한다면 사람들도 스스로를 방어하며 이기적으로 반응합니다. 우리가 이야기를 꺼내기도 전에 비난받거나 칭찬받는 거지요. 그러므로 반드시 사람들로부터 따뜻한 반응을 이끌어내는 태도를 보여야만 합니다."

청중을 모여 있게 하라

대중연설을 하다 보면 사람들이 드문드문 앉아 있는 커다란 강당에서 오후 강연을 할 때도 있고 사람이 빼곡하게 들어찬 작은 강당에서 저녁 강연을 할 때도 있다. 저녁 청중은 오후 청중이 그저 미소만 보여준 이야기에도 진심으로 크게 웃는다. 저녁 청중이 환호를 보내준 똑같은 이야기에 오후 청중은 아무런 반응을 보이지 않을 때도 있다. 왜일까?

오후 청중의 대다수를 차지하는 나이 많은 여성과 아이들이 저녁 청중만큼 활력이나 분별력이 좋지 않아서일 수도 있다. 하지만 이것은 그저 부분적인 이유에 불과하다.

무엇보다 드문드문 떨어져 앉은 사람들을 쉽게 감동시키기란 매우 힘든 일이기 때문이다. 청중들 사이에 넓은 공간이 있거나 빈 의자가 많으면 앞에서 이야기하는 사람의 열정 또한 차갑게 식어버린다.

헨리 워드 비처는 예일대학교에서 설교에 관해 연설하며 이렇게 말한 적이 있다.

> 사람들은 이렇게 말하곤 합니다. "적은 청중보다는 많은 청중 앞에서 연설하는 게 더 힘이 나지 않습니까?" 저는 아니라고 말합니다. 저는 열 명 앞에서도 천 명을 두고 말하는 것만큼이나 잘할 수 있습니다. 다만 이 열 명이 제 주위에서 서로 어깨가 닿을 만큼 가까이 붙어 앉아 있어야 합니다. 아무리 천 명이 모여 있더라도 1미터씩 떨어져서 앉아 있으면 텅 비어 있는 것이나 다름없습니다. 사람들을 가까이 모여 앉게 하세요. 그러면 절반의 노력만으로도 분위기를 띄울 수 있습니다.

많은 사람 속에 있는 한 명의 사람은 자기 개성을 버리고 군중의 일원이 된다. 혼자 있을 때보다 훨씬 더 쉽게 동요한다. 혼자라면 아무런 반응도 보이지 않았을 이야기에 쉽게 웃고 박수를 보낸다.

사람을 혼자 개별적으로 행동하게 하는 것보다 집단 속에서 행동하게 하는 편이 훨씬 쉽다. 예를 들어 사람들은 전쟁터에서 세상 그 무엇보다 가장 위험하고 무모한 짓을 기꺼이 하려 든다. 커다란 무리를 이루어 몰려다니기 때문이다. 제1차 세계대전 때 독일군은 종종 서로 팔짱을 낀 채 전투에 임했다고 한다.

군중! 군중! 군중! 군중은 참 알다가도 모르겠다. 모든 위대한 대중운동이나 개혁은 군중심리를 따라 이루어졌다. 이 주제에 관한 흥미로운 책으로는 에버렛 딘 마틴Everett Dean Martin의 『군중행동』(까만양, 2012)이 있다.

소규모 집단을 대상으로 강연할 때는 작은 방을 골라야 한다. 커다란 강당에 사람들이 드문드문 흩어져 앉아 있는 것보다 소강당 통로까지 꽉 꽉 채워 앉는 편이 낫다.

사람들이 흩어져 있으면 앞으로 와서 앉아달라고 요청하라. 연설을 시작하기 전까지 계속해서 몇 번이고 요청하라.

청중이 너무 많은 경우가 아니라면, 또 반드시 그래야 할 이유가 있지 않은 이상 연단 위에 서지 마라. 연단에서 내려와 청중과 나란히 서라. 청중에게 가까이 다가가라. 모든 격식을 파괴하라. 마치 대화를 나누듯 친근한 느낌을 주도록 하라.

폰드 대령이 창을 박살 낸 이유

공기가 깨끗해야 한다. 대중연설에 있어 산소는 후두, 인두, 후두개만큼이나 중요하다. 아무리 키케로가 훌륭한 연설을 해도, 아무리 뮤지컬 〈지그펠드 폴리스Ziegfeld's Follies〉 속 여성들이 아름다워도 방 안의 공기가 나쁘면 관중들은 졸기 마련이나. 나는 강연 전에 청중을 일으켜 세우고 2분 정도 휴식을 취하게 한다. 그러는 동안 창문을 열고 환기시킨다.

남북전쟁 중 북군 장교였던 제임스 폰드James Pond는 전쟁이 끝난 후, 헨리 워드 비처가 브루클린 연설가라는 별명으로 선풍적인 인기를 끌던 시절 14년 동안이나 그의 매니저로 미국과 캐나다 전역을 돌아다녔다. 폰드는 비처가 연설하기로 한 강당, 교회, 극장에 늘 먼저 가서 사람들이 모이기 전에 조명, 좌석, 실내 온도, 환기 상태 등을 꼼꼼히 점검했다. 폰드는 군에 있을 때부터 고함과 호통을 잘 치기로 악명 높은 장교였다. 또 권력을 행사하는 걸 즐기는 사람이기도 했다. 그래서 강연장이 너무 덥고 공기는 잘 통하지 않는데 창을 열 수 없으면 책을 던져 유리창을 박살 내기도 했다. 그는 찰스 스펄전Charles Spurgeon 목사가 말했다고 하는 "신의 은총 다음으로 목사에게 중요한 건 산소입니다"라는 말을 진심으로 믿었던 모양이다.

당신의 얼굴에 빛이 있어야 한다

사람들 앞에서 심령술로 유령을 불러오는 게 목적이 아니라면 가능한 한 강연장을 빛으로 가득 채워라. 보온병 내부처럼 시커먼 방에서 사람들의 열정을 불러일으키느니 차라리 메추라기를 길들이려 애쓰는 편이 낫다.

데이비드 벨라스코David Belasco가 쓴 연극 제작에 관한 논문들을 읽어보면, 적절한 조명이 얼마나 중요한지 연설가들이 손톱만큼도 이해하지 못하고 있다는 데 경악하게 된다.

조명이 당신 얼굴을 비추게 하라. 사람들은 당신을 보고 싶어 한다. 당신 외모에 스쳐 지나가는 미묘한 변화야말로 표현의 중요한 요소다. 때로는 그런 변화가 말보다 더 중요한 의미를 전달한다. 조명 바로 아래 서면 당신 얼굴에 그늘이 진다. 조명 바로 앞에 서도 마찬가지다. 그렇다면 연설을 시작하기 전에 조명을 가장 잘 받는 장소부터 확인하는 게 현명하지 않을까?

연단 위에 쓸데없는 물건을 두지 마라

연단 뒤로 숨지 마라. 사람들은 당신의 모습 전체를 보고 싶어 한다. 심지어 당신을 보기 위해 자리에서 몸을 내밀기도 한다.

주최 측에서 호의로 연단 위에 물병과 유리잔을 올려두곤 한다. 하지만 목이 마르면 소금을 조금 집어 먹거나 레몬을 핥는 게 나이아가라폭포를 떠서 마시는 것보다 갈증을 더 잘 해소할 수 있다.

따라서 불도 주전자노 필요 없나. 언단에 어수선하게 놓인 아무짝에도 쓸모없는 지저분하기만 한 방해물들은 모두 치워라.

브로드웨이에 있는 수많은 자동차 쇼룸은 아름답고 질서정연하며 보기에도 좋다. 파리에 있는 향수 전문점과 보석상들은 예술적이면서 호화롭게 꾸며져 있다. 왜 그럴까? 그렇게 잘 꾸며놓아야 더 많은 존경을 받고, 더 많은 신뢰를 얻으며, 더 많은 감탄을 이끌어내기 때문이다.

같은 이유로 연설가도 근사한 무대 배경을 갖추고 있어야 한다. 내 생각에 가장 이상적인 배치는 아무런 가구도 두지 않는 것이다. 강연자의 뒤나 양옆에 시선을 끌 만한 어떤 물건도 두지 말아야 한다. 검푸른 벨벳 커튼 정도면 충분하다.

그러면 대개 연설가 뒤에 놓인 것들은 어떻게 해야 할까? 심지어 지도나 포스터가 붙어 있기도 하고 탁자나 더러운 의자 등이 겹겹이 쌓여 있을 때도 있다. 이런 물건들은 어떤 영향을 줄까? 싸고 지저분하고 단정치 못한 분위기를 풍긴다. 그러니 쓸데없는 물건은 다 치워라.

헨리 워드 비처는 말했다. "대중연설에서 가장 중요한 건 사람이다."

그러니 그 사람을 도드라지게 하라. 스위스의 푸른 하늘을 배경으로 높이 솟아 있는 융프라우의 눈 덮인 꼭대기처럼 연설가를 돋보이게 하라.

연단에는 연설가가 아닌 그 누구도 필요 없다

캐나다 온타리오주의 린던에서 열린 회의에서 케니디 총리의 연설을 들은 적이 있다. 자리에 앉아 있는데 청소부가 들어와 긴 장대를 가지고 이 창에서 저 창으로 왔다 갔다 하며 방을 환기하기 시작했다. 어떤 일이 벌어졌을까? 강당에 있던 거의 모두는 총리를 무시한 채 자신이 무슨 기적이라도 행하고 있는 양 부산을 떠는 청소부를 바라보았다.

사람들은 움직이는 물체를 보려는 유혹을 받으면 거기에 쉽게 굴복한다. 강단에 선 사람이 그런 사실을 잘 알고 있으면 성가시고 불필요한 일을 겪지 않아도 된다.

첫째, 두 손을 깍지 끼고 엄지손가락을 마주 댄 채 빙빙 돌리거나 옷을 만지작거리는 등 초조할 때 보이는 사소한 행동을 하지 말아야 한다. 청중이 화자를 보지 않고 그 행동을 보면서 관심을 집중하기 때문이다. 뉴욕에서 꽤 유명하다고 정평이 나 있는 연설가의 손을 30분 넘게 보고 왔던 일이 기억난다. 연설가는 설교단 덮개를 계속 만지작거리고 있었다.

둘째, 가능하면 청중이 모두 자리에 앉아 있는 상태에서 연설을 시작하는 게 좋다. 나중에 들어오는 사람 때문에 주의가 산만해지지 않도록 청중석을 배치해야 한다.

셋째, 연단에 어떠한 게스트도 올라오지 못하게 해야 한다. 몇 년 전 경제학자 레이먼드 로빈스Raymond Robins가 브루클린에서 몇 차례 연속해서 강연한 적이 있다. 나는 다른 몇 명과 함께 연단에 올라가 앉아 있어 달라는 부탁을 받았다. 하지만 연설가에게 좋지 않다는 이유로 그 부탁을 거절했다. 첫날 저녁부터 이 게스트들이 몸을 움직이고 다리를 꼬았다가 푸는 등 눈에 거슬리는 행동을 하는 걸 얼마나 많이 보아야 했는지 모른다. 그럴 때마다 청중은 연설가가 아닌 게스트를 쳐다보았다. 다음 날 곧장 로빈스 씨에게 그러한 사실을 이야기해주었고, 현명하게도 그는 남은 연설 기간 동안 연단을 혼자 차지했다.

연극 프로듀서 데이비드 벨라스코는 무대에 붉은 꽃을 절대 올려두지 않았다. 지나치게 시선을 끈다고 생각했기 때문이다. 하물며 연설가가 연설하는 동안 안절부절못하는 사람들을 계속 마주 보게 놔두어야 하겠는가? 그래서는 안 된다. 현명한 사람이라면 그러지 않을 것이다.

앉아 있는 기술

연설가가 말을 시작하기 전에 청중을 향해 마주 보고 앉아 있어야 할까? 마치 새로 나온 진열품처럼 시간에 맞춰 도착하는 편이 낫지 않을까?

하지만 앉아서 기다려야 할 때도 있다. 그렇다면 앉아 있는 방식에도 주의를 기울일 필요가 있다. 마치 사냥개가 먹잇감을 쫓다 밤이 되면 지쳐 누울 자리를 찾아 헤매듯 의자를 찾아 두리번거리는 사람을 본 적이 있을 것이다. 그들은 여기저기 두리번거리다가 의자를 발견하는 순간 자제력이라고는 조금도 없는 사람처럼 기쁜 표정을 지으며 털썩 주저앉는다.

올바르게 앉는 방법을 아는 사람은 다리 뒤편으로 의자를 느낀 후 머리에서 엉덩이까지 곧추세워 완벽하게 몸을 통제하며 자리에 앉는다.

균형 잡힌 자세가 주는 인상

옷을 만지작거리면 시선을 끌게 된다고 앞서 말했다. 그러한 행동을 하지 말아야 할 한 가지 이유가 더 있다. 그러한 행동은 자제력이 없어 보이거나 유약한 느낌을 주기 때문이다. 당신의 존재감을 강화하지 않는 모든 행동은 존재감을 약하게 만드는 행동이라고 보아도 좋다. 중립적인 움직임이란 없다. 그러니 똑바로 서서 몸의 움직임을 통제하라. 그러면 정신적으로도 자신을 잘 통제하고 있다는 느낌이 들고, 침착해 보이는 인상을 줄 것이다.

연설하기 위해 일어난 후 서둘러서 이야기를 시작하지 마라. 아마추어들이나 하는 짓이다. 숨을 깊이 들이마시고 자연스럽게 청중을 훑어보라. 소음이나 소란이 있으면 진정될 때까지 잠시 기다려라.

가슴을 쫙 펴라. 반드시 청중 앞에서만 그럴 필요는 없다. 혼자서도 매일 할 수 있지 않은가? 그러다 보면 사람들 앞에서도 무의식적으로 가슴을 펴고 있을 것이다.

루터 귤릭Luther H. Gulick은 자신의 책 『효율적인 삶The Efficient Life』에서 이렇게 말했다. "자신의 모습을 최상의 상태로 보이려고 노력하는 사람이 열 명중 한 명도 안 된다. 목은 뒤쪽 옷깃에 딱 붙여야 한다." 그러고는 매일같이 해야 할 훈련들을 나열했다. "천천히 그리고 가능하면 숨을 깊이 들이마셔라. 동시에 목을 뒤쪽 옷깃에 닿도록 하라. 그런 상태를 한동안 유지하라. 조금 힘들 정도로 그 상태를 오랫동안 유지해도 몸에 해가 되진 않는다. 목적은 어깨 사이의 등을 쭉 펴게 만드는 것이다. 이렇게 해야 가슴이 넓어진다."

손은 어떻게 해야 할까? 잊으라. 그냥 자연스럽게 양옆으로 늘어뜨려라. 그게 가장 이상적이다. 만약 자신의 손이 바나나 다발처럼 느껴지더라도 누군가가 관심을 가질 것이라는 쓸데없는 상상은 하지 마라.

두 팔은 몸통 옆에 편안하게 늘어져 있을 때가 가장 보기 좋다. 그래야 가장 덜 주목받는다. 아무리 비판을 일삼는 사람일지라도 그런 자세를 비난하진 않을 것이다. 게다가 그런 자세여야 마음속에서 일어나는 충동이 느껴질 때 아무런 방해도 받지 않고 자연스럽게 제스처로 이어진다.

너무 초조한 나머지 뒷짐을 지거나 손을 주머니에 넣는 편이 자의식을 덜어주는 데 도움이 될 것 같다면 어떻게 해야 할까? 상식적으로 생각해보라. 나는 우리 시대를 대표하는 저명한 연설가들의 연설을 수없이 들어왔다. 대부분은 아닐 수도 있지만 많은 사람이 연설 중에 주머니에 손을 넣곤 했다. 브라이언이 그랬고, 촌시 드퓨가 그랬고, 루스벨트가 그랬다. 심지어 그 까다롭기로 유명한 영국 총리 디즈레일리마저 때로는 이런 유혹에 굴복하곤 했다. 그래도 하늘은 무너지지 않았고, 내 기억이 맞다면 태양은 다음 날에도 떠야 할 시간에 떴다.

누군가가 정말 가치 있는 말을 하고, 다른 사람을 납득시킬 만큼 확신에 차 있다면 그 사람의 손이나 발은 정말이지 아주 사소한 문제에 불과하다. 머리가 아이디어로 가득 차 있고 사람들을 감동시키고자 하는 마음만 있다면 이러한 부차적인 디테일은 신경 쓰지 말고 그냥 내버려두어도 좋다. 연설에서 가장 중요한 것은 마음에 관한 것이지 손이나 발의 위치가 아니다.

제스처라는 이름으로 가르치려 드는 바보 같은 사람들

손발에 관해 이야기하다 보니 지나치게 남용되고 있는 제스처라는 문제에까지 이르게 되었다. 나는 중서부에 있는 어느 대학 총장님께 대중연설을 처음 배웠다. 내가 기억하기로 그 수업은 주로 제스처와 관련된 내용이었다. 수업은 아무짝에도 소용없었을 뿐만 아니라 아주 형편없었고 심지어 해롭기까지 했다. 나는 손바닥을 뒤를 바라보게 하고 팔을 늘어뜨린 채 손가락은 반쯤 접고 엄지는 다리를 향하게 하라고 배웠다. 우아한 곡선을 그리며 팔을 들어 올리는 법과 손목을 고전적으로 흔들며 손가락을 검지부터 하나씩 펴는 법도 배웠다. 이 모든 아름답고 장식적인 동작을 하고 나면 다시 팔을 똑같이 우아하면서도 부자연스럽게 거두어들이고는 다리 옆에 가만히 놓아두어야 했다. 뻣뻣하고 부자연스러웠다. 어떤 지혜도 어떤 솔직함도 느껴지지 않았다. 제정신인 사람이라면 어디에서도 그렇게 행동할 것 같지 않은 동작을 훈련받았다.

나는 지금까지 동작에 개성을 담을 수 있는 어떤 제스처도 배우지 못했다. 감정을 불러일으켜 적절한 제스처가 나오도록 하는 법에 대해서도 들어본 적이 없다. 내가 배웠던 제스처 중엔 말에 생기와 활력을 주는 자연스럽고 무의식적이며 필연적인 동작은 전혀 없었다. 나 자신이라는 껍질을 깨부수고 생동감 있게 행동하고 말하게 하는 어떠한 욕망도 자극하지 않았다. 그 모든 동작은 타자를 치는 사람처럼 기계적이었고, 새가 떠나버린 둥지처럼 아무런 생명력도 없었다. 펀치와 주디 인형극Punch and Judy Show(꼭두각시 인형극으로 늘 아내인 주디와 싸우는 펀치가 주인공인 영국의 전통 이동극 옮긴이)만큼이나 실없어 보였다.

1902년의 일이다. 20세기에 그렇게 말도 안 되는 것을 가르쳤다는 게 믿어지지 않을 정도다. 그런데 그런 일이 아직도 벌어지고 있다. 몇 년 전 동부에 있는 제법 큰 대학의 교수가 제스처에 관한 책을 한 권 출간했다. 이 문장에서는 어떤 제스처를 취하고, 저 문장에서는 어떤 제스처를 취해야 하는지, 한 손으로는 어떤 제스처를, 두 손으로는 어떤 제스처를, 어떤 손은 높이 들고, 어떤 손은 중간으로, 어떨 때 낮게 손을 들어야 하는지, 손가락은 어떻게 접고, 어떤 상태로 있어야 하는지 시시콜콜 지시하는 책이었다. 한 마디로 인간을 로봇으로 만들려는 책이었다. 나는 수업 시간에 20명이나 되는 사람들이 그런 장식적인 웅변술 책에 나오는 대로 똑같은 낱말과 똑같은 제스처를 취하는 걸 본 적이 있다. 모두가 하나같이 우스꽝스러웠다. 그런 제스처는 인위적이고, 시간 낭비에 지나지 않으며, 기계적이며, 해롭다. 이러한 책과 교육 때문에 대중연설은 배우고 가르칠 필요조차 없는 형편없는 과목이라는 평판을 받게 된 것이다. 매사추세츠에 있는 한 훌륭한 대학(하버드 대학교를 가리킨다 - 옮긴이) 총장은 최근 자신의 대학에 대중연설 과정이 개설되지 않은 이유를 실용적이면서 지혜롭게 가르칠 수 있는 사람이 없기 때문이라고 말한 적이 있다. 총장의 말에 전적으로 공감하는 바다.

제스처에 관한 글 중 10분의 9는 쓰레기이거나 쓰레기보다 더 형편없다. 제스처는 당신의 머리에서, 마음에서, 정신 속에서, 관심에서, 욕망에서, 충동에서 나와야 한다. 유일하게 가치 있는 제스처는 순간의 충동을 따라 만들어진 것이다. 1그램의 즉흥성이 1톤의 규칙보다 가치 있다.

제스처는 마음대로 입고 벗을 수 있는 야회복 재킷 같은 게 아니다. 제스처란 키스나 복통, 웃음, 배멀미처럼 내적인 상태가 외적으로 표현된 것일 뿐이다.

또한 제스처는 누군가의 칫솔처럼 매우 개인적이어야 한다. 사람들이 저마다 모두 다르듯이 그들의 제스처 역시 전부 다를 수밖에 없다. 자연스럽게 행동한다면 말이다.

그러니 정확히 똑같은 방식으로 같은 제스처를 취하라고 가르쳐서는 안 된다. 앞 장에서 나는 링컨과 더글러스가 연설가로서 얼마나 다른 사람이었는지 설명했다. 수줍어하면서 느리고 신중하게 말하는 링컨이 빠르고 충동적이면서도 세련되게 말하는 더글러스와 똑같은 제스처를 취하려 노력하는 모습을 상상해보라. 우스꽝스럽지 않은가?

링컨 전기작가이자 법률사무소 동료였던 윌리엄 헌던William Herndon은 이렇게 말한 적이 있다. "링컨은 머리만큼 손을 많이 움직이지 않았다. 머리는 활력 넘치게 이쪽저쪽으로 움직이곤 했다. 이 움직임은 그가 강력하게 자기 주장을 펼칠 때 사용하는 의미 있는 동작이었다. 때로는 이미 활활 불타고 있는 장작불에 더 많은 장작을 던져 넣기라도 하듯 갑자기 이 동작을 하기도 했다. 그는 절대 다른 연설가들처럼 팔을 앞뒤로 움직이거나 마구 휘저어대지 않았다. 어떤 무대효과를 기대하고 취한 행동이 아니었다. 연설하면서 하는 제스처는 자유로워 보였고 불편함도 느끼지 않는 듯 보였다. 그래서 그는 더 우아해 보였다. 완벽할 만큼 자연스러웠고 강한 개성을 풍겼다. 그만큼 더 위엄 있어 보였다. 그는 화려하고 그럴 듯하게 보이는 것, 미리 형식을 정해놓은 것, 한마디로 모든 거짓을 경멸했다. 그가 길고 앙상한 손가락을 움직여 의미를 강조할 때마다 청중의 머릿속엔 링컨의 생각이 하나하나 아로새겨졌다. 때로는 기쁨을 표현하기 위해 손바닥은 위로 하고 양손을 대략 50도 정도 각도로 들어 올리곤 했다. 마치 자신이 사랑하는 영혼을 껴안으려는 듯 보였다. 혐오스러운 감정이 들 때, 예를 들어 노예제도를 비판할 때는 주먹을 꽉 쥔 채 팔은 위로 들어 아래로 내리치곤 했다. 그의 태도는 숭고해 보였다. 이러한 행동이야말로 가장 효과적인 제스처였다. 혐오의 대상을 끌어내려 먼지가 될 때까지 짓밟아버리고야 말겠다는 굳은 결심을 명확하게 표현했다. 그는 항상 똑바로 서 있었다. 심지어 엄지발가락까지 바닥에 딱 붙이고 섰다. 발 하나가 다른 발보다 조금이라도 앞에 나가 있는 때가 없었다. 그는 어떤 것에도 기대거나 의지하지 않았다. 자세를 바꾸는 경우도 극히 드물었다. 절대 고함을 지르지 않았고, 연단 위에서 앞뒤로 왔다 갔다 하지도 않았다. 다만 팔을 편안히 하려고 왼손 엄지를 위로 치켜세운 채 코트 깃을 잡고 있곤 했다. 하지만 그런 와중에도 오른손만은 자유로운 제스처를 위해 남겨놓았다." 조각가 오거스터스 세인트고든스Augustus Saint-Gaudens는 바로 그 동작을 눈여겨보고 링컨 동상을 그 모습으로 조각해 시카고 링컨 공원에 세워놓았다.

이것이 링컨의 방식이었다. 시어도어 루스벨트는 링컨보다 더 활기차고, 열렬하고, 활동적이었다. 그의 얼굴에는 감정이 넘쳐났고, 주먹을 움켜쥔 채 몸 전체를 표현의 도구로 사용했다. 브라이언은 손바닥을 펼치고 팔을 내뻗는 동작을 즐겨 사용했다. 글래드스턴은 주먹으로 탁자나 자신의 다른 손바닥을 내리치고 바닥이 울릴 정도로 발을 세게 굴렸다. 로즈버리Rosebery, Archibald Philip Primrose 경은 오른손을 들어 올렸다가 엄청난 힘으로 빠르게 끌어내리곤 했다. 어쨌든 간에 연설가의 생각에는 확신이 있어야 한다. 그래야만 강력하면서도 자연스러운 제스처가 나온다.

즉흥성과 생명력이야말로 제스처에 있어 '최고 선善'이다. 에드먼드 버크의 제스처는 딱딱하고 어색했다. 피트는 삼류 광대처럼 팔을 흔들었다. 헨리 어빙Henry Irving 경은 한쪽 다리를 절어서인지 움직임이 정말 특이했다. 매콜리Thomas Babington Macaulay 경의 연단 위에서의 행동은 보기 싫을 정도였다. 아일랜드의 정치가 헨리 그래턴Hanry Grattan도 그랬고, 아일랜드의 독립투사 파넬Charles Stewart Parnell 역시 마찬가지였다. 지금은 고故 조지 커즌George Nathaniel Curzon 경은 케임브리지 대학교에서 의회 연설을 주제로 강연하며 이렇게 말했다. "위대한 연설가들은 모두 자신만의 제스처를 가지고 있습니다. 잘생긴 외모와 우아한 행동이 위대한 연설가에게 도움이 되는 건 사실이지만, 못생기고 어색한 행동을 하더라도 그것은 그리 중요하지 않습니다."

몇 년 전 그 유명한 복음전도자 로드니 집시 스미스Rodney Gipsy Smith의 연설을 들을 기회가 있었다. 수천 명을 그리스도에게 인도했던 이 사람의 유창한 말에 나는 정말이지 마음을 빼앗기고 말았다. 그는 수많은 제스처를 쓰면서도 마치 숨 쉬는 일처럼 의식조차 하지 못하는 것 같았다. 이것이 가장 이상적인 방법이다.

자기만의 제스처를 찾고 싶다면 이 장에서 말했던 원칙들을 적용해서 연습해보길 바란다. 그러면 당신만의 제스처를 발견할 수 있을 것이다. 제스처에 관해서는 어떠한 규칙도 제시하지 못하겠다. 모든 것은 연설자의 기질, 준비 정도, 열정, 개성, 연설 소재, 청중, 연설하는 상황에 달려 있으니 말이다.

도움이 되는 다른 제안들

비록 한계가 있다는 사실은 알고 있지만 나름 도움이 될 수도 있는 사항 몇 가지를 제안해보려 한다.

단조롭다고 느껴질 때까지 하나의 제스처만 반복하지 마라. 팔꿈치에서 시작되는 짧고 급작스러운 움직임은 피하라. 어깨에서 시작되는 큰 동작이 연단에서는 더 잘 보이기 때문이다. 너무 급작스럽게 제스처를 끝내지도 마라. 검지를 사용해 당신의 생각을 이해시키려 했다면 문장 전체가 끝날 때까지 그 제스처를 유지해야 한다. 그러지 않으면 매우 흔하면서도 심각한 오해가 생긴다. 연사가 무엇을 강조하고 있는지 사람들이 헷갈리는 것이다. 사소한 것이 중요해지고, 진짜 중요한 것은 사소한 것과 비교해 그리 중요하지 않게 된다.

사람들 앞에서 실제로 연설할 때는 자연스러운 제스처만 사용해야 한다. 하지만 이 대중연설 과정을 배우는 수강생 앞에서 연습할 때는 필요 시 제스처를 쓰려고 노력하라. 억지로라도 그렇게 하라. 5장에서 말했던 것처럼 그러다 보면 당신 안에 잠재되어 있던 것이 깨어나 당신을 자극하고 얼마 지나지 않아 자연스러운 제스처가 나올 것이다.

책을 덮으라. 책으로는 제스처를 배울 수 없다. 당신이 말할 때 마음속에서 우러나오는 충동이 어떤 교사가 당신에게 말해주는 것보다 훨씬 더 가치 있다.

당신이 연설과 제스처와 관해 지금까지 배운 모든 걸 잊는다 해도 이것만은 기억해주길 바란다. 자기가 하는 말에 완전히 몰두해 스스로를 완전히 잊고 즉흥적으로 말하고 행동하는 사람은 제스처와 연설을 전혀 배운적이 없어도 훌륭한 제스처와 함께 누구도 비판하기 힘든 연설을 할 수 있다. 이 말이 의심스럽다면 길거리를 지나가는 사람을 붙잡고 때려눕혀보라. 그 사람은 정신을 차리고 일어나서는 어떠한 흠도 잡을 수 없는 훌륭한 연설을 하게 될 것이다.

다음은 연설이라는 주제로 내가 읽었던 글 중 가장 훌륭한 문장이다.

통을 가득 채우고
뚜껑은 완전히 부수어라.
그리고 본성이 마음껏 뛰놀게 하라.

연단에서 해야 할 일과 하지 말아야 할 일

1. 카네기 공과대학에서 행했던 실험에 따르면 사업의 성공을 결정짓는 것은 뛰어난 지능보다 개성이라고 한다. 경영학에서나 대화에서나 모두 마찬가지다. 하지만 개성은 추상적이고, 포착하기 힘들고, 신비로운 것으로 이를 계발하기 위한 지침을 만드는 건 거의 불가능해 보인다. 하지만 이 장의 몇몇 제안을 잘 활용하면 최고의 연설가가 될 수도 있다.

2. 피곤하면 연설하지 말아야 한다. 쉬고, 회복하고, 에너지를 저장하라.

3. 사람들 앞에서 연설하기 전에는 조금만 먹으라.

4. 당신을 둔하게 만드는 어떤 일도 하지 마라. 에너지는 자석과 같다. 기러기가 가을 밀밭에 모여들 듯이 사람들은 활력이 넘치는 사람 주변에 모여들기 마련이다.

5. 단정하고 매력적으로 옷을 입으라. 옷을 잘 입었다는 생각만으로 자존감과 자신감이 높아질 수 있다. 축 늘어진 바지를 입고, 단정치 못한 신발을 신고, 헝클어진 머리를 하고, 만년필이나 연필이 앞주머니에 툭 튀어나와 있는 사람이라면 자신을 존중하지 않는 사람처럼 여겨지기 마련이고, 그러면 청중도 당연히 그 사람을 존경하지 않는다.

6. 웃으라. 그 자리에 서게 되어 정말 기쁘다는 표정으로 청중 앞에 서라. 오버스드리트 교수는 이렇게 말했다. "콩 심은 데 콩 l 나고, 팥 심은 데 팥 나기 마련입니다. 우리가 사람들에게 관심을 가지면 사람들도 우리에게 관심을 기울일 겁니다. … 그래서 우리가 이야기를 꺼내기도 전에 비난받거나 칭찬받는 겁니다. 그러므로 반드시 사람들로부터 따뜻한 반응을 이끌어낼 수 있는 태도를 보여야만 합니다."

7. 청중을 한데 모으라. 드문드문 흩어져 앉은 청중은 마음을 움직이기 힘든 대

상이다. 커다란 방에 드문드문 앉아 있을 때는 의문을 던지거나 반대했을 이야기에도 빼곡히 앉아서 듣다 보면 그는 웃음을 터뜨리고 환호를 보내고 찬성을 표할 것이다.

8. 소규모 집단을 대상으로 강연할 때는 작은 방을 골라야 한다. 연단 위에 서지 말고, 청중과 같은 눈높이를 유지하라. 친근하고, 격식 없고, 대화하듯 하라.

9. 공기를 신선하게 유지하라.

10. 강연장을 조명으로 가득 채워라. 미묘한 변화도 잘 보이도록 조명이 당신 얼굴을 비추는 곳에 서라.

11. 연단 뒤로 숨지 마라. 탁자와 의자는 한쪽으로 치워놓고, 연단 근처에서 흔히 볼 수 있는 포스터나 잡동사니들도 깨끗하게 치워라.

12. 연단 위에 게스트를 초빙하면 청중의 시선이 분산되고, 그들의 사소한 동작도 청중의 관심을 사로잡는다. 왜 문제를 사서 만들고, 경쟁 상대를 연단 위에 두려고 하는가?

13. 의자에 털썩 주저앉지 마라. 다리 뒤편으로 의자를 느끼며 상체를 곧추세우고 편안하게 앉는다는 느낌이 들게 하라.

14. 똑바로 서라. 초조함을 드러내 보이는 행동은 하지 마라. 나약함의 표시다. 당신의 존재감을 부각하지 않는 모든 행동은 존재감을 갉아먹는다.

15. 손은 자연스럽게 양옆으로 늘어뜨려라. 그게 가장 이상적이다. 뒷짐을 지거나 손을 주머니에 넣고 싶다는 생각이 든다면 그렇게 해도 좋다. 머리와 가슴이 하고 싶은 이야기로 가득 차 있다면 이런 자세쯤은 크게 신경 쓰지 않아도 된다.

16. 책을 통해 제스처를 배우려 들지 마라. 당신의 충동으로부터 제스처가 자연스럽게 나오게 하라. 즉흥성, 생명력, 자유분방함이야말로 제스처 구사에서 절대 없어서는 안 되는 요소들이다. 억지로 배워 익힌 우아함은 영향력이 미미하다.

17. 하나의 제스처만 반복하지는 마라. 팔꿈치에서 시작되는 짧고 급작스러운

움직임은 피하라. 무엇보다도 너무 갑자기 제스처를 끝내지 마라. 동작의 핵심이 생각의 핵심과 완벽하게 일치될 때까지 제스처를 유지해야 한다.

✦

복습

1. 이탈리아의 유명한 발성 교사 조반니 바티스타 람페르티Giovanni Battista Lamperti는 날마다 다음과 같은 기초 호흡법을 연습해야 한다고 강조했다. 턱을 이완시키고, 자연스럽게 벌어지도록 하라. 하품을 할 때 목의 감각을 느껴라. 입으로 짧게 숨을 들이마시고 내쉬어라. 점점 속도를 올려서 막 달리기를 끝낸 개가 헐떡이는 정도로 숨을 쉬어라. 이때의 숨소리는 좁고 수축된 목에서 나오는 게 아니라 날숨이 입천장을 치면서 내는 소리여야 한다. 이 씩씩대는 소리의 동력은 횡격막이다. 횡격막은 빠르게 공기를 분출할 때 사용하는 풀무 같은 역할을 한다. 몸 한가운데 있는 이 기관의 움직임에 익숙해지라. 가슴뼈 바로 아래 손을 대고 횡격막의 운동을 느껴보라.

2. 이완하라. 하품이 시작될 때 목 안에 밀려오는 차갑고 즐거운 감각을 느껴라. 숨을 깊이 들이마시고 폐가 아래쪽 갈비뼈를 옆구리로 밀어내는 것을 느껴라. 그러면 횡격막이 평평해지는 것도 느낄 수 있다. 이제 횡격막으로 공기의 흐름을 통제해보자. 촛불을 켜고 입 가까이에 가져다 대라. 촛불이 흔들리지 않도록 고르게 숨을 내쉬어라. 30~40초간 이렇게 숨 쉴 수 있을 때까지 날마다 연습하라.

   목이 긴장하는 순간 그동안의 연습은 무용지물이 된다. 몸의 한가운데 부분을 이용해서 공기 흐름을 조절해야 한다. 당신이 씩씩거리며 숨쉬기를 연습하던 바로 그 부분, 횡격막으로 호흡을 조절해야 한다.

3. 이 문단 마지막에는 햄릿이 배우들에게 한 영원불멸의 충고를 소개한다. 이는 대중연설을 배우는 사람들에게도 훌륭한 조언이다. 소리 내어 읽어보라. 이제까지 우리가 횡격막 사용과 호흡 조절에 관해 배운 모든 내용을 실천에 옮기며 읽

어라. 하품을 하거나 눈물을 흘릴 때처럼 목을 이완하라. 목은 늘 열린 상태로 두어야 하고, 폐에는 숨을 넉넉히 비축할 공간을 확보해야 한다. 강조하고 싶은 생각은 혀끝으로 내지르라. 혀끝이 단정하고 빠르게 앞니 뒤쪽을, 혹은 입천장의 앞쪽을 때리는 걸 느껴라. 이런 연습을 반복하다 보면 스스로도 꽤나 만족스러운 어조를 갖게 될 것이다. 그렇게 둥글고 명확한 목소리는 당신의 메시지를 잘 전달해줄 게 분명하다.

알겠나? 대사는 내가 시범을 보인 것처럼 혀를 자연스럽고 가볍게 움직이며 말해야 해. 많은 배우들이 그러듯 소리를 크고 야단스럽게 지를 거라면, 차라리 포고문 외치는 자를 부르는 편이 낫겠지. 손은 허공에 마냥 휘두르지 말고 의젓하게 움직여. 감정의 격류나 폭풍 혹은 소용돌이에서도 절제하며, 연기에 부드러운 맛을 담아야 해. 가발 쓴 난폭한 배우가 귀청이 찢어져라 소리 지르며 감격스러운 장면을 망치는 모습을 보노라면, 볼기라도 때려주고 싶다니까. 하긴 싸구려 무언극이나 신파극밖에는 아무것도 이해하지 못하는 무식한 관중을 상대한다면 또 모르지. 난폭한 타마건트 신이나 폭군 헤롯왕 앞에서 잘난 척하며 한술 더 뜨는 꼴은 제발 삼가게.

너무 맥이 빠져서도 안 되니까 자신의 분별력을 거울로 삼게나. 연기를 대사에, 대사를 연기에 맞추게. 그럴 때도 자연의 겸손함을 넘어서지 않도록 주의해야 해. 무슨 일이든 도를 넘어서면 연극의 목적에서 멀어지는 법이니까. 연극의 목표는 처음이나 지금이나, 과거에나 현재에나, 말하자면 자연을 거울에 비추어주는 거야. 선은 선한 태도로, 악은 악한 모습 그대로 비추어내어, 시내의 양상을 그대로 보여주는 것이지. 그래서 이 일을 넘치거나 모자라게 한다면, 분별 없는 자들을 웃길지는 모르지만 식견 있는 관객들은 비탄에 빠뜨릴 수밖에 없어. 자네들은 후자의 평가를 극장 가득한 전자의 평가보다 더 무겁게 받아들여야만 해. 내가 어떤 배우의 연극을 본 적이 있는데, 다른 사람들이 대단히 칭찬을 하더군. 일부러 모독하는 건 아니네만 대사도 기독교인다운 말씨가 아니었고, 걸음걸이도 기독교인답기는커녕 이교도도 아니고, 도대체 인간다운 걸음걸이조차 보여주지 못했어. 그런데도 (연극 무대 위에서) 어찌나 거들먹거리고 고함을 지르던지, 난 조물주의 조수 몇 명이 사람을 빚다가 실수를 한 게 틀림없다고 생각했다니까. 그 패거리들이 인간 흉내를 내는 건 정말 혐오스러웠어.

9장

어떻게 시작할 것인가

당신이 대중연설가 모임에 있다면 이미 이런 말을 들었을 것이다. "시작을 잘하고 끝을 잘 마무리하라. 중간은 아무거나 좋아하는 것으로 채워 넣어도 된다."

빅터 머독Victor Murdock (정치인)

대중연설에서는 시작이 매우 중요하다. 많은 것이 첫인상과 처음 몇 마디에 달려 있다. 청중은 맨 처음 서너 문장만으로도 강연이 좋은지 별로인지를 판단한다.

록우드 소프Lockwood-Thorpe (『오늘날의 대중연설』 저자)

가능한 한 빨리 주제의 핵심으로 파고들어라. 그것이 대중연설의 황금률이다. 이 원칙을 엄격하게 지켜라. 화려하고 현란한 이야기를 하겠다는 유혹을 뿌리쳐라. 간결하고 명확한 말로 핵심을 전달하라. 연설 원고를 쓸 때도 다른 원고를 쓸 때와 마찬가지로 맨 앞으로 가서 첫 문단을 지워라. 당신이 생각하기에 서두가 끝났다 싶은 지점에서 시작하라.

시드니 윅스Sidney F. Wicks (『직장인을 위한 대중연설Public Speaking for Business Men』 저자)

인간은 자기가 도달할 수 있는 상태에 비해 겨우 절반만 깨어난 셈이다. 육체적·정신적 자원의 일부만 쓰고 있는 것이다. 인간이 습관적으로 놓치고 사용하지 못하는 힘이 얼마나 많은지 놀라울 정도다.

윌리엄 제임스William James (하버드 대학 교수, 철학자)

한번은 노스웨스턴 대학 총장을 역임한 린 해럴드 허프Lynn Harold Hough 박사에게 오랜 대중강연 경험 끝에 체득한 것 중 가장 중요한 게 무엇이냐고 물었다. 잠시 생각에 잠겼던 그는 말했다. "매력적으로 시작하는 거지요. 당장 사람들의 관심을 사로잡아야 하니까요." 그는 연설의 시작과 끝에 할 말을 정확한 문장으로 미리 생각해놓는다고 했다. 역사학자 존 브라이트도 그랬고, 영국 총리를 역임한 글래드스턴도 그랬다. 정치인 웹스터도 그랬고, 링컨도 마찬가지였다. 사실상 상식과 경험이 많은 연설가라면 당연한 일이라고 생각한다.

하지만 초보자라면 그런 경우가 매우 드물다. 사전에 미리 계획하기 위해서는 시간이 필요하고, 많이 생각하고, 의지력도 있어야 한다. 생각하는 데는 고통스러운 과정이 뒤따르는 법이다. 토머스 에디슨은 영국 화가 조슈아 레이놀즈Joshua Reynolds가 언급했다는 다음과 같은 말을 자신의 공장 벽에 붙여 두었다.

인간은 생각하는 수고를 피하려고 모든 수단을 동원한다.

초보자들은 순간의 영감만을 믿다가 어떻게 되는가?

위험과 덫이 가득한 길을 헤매게 된다.

고故 노스클리프Viscount Northcliffe 경은 형편없는 주급을 받다가 대영제국 최고의 영향력 있는 신문 소유주가 되어 엄청나게 돈을 번 사람이다. 한 번은 파스칼Blaiss Pascal의 말을 인용하며, 자신이 읽은 그 어떤 글보다 파스칼의 이 말이 성공에 도움을 주었다고 했다.

예측하면 지배할 수 있다.

당신이 대중연설을 준비하고 있다면 책상 앞에 붙여둘 가장 훌륭한 교훈이 아닌가 싶다. 어떤 말을 해도 이해할 수 있을 만큼 정신이 맑을 때, 어떻게 말을 꺼내야 할지 미리 계획해보라. 그리고 마지막에 하려는 말에는 당신이 새겨넣은 것을 사람들이 결코 잊어버릴 수 없도록 인상적인 말로 계획해보라.

아리스토텔레스 시대 이래로 연설을 다룬 책들은 연설을 세 부분으로 나누었다. 즉 서론, 본론, 결론이다. 최근까지만 해도 서론은 마차를 탄 한가한 여행과도 같았고, 실제로 그렇게 해도 문제될 게 없었다. 백년 전만 해도 연설가는 뉴스를 전달하는 사람이자 연예인이었기에 지금의 신문, 라디오, 전화, 영화가 하는 역할을 대신 채워주었다.

하지만 상황은 놀랍게도 순식간에 바뀌었다. 세상은 완전히 변했다. 여러 발명으로 인해 겨우 백 년도 안 되는 사이에 그 옛날 바빌로니아의 벨사살Belshazzar왕과 네부카드네자르Nebuchadnezzar왕 이후 그 어떤 때보다도 초고속으로 삶은 질주해왔다. 자동차, 비행기, 라디오 등을 통해 우리는 점점 더 빠른 속도로 움직인다. 따라서 연설가도 참을성 없이 빠르게 움직이는 시대에 박자를 맞추어야 할 필요가 있다. 서론을 말하려 한다면 광고판 광고처럼 짧아야 한다. 오늘날 청중은 이렇게 이야기한다. "말할 게 있다고? 좋아요. 빠르게 핵심만 들어보지요. 근사한 말 같은 건 하려고 하지 말고 요점만 이야기하고 앉아요."

미국 대통령 우드로 윌슨Woodrow Wilson은 제1차 세계대전 참전을 코앞에 둔 중대한 상황에서 의회 연설을 할 때 다음과 같은 짧은 말로 청중의 관심을 사로잡았다.

외교 문제가 하나 발생했는데, 여러분께 솔직히 알려드리는 게 제 임무라고 생각합니다.

기업가 찰스 슈와브는 뉴욕 펜실베이니아 협회에서 연설할 때 두 번째 문장부터 바로 핵심으로 들어갔다.

지금 미국 시민들의 마음을 차지하고 있는 가장 중요한 문제는 '현재의 불황은 무엇을 의미하며 앞으로는 어떻게 될 것인가?'입니다. 개인적으로 저는 낙관주의자입니다.

내셔널 캐시 레지스터 컴퍼니의 영업부장 역시 부하직원들을 모아놓고 다음과 같은 방식으로 말문을 열었다. 서론은 겨우 네 문장에 불과했다. 알아듣기 쉽고 그러면서도 활력과 흡인력은 대단했다.

여러분은 공장 굴뚝에서 계속 연기가 나오게 하라고 지시를 받았습니다. 그러나 지난 두 달 동안 굴뚝에서 나온 연기의 양은 들판을 검게 물들이기에는 턱없이 부족한 양이었습니다. 이제 길고 더운 여름이 지나고 본격적으로 경기가 살아나는 계절이 시작되었으니, 이렇게 짧지만 강력하게 요청하는 비입니다. 우리는 더 많은 연기가 필요합니다.

경험 없는 화자가 이렇게 간결하고 빠르게 하고 싶은 말을 시작할 수 있을까? 엄격히 말하자면 그럴 수 없다. 훈련을 받지 못해 미숙한 화자는 대부분 두 가지 방식 중 하나로 시작한다. 그리고 두 가지 모두 나쁘다. 차례차례 알아보자.

유머로 시작하는 것을 조심하라

어떤 이유에서인지는 모르겠지만, 초보자들은 자신이 재미있게 말해야 한다고 생각하는 모양이다. 안타까운 일이다. 백과사전처럼 딱딱하고 재미없으며 가벼운 구석이라고는 조금도 없는 사람이 자리에서 일어나 말할 때가 되면, 마치 미국을 대표하는 유머 작가 마크 트웨인의 영혼이 자신을 찾아오기라도 한 듯 느낀다. 혹은 그래야만 한다고 믿는 것 같다. 그래서 유머로 이야기를 시작하려 든다. 특히 저녁을 먹고 난 후 행사에서 그렇다. 그럼 어떤 일이 벌어질까? 십중팔구 이제 막 이야기꾼으로 변신한 이 철물점 상인의 말은 사전처럼 지루하고 무거워진다. 그의 이야기가 상황에 잘 들어맞을 가능성은 무척이나 낮다. 햄릿의 대사를 빌려 말하자면 '따분하고, 진부하고, 재미없고, 헛된' 이야기에 불과하다.

만약 돈을 내고 들어간 보드빌 쇼 같은 곳에서 한 연예인이 그런 실수를 저질렀다면 야유와 함께 바로 무대에서 끌려 내려올지도 모른다. 하지만 공개적인 장소에서 연설을 듣는 일반 청중은 대개 인정이 많은 편이다. 순전히 넓은 아량으로 몇 차례 억지로 웃어주려 최선을 다하지만 마음속으로 유머러스한 줄 아는 화자의 실패에 대해 안타깝게 생각할 것이다. 그러면서 대단히 불편해한다. 당신도 이런 종류의 실패를 여러 번 보지 않았는가? 나는 여러 번 보았다.

　대중연설의 모든 어려운 영역 중에서도 청중을 웃게 만드는 능력만큼 갖기 어렵고 희귀한 재능이 또 있을까? 유머는 정말 민감한 문제다. 또 그만큼 개성과 성격의 문제이기도 하다. 당신은 유머러스한 능력을 가지고 태어났든지, 그렇지 않든지 둘 중 하나다. 갈색 눈을 가지고 태어났든지, 그렇지 않든지의 문제와도 같다. 어떤 경우에도 어찌할 도리가 없는 것이다.

　기억하라. 그 자체만으로 재미있는 이야기는 원래 없다. 전달하는 방식이 그 이야기를 재미있게 만들어주는 것이다. 마크 트웨인이 했다는 배꼽잡는 이야기를 똑같이 하더라도 백 명 중 99명은 비참하게 실패한다. 링컨이 일리노이의 한 술집에서 했다는 이야기를 읽어보라. 사람들은 그 이야기를 들으러 몇 킬로미터를 마다하지 않고 찾아왔고, 이야기를 듣기 위해 밤새 기다렸으며, 몇몇 증인에 따르면 사람들이 박장대소하다 의자에서 굴러떨어지기까지 했다. 자 여기 엄청난 성공을 거두었던 링컨 이야기가 있다. 당신도 시도해보라. 당신 가족에게 이 이야기를 들려줄 때 얼굴에 미소가 피어나는지 잘 살펴보라. 그리고 부탁하건대 제발 청중 앞에서는 하지 마라.

　늦은 밤, 한 사내가 일리노이 평원의 진창길을 따라 집으로 가다가 폭풍우를 만났다. 칠흑같이 어두운 밤이었다. 마치 하늘에 있는 댐이 무너지기라도 한 듯 비가 퍼부어댔고, 화난 구름이 다이너마이트를 터뜨리듯 천둥이 울리고 있었으며, 주변 나무들은 연달아 치는 번개에 맞아 쓰러졌다. 굉음은 귀를 먹먹하게 만들었다. 그 요란하고 무시무시한 소리는 소름 끼칠 정도여서 그 사내는 결국 무릎을 꿇고 말았다. 평소에는 기도와 담을 쌓은 그였지만 그는 숨을 헐떡이며 이렇게 말했다. "오, 하느님, 당신께는 이러나저러나 별 차이가 없다면 차라리 제게 빛을 좀 더 주시고, 소리는 좀 줄여주시는 게 어떨까요."

당신이 유머라는 특출난 재능을 가지고 있다면 정말 운이 좋은 사람이다. 만약 그렇다면 무엇보다도 그 유머를 살고닦아야 한다. 어디를 가든 일반적인 연설가보다 세 배는 더 환영받을 것이다. 하지만 당신의 재능이 그 반대쪽에 있는데도 유머러스한 연설로 연방 상원의원 촌시 드퓨라도 된 양 말한다면 정말 어리석은 일이다.

촌시 드퓨, 링컨 혹은 미국의 정치가 잡 헤지스Job Hedges의 연설을 공부해보면, 이들이 도입 부분에 얼마나 적은 양을 할당하는지 확인하고 놀라지 않을 수 없다. 에드윈 제임스 커텔Edwin James Cattell은 사람들을 웃기려는 목적으로 재미있는 이야기를 해본 적이 없다고 내게 털어놓았다. 재미있는 이야기는 요점과 상관이 있거나, 요점을 예시해야 한다. 유머는 그저 케이크 위에 얹혀 있거나 케이크 사이에 있는 초콜릿이어야지 케이크 자체가 되어서는 안 된다. 미국 최고의 유머 강사 스트릭랜드 질리언Strickland Gillilan은 강연을 시작하고 3분 동안은 재미있는 이야기를 하지 않는 걸 원칙으로 삼았다. 그는 그러한 규칙이 추천할 만하다고 했으니 시험 삼아 해보는 것도 나쁘지 않을 것이다.

그렇다면 말의 서두는 코끼리처럼 무겁고 지나칠 정도로 진지해야 할까? 아니, 전혀 그렇지 않다. 할 수만 있다면 유머 감각을 자극하라. 해당 지역을 언급하거나 그 행사와 관련된 것, 다른 화자가 했던 말도 좋은 소재가 될 수 있다. 어울리지 않는 것에 빗대어 그것을 과장하라. 이런 유머가《팻과 마이크Pat & Mike》(스펜서 트레이시와 캐서린 헵번 주연의 1952년 미국의 로맨틱 코미디 영화-옮긴이)나 장모님, 염소에 관한 진부한 농담보다 성공할 가능성이 수십 배는 높다.

아마도 사람들을 즐겁게 만드는 가장 쉬운 방법은 자기 자신을 농담의 대상으로 삼는 것이리라. 당황스럽고 난처한 상황에 처한 당신의 우스꽝스러운 모습을 사람들 앞에서 묘사해보라. 이런 것이야말로 유머의 본질에 가깝다. 에스키모인들은 다리가 부러진 친구를 보며 웃고, 중국인은

2층 창문에서 떨어져 죽은 개를 보며 낄낄거린다. 우리는 그보다는 약간 더 인정이 있는 편이지만, 우리도 바람에 날아가는 모자를 따라 뛰어가고 있는 사람이나, 바나나 껍질에 미끄러져 넘어진 사람을 보며 웃음을 터뜨리지 않는가?

앞뒤가 맞지 않는 생각이나 특성을 하나로 조합해 청중을 웃게 할 수도 있다. 예를 들어 한 신문기자는 '아이들, 시시한 말, 민주당원'을 싫어한다고 해 폭소를 자아냈다.

작가 러디어드 키플링이 영국 정치 회담에서 얼마나 멋지게 웃음을 끌어내는지 감상해보라. 그는 만들어낸 일화가 아니라, 직접 경험한 일화 중 모순된 것을 강조해 재미있게 말하고 있다.

신사 숙녀 여러분, 저는 인도에서 기자로 일하던 청년 시절, 신문에 범죄 사건을 보도하곤 했습니다. 저로서는 위조범, 사기꾼, 살인자, 그런 종류의 배포 큰 선수들을 소개받을 수 있어 재미있는 일이었습니다. (웃음) 이들의 재판에 관해 보도하고는 때로 감옥에 갇힌 그 친구들을 찾아가기도 했습니다. (웃음) 살인으로 종신형을 받았던 사람이 기억납니다. 그는 똑똑하고 말도 잘하는 친구였습니다. 그는 자신이 어떻게 살아왔는지 들려주었습니다. 이렇게 말했지요. "사람이 비뚤어지다 보면 필연적으로 어떤 끝까지 가게 되지요. 거기에서 다시 모든 걸 바로잡기 위해서는 누군가를 해치워야 할 수밖에 없는 상황도 생겨요. (웃음) 뭐, 지금 내각이 바로 그 꼴이네요." (웃음과 환호)

미국 대통령 윌리엄 하워드 태프트William Howard Taft도 메트로폴리탄 생명보험사의 관리자 연회에서 같은 방식의 유머를 보여주었다. 여기서 정말 훌륭한 부분은 유머와 동시에 청중을 진심으로 칭찬하고 있다는 점이다.

메트로폴리탄 생명보험사 사장님과 임직원 여러분.

저는 9개월 전 한 신사분의 만찬 연설을 들었습니다. 그분은 연설하는 게 두려워 연설 경험이 많은 친구분과 상의했다고 합니다. 그 친구분은 가장 완벽한 청중은 지적이고, 훌륭한 교육을 받고, 약간은 술에 취한 사람이라고 했답니다. (웃음과 박수) 제가 보기에는 여러분이야말로 만찬 연설을 위한 최고의 청중입니다. 다만 앞서 말한 것 중 하나가 빠졌는데, 제 생각에는 메트로폴리탄 생명보험사의 정신(정신과 술이라는 두 가지 의미를 동시에 가진다 - 옮긴이)이 이를 보충해줄 거라 생각합니다. (오랜 박수)

사과하며 연설을 시작하지 마라

초보자가 저지르기 쉬운 두 번째 심각한 실수는 사과부터 하고 보는 것이다. "저는 전문 연설가가 아닙니다…. 충분히 준비하지 못했습니다…. 이 주제는 제 전문영역이 아니어서 잘 모르지만…."

하지 마라. 그러면 안 된다. 이렇게 시작하는 키플링의 시가 있다. "더 이상 가봐야 아무 소용없다네…." 사람들을 앞에 놓고 사과의 말을 시작한 순간 청중은 키플링의 시를 마음속으로 떠올릴 것이다.

실제로 당신이 준비가 덜 되었다면 굳이 대놓고 광고하지 않더라도 몇몇 청중들은 이미 알게 될 것이다. 하지만 여전히 모르는 사람도 있다. 그런데 왜 그 사실에 주목하게 만드는가? 그런 이야기는 청중을 위해 준비할 시간도 아까웠다고 말하는 것과 다름없다. 케케묵은 이야기만 하겠다는 건 청중에 대한 모욕 아닌가? 그러면 안 된다. 당신의 사과 따위를 원하는 게 아니다. 청중은 알고 싶은 게 있고, 흥미를 느끼려고 그곳에 있는 것이다. 재미를 느끼고 싶단 말이다. 잊지 마라.

당신이 청중 앞에 나서는 순간 당연히 관심을 끌게 된다. 5초 정도 관심을 붙잡아 두는 일은 그리 어렵지 않다. 하지만 다음 5분 동안 그 상태를 유지하기란 어렵다. 게다가 한 번 청중의 관심을 잃으면 다시 찾는 데 두 배의 노력이 든다. 따라서 첫 문장부터 흥미로운 말로 시작하라. 두 번째 문장, 세 번째 문장이 아니다. 첫 번째! 첫! 번! 째! 첫 번째 문장이다! 잊지 마라.

"어떻게요?" 당신은 이렇게 물을지도 모른다. 너무 막연한 이야기 아닌가? 그럴 수 있다. 첫 문장을 흥미로운 이야기로 채우려면 우리는 구불구불하고 의심스러운 길을 걸어야만 한다. 자기 자신과 청중, 이야기의 주제, 소재, 행사 성격 등 고려해야 할 요소가 너무 많기 때문이다. 지금부터 논의하고 예시할 제안이 당신에게 가치 있고 유용한 연설의 출발점이 되었으면 한다.

호기심을 자극하라

하월 힐리Howell Healy는 이 강좌를 수강하기 전 필라델피아 펜 애슬레틱 클럽에서 다음과 같이 연설을 시작했다고 한다. 마음에 드는가? 당장 관심이 생기는가?

1843년 대략 이맘때였습니다. 런던에서 작은 책 한 권이 출간되었지요. 걸작이 될 운명을 타고난 이야기였습니다. 많은 사람이 "세상에서 가장 위대한 작은 책"이라고 불렀어요. 처음 책이 나왔을 때 스트랜드나 폴 몰에서 만난 친구들이 서로 보자마자 이런 질문을 던졌다고 합니다. "읽어봤어?" 대답은 늘 한결같았습니다. "그럼, 그에게 신의 축복이 있길. 읽어봤지."

출간된 날 1천 부가 팔렸고, 보름도 되지 않아 1만 5천 부가 나갔습니다. 그 이후로 판을 거듭하며 수없이 팔리고, 세상에 있는 모든 언어로 번역되었지요. 몇 년 전에는 J. P. 모건이 엄청난 비용을 치르고 최초의 육필 원고를 샀다고 하더군요. 지금은 다른 보물들과 함께 모건이 자신의 도서관이라 부르는 뉴욕시 아트 갤러리에 보관되어 있습니다.

세계적으로 유명한 이 책은 무엇일까요? 바로 찰스 디킨스의 『크리스마스 캐럴』입니다.

훌륭한 시작이라고 생각하는가? 당신의 관심을 사로잡았는가? 듣다 보니 흥미가 고조되었는가? 왜 그럴까? 당신의 호기심을 자극해 긴장감이 유지되었기 때문은 아닐까?

호기심! 호기심에 굴복하지 않을 사람이 누가 있겠는가?

나는 숲속의 새들이 순전히 호기심으로 내 주변을 한 시간씩이나 날아다니는 걸 본 적이 있다. 알프스산맥 고원 지대에서 침대 시트를 걸치고 여기저기 기어 다니며 영양을 유인하는 사냥꾼에 대해서도 알고 있다. 개들도 호기심이 있고, 고양이도 마찬가지다. 이렇듯 인류를 포함한 모든 종이 호기심을 가지고 있다.

그러므로 첫 문장부터 청중의 호기심을 불러일으켜라. 그러면 주목받을 것이다.

아라비아의 로렌스에 관한 일대기를 썼던 로웰 토머스Lowell Thomas는 이렇게 강연을 시작하곤 했다.

영국 정치인 로이드 조지는, 현대의 가장 낭만적이면서도 재미있는 인물로 로렌스 대령을 꼽은 적이 있습니다.

이런 식의 시작은 두 가지 장점이 있다. 첫 번째, 유명한 사람이 한 말은 언제나 관심을 유발한다. 두 번째, 호기심을 자극한다. "왜 낭만적이라는 거지?"가 자연스럽게 떠오르는 의문이다. 이어서 "왜 재미있다는 거지?", "나는 그 사람 이름을 한 번도 들어본 적이 없는데…", "그 사람이 무엇을 했길래?"라는 의문이 꼬리에 꼬리를 문다.

로웰 토머스는 이렇게 강연을 시작한 적도 있었다.

하루는 예루살렘에서 기독교 거리를 걷다가 동양의 군주나 입을 법한 화려한 옷을 걸치고, 선지자 마호메트의 자손이나 찰 법한 굽은 황금칼을 옆에 찬 사람을 만났습니다. 하지만 이 사람은 도저히 아랍인처럼 보이지 않았습니다. 푸른 눈이었거든요. 아랍인들의 눈은 검거나 갈색인데 말입니다.

이러한 묘사는 당신의 호기심을 자극한다. 그렇지 않은가? 더 듣고 싶지 않은가? 그 사람은 누구일까? 대체 왜 아랍인인 양 하고 다닐까? 무슨 일을 하는 사람일까? 그는 어떻게 되었을까?
다음과 같은 방식으로 이야기를 시작하는 건 어떤가?

여러분은 오늘날에도 전 세계 17개국에 노예제도가 존재한다는 사실을 알고 계십니까?

이렇게 이야기를 시작하는 사람은 호기심을 불러일으킬 뿐 아니라, 듣는 사람에게 충격을 안겨주기도 한다. "노예라고? 오늘날? 17개국이나 된다고? 말도 안 돼. 어떤 나라야? 어디 있는 나라일까?"
또 결과로 시작해서 원인에 대해 궁금하게 만들어 호기심을 자극하는 방법도 있다. 예를 들어 다음과 같이 눈에 띄는 말로 이야기를 시작하는 것이다.

최근 한 의원은 학교 인근 3킬로미터 내에서는 올챙이가 개구리가 되지 못하게 금지하는 법안을 발의했습니다.

웃음이 나올 것이다. "저 사람 지금 농담하는 건가? 말도 안 되는 소리를… 진짜라고?" 좋은 출발이다. 화자는 계속해서 설명하면 된다.
『새터데이 이브닝 포스트』의 「조폭과 함께」라는 제목의 기사는 이렇게 시작한다.

조직 폭력배는 정말 '조직화'되어 있을까요? 일반적으로는 그렇습니다. 그럼 어떻게 조직화되어 있을까요?

시작하자마자 기자는 자신의 주제를 밝힌다. 문제와 답을 제시하고는 어떤 방식으로 조폭이 조직화되어 있는지 독자의 호기심을 불러일으킨다. 훌륭한 시작이다. 대중 앞에서 연설하길 열망하는 사람이라면 순식간에 독자의 관심을 잡아채는 이런 기술을 연구해야 한다. 백날 종이에 인쇄된 연설 모음집을 읽느니 차라리 이런 글에서 첫마디를 어떻게 시작할지 힌트를 얻는 게 더 많은 깨달음을 준다.

흥미로운 이야기를 들려주어라

미국의 베스트셀러 작가 해럴드 벨 라이트Harold Bell Wright는 한 인터뷰에서 소설로 한 해 십만 달러 이상을 번다고 한 적이 있다. 소설가인 부스 타킹턴Booth Tarkington이나 로버트 체임버스Robert W. Chambers도 아마 비슷하게 벌 것이다. 더블데이 페이지 앤드 컴퍼니라는 출판사는 17년 동안 지금은 고인이 된 진 스트래턴 포터Gene Stratton Porter가 쓰는 소설만 찍어내기 위해 아예 인쇄기 하나를 따로 배정했다고 한다. 그녀의 책은 1,700만 부 넘게 팔렸고, 3백만 달러 이상의 인세를 지급했다. 이 정도면 사람들이 이야기 듣는 걸 무척이나 좋아한다고 해도 되지 않을까? 이러한 수치를 보면 그렇다는 생각이 들지 않는가?

우리는 특히 누군가가 직접 경험한 이야기를 좋아한다. 고인이 된 성직자 러셀 콘웰은 『내 인생의 다이아몬드』라는 제목으로 6천 번이 넘는 강연을 했고, 수백만 달러를 벌어들였다.

놀랍도록 인기 있는 그 강연은 어떻게 시작했을까? 당신도 한번 읽어보면 좋겠다. 일단 이렇게 시작한다.

1870년 우리는 티그리스강으로 갔습니다. 바그다드에서 가이드를 구해 페르세폴리스, 니네베, 바빌론을 구경할 참이었습니다.

이렇게 바로 이야기를 시작하면서 청중의 주의를 사로잡는다. 이런 시작은 언제나 옳다고 할 수 있다. 실패하지 않는다. 자연스럽게 움직이고, 위풍당당하게 행진한다. 우리는 다만 그 뒤를 따라가기만 하면 된다. 어떤 일이 벌어질지 궁금해하기만 하면 된다.

이 책의 3장도 이와 같은 방법으로 시작했다.

다음 문장들은 『새터데이 이브닝 포스트』에 실렸던 두 이야기에서 발췌한 첫 문장이다.

1. 찢어지는 듯한 총소리가 침묵을 깼다.
2. 비록 그 자체로는 사소했지만, 결과만을 놓고 볼 때 결코 사소하다고 할 수 없었던 그 사건은 7월 첫째 주 덴버주 몬트뷰 호텔에서 일어났다. 건물 관리인 괴벨은 이 사건에 특히 관심이 있어, 몬트뷰와 다른 여섯 개 호텔을 소유하고 있는 스티브 패러데이가 며칠 후 여름철 정기 점검차 호텔을 방문했을 때 그 일에 관해 보고했다.

행위를 묘사하는 글이라는 점에 유의하라. 이 문장들은 무언가가 시작되었음을 알려 당신의 호기심을 자극한다. 당신은 계속해서 읽고 싶다. 더 많은 걸 알고 싶다. 대체 무슨 일이 일어난 건지 전모를 파악하고 싶다.

이처럼 미숙한 초보자라도 이야기 수법을 통해 청중의 호기심을 자극한다면 성공적으로 연설을 시작할 수 있다.

구체적인 예로 시작하라

일반 청중은 추상적인 이야기를 오랫동안 듣고 있을 수 없다. 하지만 구체적인 예는 듣기 훨씬 쉽다. 그렇다면 구체적인 사례로 시작하는 것도 좋지 않을까? 물론 사례로 연설을 구성하는 일이 쉬운 것만은 아니다. 나도 안다. 나도 시도해보았기 때문이다. 사람들은 왠지 일반적이고 추상적인 이야기부터 해야 한다고 생각한다. 하지만 전혀 그렇지 않다. 구체적인 예로 시작하라. 관심을 불러일으켜라. 그런 다음 일반적인 진술을 하라. 이 기법의 예를 알고 싶다면 이 책 5장 시작 부분을 다시 읽어보고, 그런 다음 다시 7장 시작 부분을 읽어보라. 지금 당신이 읽고 있는 이 장은 어떤 기법을 이용했는가?

볼거리를 이용하라

사람들의 관심을 끄는 방법 중 세상에서 가장 쉬운 방법은 아마도 그들이 볼 수 있는 무언가를 들고 있는 일일 것이다. 심지어 야만인이나 지적 장애인, 유모차를 타고 있는 아기, 상점 쇼윈도 안에 있는 원숭이 그리고 길거리의 개조차 이런 자극에 관심을 갖는다. 또 때때로 가장 품위 있는 청중에게도 똑같은 효과를 낸다.

예를 들어 필라델피아의 S. S. 엘리스S. S. Ellis는 엄지와 검지로 동전을 하나 쥔 채 어깨 위로 높이 들어올린 자세로 연설을 시작한 적이 있다. 당연히 모든 사람이 주목했다. 그러고 나서 그는 이렇게 물었다. "길거리에서 이런 동전을 본 적 있으십니까? 이런 동전을 가져가면 부동산 개발 택지를 무료로 준다고 하던데요. 그냥 찾아가서 이 동전만 보여주면 된다고…." 그런 다음 엘리스는 민감하고 오해의 소지가 있는 문제를 폭로하며 그와 관련된 비윤리적인 관행을 비판하기 시작했다.

질문을 던져라

엘리스가 연설을 시작한 방법 중 주목할 만한 특징이 하나 더 있다. 질문으로 시작한다는 점이다. 이는 청중으로 하여금 강연자와 함께 생각하도록, 다시 말해 협동하도록 만든다. 『새터데이 이브닝 포스트』의 조폭 관련 기사에서 첫 세 문장 중 두 문장이 질문 형식이었다. "조직 폭력배는 정말 '조직화'되어 있을까요?", "어떻게 조직화되어 있을까요?" 이러한 질문은 청중의 마음을 열고 당신이 그 안으로 들어가는 가장 간단하면서도 확실한 방법 중 하나다. 다른 방법들이 통하지 않을 때도 이 방법만큼은 항상 믿고 의지할 수 있다.

유명인사의 말로 시작하라

유명인사의 말은 언제나 사람의 마음을 끄는 데가 있다. 적절한 인용은 연설을 시작하는 훌륭한 방법 중 하나다. 사업 성공이라는 주제를 가지고 다음과 같이 연설을 시작하는 건 어떤가?

"세상이 돈과 명예라는 커다란 보상을 우리에게 안겨주는 기준이 딱 하나 있다"라는 말은 작가 앨버트 허버드가 한 말입니다. 그 한 가지는 바로 진취적인 태도입니다. 그럼 진취성이란 무엇일까요? 여러분께 말씀드리지요. 그것은 바로 누가 시키지도 않았는데도 올바른 일을 주도적으로 하는 것입니다.

연설 도입부로 몇 가지 칭찬할 만한 특징을 찾아볼 수 있다. 우선 첫 문장이 호기심을 불러일으킨다. 우리로 하여금 계속해서 읽고 싶게, 더 듣고 싶게 만든다. 강연자가 앨버트 허버드라는 말 다음에 기지를 발휘해 잠깐 숨을 고르면 긴장감이 조성된다. "세상이 대체 무엇에 그렇게 큰 보상을 해준다는 거야?" 우리는 자문한다. "빨리 좀 말해줘. 우리는 당신과 생각이 다를 수도 있어. 하지만 어쨌든 답을 말해줘…" 다음 문장은 주제의 핵심으로 바로 치고 들어간다. 세 번째 문장은 다시 질문으로 청중에게 논의에 참여하라고, 같이 생각해보자고, 무엇이라도 같이 해보자고 주문한다. 청중은 이러한 기법에 어떻게 반응할까? 좋아 까무러친다! 네 번째 문장은 다시 진취성에 대해 정의한다. 이 연설 도입부를 지나 강연자는 진취성을 보여준 사람의 흥미로운 예를 제시한다. 신용평가 기관 무디스가 연설 구성에 평점을 매긴다면 충분히 Aaa를 줄 만한 연설이다.

연설 주제를 청중과 연결시켜라

청중의 개인적인 이익과 직결되는 이야기로 시작하라. 모든 방법 중 최고의 방법이다. 확실히 주목받을 수 있다. 우리는 자신에게 커다란 영향을 미치는 것에 관심을 두기 마련이다.

상식적으로 그렇지 않은가? 하지만 이런 방법을 제대로 활용하는 사례는 많지 않다. 예를 들어 최근에 한 연설가가 정기건강검진의 필요성에 대해 이야기하는 걸 들었다. 그런데 그는 서두를 국민건강보험의 역사로 시작했다. 어떻게 그 기관이 만들어지고, 어떤 서비스를 제공하는지 주저리주저리 늘어놓았다. 정말 말도 안 되는 일이다! 청중은 어떤 기관이 어디서 어떻게 만들어졌는지 조금도, 정말 눈곱만큼도 관심이 없다. 청중이 영원히 그칠 줄 모르고 관심 있어 하는 것은 오로지 자기 자신뿐이다.

이 근본적인 사실을 왜 인식하지 못하는가? 그 기관이 사람들에게 얼마나 중요한 역할을 하는지 왜 보여주지 않는가? 이런 식으로 시작할 생각을 왜 안 하는가? "여러분은 얼마나 사실 거 같으세요? 생명보험 통계학자들에 따르면 여러분의 기대수명은 80에서 현재 나이를 빼고 거기에 3분의 2를 곱해서 나오는 수치라고 합니다. 예를 들어 지금 35세라면 80 빼기 35는 45고, 거기에 3분의 2를 곱하면 앞으로 30년을 더 사시게 되는 겁니다. 자, 그 정도면 충분한가요? 아닙니다. 아니지요. 우리는 누구나 더 오래 살길 원합니다. 기대수명은 수백만 명의 데이터를 기반으로 해서 만들어진 팩트이므로 바꿀 수 없지만 우리가 할 수 있는 일도 있습니다. 적절한 예방조치만 취한다면 얼마든지 가능합니다. 그중 첫 번째 단계는 철저하게 건강검진을 받는 것입니다."

그런 다음 정기 건강검진이 왜 필요한지 상세하게 설명한다면 청중은 그러한 서비스를 제공하기 위해 만들어진 기관에 더 많은 관심을 두게 될 것이다. 그런데 처음부터 기관의 역사를 주저리주저리 늘어놓는다고? 끔찍한 일이다!

다른 예를 들어보자. 지난 학기에 한 수강생이 숲 보전이 얼마나 시급한 문제인지를 주제로 이야기하는 걸 들었다. 그는 이렇게 시작했다. "미국인은 우리의 천연자원에 자부심을 가져야 합니다." 이런 문장으로 시작해 그는 우리가 창피한 줄도 모르고 욕먹어도 당연할 정도로 목재를 낭비하고 있다고 이야기했다. 하지만 시작이 좋지 않았다. 너무 일반적이고 모호했다. 그 문제가 일상에 어떤 영향을 주는지 잘 다가오지 않았다. 청중 가운데는 인쇄업자가 있었다. 숲 파괴는 그의 사업과 직결되는 사항이다. 은행원도 있었다. 자, 그렇다면 이렇게 말했으면 어땠을까? "제가 지금부터 말하려고 하는 주제는 여러분이 하시는 일에 직접적인 영향을 미칠 수 있습니다. 애플비 씨 그리고 사울 씨가 하는 사업에도 영향을 미칠 겁니다. 사실 우리 모두 어느 정도 영향을 받을 겁니다. 우리가 먹는 음식 가격에도, 우리가 내는 집세에도 영향을 미칠 테니까요. 우리 모두의 행복과 번영에 관계된 셈이지요."

이런 말이 숲을 보호하자는 주제를 지나치게 과장한 것처럼 들리는가? 아니다. 나는 그렇게 생각하지 않는다. 미국 작가 앨버트 허버드의 "그림을 크게 그리고, 관심을 사로잡도록 배치하라"라는 말을 따른 것뿐이다.

충격적인 사실은 관심을 사로잡는다

자신의 이름을 딴 정기간행물을 만들기도 했던 S.S. 매클루어는 이렇게 말한 적이 있다. "충격적인 사실들로 점철된 잡지야말로 좋은 잡지다."

이런 글은 나른한 일상에서 우리를 깨어나게 한다. 관심을 사로잡고 시선을 빼앗는다. 예를 들어보자. 볼티모어의 N.D. 밸런타인Ballantine은 다음과 같은 말로 '라디오의 경이로움'에 관해 이야기했다.

뉴욕 유리창을 기어 다니는 파리 소리라도 라디오로 송출되면 중앙아프리카
에서는 나이아가라폭포 소리처럼 크게 들린다는 사실을 알고 계십니까?

해리 존스 컴퍼니 사장 해리 존스Harry G. Jones는 범죄 상황에 대한 연설을
이렇게 시작했다.

미국 대법관이었던 윌리엄 하워드 태프트는 이렇게 선언했습니다. "미국에
서 벌어지고 있는 범죄는 문명의 수치다."

충격적인 내용으로 시작했다는 점과 더불어 법률 분야 권위자의 말을
인용했다는 점 모두 장점이라 볼 수 있는 서두다.
필라델피아 옵티미스트 클럽 전 대표였던 폴 기번스Paul Gibbons는 다음과
같은 매력적인 서두로 범죄 관련 연설을 했다.

미국인은 전 세계에서 최악의 범죄자입니다. 믿기 힘드시겠지만 이것은 사
실입니다. 오하이오주 클리블랜드에서 런던보다 여섯 배는 더 많은 살인이
일어납니다. 절도 건수도 런던보다 170배나 많습니다. 클리블랜드에서 강도
를 당하거나 강도 때문에 상해를 입는 사람이 잉글랜드, 스코틀랜드, 웨일스
에서 일어난 강도 건수를 합친 것보다 많습니다. 잉글랜드와 웨일스에서 살
해당한 사람보다 더 많은 사람이 매년 세인트루이스에서 살해당하고 있습니
다. 프랑스, 독일, 이탈리아, 영국보다 뉴욕시에서 더 많은 살인이 일어나고
있습니다. 그런데 문제는 이 범죄자들이 처벌받지 않는다는 사실입니다. 여
러분이 살인을 저지르더라도 그 때문에 처형될 가능성은 100분의 1도 안 됩
니다. 여러분이 사람을 죽여서 교수형을 받는 것보다 암으로 죽을 가능성이

열 배는 더 높다는 겁니다.

이러한 서두는 성공적이다. 기번스는 자신의 말에 꼭 필요한 힘과 진정성을 모두 담았다. 그의 말은 살아 숨 쉬고 있다. 나는 한 수강생이 비슷한 예로 범죄 상황에 관해 이야기하는 걸 들어본 적이 있다. 그런데 이번에는 시작이 약했다. 왜 그럴까? 말, 말, 말 때문이다. 구성은 흠잡을 데 없었지만 힘과 진정성이 없었다. 말하는 방식이 형편없었기 때문에 모든 말이 깊이 없이 들렸다.

편하게 들리는 서두의 중요성

다음과 같이 서두를 시작하는 건 어떤가? 미국 사회사업의 선구자 메리 리치먼드Mary Richmond는 아동 결혼 금지법이 통과되기 전 뉴욕 여성 유권자 연맹 정기총회에서 다음과 같이 연설했다.

어제 기차를 타고 여기서 그리 멀지 않은 도시를 지나다가 몇 년 전 그곳에서 있었던 결혼식이 떠올랐습니다. 뉴욕주에서 거행되는 결혼이 다 그렇듯 이 결혼도 성급하게, 결말이 뻔히 보이는 상태에서 진행되었기 때문에 오늘 이야기는 이 결혼의 몇 가지 세부 사항을 가지고 시작하려 합니다.

12월 12일, 뉴욕시의 한 고등학교에 다니던 열다섯 살 소녀가 근처 대학교에 다니는 성인이 된 지 얼마 안 된 학생을 처음 만났습니다. 겨우 사흘이 지난 12월 15일, 소녀는 자신을 열여덟이라고 속이고 결혼 허가서를 발급받았습니다. 열여덟 살부터는 부모의 동의를 구하지 않아도 되니까요. 그들은 결혼 허가서를 가지고 시청을 나와 즉시 인근 성당으로 향했습니다. 소녀는 가톨릭 신자였거든요. 하지만 신부는 당연히 두 사람의 결혼을 집전하지 않겠다고 했습니다. 엄마는 소녀가 결혼하려 했다는 이야기를 들었지요. 아마 그 신부를 통해서 들었을 겁니다. 하지만 그녀가 딸을 찾기도 전에 치안판사는 둘을 부부로 인정해주었습니다. 신랑은 신부를 호텔로 데리고 가 이틀 낮과 이틀 밤을 보냈지요. 그 후 그는 그녀를 버리고 다시는 찾지 않았습니다.

개인적으로 나는 이 연설의 시작 부분이 대단히 마음에 든다. 첫 문장부터가 아주 좋다. 아주 흥미로운 기억이 뒤이어 나올 것 같다. 세부적인 내용이 듣고 싶어진다. 우리는 자리를 잡고 앉아 다음에 이어질 흥미진진한 이야기를 기다린다. 게다가 매우 자연스럽다. 잘난 척하지 않고, 격식을 차리지도 않고, 밤새워 고심한 것 같지도 않다. "어제 기차를 타고 여기서 그리 멀지 않은 도시를 지나다가 몇 년 전 그곳에서 있었던 결혼식이 떠올랐습니다."

얼마나 자연스럽고 즉흥적이고 인간적인가! 마치 바로 옆에 있는 사람에게 재미있는 이야기를 들려주려는 것 같지 않은가. 청중은 이런 걸 좋아한다. 너무 정교해 보이고, 의도적으로 계획을 세우고, 지나치게 준비한 것 같은 이야기는 거부감이 든다. 기교를 숨기는 기교가 진짜 훌륭한 법이다.

어떻게 시작할 것인가

1. 연설은 시작이 어렵다. 하지만 듣는 사람의 정신이 맑아 비교적 감동받기 쉽기 때문에 처음이 매우 중요하다. 이를 운에만 맡겨둘 수는 없으니 사전에 신중하게 계획해야 한다.

2. 서두는 한두 문장 정도로 짧아야 한다. 때로는 전혀 없어도 괜찮다. 최소한의 낱말로 문제의 핵심을 파고들어라. 아무도 이런 방식에 반대하지 않는다.

3. 초보자들은 유머러스한 이야기로 시작하는 경향이 있다. 하지만 일화를 재미있게 이야기할 수 있는 사람은 정말 극히 드물다. 대개 이러한 시도는 청중을 재미있게 하는 대신 곤혹스럽게 한다. 이야기가 재미있다고 무작정 끌어와 쓰면 안 된다. 유머는 주제를 장식하는 역할에 그쳐야지 그 자체가 주목받아서는 안 된다. 그리고 준비가 부족했더라도 절대 사과하지 마라. 사과는 청중에 대한 모욕이다. 그들을 지루하게 하지 말고 하고 싶은 말만 얼른 하고 바로 앉으라.

4. 다음은 연설가들이 청중의 관심을 끄는 방법이다.

    (1) 호기심을 자극하라. (예: 찰스 디킨스의 『크리스마스 캐럴』)

    (2) 흥미로운 이야기를 들려주어라. (예: 『내 인생의 다이아몬드』)

    (3) 구체적인 예로 시작하라. (이 책 5장과 7장이 어떻게 시작했는지 보라.)

    (4) 볼거리를 이용하라. (예: 찾는 사람에게 무료 택지를 주는 동전)

    (5) 질문을 던져라. (예: "조직 폭력배는 정말 '조직화'되어 있을까요?")

    (6) 인용으로 시작하라. (예: 앨버트 허버드가 언급한 진취적인 태도의 가치)

    (7) 연설 주제를 청중과 연결시켜라. (예: "여러분의 기대수명은 80에서 현재 여러분의 나이를 빼고 거기에 3분의 2를 곱해서 나오는 수치라고 합니다. 여러분은 정기 건강검진을 통해 기대수명을 늘릴 수 있습니다.")

(8) 충격적인 사실로 시작하라. (예: "미국인은 전 세계에서 최악의 범죄자입니다.")

5. 서두에서 지나치게 격식을 차리지 마라. 핵심을 지나치게 노출하지도 마라.
    자연스럽고 편안하지만 필연적인 것처럼 보이게 만들어라. 방금 일어난 어
    떤 일, 방금 이야기한 어떤 것을 언급하며 시작하는 방법도 좋다. (예: "어제 기
    차를 타고 여기서 그리 멀지 않은 도시를 지나다가…")

턱 이완하기

3장과 4장의 목소리 훈련에서 이완에 대해 다루었으며, 특히 목의 이완이 중요하다고 강조했다. 여기서는 목 못지않게 중요한 턱의 이완법을 소개하겠다.

우리는 대체로 턱을 긴장한 채 꽉 다물고 있다. 그런 상태에서 입을 열면 간신히 짜내는 소리가 나오며 얇고 힘겹게 느껴지는 어조로 말하게 된다. 그런 어조로는 메시지를 잘 전달할 수 없다. 우리는 입으로 들이마신 숨을 혀와 입술을 움직여 낱말로 만든다. 물론 그중에서도 혀가 가장 중요하다. 앙다문 턱은 입의 움직임을 방해하며, 자연스럽게 흘러나와야 할 아름답고 정확한 소리를 왜곡한다. 게다가 턱을 꽉 다물면 혀의 움직임도 둔해지기 마련이다. 언제라도 말을 할 수 있기 위해서는 유연한 혀가 빠르게 움직여야 한다.

다음과 같은 방법으로 턱을 이완시켜보라.

1. 턱이 옷에 닿을 만큼 가슴 쪽으로 끌어당겨라. 아래턱을 제외한 머리의 모든 부분을 들어 올려라. 완벽하게 이완되면 중력의 영향을 받아 팔이 저절로 내려가듯 턱이 내려간 상태가 자연스럽게 느껴질 것이다.
2. 턱을 이완하고 입을 벌린 채 앉으라. 턱의 무게가 머리와 별개로 느껴질 때까지 바보처럼 멍하게 앉아 있으라.
3. 귀 옆 아래턱뼈의 1센티미터쯤 옆에 손가락을 놓고, 천천히 턱을 벌려라. 음식을 씹듯이 천천히 입을 움직여라. 손가락 끝에 닿는 턱의 움직임에 신경 쓰라. 이제 턱을 닫고, 다시 턱이 자신의 무게로 절로 떨어지게 하라. 제대로 했다면 아무런 힘도 사용하지 말았어야 한다.

4. 멀리서 들리는 대화가 듣고 싶은데 잘 들리지 않을 때 당신은 어떻게 하는가? 자기도 모르는 사이에 숨을 깊이 들이마시고, 턱이 떨어진 상태로 열심히 들으려 할 것이다. 그런 상황에서 이야기를 듣는다고 상상하라. 갑자기 멀리서 무척 놀라운 이야기가 들려온다고 상상하라. 어떻게 하겠는가? 몸을 팽창시키고 숨을 깊게 들이마시면서 무의식적으로 목을 개방할 것이다. 자, 이제 이렇게 말해보라. "아, 그가 뭐라고 말했지?" 문장이 쉽고 자연스럽게 흘러나오지 않는가?

턱을 마음대로 사용할 수 있는 유일한 방법은 이완뿐이다. 뻣뻣하고 마음대로 되지 않는 당신의 턱이 유순한 하인처럼 움직일 때까지 계속 연습하라.

10장

청중의 마음을 단번에 사로잡는 법

청중을 기쁘게 하라. 두려움은 달래고, 의심은 없애고, 무기는 내려놓고 "좋소, 같이 이야기해봅시다"라고 흉금을 털어놓게 하라. 우리를 묶는 힘은 우리를 가르는 힘보다 강하다. 그저 공통 관심사와 둘 다에게 이익이 되는 걸 찾으면 된다. 그것이 무엇일까? 연설의 성공과 실패는 바로 그것을 발견하는 데 달려 있다. 청중을 기쁘게 할 수 없다면 그들의 감탄과 존경이라도 끌어내라. 벨파스트에서 오렌지 당원(북아일랜드가 계속 영국에 속해 있어야 한다고 주장하는 신교도 정당의 당원)에게 말한다면, 나는 그들의 양심에 찬사를 보내는 것으로 시작하겠다. 그러고는 위대한 선조에게 존경을 표할 것이다. 이것은 우리가 공유하고 있는 것이다. 노동자들 앞에서 연설한다면, 질책의 말 대신 과거 순조로웠던 협력 관계를 상기시키고 우리에게 닥친 문제에 대해 말할 것이다. 내가 진심으로 어느 누구에게도 고통이 없는 돌파구를 찾고 있다는 사실을 보여줄 것이다. 어떤 경우든 청중의 본능에 호소하겠다. 거기에 얼마나 많은 이들이 반응하는지 보면 놀라울 정도다.

시드니 윅스(『직장인을 위한 대중연설Public Speaking for Business Men』저자)

우리는 대개 자기 권리를 지키기 위해 투지를 불태운다. 하지만 감히 말하건대, 이는 쉬운 길을 두고 멀리 돌아가는 격이다. 만약 당신이 주먹을 꽉 쥔 채 내게 다가오면, 나 역시 주먹을 꽉 쥐지 않겠는가? 하지만 당신이 내게 "우리 함께 의논해봅시다. 서로 의견이 다르다면 어떤 점이 왜 다른지 찾아봅시다"라고 말하면서 머리를 맞댄다면, 견해 차이가 크지 않을뿐더러 오히려 공감대가 더 많다는 사실을 알게 된다. 화합할 마음만 있다면 우리는 같은 편이 될 수 있다.

우드로 윌슨Woodrow Wilson(제28대 미국 대통령)

몇 년 전, 콜로라도 퓨얼 앤드 아이언 컴퍼니의 광산 노동자들이 무장 파업을 벌였다. 총격과 함께 유혈사태가 벌어졌다. 서로에 대한 증오로 분위기가 험악해졌다. 록펠러라는 이름은 저주의 대상이었다. 하지만 존 록펠러 2세John D. Rockefeller Jr.는 이 문제에 관해 직원들과 이야기하고 싶어 했다. 그는 자기 생각을 말한 후 그들을 설득하려 했다. 그는 이야기를 시작하자마자 모든 악감정과 적대감을 배제해야 한다는 걸 깨달았다. 그래서 이야기를 아주 아름답고 진지하게 시작했다. 대중연설을 공부하는 사람이라면 그의 방법을 배워서 손해 볼 일은 없을 것이다.

오늘은 제 인생에서 매우 중요한 날입니다. 이 훌륭한 회사를 대표하는 직원 여러분을, 경영자와 관리자와 함께 처음으로 만나는 운 좋은 날이니까요. 이 자리에 서게 되어 정말 영광입니다. 저는 죽는 날까지 오늘을 기억할 겁니다. 이 모임이 2주 전에 열렸더라면 저는 여러분 대부분을 모르는 채 이 자리에 섰을 겁니다. 몇 명의 얼굴만 겨우 알아보았겠지요. 하지만 지난주에 저는 남부 탄전의 모든 광산촌을 찾아, 자리를 비운 분들을 제외하고는, 모든 내표자 여러분과 대화할 기회를 가졌습니다. 여러분 집을 방문해 부인과 자녀들도 만났습니다. 그러니 지금 우리는 서로 알지 못하는 사람으로 만나는 게 아니라 친구로 만나는 셈입니다. 상호 우의의 정신에 바탕해 서로에게 이익이 되는 방안을 의논할 기회를 얻게 되어 기쁩니다.

이 모임은 노사 간의 대표 모임이니 제가 이 자리에 서 있는 건 오로지 여러분의 호의와 배려 덕분입니다. 저는 노동자도 아니고 사용자도 아니니까요. 하지만 저는 여러분과 제가 정말 가깝다고 느끼고 있습니다. 어떤 의미에서 저는 주주와 임원진을 대표하고 있으니까요.

정말이지 재치가 뛰어난 사람이다. 그에 대한 혐오가 극에 달해 있음에도 불구하고 연설은 성공적이었다. 파업을 통해 더 많은 임금을 요구하던 사람들은 록펠러가 현재 상황과 관련해 모든 사실을 차근차근 설명하자 더는 아무런 요구도 하지 않았다.

한 방울의 꿀과 쌍권총을 든 무법자들

아주 오래되었지만 여전히 진실인 격언이 있다. "3리터의 담즙보다 한 방울의 꿀로 더 많은 파리를 잡을 수 있다." 인간도 마찬가지다. 만약 누군가를 당신의 뜻에 따르게 하고 싶다면, 우선 그에게 당신이 진실한 친구라는 것부터 확신시켜야 한다. 바로 그것이 그의 마음을 사로잡는 꿀 한 방울이다. 그가 어떤 말을 하더라도 그것만이 마음을 얻는 길이다. 일단 마음을 얻고 나면 당신의 뜻을 따르게 하는 데 아무런 문제가 없을 것이다. 물론 그 뜻이 진정으로 정의로운 것이라면 말이다.

링컨은 1858년 미 상원의원 선거 유세 중 '이집트'라고 불리는 일리노이의 남부 저개발 지역에서 연설하기로 되어 잡혀 있었다. 그곳 사람들은 매우 거칠었다. 대중집회에 이상하게 생긴 칼과 권총을 차고 나올 정도였다. 켄터키와 미주리주에서 노예를 소유한 적 있는 이들이 미시시피강과 오하이오주를 지나 싸움과 재미를 찾아 이곳에 정착해 살고 있었다. 이들은 노예 폐지론자들을 혐오했는데, 그들의 호전성이나 옥수수 위스키를 사랑하는 정도와 맞먹었다. 많은 소동과 싸움이 예상되었다. 과격한 사람들은 링컨이 연설을 시도하면 "그 빌어먹을 노예 폐지론자를 마을 밖으로 쫓아내고, 배에는 총알을 박아주겠어"라고 협박했다.

링컨도 이러한 협박을 전해 들었다. 적대감과 명백한 위험이 존재한다는 사실도 알고 있었다. 하지만 그는 이렇게 말했다. "몇 마디만 할 수 있는 기회를 주면 그들을 바꿔놓을 수 있다." 링컨은 연설 전에 주요 인물들을 소개받고 공손하게 그들의 손을 잡았다. 그러고는 내가 읽어본 것 중 가장 재치 있는 말로 연설을 시작했다.

남부 일리노이 주민 여러분, 켄터키 주민 여러분, 미주리 주민 여러분, 이 자리에 저를 괴롭히려고 오신 분이 있다는 말을 들었습니다. 저는 왜 그래야 하는지 모르겠습니다. 저는 여러분과 같은 평범한 보통 사람입니다. 여러분과 다를 바 없지요. 그러니 저도 여러분과 마찬가지로 제 생각을 표현할 권리는 있어야 하지 않겠습니까? 그렇지 않나요, 친구 여러분. 저도 당신들 중 한 명입니다. 저는 이방인이 아닙니다. 저는 켄터키에서 태어났고, 일리노이에서 아주 힘겹게 일하며 자랐습니다. 바로 여러분처럼요. 저는 켄터키 사람들을 알고, 남부 일리노이 사람들도 알고, 미주리 사람들도 압니다. 저도 여러분 중 한 명입니다. 그러니 잘 알지요. 여러분도 저를 알아주셨으면 합니다. 그렇다면, 제가 불화나 키우자고 여기 오지 않았다는 걸 알게 되실 겁니다. 그러면 저를 곤란하게 만들고 여러분과 불화하게 만들려는 사람은 왜 그러는 걸까요? 어리석은 짓은 하지 맙시다. 서로 친구가 됩시다. 저는 세상에서 가장 보잘것없는, 하지만 평화를 좋아하는 사람 중 한 명입니다. 어떤 사람에게도 해를 끼치지 않고, 어떤 사람의 권리도 침해하지 않을 겁니다. 제가 원하는 건 오직 이것뿐입니다. 제가 하고 싶은 말이 있으니 귀담아 들어주셨으면 합니다. 일리노이, 켄터키, 미주리 주민 여러분, 용감하고 친절한 여러분, 저는 여러분이 그러리라고 확신합니다. 허물없는 친구들처럼 이제 허심탄회하게 이야기해봅시다.

이런 말을 하면서 링컨은 정말 사람 좋은 표정을 지었고, 목소리는 진정성으로 떨리고 있었다. 이런 재치 있는 서두는 금방이라도 닥쳐올 것 같았던 폭풍을 잠재우고, 적들을 침묵시켰다. 사실 이 서두만으로도 많은 사람은 이미 링컨의 친구가 되었다. 이들은 링컨의 연설에 환호했고, 이 거칠고 예의라고는 전혀 없던 '이집트인'들은 링컨이 대통령이 되기까지 가장 열렬한 지지자가 되어주었다.

당신은 이렇게 말할지도 모른다. "흥미롭군요. 하지만 이런 일화들이 저랑 무슨 상관인가요? 제가 무슨 록펠러도 아니니 제 목을 조르고 죽도록 두들겨 패고 싶어 하는 굶주린 노동자들 앞에서 연설할 일도 없을 테고, 또 제가 무슨 링컨도 아니니 옥수수 위스키와 혐오에 빠져 있는 쌍권총 무법자들 앞에 설 일도 없을 텐데요."

그렇다. 당신 말이 옳다. 하지만 당신도 의견이 다른 사람과 토론하며 자기 생각을 전해야 할 일이 있지 않을까? 사람들을 당신처럼 생각하도록, 당신 편이 되도록 끊임없이 설득해야 하지 않을까? 집에서, 사무실에서, 시장에서도 말이다. 당신이 지금 사용하는 방법을 개선할 필요는 없는가? 당신은 어떻게 말을 시작하는가? 링컨처럼 재치를 담아서? 록펠러처럼? 그렇다면 당신은 정말 보기 드문 재능과 훌륭한 판단력을 가진 사람이다. 대부분은 남의 입장이나 욕망은 생각해보지도 않고, 동의할 수 있는 공통점도 미리 찾아두지 않고, 그저 자신의 의견을 쏟아내기 바쁘다.

예를 들어보자. 나는 뜨거운 논쟁거리였던 금주법에 관한 수없이 많은 연설을 들어보았다. 거의 모든 화자가 정말 무모할 정도로 단호하며 호전적인 말투로 이야기를 시작했다. 자신이 어느 쪽을 지향하고 있는지, 어느 편에서 싸우고 있는지 너무나도 명확해 보였다. 이미 결심을 굳힐 대로 굳혀서 자기 생각을 바꿀 가능성은 손톱만큼도 없지만, 다른 사람에게는 소중한 믿음을 버리고 자기 생각을 받아들이라고 강요하고 있었다. 결과가 어땠겠는가? 그 누구도 설득당하지 않았다. 무뚝뚝하고 공격적으로 서두를 꺼내는 순간 다른 의견을 가진 사람들 모두가 그에게서 관심을 거두어들였다. 바로 그 순간, 사람들은 그가 말한 내용과 앞으로 말할 내용을 모두 무시하기로 마음먹었다. 바로 그 순간, 사람들은 그의 말을 믿지 않고 의견을 경멸하기 시작했다. 상대의 말을 들은 사람들을 자기 믿음이라는 성채 뒤에 더 깊이 숨어들었다.

처음부터 청중을 자극하면 사람들은 그 연설을 억지로 참으며 속으로는 계속해서 "아니! 아니! 아니야!"를 외친다. 사람들을 자기처럼 생각하도록 설득하고 싶은 사람에게는 심각한 상황이 아닌가? 뉴욕시 사회과학대학원에서 오버스트리트 교수는 다음과 같은 중요한 이야기를 했다.

'아니요'라는 반응은 극복하기 힘든 장애물입니다. 사람들은 '아니요'라고 말한 후에 자존심 때문에 일관성을 유지하고 싶어 합니다. 나중에 그는 '아니요'라는 말이 경솔했다고 생각할 수도 있습니다. 하지만 뒤늦게 태도를 바꾸기에는 자존심이 허락하지 않습니다. 사람들은 일단 한번 말을 내뱉은 후에는 그 말을 지키고 싶어 합니다. 따라서 처음부터 사람들을 긍정적인 방향으로 끌고 가는 게 대단히 중요합니다. 노련한 화자라면 처음부터 '네'라는 반응을 끌어냅니다. 그럼으로써 청중의 심리 상태를 긍정적인 방향으로 유도하는 거지요. 그것은 마치 당구공의 움직임과도 같습니다. 일단 공을 쳐내면 약간의 힘으로도 가던 방향으로 움직이게 할 수 있지만 반대 방향으로 가게 하려면 엄청난 힘이 필요합니다.

이러한 경우 심리적 패턴은 매우 명확합니다. 어떤 사람이 진심으로 '아니요'라고 말했을 때 그저 말로만 끝난다고 생각해선 안 됩니다. 신경, 근육, 조직을 포함한 그 사람 몸 전체가 모두 함께 '거부'라는 태도를 형성합니다. 미세하지만 자세히 관찰하면 몸이 약간 움츠러드는 혹은 뒤로 물러서는 것 같은 움직임도 볼 수 있을 겁니다. 요컨대 신경 – 근육 체계가 어떤 승인도 받아들이지 않겠다고 경계 태세를 취하는 겁니다. 반면에 '네'라고 말할 때는 어떤 움츠러드는 행동도 일어나지 않습니다. 신체는 앞으로 움직이며 개방된 태도로 모든 것을 받아들이려 합니다. 따라서 처음부터 많은 '네'를 끌어낼 수 있다면, 궁극적으로 우리의 제안에 청중의 관심을 계속 붙잡아둘 가능성 또한 커집니다.

이 '네' 반응을 일으키기란 어렵지 않습니다. 하지만 얼마나 많은 사람이 이런 부분을 무시하고 있는지요! 마치 처음부터 청중을 적으로 만들어야 자신이 대단해 보인다고 착각하며 말입니다. 급진주의자들은 보수주의자들과 회의를 하자마자 그들을 분노로 정신을 잃게 합니다. 그래 봐야 무슨 소용이 있나요? 보수주의자들이 화내는 걸 보는 게 즐겁다면 뭐 어쩔 수 없는 일이지만요. 하지만 어떤 일을 도모하고자 한다면 멍청한 짓입니다.

학생에게, 고객에게, 아이에게, 남편에게, 아내에게, 누구에게든지 처음에 '아니요'라고 말하게 만들어보세요. 발끈하며 만들어진 부정적인 태도를 긍정적인 태도로 바꾸려면 천사와 같은 지혜의 인내심이 필요하다는 걸 알게 될 겁니다.

그렇다면 이 바람직한 '네' 반응을 처음에 어떻게 확보할 수 있을까? 아주 간단하다. 링컨은 말했다. "논쟁에서 이기려면 우선 동의할 수 있는 공통된 합의점을 찾는 것으로부터 시작해야 합니다." 심지어 노예제도 폐지라는 민감한 주제를 논의하면서도 링컨은 공통된 합의점을 찾아내기 위해 애썼다. 중도적인 신문 『더 미러The Mirror』에 실렸던 기사를 보자. "처음 30분 동안은 링컨을 반대하는 사람들조차 그가 하는 모든 말에 동의할 수밖에 없었다. 그 지점부터 그는 조금씩 사람들을 자기가 원하는 방향으로 유인하기 시작했다. 이야기가 끝날 즈음에는 결국 모든 사람이 그의 입장에 수긍하는 듯 보였다."

로지 상원의원의 방법

제1차 세계대전이 끝난 직후, 지금은 고인이 된 로지 상원의원과 하버드 대학의 로웰 총장이 보스턴에서 국제연맹과 관련된 주제로 토론을 벌였다. 로지 상원의원은 대다수 청중이 자기 견해에 적대적이라는 걸 간파했다. 하지만 그들을 설득해야만 했다. 어떻게 했을까? 청중의 견해를 직접, 정면으로, 적극적으로 공격했을까? 아니다. 그러지 않았다. 로지 상원의원은 노련한 심리학자였으므로 그렇게 거친 전술로 자신에게 주어진 기회를 망치려 하지 않았다. 그는 뛰어난 재치로, 대단한 기교로 연설을 시작했다. 그의 연설 서두를 보라. 철천지원수가 아닌 다음에야 그가 첫 몇 문장에서 표현한 정취에 반대할 수 없을 것이다. '나의 동지 미국인 여러분'같이 그냥 인사말처럼 보이는 대목에서조차 애국심을 담아 호소하는 것에 주목하라. 청중과의 견해 차이를 최소화하기 위해 얼마나 노력하는지, 그와 청중 모두가 소중히 여기고 있는 것들을 얼마나 능수능란하게 강조하고 있는지에 주목하라.

자기와 의견이 다른 사람을 칭찬하는 방법과 미국의 안녕과 세계평화라는 대의에서는 사소한 사항에서만 차이가 날 뿐이라고 주장하는 방식을 살펴보라. 심지어 어떤 점에서는 국제연맹을 찬성한다고까지 하고 있다. 하지만 결국, 그는 다음과 같은 점에서 의견이 다르다고 말한다. 좀 더 이상적이고 효율적인 연맹을 만들어야 한다고 믿었다.

총장님, 신사 숙녀 여러분, 미국인 동지 여러분.

이런 훌륭한 청중 여러분 앞에서 연설할 기회를 주신 로웰 총장님께 진심으로 감사드립니다. 총장님과 저는 오랜 친구이고 같은 공화당원입니다. 총장님은 우리의 위대한 대학, 미국에서 가장 중요하면서도 영향력 있는 대학의 총장이십니다. 게다가 정치사와 행정사를 연구해온 저명한 학자이기도 합니다. 총장님과 저는 우리 앞에 던져진 이 커다란 문제를 처리하는 방법에 있어서 의견이 다를 수도 있지만, 미국의 안녕과 세계평화라는 목적에 있어서만큼은 전혀 다르지 않다고 확신합니다.

여러분이 허락해주신다면, 제 입장을 한 마디로 말씀드리려 합니다. 사실 저는 계속해서 말씀드려왔습니다. 아주 쉬운 언어로 말했다고 생각합니다. 하지만 제 말을 곡해해서 논쟁을 위한 무기로 이용하려는 사람들이 있습니다. 또 다른 아주 훌륭한 분들은 제가 한 말을 듣지 않으셨거나 오해하신 것 같습니다. 이분들은 제가 모든 국제연맹을 반대한다고들 하더군요. 그렇지 않습니다. 전혀 아닙니다. 저는 전 세계의 자유 국가들이 우리 식으로 부르자면 하나의 연맹, 아니면 프랑스 사람들이 부르듯 공동체로 묶이는 걸 진심으로 보고 싶습니다. 하지만 미래의 세계평화를 보장하고, 전반적인 군비 축소를 이루는 방식으로 하나가 되어야 한다고 생각합니다.

당신이 아무리 화자에게 반대해야겠다고 굳게 결심했더라도 이런 서두를 들으면 마음이 조금이라도 누그러질 것이다. 그렇지 않은가? 그리고 좀 더 들어봐야겠다는 기분이 들지 않는가? 화자가 공정한 사람이라는 확신이 들기 시작하지 않는가?

로지 상원의원이 국제연맹 지지자들은 아예 틀려먹었고, 망상이나 하는 자들이라고 시작했다면 결과는 어땠을까? 건질 게 없었을 것이다. 제임스 하비 로빈슨의 대중적이면서도 훌륭한 책 『정신의 발달 과정』은 그러한 공격이 왜 변변찮은 결과로 이어질 수밖에 없는지 잘 설명해주고 있다.

우리는 때때로 어떠한 저항이라든지 심한 감정의 동요 없이 생각을 바꾸기도 한다. 하지만 누군가 우리가 틀렸다고 지적하는 순간 우리는 비난받았다고 생각하고 분개하며 고집을 부린다. 우리는 자신의 믿음에 대해 터무니없을 정도로 무관심하지만, 누군가 우리에게서 그것을 빼앗으려 들면 놀라울 만큼 열정적으로 그 믿음을 지키려 든다. 사실 그 믿음이 소중한 게 아니라 자존심이 위협받는 게 싫은 것이다. '나의'라는 보잘것없는 말은 인간사에서 가장 중요한 말 중 하나이며, 이를 제대로 인정해주는 게 지혜의 시작이라 할 수 있다. 그것이 '나의' 저녁이든, '나의' 개나 '나의' 집이든, '나의' 믿음이나 '나의' 나라, '나의' 하느님이든 모두 같은 힘을 지니고 있다. 우리의 시계가 틀렸다거나 혹은 우리의 차가 지저분해 보인다는 비난에도 분개하지만, 화성 운하의 존재 여부, '에픽테투스'의 발음, 살리신(버드나무 껍질에 들어 있는 성분으로 해열 진통제로 쓰였다)의 의학적 효능, 메소포타미아의 아카드 왕조를 세웠던 사르곤왕의 치세 등등에 관한 우리의 생각이 틀렸다는 지적에 대해서도 화를 낸다. … 우리는 진실이라고 받아들인 그 익숙한 것들을 계속 진실이라고 믿고 싶어 한다. 누군가가 우리의 신념을 의심하면 자연스럽게 생겨나는 적개심으로 더더욱 그 신념에 매달리며 온갖 구실을 찾는다. 그 결과 소위 논증이라는 것도 우리가 이미 믿고 있는 것들을 계속 믿기 위해 논거를 찾아내는 일이나 다름없다.

최고의 주장은 설명이다

청중과 논쟁하려 들면 그들의 고집을 키우고 방어적으로 만들어 결국 설득이 더 어려워진다는 사실을 이해했는가? "저는 이런저런 것을 증명하려 합니다"라고 말하면서 시작하는 게 현명할까? 청중은 이런 태도를 도전으로 받아들이고, 마음속으로는 '그래, 잘하는지 어디 한번 보지 뭐'라고 생각하지 않을까?

당신과 청중이 같이 공감하는 것으로 시작하고, 그런 다음 모두가 해답을 듣기 원하는 적절한 질문을 제기하는 편이 더 낫지 않을까? 그러고 나서 청중을 당신이 제시할 해답으로 이끌고 가는 것이다. 해답을 말할 때는 사실을 명확하게 제시해 사람들이 무의식적으로 당신의 결론을 자기 것으로 자연스럽게 받아들이도록 해야 한다. 사람들은 스스로 발견했다고 믿는 사실에 더 집착하는 경향이 있다. 즉 최고 수준의 연설은 마치 단순한 설명에 불과하게 들리기도 한다.

그렇지만 아무리 의견 차이가 크고 심각한 토론이라도 합의 가능한 공통된 사안은 언제나 있기 마련이다. 화자는 그 사안 위에서 모든 사람을 자신의 해답으로 이끌고 갈 수 있다.

예를 들어보자. 심지어 공산당 지도자가 미국 은행가협회에서 연설하더라도 그들과 공유할 수 있는 몇 가지 유사한 욕망이 있다. 다음 연설을 한번 살펴보자.

> 가난은 항상 인간 사회의 잔인한 문제 중 하나였습니다. 미국인으로서 우리는 가능한 한 언제 어디에서나 가난한 사람들의 고통을 덜어주는 게 의무라고 여겼습니다. 우리는 관대한 민족입니다. 역사상 어떤 민족도 가난한 사람을 돕기 위해 그렇게 사심 없이 막대한 돈을 쏟아부은 적이 없습니다. 이제 과거와 같은 관대함과 이타심으로 우리의 현실을 살펴봅시다. 그리고 가난이라는 사회악을 예방하고 완화하기 위해 우리가 할 수 있는 공정하고, 정의롭고, 모든 사람이 받아들일 수 있는 수단은 없는지 살펴봅시다.

이런 말에 누가 감히 반대할 수 있겠는가? 극우적인 성향을 보였던 찰스 코글린Charles Coughlin 목사라면 가능할까? 미국 사회당을 대표한 노먼 토머스Norman Thomas는 생각이 달랐을까? 사회보장제도에 혁혁한 공을 세운 프랜시스 타운센드Francis Townsend였으면 어떻게 반응했을까? 미국 최고의 부호 중 한 명인 J. P. 모건은 반대했을까? 아마도 아닐 것이다.

5장에서 그렇게 칭송했던 힘과 에너지와 열정 있는 말하기를 준비하라는 가르침과 상반되는 주장인가? 그렇지 않다. 모든 것은 다 때가 있기 마련이다. 서두는 힘을 내보이기 위한 시간이 아니다. 재치가 필요한 시간이다.

패트릭 헨리는 폭풍 같은 연설을 어떻게 시작했을까

미국의 학생이라면 패트릭 헨리Patrick Henry가 1775년 버지니아 집회에서 했던 연설에서 전한 불꽃 같은 마지막 외침을 잘 알고 있을 것이다. "자유가 아니면 죽음을 달라." 하지만 이 폭풍 같은 역사적인 연설을 헨리가 얼마나 침착하고 재치 있게 시작했는지 아는 이들은 그리 많지 않다. 미국 식민지들은 독립을 선언하며 영국과 전쟁을 벌여야 할까 그만두어야 할까? 이 문제는 열띤 논쟁의 주제였다. 패트릭 헨리의 감정은 타올랐지만 일단 자기와 다른 생각을 가진 사람들의 능력과 애국심을 칭찬하는 말로 연설을 시작했다. 두 번째 문단에서 질문을 던지고 스스로 결론을 내리게 함으로써 어떻게 청중을 자기 편으로 끌어들였는지 살펴보자.

의장님, 지금 막 연설을 끝낸 훌륭한 신사분들의 능력과 애국심을 저만큼 높이 평가하는 사람도 없으리라 생각합니다. 하지만 사람들은 다양하다 보니 같은 주제도 다르게 보기 마련입니다. 그분들과 정반대의 의견을 가지고 있다고 해서 제가 하는 말이 신사분들을 폄훼하는 말로 비치지 않길 바랍니다. 저는 제 감정을 숨김없이 편하게 말씀드리고 싶습니다. 지금은 격식을 차릴 때가 아니기 때문입니다. 우리 앞에 놓인 문제는 이 나라에 정말 중요한 문제입니다. 저로서는 자유냐 속박이냐에 필적하는 문제라고 생각합니다. 이 주제가 심각한 만큼 토론도 그만큼 자유롭게 할 수 있어야 한다고 믿습니다. 이러한 방식이 진리에 도달할 수 있는 유일한 길이며, 우리가 하느님과 이 나라에 지고 있는 책임을 다하는 유일한 방법이기 때문입니다. 이런 상황에서 제가 두렵다거나 비난받을까 봐 걱정되어 제 생각을 말하지 않는다면 조국에 대한 반역일뿐더러 세상의 그 어떤 것보다 숭배하는 히느님께 불충한 행동을 했다고 처벌받아도 마땅한 일이라고 생각합니다.

의장님, 인간이 헛된 희망에 사로잡히는 것은 당연한 일입니다. 고통스러운 진실에는 눈을 감아버리고, 사이렌의 노래에 취해 돼지가 되려는 사람도 있습니다. 하지만 이것이 자유를 위한 위대하고도 힘겨운 투쟁에 나선 현명한 이들이 할 일입니까? 이 땅에서의 구원과 밀접한 관련이 있는 문제를 앞에 두고, 눈이 있지만 보지 않고, 귀가 있지만 듣지 않으려 하는 그런 무리에 속하려는 겁니까? 저로서는 어떤 정신적인 고통을 겪든지 간에 모든 진실을 알고 싶습니다. 최악이 어떤 건지 알아야겠고, 그것에 대비도 해야겠습니다.

셰익스피어가 쓴 최고의 연설

셰익스피어가 창조한 인물 마르쿠스 안토니우스가 율리우스 카이사르 장례식에서 했던 추도사는 놀라운 재치로 가득한 연설의 고전적인 예다.

상황은 이렇다. 카이사르는 독재자가 되었다. 당연하고 필연적으로 많은 정적이 그를 시기했고, 그를 끌어내리고 죽여 권력을 찬탈하려 했다. 그들 중 23명이 브루투스와 카시우스의 지휘하에 카이사르의 몸에 칼을 꽂았다. 마르쿠스 안토니우스는 카이사르의 국무장관이었다. 잘생긴 데다 훌륭한 작가였던 안토니우스는 뛰어난 연설가이기도 했다. 그는 공적인 업무에 있어서도 정부를 대표하는 일을 잘해냈다. 카이사르가 그를 자신의 오른팔로 삼았던 것도 놀라운 일이 아니다. 자, 이제 카이사르를 없앴으니 공모자들은 안토니우스를 어떻게 처리해야 했을까? 쫓아낼까? 죽여버릴까? 그러기엔 흘린 피가 너무 많았다. 지금 상황을 유지해야 할 이유도 충분했다. 그렇다면 안토니우스를 자기들 편으로 삼는 건 어떨까? 그의 무시할 수 없는 영향력을, 감동적인 언변의 힘을 이용해 자기들을 지키면서도 원하는 대로 나라를 주물럭거리는 데 사용하면 어떨까? 안전하면서도 합리적인 선택 같았다. 그래서 공범들은 이 방법을 쓰기로 했다. 그들은 안토니우스를 만났고, 천하를 지배했던 사람의 시체 앞에서 '몇 마디'를 하는 것 정도까지 허락했다.

안토니우스는 로마의 시민 광장 포로 로마노의 연단에 올랐다. 그의 앞에는 살해당한 카이사르가 누워 있었다. 군중은 안토니우스 주변에 몰려들며 그를 위협했고, 브루투스, 카시우스와 다른 암살자들에게는 우호적이었다. 안토니우스는 이 대중의 열정을 강력한 혐오로 바꿔놓고 싶었다. 군중을 자극해 폭동을 일으켜서 카이사르를 찔러 죽였던 암살자들을 베어버리고 싶었다. 그가 손을 들어 올리자 소란이 잦아들었다. 그는 연설을 시작했다. 얼마나 재치 있게, 얼마나 능수능란하게 말을 시작하는지 보라. 일단 브루투스와 다른 공모자를 칭찬하는 말로 시작한다.

브루투스는 명예로운 분입니다.
다른 분들 모두 명예로운 분들이지요.

논쟁을 피하고 있다는 점에 주목하라. 조금씩, 전혀 거슬리지 않게, 그는 카이사르와 관련된 사실들을 흘린다. 포로의 몸값으로 국고를 채운 것, 가난한 자들이 울 때 함께 운 것, 왕관을 거부하고 사유지는 공유지로 돌리라는 유언을 남겼다는 사실도 제시한다. 그러고는 군중에게 질문을 던져 그들 스스로 결론을 내게 한다. 증거는 제시했다. 새로운 증거도 아니다. 일시적으로 잊고 있던 증거였을 따름이다.

저는 여러분이 이미 알고 있는 것을 이야기하려 합니다.

마법과 같은 말솜씨로 안토니우스는 군중의 감정을 자극하고, 선동하며, 동정심을 불러일으키고, 분노의 열기를 주체할 수 없게 만들었다. 안토니우스의 재치와 달변이 돋보이는 연설 전문을 여기에 소개하겠다. 당신이 제아무리 훌륭하다는 문학과 웅변의 유산을 찾아 헤매더라도 이보다 더 뛰어난 연설은 찾지 못하리라 확신한다. 인간을 설득하는 뛰어난 고급 기술을 원하는 사람이라면 누구라도 진지하게 연구해볼 만한 가치가 있다. 하지만 또 다른 이유가 있다. 우리가 지금 생각하고 있는 이유와는 완전 별개인데, 대체 왜 기업인이 셰익스피어를 읽고 또 읽어야 할까? 그 이유는 셰익스피어는 다른 어떤 작가보다도 방대한 어휘를 구사했기 때문이다. 그리고 그 누구보다 마법처럼 아름답게 어휘를 구사했다.『맥베스』,『햄릿』그리고『율리우스 카이사르』를 읽다 보면, 누구나 자기도 모르는 사이에 생기 넘치고 세련된 어휘를 폭넓게 구사하게 될 것이다.

안토니우스: 친구들, 로마인들, 동포 여러분은 들어주세요.
전 카이사르를 칭찬하러 온 게 아니라 땅에 묻으러 왔습니다.
사람의 악행은 죽은 뒤에도 남으나,
선행은 흔히 뼈와 함께 묻힙니다.
카이사르도 마찬가지겠지요. 고귀한 브루투스는
카이사르가 야심을 품었다고 말합니다.
만약에 그랬다면 그것은 심각한 잘못이고,
카이사르는 그에 상응하는 죗값을 치렀습니다.
브루투스는 명예로운 분이고,
나머지분들노 녕예로운 분들이기에,
브루투스와 나머지분들의 허락을 받고
저는 여기 카이사르의 장례식 추도사를 하기 위해 왔습니다.
그는 제 친구였고, 제게 충실하고 공정했지요.
그러나 브루투스는 그가 야심을 품었다고 합니다.
브루투스는 명예로운 분이지요.

카이사르는 많은 포로를 로마로 잡아 와선,

그들의 몸값으로 국가 재정을 채웠지요.

카이사르가 야심이 있었기 때문에 그랬을까요?

가난한 자들이 울 때 카이사르는 함께 울었습니다.

야심 있는 사람은 그보다 더 독하기 마련입니다.

하지만 브루투스는 그가 야심을 품었다고 합니다.

브루투스는 명예로운 분이지요.

여러분도 모두 보았듯이 루페르칼리아 축제 때

제가 세 번이나 그에게 왕관을 주었지만,

그는 세 번 모두 거절했지요. 이것이 야심입니까?

하지만 브루투스는 그가 야심을 품었다는데,

브루투스는 틀림없이 명예로운 분이지요.

전 브루투스의 말을 반박하려는 게 아니라,

제가 알고 있는 걸 말하려고 여기 섰습니다.

여러분 모두는 한때 그를 사랑했고, 그럴 만한 이유도 있었지요.

그런데 어째서 여러분은 그를 애도하는 일을 망설이는 건가요?

오, 판단력이여, 넌 잔인한brutish(발음이 브루투스와 비슷하다-옮긴이)

야수에게 도망갔고, 사람들은 이성을 잃었구나!

잠시만 참아주세요.

제 마음이 카이사르와 함께 저 관 속에 있으니,

제게 다시 돌아올 때까지 잠시 말을 멈춰야 하겠습니다.

시민 1: 안토니우스 말에도 일리가 있군.

시민 2: 사태를 제대로 생각해보면, 카이사르가 억울한 일을 당했어.

시민 3: 그렇지 않은가? 여보게.

그보다 더 나쁜 놈이 그분 자리를 차지할까 봐 두렵네.

시민 4: 안토니우스 말을 들었나? 카이사르는 왕관을 받으려 하지 않았대.

그러니 야심을 품지 않았던 게 분명해.

시민 1:   그게 사실이라면 누군가 호된 대가를 치러야겠시.

시민 2:   불쌍해라! 울어서 안토니우스 눈이 불처럼 아주 새빨개졌어.

시민 3:   로마에서 안토니우스보다 고결한 분은 없어.

시민 4:   이제 잘 들어보자고. 그가 다시 연설을 시작했어.

안토니우스: 어제만 해도 카이사르는 말 한마디로

이 세상과 맞설 수 있었습니다.

이젠 여기 누우니 비천한 사람조차 경배하려 하지 않는군요.

오, 여러분! 제가 여러분을 뒤흔들어

마음과 머리에 반란과 폭동을 일으키면

브루투스를 다치게 하고 카시우스를 다치게 할 텐데,

그분들은 여러분도 다 아시다시피 명예로운 분들이지요.

그분들이 피해를 보게 하지 않을 겁니다.

차라리 고인을 욕되게 하고 저와 여러분을 욕되게 할망정,

그렇게 명예로운 분들을 잘못 생각하게 해 욕되게 할 수는 없는

일입니다.

그런데 여기 카이사르의 도장이 찍힌 양피지가 있습니다.

그분의 서랍에서 찾은 유언장입니다.

평민들이 이 유언장을 듣기만 하면

(용서하세요. 전 이걸 읽고 싶지 않습니다.)

달려가서 죽은 카이사르의 상처에 입맞추고,

그의 성스러운 피에 손수건을 적실 겁니다.

네, 기념으로 머리카락 한 올을 달라고 애걸하고,

죽을 때는 유언장에 그 사실을 언급하며,

그것을 값비싼 유산으로 물려줄 것입니다.

자손들에게 말이지요.

시민 4:   유언을 들어봅시다. 읽으세요. 마르쿠스 안토니우스.

시민들: 유언, 유언! 카이사르의 유언을 듣자.

안토니우스: 친애하는 친구 여러분, 참으세요. 전 읽을 수 없습니다.

        카이사르가 여러분을 얼마나 사랑했는지 모르는 편이 낫습니다.

        여러분은 목석이 아니라 인간입니다.

        인간인 이상 카이사르의 유언을 듣는다면,

        여러분은 반드시 격분해서 미치게 될 것입니다.

        여러분은 그분의 상속자라는 걸 모르는 게 낫습니다.

        여러분이 알게 되면 오, 어떤 사태가 벌어질지!

시민 4:   유언장을 읽으세요. 듣겠습니다, 안토니우스.

        유언장을 읽어주시오. 카이사르의 유언을!

안토니우스: 참을 수 있으실까요? 가만히 계시리라 약속할 수 있나요?

        제가 해선 안 될 말을 여러분께 한 거 같습니다.

        저는 그 명예로운 분들, 단검으로 카이사르를 찌른 그분들께 해

        가 될까 두렵습니다. 정말 두렵습니다.

시민 4:   그들은 반역자요. 뭐가 명예롭단 말입니까!

시민들: 유언장! 유언장!

시민 2:   그들은 악당이고 살인자들이요. 유언장! 유언장을 읽으시오!

안토니우스: 여러분은 제게 강제로 유언장을 읽게 만드시려는 거군요?

        정 그렇다면 카이사르 시신 주변에 빙 둘러서세요.

        그 유언장을 만든 장본인을 제가 보여드리지요.

        제가 연단에서 내려가도 될까요? 허락해주시겠습니까?

시민들: 내려오세요.

시민 2:   내려와요.

[안토니우스, 연단에서 내려간다.]

시민 3:   허락합니다.

시민 4:	원을 만들어 빙 둘러섭시다.
시민 1:	관에서 불러서요. 시신에서 물러서시오.
시민 2:	안토니우스, 고결한 안토니우스에게 자릴 내드려요.
안토니우스:	아, 절 너무 밀지 마세요. 멀찌감치 물러서주세요.
시민들:	물러서요. 자리를! 뒤로 가세요.
안토니우스:	여러분에게 눈물이 있다면, 눈물을 흘릴 준비를 하셔야 할 겁니다.

여러분들 모두 이 옷을 잘 아실 겁니다. 저도 기억합니다.

카이사르가 이 옷을 처음 입었던 그때를요.

어느 여름날 저녁 막사 안이었지요.

네르비 부족을 정복하던 바로 그 날이었습니다.

보세요! 카시우스의 칼이 여길 찌르고 들어갔지요.

시기하는 카스카가 만든 이 깊게 베인 상처를 보세요.

여긴 그렇게 총애받던 브루투스가 찌른 자국입니다.

저주받은 칼을 브루투스가 뽑아낼 때,

카이사르의 피가 얼마나 그 칼을 따라 나왔는지 보세요.

마치 문밖까지 달려나가 브루투스가

정말 그처럼 잔인한 짓을 했는지 확인하려 한 것처럼 말입니다.

브루투스는 아시다시피 카이사르에겐 천사였으니까요.

오, 신들이여! 카이사르가 그를 얼마나 아꼈는지 판단해주시길!

이것이 가장 비정한 일격이었답니다.

고매하신 카이사르는 그가 자신을 찌르는 걸 보고

반역자의 팔뚝보다 더 강한 배신감으로

확 무너져버렸습니다. 그의 강한 심장은 터져나갔지요.

그러고는 이 옷으로 얼굴을 가린 채

줄곧 피를 흘리던 폼페이우스 동상 밑바닥에

바로 그 자리에 위대한 카이사르는 쓰러졌습니다.

시민 여러분, 어찌 이리 쓰러졌단 말입니까!

저와 여러분, 우리는 모두 쓰러진 겁니다.

피비린내 나는 반역은 우리를 짓밟고 승리를 거두었습니다.

이제야 우시는군요.

동정심으로 우시는 게 보입니다. 거룩한 눈물입니다.

선한 여러분들, 왜 우시나요?

그저 카이사르의 옷에 난 상처만 보고 우시는 건가요?

여기를 보세요. 이분이 카이사르입니다.

보다시피 반역자들에게 난도질당했습니다.

시민 1:   오, 비참한 광경이다!

시민 2:   오, 고매하신 카이사르여!

시민 3:   오, 슬픈 날이다!

시민 4:   오, 반역자들, 악당들!

시민 1:   오, 정말 피비린내 나는 광경이다!

시민 2:   우리는 복수해야 한다.

시민들: 복수다! 지금부터! 찾아라! 태워라! 불 질러라! 죽여라! 베어라!

            반역자는 한 놈도 살려두지 말자!

안토니우스: 시민 여러분, 멈추세요.

시민 1:   쉿, 조용히! 고매하신 안토니우스의 말씀을 들어봅시다.

시민 2:   안토니우스의 이야기를 듣자, 그를 따르자, 그와 죽음을 함께하자.

안토니우스: 선량한 친구 여러분, 친애하는 친구분들, 제 말에 흥분해서

            그렇게 갑작스러운 폭동의 물결을 일으켜선 안 됩니다.

            이 일을 저지른 사람들은 명예로운 분들입니다.

            무슨 개인적인 원한이 있어 이런 일을 했는지 아! 저는 모릅니다.

            지혜롭고 명예로운 분들이니 이유가 있었을 겁니다.

            틀림없이 그 이유를 여러분께 설명해줄 겁니다.

친구 여러분, 저는 여러분의 마음을 뺏으러 여기 온 게 아닙니다.

전 브루투스처럼 웅변가도 아니시요.

하지만 여러분도 아시다시피 저는 제 친구를 사랑하는

평범하고 무뚝뚝한 사내입니다. 그분들도 이를 잘 알기 때문에,

카이사르에 대한 공개 추도사를 허락해주었습니다.

저는 사람들의 피를 끓게 하는 기지도,

말주변도, 평판도, 몸짓도, 언변도, 웅변술도 없으니까요.

저는 그저 솔직하게 말할 뿐입니다.

여러분도 알고 있는 사실을 말씀드릴 뿐입니다.

여러분께 카이사르의 불쌍하고 처참한, 말 없는 상처를 보여주고

그 상처가 하는 말을 전달하려는 것뿐입니다.

제가 브루투스이고 브루투스가 저라면,

그 안토니우스는 여러분의 영혼을 자극하고

카이사르의 상처 하나하나마다 입을 달아

로마의 모든 돌까지 선동해 폭동을 일으키고야 말았을 겁니다.

시민들:　폭동을 일으키자.

시민 1:　브루투스의 집을 불 지르자.

시민 3:　자, 가자! 어서 음모자들을 찾아내자.

안토니우스: 제 말을 들어주세요. 시민 여러분, 제 말을 들어주세요.

시민들:　조용히! 고매하신 안토니우스의 말을 듣자!

안토니우스: 아, 친구여! 여러분은 왜 해야 하는지도 모른 체 가고 있습니다.

도대체 카이사르의 어떤 점이 여러분의 사랑을 받을 만합니까?

아! 여러분은 모릅니다. 그래서 말해야겠어요.

여러분은 제가 말한 유언장을 잊었습니다.

시민들:　맞소. 유언장! 잠깐 멈춰 서서 유언장 내용을 들어봅시다.

안토니우스: 여기 유언장이 있습니다. 카이사르의 도장이 찍혀 있지요.

모든 로마 시민들에게 바친답니다.

각각 75드라크마의 은화를 말입니다.

시민 1:   고귀한 카이사르! 그의 죽음에 복수하자.

시민 3:   오 훌륭한 왕 카이사르!

안토니우스: 참고 내 말을 들으시오.

시민들: 쉿, 조용히!

안토니우스: 게다가 카이사르는 여러분께 자신의 모든 산책로와

테베레강 이쪽의 개인 정원과

새로 심은 과수원을 남겼습니다.

이것들을 여러분과 여러분 후손에게 영원히 남겼습니다.

마음껏 걸으면서 휴식할 수 있는 평민들의 안식처로 말입니다.

카이사르는 그런 분이었습니다! 언제 또 그런 분을 만날 수 있을

까요?

시민 1:   절대로 만날 수 없어요, 절대로. 자 갑시다, 가!

성스러운 장소에서 카이사르의 시신을 화장하고,

그 불로 반역자들의 집을 태워버립시다.

시신을 운구합시다.

시민 2:   불을 가져오라.

시민 3:   의자를 뜯어내라.

시민 4:   기둥이든 창문이든 닥치는 대로 뜯어내라.

[카이사르의 시신을 들고 시민들 퇴장]

안토니우스: 자. 이제 될 대로 될지어다. 재앙이여, 이제 네 차례다.

어떤 일을 하나 보자!

청중의 마음을 단번에 사로잡는 법

1. 공통된 사안으로부터 시작하라. 처음부터 당신에게 동의하게 만들라.

2. 처음부터 사람들에게 '아니요'라는 반응을 끌어내지 마라. 일단 '아니요'라고 한 사람은 자존심 때문이라도 그 말에 집착한다. "처음부터 많은 '네'를 끌어 낼 수 있다면, 궁극적으로 청중의 관심을 우리의 제안에 계속 붙잡아둘 가능 성 또한 커진다."

3. 무엇 무엇을 증명하겠다는 식으로 서두를 시작하지 마라. 반감만 불러일으 킬 뿐이다. 당신의 이야기를 듣고 있는 사람들은 "그래, 잘하는지 어디 한번 보지 뭐"라는 반응을 보일 것이다. 적절한 질문을 던지고 함께 해답을 찾아 나가자고 제안하라. 최고의 주장은 단순한 설명에 불과한 것처럼 들린다.

4. 셰익스피어가 쓴 가장 유명한 연설은 안토니우스가 카이사르의 장례식에서 했던 추도사다. 놀라운 재치로 가득한 훌륭한 연설이다. 처음에 로마인들은 카이사르의 살해범들에게 우호적이었다. 안토니우스가 이 우호적인 여론을 얼마나 능수능란하게 혐오와 분노로 바꾸어놓는지 주목하라. 그는 어떠한 주장도 하지 않는다. 그저 사실을 제시하고, 사람들이 그 사실로 스스로 결론 을 끌어내게 할 뿐이다.

✤

유연한 입술 만들기

초보자가 이야기를 시작할 때 가장 큰 걸림돌이 되는 것은 긴장이다. 긴장은 목 근육을 조이고, 턱과 입술을 뻣뻣하게 만든다. 앞에서 목과 턱의 이완 방법을 훈련했으니 이제는 뻣뻣하고 유연하지 못한 입술을 다룰 차례다. 입술이 굳어 있다면 제대로 된 연설을 할 수 없다. 입술을 자유롭고 유연하게 만들어 명확하고 아름다운 어조로 말할 수 있게 해야 한다. 주의를 기울여 연습하면 목소리에 더 많은 매력과 힘을 실어 전달할 수 있다. 아래에 제시한 처방대로 따라 하기만 하면 된다.

노맨no man이라는 표현으로 시작해보자. 노no를 발음할 때 입술은 동그랗게 해서 앞으로 비쭉 내밀어야 한다. 맨man은 입술을 가능한 한 뒤로 당기면서 발음해야 한다. 이제 이 동작을 과장되게 해보라. 이를 보이며 웃는 것처럼 뒤로 당기라. 치약 광고에서나 보는 미소를 짓고 있다고 상상하라. 이제 반복해서 빠르게 발음해보라.

다음 단어를 여러 번 반복하라. 가능한 한 입술을 크게 움직여보라.

소So — 위we — 두do — 씨see — 어크로스across — 더the — 리lea.

앞에서 배운 내용을 복습해보자.

1. 턱에 힘을 빼고, 턱 자체의 무게로만 떨어지게 하라. 공기로 위를 가득 채울 듯이 숨을 깊게 들이마시고, 편하게 '아' 소리를 내라. 애쓴 흔적이 보여서는 안 된다.
2. 다시 깊이 숨을 들이마시고 말하라. "나는 편하다. 턱은 이완되어 있다. 목은 열려 있고, 긴장된 곳이 하나도 없다."

3. 이제껏 배운 횡격막 호흡, 이완, 호흡 조절에 관한 원리를 전부 이용해서 숨을 가
   능한 한 깊고 길게 들이마시라. 목소리를 방해하지 않고 통제할 수 있는 유일한
   부분인 횡격막으로 호흡의 흐름을 조절하라.

4. 유명인의 시를 팔세토 기법으로 반복해서 낭송하라. 가성을 내면 웃길 수도 있
   지만, 그것보다는 시인이 글을 쓰면서 어떤 감동을 받았는지 느끼는 데 집중하
   라. 시의 의미를 제대로 파악할 때까지 반복해서 읽으라.

11장

어떻게 끝낼 것인가

결론은 이야기를 완성하고 연설에 대한 청중의 관심을 붙잡아둔다. 결론은 생각의 실타래를 하나로 모으고 씨실과 날실로 연설이라는 직물을 완성한다. 결론을 계획하고 낱말 하나까지 미리 생각해두어라. 어색하게 웅얼거리며 서둘러 끝내지 마라. "제 생각에 할 말은 다 한 것 같습니다." 이런 말은 얼마나 불필요한가! 하고 싶은 이야기를 완전히 끝내고, 끝났다는 사실을 청중이 느끼게 하라.

조지 롤런드 콜린(『대중연설』 저자)

시간과 설교 길이는 아무런 상관이 없다. 긴 설교는 길게 느껴지는 설교일 뿐이다. 짧은 설교는 사람들이 더 많은 말을 기대하고 있는데 끝나버리는 설교다. 겨우 20분이 지났을 수도 있고 한 시간 반이 흘렀을 수도 있다. 만약 사람들이 더 듣고 싶어 한다면 시간에 상관없이 계속해야 한다. 따라서 시계로는 설교가 얼마나 긴지 측정할 수 없다. 사람들의 손이 주머니로 들어가 시계를 꺼낸다면 불길한 징조다. 그들의 눈이 어디를 향하는지 보라! 그들의 정신이 어디 있는지 보라! 그러면 당신은 어느 정도 지났는지 알게 될 것이다. 그때가 아마도 끝내야 할 적절한 때일지도 모른다.

찰스 브라운Charles R. Brown (예일 신학대학교 학장)

연설할 때 당신이 초보자인지 전문가인지, 아니면 능력이 모자라는지 재치가 넘치는지를 가장 잘 보여주는 부분이 있다. 바로 시작과 끝이다. 연기자들이 굳게 믿는 연극계의 오랜 격언이 있다. "등장과 퇴장만으로도 그 배우의 수준을 알 수 있다."

시작과 끝! 어떤 행동을 능숙하게 해야 할 때 가장 어려운 부분이다. 예를 들어 사람들이 많이 모인 모임에서 우아하게 입장하고 퇴장하는 것이야말로 가장 힘든 부분 아니겠는가? 면접을 볼 때도 가장 어려운 부분이 좋은 첫인상과 믿을 만한 끝인상을 주는 것 아닌가!

마무리는 연설에서 전략상 가장 중요한 부분이다. 마지막으로 한 말, 마지막으로 뱉은 낱말은 듣는 사람의 귀에 여운을 남긴다. 가장 오래 기억되기 마련이다. 하지만 초보자는 끝이 얼마나 중요한지 모른다. 그러다 보니 초보자의 연설 마무리는 늘 아쉽기 마련이다.

이들이 가장 흔히 저지르는 실수는 무엇일까? 몇 가지 예를 보며 해결

방안도 찾아보도록 하자.

우선 이렇게 끝내는 사람이 있다. "제 생각에 할 말은 다 한 것 같군요. 이제 그만 마치겠습니다." 이것은 마무리라고 할 수 없다. 그저 실수일 뿐이다. 아마추어 냄새를 확 풍기는 말이다. 용서받기 힘든 수준이다. 하고 싶은 말을 다 했으면 그냥 이야기를 끝내고 자리에 앉으면 될 일이지 굳이 그만하겠다는 말은 할 필요가 없다. 그런 말은 하지 말고 끝내라. 당신이 하고 싶은 말을 다 했는지는 청중의 판단에 맡기는 편이 더 확실하고 좋다.

또 할 말은 다 했지만 어떻게 멈추어야 할지 모르는 화자도 있다. 미국 유머 작가 조시 빌링스Josh Billings는 사람들에게 황소의 뿔 대신 꼬리를 잡으라고 충고한 적이 있다. 놓기가 훨씬 쉽기 때문이다. 황소의 뿔을 붙잡은 채 황소로부터 벗어나려고 아무리 노력해봤자 안전한 울타리나 나무 근처로 갈 수 없다. 결국은 빙빙 원을 돌며 똑같은 장소에서 한 걸음도 나아가지 못하고, 같은 말만 되풀이하며 나쁜 인상이나 남기게 된다.

그럼 해결책은 무엇일까? 끝을 미리 계획해야 한다. 청중과 마주한 상태로 긴장감을 느끼면서 혹은 연설 내용에 집중하면서 어떻게 마무리할지 그 자리에서 생각해내는 게 과연 지혜로운 일일까? 상식적으로 조용할 때 침착하게 구상해놓는 편이 바람직하지 않겠는가?

심지어 웹스터, 브라이트, 글래드스턴 같은 명망 높은 연설가들조차도 수준 높은 연설 능력에도 불구하고 마지막 말은 미리 써두고 정확하게 외우려고 애썼다.

초보자들도 이들처럼 한다면 후회할 일은 거의 없을 것이다. 일단 어떻게 이야기를 마칠지 정확하게 계산해야 한다. 몇 번이고 미리 연습하되 그때마다 말을 조금씩 바꾸어가며 전하고자 하는 생각을 정확하게 표현해야 한다.

즉흥 연설은 연설 과정에서 주요 내용이 바뀔 때도 있고, 예상치 못했던 상황이 전개되어 준비했던 말을 빼거나 줄여야 할 때도 있으며, 청중 반응에 맞추어 조정해야 할 때도 있다. 따라서 두세 개 정도의 결론을 미리 준비해놓는 게 현명하다. 하나가 어울리지 않으면 다른 하나를 쓸 수 있도록 말이다.

연설을 마무리하지 못하고 내려가는 화자도 있다. 마구 침을 튀기며 열띤 연설을 하다가 엔진이 꺼져버리듯 엉뚱한 말로 갑자기 끝을 낸다. 필사적으로 여기저기 마구 찔러대다가 갑자기 아무런 동작도 없이 멈춘다. 고장이라도 난 듯하다. 물론 준비와 연습이 부족한 경우다. 연료 탱크에 기름을 좀 더 채우고 출발했어야 했다.

많은 초보자가 너무 급하게 연설을 마친다. 그러면 매끄럽지 않고 제대로 마무리했다는 느낌이 들지 않는다. 이런 연설은 결말이 없는 것이나 마찬가지다. 갑자기 덜컥하며 팩 끝나버리는 연설을 듣고 있으면 무례하고 서투르다는 느낌이 든다. 함께 대화를 나누던 친구가 갑자기 말을 멈추고 인사도 없이 방을 뛰쳐 나가버리는 격이다.

링컨 같은 위대한 연설가도 첫 취임식 초고를 보면 이와 같은 실수를 저질렀다. 당시는 긴장이 고조되던 시기였다. 불화와 증오라는 검은 먹구름이 머리 위를 뒤덮고 있을 때였다. 몇 주 후 유혈 폭동이 일어나 나라 전체를 휩쓸 예정이었다. 링컨은 남부 시민들에게 다음과 같은 말을 하며 연설을 끝내려 했다.

불만으로 가득 찬 시민 여러분, 제 손이 아니라 여러분의 손에 내전이라는 중요한 문제가 달려 있습니다. 정부는 여러분을 공격하지 않을 겁니다. 여러분이 전쟁에 나서지 않는 한 전쟁은 없습니다. 여러분은 정부를 파괴하겠다는 맹세를 하지 않았습니다. 하지만 저는 정부를 지키고 보호하겠다고 맹세했습니다. 여러분은 정부를 공격하지 않을 수 있습니다. 하지만 저는 정부를 지키지 않을 수 없습니다. '평화냐 전쟁이냐'라는 심각한 문제는 제가 아닌 여러분께 달려 있습니다.

링컨은 이 연설문을 국무장관이었던 윌리엄 수어드에게 보여주었다. 수어드는 마지막 부분이 지나치게 퉁명스럽고, 무뚝뚝하며, 도발적이라고 정확하게 지적해주었다. 그래서 수어드가 결론 부분을 직접 손보기로 했다. 사실 수어드는 두 개의 연설문을 준비했다. 링컨은 그중 하나를 마음에 들어 했고, 그가 썼던 마지막 세 문장에 약간의 수정을 가한 그 연설문을 사용했다. 그 결과 링컨의 최초 취임사는 퉁명스럽고 무뚝뚝한 구석이라고는 전혀 찾을 수 없는 우호적이며, 아름다우며, 시적인 유려함이 돋보이는 연설로 변신했다.

이야기를 끝내기가 아쉽군요. 우리는 적이 아니라 친구입니다. 우리는 적이 되어서는 안 됩니다. 비록 우리 사이에 긴장감이 돌고 있지만, 애정에 바탕한 유대를 끊을 수는 없습니다. 독립전쟁을 했던 모든 장소뿐만 아니라 애국자의 무덤부터 살아 있는 모든 사람의 벽난로 아래 주춧돌까지 우리의 아름답고 신비한 화음이 아로새겨져 있습니다. 우리의 선한 마음을 다시 어루만진다면 더욱 아름다운 합창이 되어 연방 전체에 메아리칠 것입니다.

연설을 언제 마무리해야 하는지에 대한 감각은 어떻게 키울 수 있을까? 기계적인 규칙이라도 있는 걸까?

아니다. 그렇지 않다. 마치 문화처럼 너무나 섬세한 문제여서 기계적인 법칙은 적용하기 어렵다. 그것은 감각의 문제로 거의 직관에 가깝다고 할 수 있다. 만약 조화롭고 능숙하게 연설을 끝냈어도 그것을 느끼지 못한다면 어떻게 그 사람에게 다시 그런 마무리를 기대할 수 있을까?

하지만 이러한 감각은 어느 정도 계발이 가능하다. 이 전문적인 감각은 훌륭한 연설가들이 실행했던 방식을 연구함으로써 어느 정도 발전시킬 수 있다. 예를 하나 보기로 하자. 영국 왕세자가 토론토의 엠파이어 클럽에서 했던 연설의 끝부분이다.

> 여러분, 제가 자제심을 잃고 제 이야기를 지나치게 많이 한 것 같아 두렵습니다. 하지만 캐나다에서 만난 가장 많은 청중인 여러분 앞에서 제 지위와 그에 따른 책임감에 대해 제가 느낀 바를 분명하게 말씀드리고 싶습니다. 저는 항상 그 커다란 책임에 부응하며 여러분의 기대에 어긋나지 않도록 노력할 것입니다.

아무리 눈먼 사람이라도 이 말을 듣고 있노라면, 이제 연설이 끝났구나라고 느낄 것이다. 느슨한 동아줄처럼 공중에 대롱대롱 매달려 있지 않고, 제멋대로 삐죽빼죽한 상태도 아니다. 잘 다듬었다는 느낌이 든다.

저명한 목사 해리 에머슨 포스딕Harry Emerson Fosdick은 제6차 국제연맹 회담이 끝난 일요일 제네바의 성 피에르 대성당에서 설교를 했다. 그는 성경 말씀 중 "칼로 흥한 자, 칼로 망하리라"를 주제로 선택했다. 그가 얼마나 아름답고, 고상하며, 강력하게 설교를 끝맺는지 주목해서 보라.

> 예수님과 전쟁, 이 둘은 결코 한자리에 함께 설 수 없습니다. 이것이 바로 문제의 본질입니다. 오늘날 기독교 세계의 양심을 뒤흔드는 도전이기도 합니다. 전쟁은 인류를 괴롭히는 가장 거대하고 파괴적인 사회악입니다. 그것은 어떤 경우라도 완전히 비기독교적입니다. 전쟁은 전체적인 과정과 결과에 있어서도 예수님이 말씀하셨던 모든 것과 반대되고, 예수님의 말씀과 비슷한 구석이라고는 하나도 없습니다. 전쟁은 하느님과 인간에 관한 모든 기독교 교리를 지상의 어떤 이론적 무신론자보다도 더 뻔뻔하게 부정합니다. 교회가 우리 시대의 이 거대한 도덕적 문제를 어떻게 볼 것이며, 예전처럼 다시 솟구쳐 오르는 현 세계의 이교주의에 맞서 기준을 어떻게 세워가는지 지

켜봐야 합니다. 호전적인 국가의 요구에 양심을 팔아버리지 않고 어떻게 거기에 저항하는지, 하느님의 왕국이 민족주의 위에 임하여 어떻게 세계평화를 부르짖을지 잘 지켜볼 겁니다. 이는 애국심의 부정이 아니라 애국심의 승화라고 해야 합니다.

오늘날, 이 높고도 우호적인 지붕 아래서 저는 정부를 대신하는 것이 아니라, 미국인이자 기독교인으로서 수백만 명의 동포를 대표해 말하고자 합니다. 우리가 믿고 기도하지만 우리가 동참하지 못해 애석해하는 그 일이 성공을 거두길 진심으로 바랍니다. 우리는 여러 방식으로 평화라는 하나의 목적을 위해 일하고 있습니다. 인류에게 이보다 더 훌륭하고 가치 있는 일은 없습니다. 이 일이 실패하면 인류는 가장 끔찍한 재난에 직면하고 말 겁니다. 물리적 세계에 존재하는 중력의 법칙처럼 도덕의 세계에 존재하는 하느님의 법칙에서 자유로울 수 있는 사람이나 국가는 어디에도 없습니다. 그 법칙은 "칼로 흥한 자, 칼로 망하리라"입니다.

하지만 이 연설의 끝도 두 번째로 대통령에 취임해 링컨이 전한 연설에 비하면 완벽하지 않아 보인다. 옥스퍼드 대학교 명예총장을 역임하고 지금은 고인이 된 커즌 백작은 링컨의 연설이야말로 "인류의 모든 영광과 보물 중에서도 가장 가치 있는 순금과 같은 웅변, 아니 거의 신의 말에 가까운 웅변"이라고 선언했다.

우리는 이 전쟁이라는 엄청난 재난이 곧 끝나길 간절히 바라고 기도합니다. 하지만 250년 동안 노예들이 아무런 대가도 받지 않고 땀방울로 쌓아 올린 모든 부가 사라지길 하느님이 바라신다면, 3천 년 전에 말씀하셨던 것처럼 채찍질로 흘린 핏방울 하나하나를 칼로 모두 갚을 때까지 이 전쟁이 지속되길 그분이 원하신다면 "하느님의 판단은 언제나 옳고 진실되다"라고 할 수밖에 없습니다.

누구에게도 악의를 품지 말고, 모든 사람에게 자비로운 태도로, 하느님이 우리에게 보여주신 그대로를 믿으며, 지금 우리가 당면한 일을 끝내려고 노력합시다. 이 나라의 상처를 잘 감싸줍시다. 전쟁을 견딘 이들과 그들의 미망인과 고아를 잘 돌봐줍시다. 우리 안에서도, 모든 나라와도 정의롭고 지속적인 평화를 이루어내도록 할 수 있는 모든 일을 합시다.

당신은 지금 인간의 입술에서 나온 가장 아름다운 연설의 마지막 부분을 읽었다. 당신도 내 평가에 동의하는가? 어떤 연설문에서 이보다 더 많은 인도주의를, 더 순수한 사랑을, 더 많은 동정심을 찾아볼 수 있겠는가?

링컨의 전기를 썼던 윌리엄 바턴^{William Barton}은 말했다. "게티즈버그 연설만큼 고상한 이 연설은 연설의 품격을 더 높은 수준까지 끌어올렸다. 에이브러햄 링컨의 가장 위대한 연설인 동시에 그의 탁월한 지적 능력과 영혼의 힘을 보여주는 연설이다." 미국 정치가이자 언론인 카를 슈르츠^{Carl Schurz}는 이렇게 말했다. "이것은 성스러운 시와도 같다. 어떤 미국 대통령도 미국인에게 이렇게 말한 적이 없다. 미국은 이러한 말을 마음 깊이 전달해주는 대통령을 이제껏 한 번도 만나본 적이 없다."

당신이 워싱턴에 있는 대통령이나, 오타와 혹은 멜버른의 총리처럼 연설해야 한다는 말이 아니다. 당신은 다른 사업가들 앞에서 어떻게 연설을 마무리 지어야 하는가 정도의 문제에 관심이 있을 것이다. 자 그러면 그 일은 어떻게 할 작정인가? 함께 연구해보기로 하자. 그럴듯한 방법을 찾아내보기로 하자.

요점을 정리하라

3~5분 정도의 짧은 연설이라도 화자가 워낙 많은 말을 한 나머지 연설이 끝날 때쯤이면 청중은 주제가 무엇이었는지 가물가물할 때가 있다. 하지만 화자는 좀처럼 이러한 사실을 알아차리지 못한다. 오히려 스스로 요

점이 너무도 뚜렷하다 느껴 청중도 명징하게 이해했으리라 착각한다. 전혀 그렇지 않다. 화자는 자신의 생각을 궁늘여 전개하지만, 청중은 대부분 처음 듣는 내용이다. 그리고 그 소리는 한꺼번에 여러 발 발사된 총알 같은 느낌을 청중에게 준다. 몇 개는 남아 있을 수 있으나 대부분 혼란 속에서 모두 사라져버린다. 청중은 마치 셰익스피어의 『베니스의 상인』에 등장하는 이아고라는 인물처럼 "많은 것을 기억하지만, 분명히 기억하는 것은 하나도 없다".

몇몇 이름을 알 수 없는 아일랜드 정치인은 연설할 때 이 방법을 사용했다고 한다. "먼저는 당신이 하고 싶은 말을 합니다. 그리고 당신이 한 말이 무엇인지 다시 말해주는 것이지요." 나쁘지 않은 방법이다. 사실 당신이 무슨 말을 했는지 그들에게 다시 알려주는 것은 아주 추천할 만한 방법이다. 지금까지 말한 내용을 짧고 빠르게 요약한다는 의미에서라면 말이다.

예를 하나 들어보자. 시카고 센트럴 YMCA 대중연설 강좌에서 수강생중 한 명이 했던 이야기다. 그는 시카고의 한 철도회사에서 교통 관리를 맡고 있었다.

> 신사 여러분, 요컨대 이 차단 장치를 뒷마당에서 실험해보니 동부, 서부, 북부에서 그랬듯이 작동 원리가 훌륭해서 파손을 예방하며, 실제로 1년 동안 돈을 절약해줄 것이 분명합니다. 진심으로 우리 남부 지점들도 이 장치를 설치해야 한다는 생각이 틀었습니다.

그가 무슨 말을 했는지 파악했는가? 당신은 나머지 말을 듣지 않고도 어떤 이야기인지 알 수 있다. 그는 단지 몇 문장으로, 겨우 몇 단어로 자신이 했던 모든 이야기를 요약했다.

이런 요약이 효과적이라고 생각하는가? 그렇다면 당신도 이렇게 요약해서 이야기를 끝맺어보라.

행동에 호소하라

앞에서 인용했던 연설은 행동을 촉구하는 끝맺음을 보여주는 훌륭한 예시다. 화자는 무언가를 하고 싶어 한다. 차단 장치를 남부 지부에도 설치하자는 것이다. 그는 그 근거로 돈을 절약할 수 있고, 파손을 예방할 수 있다고 했다. 화자는 행동을 원했고, 원하는 바를 성취했다. 그저 발표하는 것에 그치지 않았다. 그는 철도회사 이사진 앞에서 이 안건을 발표함으로써 자기가 요청한 차단 장치 설치를 승인받았다.

15장에서는 화자가 어떤 행동을 원할 때 직면하는 문제는 무엇이고, 이를 어떻게 해결해야 하는지에 대해 상세히 다루도록 하겠다.

간결하고 진심 어린 칭찬을 하라

위대한 펜실베이니아주는 다가오는 새로운 시대를 이끄는 주가 되어야 합니다. 세계에서 가장 위대한 철도회사의 어머니이자 이 나라에서 세 번째 농업 생산 규모를 자랑하는 펜실베이니아는 우리 경제의 주춧돌입니다. 그 어느 때보다 미국 경제는 전망이 밝고, 우리 앞엔 리더십을 발휘할 더없이 좋은 기회가 있습니다.

찰스 슈와브는 이러한 말로 뉴욕 펜실베이니아 협회 연설을 끝마쳤다. 그의 연설을 들은 청중은 기쁨에 복받쳤고, 행복했고, 낙관에 젖었다. 연설을 마무리하는 정말 훌륭한 방식이다. 하지만 효과가 있으려면 반드시 진정성이 있어야 한다. 겉으로만 그럴듯해 보이는 칭찬은 필요 없다. 지나친 칭찬도 삼가야 한다. 이러한 연설이 진정성 없이 끝난다면 마친 후에도 계속해서 기분 나쁘고, 마음에 울림을 주지 못한다. 그리고 마치 위조지폐처럼 사람들은 그것을 갖다 버리고 기억조차 하지 않으려 들 것이다.

웃음을 자극하라

가수 조지 코핸Geore Cohan은 이렇게 말한 적이 있다. "작별 인사를 할 때는 항상 웃으면서 떠나게 하라." 당신이 그런 능력을 갖고 있다면 정말 멋진 일이다! 하지만 그 능력을 어떻게 사용해야 할까? 햄릿이 말한 것처럼 그것이 문제다. 각자 자기 나름의 방식을 사용해야 한다.

로이드 조지 총리가 감리교 신자들 앞에서 감리교도 창시자 존 웨슬리John Wesley의 무덤이라는 대단히 심각한 주제로 연설할 때, 사람들은 배꼽이 빠질 만한 이야기가 나올 거라고는 꿈에도 생각지 못했을 것이다. 하지만 로이드 조지가 이야기를 어떻게 마무리 짓는지 지켜보라. 얼마나 아름답고 우아하게 끝맺는지 주목해보라.

저는 여러분이 그분의 무덤을 수리해주셔서 기쁩니다. 명예로운 일입니다. 그분은 단정하고 청결하지 못한 모든 것을 특히 혐오했습니다. 제 생각에는 "그 누구도 남루한 감리교도를 보지 못하게 하라"라고 말한 것도 그분이었습니다. 그분 덕에 그런 감리교도를 우리가 못 본 거지요. (웃음) 그러니 그분의 무덤을 남루하게 방치하는 것은 두 배로 잘못을 저지르는 일입니다. 여러분은 자신이 지나가는 문 앞으로 달려와 "하느님의 축복이 있기를, 웨슬리 씨"라고 소리쳤던 더비셔의 한 소녀에게 그가 했던 말씀을 기억하십니까? "소녀야, 네 얼굴과 앞치마가 더 깨끗했더라면 네 축복이 더 가치가 있을 것 같구나." (웃음) 이처럼 웨슬리는 지저분한 것을 참지 못하는 사람이었습니다. 그러니 그분 무덤을 허름한 상태로 내버려두지 맙시다. 혹시 그분이 지나가다 보고는 상처받을지도 모릅니다. 무덤을 잘 돌봅시다. 길이 기려야 할 성스러운 장소입니다. 여러분에게 맡겨진 일입니다. (환호의 박수)

적절한 시구를 인용하라

제대로만 한다면 연설을 마무리하는 방법 중에 유머나 시로 끝내는 방법보다 더 효과적인 것은 없다. 사실 연설의 마지막을 장식할 적당한 시를 알고 있다면 그야말로 이상적이다. 연설에 당신이 원하는 색채를 입히고, 위엄을, 개성을, 아름다움을 덧씌워줄 것이다.

로터리 클럽 회원이었던 해리 로더Harry Lauder 경은 영국 에든버러에서 개최된 로터리 협회 대의원회 연설을 이렇게 끝맺었다.

집에 돌아가시면 제게 우편엽서를 보내세요. 안 보내시겠다면 제가 보내지요. 여러분은 제가 보낸 엽서구나 하고 금방 알아보실 겁니다. 우표를 붙이지 않을 예정이거든요. (웃음) 몇 마디 글을 써드리지요. 아마 이런 글일 겁니다.

계절은 오고 가고,

모든 것은 시들기 마련이다.

하지만 아침 이슬처럼 신선하게 피어 있는 게 하나 있으니,

내가 당신에게 바치는 사랑과 애정이다.

해리 로더와 잘 어울리는 아름다운 시다. 연설 취지와도 어울렸을 것이다. 정말 훌륭하다. 격식을 중시하고 자제력이 강한 로터리 클럽 회원이 진지한 이야기를 잔뜩 늘어놓은 뒤에 이 시를 읊었다면 전체 분위기와 어울리지 않았을 것이고, 우스꽝스럽기만 했을 것이다. 대중연설을 가르치면 가르칠수록 나는 더 분명하고 확실하게 느낀다. 모든 경우에 다 적용할 수 있는 일반적인 규칙이란 없다는 걸 말이다. 주제, 시간, 장소, 사람에 따라 모든 게 다 달라진다. 사도 바울이 말했듯이 모든 사람은 "자기 자신을 구원해야 한다".

최근 뉴욕시에서 한 전문직 종사자의 퇴직을 기념하는 송별 만찬에 초

대받은 적이 있다. 열 명 정도 되는 화자들이 차례차례 일어나 떠나가는 친구에게 찬사를 보내고, 새로운 활동 분야에서 성공하길 기원하는 자리였다. 그중 한 명의 이야기는 영원히 잊지 못할 것 같다. 멋진 시로 마무리했는데, 화자는 떠나는 친구를 향해 이렇게 말하며 눈물을 흘렸다. "자, 이제, 안녕, 행운을 빌어요. 세상의 모든 행운이 당신과 함께하길 빌어요!" 그리고 다음과 같은 시로 마무리했다.

> 동양인처럼 가슴에 손을 모아 기도해요
> 알라신의 평화가 당신과 함께하라고요
> 당신이 어디서 오든, 당신이 어디를 가든
> 알라신의 아름다운 종려나무가 함께하길 바라요
> 수고로운 낮과 쉬어가는 밤 동안
> 알라신의 사랑이 당신을 축복해주길
> 동양인처럼 가슴에 손을 모아 기도해요
> 알라신의 평화가 당신과 함께하라고요.

L.A.D. 자동차 부사장 J.A. 애벗[Abbott]은 회사 직원들 앞에서 충성심과 협동심이라는 주제로 연설을 하면서 키플링의 『정글북』 속편에 나오는 시구로 이야기를 마무리했다.

> 사, 이게 정글의 법칙이다, 하늘만큼 오래되고 진실된.
> 이 법칙을 따르는 늑대는 번성할 것이요, 따르지 않는 늑대는 죽을 것이다.
> 나무를 휘감는 덩굴처럼, 이 법칙도 정글을 휘감고 지배하리라.
> 무리가 곧 늑대의 힘이고, 늑대의 힘이 곧 무리이니.

가까운 공립도서관에 가서 사서에게 어떤 주제로 발표를 준비하고 있는데, 이런저런 아이디어를 표현할 만한 그럴듯한 시구를 찾고 있다고 덧붙이면, 사서는 당신에게 도움이 될 만한 적절한 책을 찾아줄 것이다. 예를 들어 『바틀릿의 친근한 인용문Bartlett's Familiar Quotations』 같은 책 말이다.

성경을 인용하라

성경 구절을 인용해 연설을 끝낼 수 있다면 운이 좋다. 성경을 인용하면 놀라운 효과가 있기 때문이다. 미국의 은행가 프랭크 밴더리프Frank Vanderlip는 미국에 대한 연합국의 채무를 주제로 한 연설에서 다음과 같이 끝맺었다.

> 만약 우리가 숫자 하나까지 관철하려 든다면 우리의 요구는 결코 실현되지 않을 겁니다. 우리가 이기적인 태도로 그것을 고집한다면 현금 대신 증오나 받게 될 겁니다. 우리가 관대하고, 지혜롭고, 너그럽다면, 우리는 모든 청구금을 받게 될 겁니다. 우리가 베푸는 아량은 우리가 놓칠 수도 있는 그 어떤 것보다 물질적으로 훨씬 더 큰 이득이 될 겁니다. "누구든지 제 목숨을 구하고자 하는 사람은 잃을 것이요, 누구든지 나와 복음을 위하여 제 목숨을 잃은 사람은 구할 것이다."

클라이맥스를 조성하라

클라이맥스는 이야기를 끝내는 방법 중에서도 꽤 인기 있는 방식이다. 하지만 클라이맥스는 다루기 힘들고, 모든 화자가 이용할 수 있는 것도 아니고, 모든 주제에 사용할 수도 없다. 하지만 잘 사용했을 때 그 효과는 대단하다. 뒤로 갈수록 점점 더 최고조로, 정점으로 치닫기 때문이다. 클라이맥스의 좋은 예로는 3장 필라델피아 연설의 종결 부분을 보라.

링컨은 나이아가라폭포를 소재로 한 연설을 준비하며 클라이맥스 기법을 이용했다. 읽어보면서 각각의 비유가 뒤로 가면 갈수록 어떻게 강해지는지 느껴보라. 링컨이 자신의 시대를 콜럼버스의 시대, 예수의 시대, 모세의 시대, 아담의 시대와 비교해가며 어떻게 점층적인 효과를 주는지 주목하라.

이 폭포를 보고 있으려니 까마득한 옛날이 떠오릅니다. 콜럼버스가 처음 이 대륙을 찾아 헤매던 때, 예수님이 십자가 위에서 고통을 겪으셨을 때, 모세가 홍해를 뚫고 이스라엘 백성을 가나안으로 이끌고 나아갔을 때, 심지어 창조주의 손에서 아담이 처음 만들어졌을 때, 그때도 지금처럼 나이아가라폭포는 이 자리에서 포효하고 있었습니다. 지금은 멸종해서 미국의 산을 뼈로 가득 채운 거인족도 나이아가라폭포를 바라보고 있었습니다. 지금의 인간에게나 최초의 인류에게나 그보다 더 앞서 살았던 존재에게나 모두 똑같이 나이아가라폭포는 강력하고 신선합니다. 이미 멸종한 지 오래되어 그 엄청난 화석 조각만이 존재를 증명해주는 매머드나 마스토돈도 이 폭포를 보았습니다. 그 길고 긴 시간 동안 잠시도 멈추지 않고, 잠시도 마르지 않고, 한 번도 얼지 않고, 한 번도 자지 않고, 한 번도 쉬지 않았던 이 폭포를 말입니다.

미국의 변호사 웬들 필립스Wendell Phillips는 아이티의 혁명가이자 독립투사 투생 루베르튀르Toussaint Louverture를 주제로 한 연설에서 링컨과 똑같은 방법을 사용했다. 마지막 부분을 아래에 소개해놓았다. 이 글은 대중연설 책에서도 흔히 인용되며, 활력과 생명력이 넘치는 글이다. 지금과 같이 실용주의가 대세인 시대에 보면 약간은 장식적인 느낌이 없지 않지만, 여전히 흥미롭다. 이 연설은 50년도 전에 쓰였다. 웬들 필립스가 "50년 후 진실이 제 목소리를 내게 되면"이라고 운운하며 존 브라운과 투생 루베르튀르의 역사적 중요성을 잘못 예언했던 것도 재미있지 않은가? 역사를 예견하는 일은 내년 주식시장이나 돼지기름 가격을 예측하는 일만큼이나 어려운 일이 분명하다.

저는 투생 루베르튀르를 나폴레옹이라고 부르고 싶습니다. 하지만 나폴레옹은 맹세를 어기고 황제가 되어 피바람을 불러일으켰지요. 이 사람은 약속을 어긴 적이 없습니다. "보복은 없다"라는 말은 그의 삶에서 위대한 좌우명이자 규칙이었습니다. 프랑스에서 아들에게도 마지막으로 이렇게 말했다고 합니다. "아들아, 넌 언젠가 산토도밍고로 돌아가겠지. 프랑스가 네 아비를 죽였다는 건 잊어라." 저는 투생 루베르튀르를 크롬웰Richard Cromwell이라 부르고 싶습니다. 하지만 크롬웰은 그저 군인에 지나지 않았고, 그가 만든 국가는 그와 함께 사라지고 말았습니다. 저는 투생 루베르튀르를 워싱턴George Washington이라 부르고 싶습니다. 하지만 그 위대한 버지니아 사람은 노예를 거느리고 있었지요. 이 사람은 자기 영토의 가장 미천한 마을에서조차 노예제도를 허용하느니 차라리 영토 전체를 걸고 투쟁에 나섰던 사람입니다.

여러분은 오늘밤 저를 광신자라고 생각할지도 모르겠습니다. 그것은 여러분이 역사를 읽을 때 눈으로 읽지 않고 편견으로 읽기 때문입니다. 하지만 지금으로부터 50년 후 진실이 제 목소리를 내게 되면, 역사의 여신은 그리스인을 위해서는 포키온Phocion(그리스의 정치가·연설가)을, 로마인을 위해서는 브루투스를, 영국인을 위해서는 햄던John Hampden(의회파 지도자로서 청교도혁명을 이끈 영국의 정치가)을, 프랑스인을 위해서는 라파예트Marquis de La Fayette(프랑스의 사상가이자 군인으로 미국 독립전쟁의 영웅)를 선택하고, 워싱턴은 우리 초기 문명의 가장 아름답고 완벽한 꽃으로, 존 브라운은 우리 역사의 가장 잘 익은 과일로 선택할 것입니다. 그러고는 역사의 여신은 햇빛에 펜을 적셔 선명한 파란색으로 그 모든 사람 위에 위대한 군인이며 정치가이자 순교자인 투생 루베르튀르의 이름을 적을 것입니다.

한 발로 서 있을 동안만 말하기

좋은 시작과 좋은 마무리를 위해서는 끊임없이 찾고, 뒤지고, 실험하라. 그리고 그것들을 늘 가까운 곳에 두라.

지금처럼 빠르고 급박한 시대에 말을 적당히 끊지 못하고 질질 늘어놓는 화사는 환영받지 못하며 때로는 미움을 사기도 할 것이다.

심지어 사도 바울 같은 성인도 이런 면에서는 잘못을 저질렀다. 그는 청중 가운데 '유디코(유두고)'라는 소년이 졸다가 창밖으로 떨어져 목이 부러질 지경에 이를 때까지 연설을 계속했다. 목이 부러져도 그는 말을 멈추지 않았을지 모른다. 누가 알겠는가?

브루클린의 유니버시티 클럽에서 연설하던 한 의사가 기억난다. 연회는 아주 길었다. 이미 많은 사람이 연설을 했고, 새벽 2시가 되어서야 비로소 그의 차례가 되었다. 약간의 재치와 분별력이 있는 사람이었다면 대여섯 문장으로 연설을 끝내고 우리를 집으로 돌려보냈을 것이다. 하지만 그러지 않았다. 그는 생체해부에 반대하는 장광설을 무려 45분에 걸쳐 늘어놓았다. 이미 한참 전부터 청중 몇몇은 자기가 유디코처럼 창 아래로 떨어져 어디라도 부러져야 저 사람의 입을 다물게 할 수 있지 않을까 고민하고 있었다.

『새터데이 이브닝 포스트』 편집자인 로리머 씨는 신문 연재물이 인기 절정일 때 끝내는 게 자신의 원칙이라고 말한 적이 있다. 사람들은 연재를 이어가라고 아우성쳤을 것이다. 그런데 왜 중단할까? 왜 하필 그때일까? 로리머 씨는 말했다. "인기 절정인 순간이 지나면 사람들은 곧 싫증내거든요."

똑같은 지혜를 연설에도 적용할 수 있고, 그렇게 해야 한다. 청중이 듣고 싶은 말이 아직 있을 때 연설을 끝내리.

예수의 말씀 중 최고로 꼽히는 산상수훈은 5분 안에 다 읽을 수 있다. 링컨의 게티즈버그 연설은 겨우 열 개의 문장으로 구성되어 있다. 창세기의 창조 기사를 읽는 데 걸리는 시간은 조간신문에 난 살인 기사를 읽는 것보다도 짧다. 간결하라! 간결하게 줄여라!

아프리카 니아사의 부주교였던 존슨 박사(대개 존슨 박사라고 하면 새뮤얼 존슨^{Samuel Johnson}을 가리키지만 여기서는 윌리엄 퍼시벌 존슨^{William Percival Johnson}을 의미한다 - 옮긴이)는 한 아프리카 원시 부족에 관해 책을 썼다. 그는 49년간 원주민과 함께 살며 그들을 관찰했다. 그 부족에서 누군가 지나치게 오래 말하면, 그곳에 모인 청중은 '이메토샤!'를 연호해 연설을 중단시킨다고 한다. '충분하다'라는 의미다.

또 다른 부족은 화자가 한 발로 서 있을 수 있는 시간까지만 말하기를 허용한다고 한다. 들어 올린 발의 발끝이 땅에 닿으면 하던 이야기를 중단해야 한다.

좀 더 예의 바르고 자제력이 있다는 문명인도 아프리카 부족민처럼 긴 이야기를 싫어하는 것은 매한가지다.

당신이 한 귀로 듣고 흘릴 걸 알지만,

제발 그들을 거울 삼아라.

그들에게서 말하는 법을 배워라.

어떻게 끝낼 것인가

1. 이야기의 마무리는 가장 전략적인 부분이다. 마지막으로 하는 말은 가장 오랫동안 기억에 남기 때문이다.

2. "제 생각에 할 말은 다 한 것 같군요. 이제 그만 마치겠습니다." 이런 말은 하지 마라. 끝내겠다는 소리 예고 없이 끝마치라.

3. 웹스터, 브라이트, 글래드스턴처럼 연설의 마무리를 미리 세심하게 계획하라. 어떻게 끝낼지 단어 하나까지 정확하게 외워라. 매끈하게 끝을 내라. 삐죽빼죽한 돌처럼 거칠고 모난 부분이 눈에 띄게 하지 마라.

4. 말을 끝내는 일곱 가지 방법

   (1) 요약하고, 재진술하고, 간결하게 요점을 정리하라.

   (2) 행동에 호소하라.

   (3) 진심 어린 칭찬을 하라.

   (4) 웃음을 자극하라.

   (5) 적절한 시구를 인용하라.

   (6) 성경을 인용하라.

   (7) 클라이맥스를 조성하라.

5. 훌륭하게 시작해서 훌륭하게 끝내라. 둘 사이는 짧을수록 좋다. 청중이 그만두길 원히기 전에 끝내라. "인기 절정인 순간이 지나면 사람들은 곧 싫증을 낸다."

공명 개발하기 1

좋은 소리를 내는 세 가지 기본 원리는 정확한 호흡, 이완, 공명共鳴이다. 호흡과 이완은 앞에서 다루었고 이제 공명이 남았다. 라디오나 축음기는 어떻게 크고 아름다운 소리를 낼까? 바로 소리의 진동을 더 크게 만들어주는 공명판 때문이다.

사람의 몸은 목소리의 공명판 역할을 한다. 바이올린이나 피아노가 음을 증폭하고 아름답게 만들어주는 원리를 떠올리면 된다. 첫소리는 성대에서 나지만 이 소리는 가슴, 치아, 입천장, 구강 그리고 얼굴의 다른 부분을 포함한 단단한 구조물로 가서 울려 퍼진다. 이러한 반향이 목소리의 특징을 결정한다. 당신이 횡격막에서부터 이완된 목을 통해 로켓처럼 쏘아 올린 목소리가 소리의 소나기로 잘게 나눠져 콧구멍을 비롯한 머리의 여러 부분으로 떨어져 내린다고 생각해보라.

공명에 대해 이야기하는 것은 쉽다. 우리는 평생 공명을 사용해왔기 때문이다. 공명을 쓰지 않는다면 3미터만 떨어져도 서로의 말을 들을 수 없다.

다만 우리에게 주어진 과제는 연설과 대화에 적합한 공명을 개발하는 것이다. 음악평론가 살바토레 푸치토Salvatore Fucito와 바넷 베이어Barnet Beyer는 『카루소와 노래의 기교Caruso and the Art of Singing』에서 재미있는 이야기를 했다.

허밍(입을 다물고 코로 소리를 내어 노래를 부르는 창법)이 목소리 훈련에 좋다는 이야기는 잘 알려져 있다. 허밍을 제대로 연습하면 공명을 개발할 수 있다. 허밍은 으르렁대는 소리처럼 들릴 때가 많은데 그것은 턱, 입술, 혀, 성대의 막이 지나치게 굳어 있기 때문이다. 말을 할 때도 발성기관 허밍 시와 같은 위치에 두어야 한다. 얼굴 근육, 턱, 혀를 편안하게 쉬거나 잘 때처럼 완벽하게 이완한다. 입은 가볍게 다문다. 근육 때문에 소리의 떨림이 죽어서는 안 되며, 긴장한 나머지 억지로 소리를 내서도 안 된다. 비강 안에서 울려 퍼지는 소리를 둥글고 아름답게 만들려고 해야 한다.

이제 혀, 목, 입술, 턱을 이완한 다음 자신이 아는 노래를 허밍으로 불러보자. 허밍을 시작할 때 손바닥을 머리 위에 얹고 진동을 느껴보라. 이는 공명 개발에 무척 중요한 과정이다.

허밍을 하며 숨을 들이마시면서 얼굴과 코와 머리에 시원한 기분을 느껴보라. 숨을 내쉴 때는 오히려 숨을 들이마시는 중이라고 상상하라. 여전히 코와 머리에 시원한 기분을 느낀다고 생각하라. 이렇게 하면 비강을 계속 열어두게 되어 공명을 강화하고 증폭하는 데 도움이 된다. 연설할 때도 숨을 들이마시는 감각을 유지하려고 애쓰라.

다시 한번 같은 노래를 허밍으로 불러보자. 이번에는 손을 머리 뒤에 대고 진동을 느껴보라.

그다음에는 코에서 나오는 음에 집중하라. 마치 숨 쉴 때처럼 코에서 흘러나오고 코로 흘러 들어가는 소리를 느껴보라. 눈 앞꼬리 아래에 있는 콧대의 윗부분을 엄지와 검지로 쥔 다음, 허밍하면서 진동을 느껴보라.

같은 노래만 하면 지루할 수 있으니 다른 노래를 불러보라. 이번에는 허밍하면서 소리가 입술에서 나온다고 생각해보자. 검지를 입술에 대고 진동을 느껴보라. 간질간질한 느낌이 들 것이다.

이제 가능한 한 작은 목소리로 노래해보자. 가슴에 손바닥을 내고 진동을 느껴보라.

다시 한번 허밍하면서 이번에는 오른쪽 손바닥을 가슴에 대고, 왼쪽 손바닥으로 머리와 얼굴의 여러 부분을 짚어보자. 몸 전체가 진동하며 공명하는 걸 느껴보라. 내가 아는 가수들은 허밍할 때 손가락과 발가락 끝에서도 진동을 느낀다고 했다.

12장

의미를 명확히 하는 법

명료하게 말하기만 해도 열에 아홉은 진실로 받아들인다.

브리태니커 백과사전

당신이 할 말을 세심하게 검토하라. 말을 글로 옮겨보고, 누군가에게 들려주듯 소리 내어 말하라. 핵심을 순서대로 배치하고, 중요도에 따라 시간을 배분하라. 그리고 준비했던 게 끝나면 더는 아무 말도 하지 마라.

에드워드 에버렛 헤일Edward Everett Hale (작가, 종교인)

기업인들 앞에서 솔로몬에 대해 말해야 한다면, 그를 당시의 J. P. 모건이라고 하라. 야구팬에게 삼손에 대해 설명해야 한다면, 당대의 베이브 루스Babe Ruth라고 하라. 프랭크 시몬즈Frank Simonds는 힌덴부르크 방어선을 무너뜨린 포슈 장군의 전략을 대문 경첩 두 개를 부순 것에 비유했다. 빅토르 위고도 워털루 전투를 묘사하기 위해 A라는 문자를 이용했고, 미국사를 쓴 헨리 엘슨Henry W. Elson은 말굽 모양을 이용해 게티즈버그 전투를 설명했다. 전투를 한 번도 보지 못한 사람일지라도 경첩과 말굽 정도는 알고 있기 때문이다.

글렌 클라크Glenn Clark (『즉흥 연설에서의 자기 계발Self-Cultivation in Extemporaneous Speaking』 저자)

백문이 불여일견이라.

중국 속담

아버지는 지적 에너지가 아주 높으셨어요. 아버지께 많은 부분을 배웠지요. 특히 아버지는 모호한 걸 절대 참지 못하셨어요. 그래서 글을 배우기 시작했을 때부터 1903년 아버지가 81세에 놀아가실 때까지 제가 쓴 모든 걸 보여드려야 했지요. 저더러 늘 큰 소리로 읽으라고 시키셨는데, 전 그게 항상 창피했어요. 때로는 잠깐 멈추게 하고는 "그게 무슨 소리냐?"라고 물으셨고, 저는 대답했지요. 제가 쓴 것보다 훨씬 더 간결하게 말했던 것 같아요. 그러면 또 "왜 그렇게 쓰지 않았어?"라고 질문하셨어요. "총으로 여기저기 쏜다고 해서 하나라도 의미가 잡히는 게 아니란다. 말하고자 하는 걸 정확하게 겨눠서 쏴야지!"

우드로 윌슨Woodrow Wilson (제28대 미국 대통령)

제1차 세계대전 중 유명한 영국인 주교 한 분이 롱아일랜드의 업턴 캠프에서 배움이 짧은 흑인 병사를 대상으로 부대에서 설교한 적이 있다. 흑인들은 곧 악명 높은 참호로 갈 참이었다. 하지만 왜 자신들이 그리로 가야 하는지 알고 있는 사람은 극소수에 불과했다. 주교는 이들을 모아놓고 '국제적 우호'와 '세르비아가 존재해야 할 권리' 등에 관해 이야기했다. 아, 이 흑인 중 절반은 세르비아가 도시 이름인지 질병 이름인지조차 몰랐다. 결과로만 보면 주교가 태양계가 성운 물질로 만들어졌다는 성운설에 찬사를 보낸다 한들 아무 상관 없었을 것이다. 하지만 단 한 명의 군인도 그가 연설하는 도중에 강당을 떠나지 않았다. 무장한 헌병 대원들이 모든 출구를 막고 지키고 서 있었기 때문이다.

　그 주교를 비난하고 싶지는 않다. 그는 모든 면에서 뛰어난 학자였고, 교양 있는 사람들에게는 대단히 훌륭한 설교였을 것이다. 하지만 그의 설교는 처참하게 실패했다. 실패 원인은 청중이 배우지 못한 흑인이었기 때문이다. 그는 청중에 대해 알지 못했고, 설교의 정확한 목적이 무엇인지, 어떻게 그 목적을 성취해야 하는지도 몰랐다.

모든 이야기는 화자가 깨닫건 깨닫지 못하건 간에 네 가지 목적을 가지고 있다.

1. 명확하게 이해시킨다.
2. 깊은 인상을 주어 설득한다.
3. 행동하게 한다.
4. 재미를 준다.

구체적인 예를 통해 하나씩 살펴보자.

항상 기계에 많은 관심을 가지고 있던 링컨은 좌초한 배를 모래톱이나 그 밖의 방해물들로부터 건져 올리는 장치를 발명해 특허 신청을 낸 적이 있었다. 그는 자신의 법률사무소 근처에 있던 작업장에서 장치를 제작했다. 결국 그 장치는 아무짝에도 쓸모없는 물건으로 판명 났지만, 그는 포기하지 않았다. 친구들이 장치를 구경하겠다고 사무실에 오면, 그는 모든 일을 내팽개치고 장치에 대해 설명했다. 이 설명의 목적은 다른 사람을 분명하게 이해시키는 것이었다.

그가 게티즈버그에서 역사에 길이 남은 연설을 했을 때, 두 번의 대통령 취임 연설을 했을 때, 미국 외무장관 헨리 클레이Henry Clay가 사망해 추도사를 했을 때, 이 모든 행사에서 링컨이 가장 중요히게 생각했던 목표는 사람들에게 깊은 인상을 주어 설득하는 것이었다. 물론 청중을 설득하기 위해서는 명확한 설명이 필요하다. 하지만 이런 경우 명확한 설명은 주요 고려 사항이 아니었다.

배심원 앞에서 이야기할 때는 유리한 판결을 이끌어내려 했고, 정치적 연설에서는 표를 얻으려고 했다. 이 경우 그의 목적은 사람들을 행동하게 만드는 것이었다.

대통령에 당선되기 2년 전, 링컨은 발명을 주제로 연설을 준비한 적이 있다. 그 연설의 목적은 듣는 사람에게 재미를 주는 것이었다. 최소한 그것이라도 이루어내야 했지만, 링컨은 성공하지 못했다. 그때까지만 해도 대중연설가로서 링컨의 경력은 사실 실패에 가까웠다. 어떤 도시에서는 그의 연설을 들으러 온 사람이 아무도 없었다.

하지만 내가 언급했던 몇몇 연설에서는 대단한 성공을 거두었다. 왜일까? 그때에는 연설의 목적을 정확하게 알고, 그 목적을 이루는 방법 역시 완벽하게 파악하고 있었기 때문이다. 그는 가고 싶은 곳이 어디인지, 어떻게 가야 할지를 정확히 알고 있었다. 많은 화자가 이러한 목적을 모른 채 갈팡질팡하다가 결국 비참한 상황에 빠지고 만다.

예를 들어보자. 한번은 미국 상원의원 한 명이 청중으로부터 많은 야유를 받으며 뉴욕 히포드롬 무대를 쫓기듯 떠나야 했다. 그 이유는 그가 무의식적으로, 하지만 지혜롭지 못하게 연설의 목적을 '명확한 이해'로 잡았기 때문이다. 제1차 세계대전이 한창일 때였다. 그는 청중에게 미국이 어떻게 전쟁을 준비하고 있는지에 대해 이야기했다. 하지만 청중은 지겨운 가르침 따위는 받고 싶지 않았다. 그들이 원한 건 재미였다. 그들은 인내심 있게, 예의 바르게, 10분 정도 참고 들어주었고 15분이 되자 빨리 연설이 끝나길 바랐다. 연설은 끝나지 않았고, 두서없는 이야기는 그칠 줄 모르고 계속됐고, 어느 순간 청중의 인내심은 바닥나버렸다. 더는 견딜 수 없을 지경이 되자 누군가 야유의 박수를 보냈다. 다른 사람들도 이에 반응하기 시작했다. 순식간에 수천 명의 사람들이 휘파람을 불며 소리를 질러댔다. 너무나 둔한 나머지 청중의 상태를 깨닫지 못했던 그는 계속해서 말하는 어리석은 선택을 하고 말았다. 청중은 격분했다. 화자와 청중 사이의 싸움이 지속되었고, 청중의 분노는 커져만 갔다. 어떤 일이 있어도 화자의 말을 중단시키고야 말겠다는 결의마저 느껴질 정도였다. 마침내 청중의 고함과 분노로 인해 화자의 목소리가 5미터 내외에서도 들리지 않을 정도가 되었다. 하는 수 없는 그는 포기해야 했다. 자신의 패배를 인정하고 수치심을 느끼며 자리를 빠져나가야 했다.

이 사례를 통해 얻어야 할 교훈은 연설의 목적을 파악해야 한다는 것이다. 연설을 준비하기 전에 우선 연설의 목적을 선택하라. 그 목적에 도달할 방법도 준비하라. 그러고 나서 연설을 시작하라. 능수능란하다는 느낌이 들도록 말해야 한다.

이를 위해서는 지식과 더불어 특별한 훈련이 필요하다. 그래서 앞으로 네 개의 장은 그 특별한 훈련을 위해 할애하고자 한다. 우선 이 장의 나머지 부분에서는 어떻게 하면 명확하게 연설할 수 있는지를 설명하고자 한다. 13장은 깊은 인상을 남기며 설득력 있게 연설하는 방법을, 14장은 재미있게 말하는 방법을, 15장은 청중을 행동하게 만드는 과학적인 방법을 알려주고자 한다.

비교를 이용해 명확하게 표현하라

명확성은 과소평가할 사안이 아니다. 명확하게 말하고 쓰는 게 어렵다는 사실도 인정해야 한다. 최근 한 아일랜드 시인이 자신의 시를 낭송하는 걸 들은 일이 있다. 청중의 10퍼센트는 그가 무슨 이야기를 하고 있는지 몰랐을 것이다. 대중연설은 물론이고 사적인 대화에서도 마찬가지다.

올리버 로지Oliver Lodge 경은 40년에 걸쳐 대학생과 일반인을 상대로 강의와 강연을 해왔다. 한번은 그와 대중연설의 핵심에 관해 대화를 나눈 적이 있다. 그는 무엇보다 지식과 준비가 가장 중요하다고 강조했고, 다음으로 "명료함을 위해서라면 어떤 수고도 아껴서는 안 된다"라고 말했다.

독일의 육군 원수 몰트케Helmuth Karl Bernhard Graf von Moltke 장군은 보불전쟁이 발발하자 자신의 장교들에게 이렇게 말했다고 한다. "기억하게, 자네들. 오해의 소지가 있는 명령은 반드시 오해하게 될걸세."

나폴레옹도 똑같은 위험을 알고 있었다. 비서관들에게 가장 많이 강조하며 반복했던 지시는 "명확하게! 명확하게!"였으니 말이다.

사도들이 예수에게 왜 그렇게 많은 비유를 들어 대중을 가르치냐고 묻자, 이렇게 말했다. "내가 그들에게 비유로 말하는 이유는 그들이 보아도 보지 못하고, 들어도 듣지 못하고 깨닫지도 못하기 때문이다."

낯선 주제를 가지고 연설할 때, 청중이 예수의 말씀을 이해하려고 했던 것만큼 당신의 말을 이해하려고 노력하리라 생각하는가?

그럴 가능성은 거의 없다. 그러면 어떻게 해야 할까? 예수라면 그런 상황에서 어떻게 했을까? 상상할 수 있는 가장 쉽고 자연스러운 방법으로 해결했을 것이다. 사람들이 잘 모르는 걸 잘 아는 것에 빗대어 설명했을 것이다. 천국은 무엇에 비유해야 할까? 배우지 못한 팔레스타인 농부들은 어떻게 가르쳐야 할까? 예수는 이들이 이미 잘 알고 있는 행동과 대상을 가지고 설명했다.

"천국은 마치 한 여인이 밀가루 서 말 속에 갖다 넣은 누룩과 같다."
"천국은 마치 좋은 진주를 구한 상인과 같다."
"천국은 마치 바다에 던져 각종 물고기를 모으는 그물과 같다."

팔레스타인 농부들도 이해할 수 있을 만큼 명확한 비유다. 청중 속에 있던 아낙들은 매일같이 누룩을 만들고, 상인들은 진주를 거래하고, 어부는 바다에 그물을 던지니 말이다.

다윗은 하느님의 인자함과 자비를 어떻게 이해시켰을까?

여호와는 나의 목자시니 내게 부족함이 없으리로다. 그는 나를 푸른 초원에 누이시며 쉴 만한 물가로 인도하시도다.

메마른 땅에서 초원이라니, 양들이 물을 마시며 쉬는 물가라니. 양 치던 사람들이라면 모두 이해할 수 있는 말이다.

이번에는 다소 놀라우면서도 흥미로운 예를 들어보자. 몇몇 선교사들이 아프리카 적도 부근에 사는 부족의 언어로 성경을 옮겼다. 이들은 이런 구절을 만났다. "너희의 죄가 주홍빛과 같다 하여도 눈과 같이 희어질 것이다." 어떻게 번역해야 할까? 문자 그대로 옮겨야 할까? 의미가 통하지 않을 것이다. 어쩌면 우스꽝스럽게 느껴질 수도 있다. 원주민들은 눈을 한 번도 본 적이 없고, 심지어 그들의 언어에는 눈이라는 낱말조차 없다. 이들은 눈과 타르조차 구별하지 못할 것이다. 하지만 코코넛 나무에 올라 열매를 잡아 떨어뜨려 점심으로 먹는 일은 매일같이 하는 일이었다. 그래서 선교사들은 모르는 걸 아는 것으로 치환하기로 했다. 그 구절은 다음과 같다. "너희의 죄가 주홍빛과 같다 하여도 코코넛 속살처럼 희어질 것이다."

그런 상황에서 이보다 나은 표현은 없을 것이다. 그렇지 않은가?

한번은 미주리주 워렌스버그 주립 교육대에서 영 엉망인 연설을 들은 적이 있다. 아프리카 선교사들처럼 청중이 아는 이야기로 말하지 않아서 명확하지도 않고 흥미를 끄는 데도 실패했기 때문이다. 그 화자는 알래스카에 관해 이야기하고 있었는데, 알래스카의 총면적은 153만 제곱킬로미터이고, 인구는 6만 4,356명이라고 했다.

153만 제곱킬로미터라…. 평범한 사람들에게는 어떤 의미가 있을까? 아무런 의미가 없다. 평범한 사람은 제곱킬로미터를 기준으로 면적을 생각하지 않기 때문이다. 153만 제곱킬로미터가 메인주나 텍사스주 정도 크기라는 것도 모를 것이다. 만일 화자가 알래스카와 그 주변 섬들을 합친 해안이 지구를 한 바퀴 도는 거리보다 길다든가 그 크기가 버몬트, 뉴햄프셔, 메인, 매사추세츠, 로드아일랜드, 코네티컷, 뉴욕, 뉴저지, 펜실베이니아, 델라웨어, 메릴랜드, 웨스트버지니아, 노스캐롤라이나, 사우스캐롤라이나, 조지아, 플로리다, 미시시피, 테네시주를 모두 합쳐놓은 것보다 넓다고 말했다면 어땠을까? 알래스카 면적에 대해 모든 사람이 분명하게 알아듣지 않았을까?

그는 알래스카 인구가 6만 4,356명이라고 했다. 아마 5분이 지난 다음 그 수치를 기억하는 사람은 10명 중 단 한 명도 없었을 것이다. 1분이 지났다 해도 그러지 않았을까? 왜 그럴까? 6만 4,356명을 빠르게 발음하면 명료한 인상으로 남지 않기 때문이다. 마치 바닷가 모래 위에 쓴 낱말처럼 일시적이고 불안정한 느낌만 남아 있을 뿐이다. 다음 파도가 밀려들면 그 글씨는 지워지기 마련이다. 그렇다면 인구 통계를 사람들에게 친근한 다른 것에 비교했으면 어땠을까? 예를 들어보자. 세인트조지프는 그 강연이 있던 미주리주에서 그리 멀리 떨어져 있지 않다. 그곳에 있던 많은 사람이 세인트조지프에 가본 적 있었을 것이고, 알래스카는 당시 세인트조지프보다 1만 명 정도 인구가 적었다. 아니면 아예 그 연설이 있었던 도시와 알래스카 인구를 직접 비교하는 건 어땠을까? "알래스카는 미주리주보다 여덟 배는 더 큽니다. 하지만 인구는 여기 워렌스버그에 사는 주민의 13배 정도밖에 되지 않습니다."

다음의 예에서 어느 쪽이 좀 더 명료하게 들리는가?

1. 지구에서 가장 가까운 항성은 대략 40조 킬로미터 떨어져 있다.
2. 1시간에 100킬로미터의 속도로 가는 기차가 있다면 가장 가까운 항성까지 가는 데 4,500만 년이 필요할 것이다. 만일 누가 거기에서 노래를 부른다면, 그 소리가 여기까지 당도하는 데는 380만 년이 걸릴 것이다. 거기까지 거미줄을 연결한다면 그 무게만도 500톤은 될 것이다.

1. 세계에서 가장 커다란 교회인 성베드로 성당은 길이 212미터, 너비 110미터다.

2. 성베드로 성당은 워싱턴 국회의사당 위에 똑같은 건물을 하나 더 얹어놓은 것과 비슷한 크기다.

올리버 로지 경은 대중을 상대로 한 강연에서 원자의 크기와 성질을 설명하면서 다음과 같은 비유를 사용했다. 물 한 방울 안에 있는 원자의 수는 지중해의 모든 물방울을 합쳐놓은 것만큼 많다! 그 유럽의 청중 중에는 일주일 동안 지브롤터해협에서 수에즈운하까지 항해한 경험이 있는 사람도 있었다. 좀 더 명확한 이해를 돕기 위해 그는 한 방울의 물에는 지구 전체의 풀잎 수에 맞먹는 원자가 들어 있다고 말하기도 했다.

미국 저널리스트 리처드 하딩 데이비스 Richard Harding Davis는 뉴욕 청중에게 성소피아 성당이 "5번가에 있는 극장 강당만큼이나 크다"라고 했다. 그리고 브린디시시市에 대해서는 "뒤에서 보면 마치 롱아일랜드 같다"라고 말했다.

당신도 이제부터 이러한 원리를 이용하라. 커다란 피라미드를 묘사해야 한다면 우선 그 높이가 137미터라고 하라. 그러고는 사람들이 매일 보는 건물에 빗대어 그게 얼마나 높은지 설명하라. 면적을 설명할 때는 도시의 몇 블록에 해당하는지 말하라. 어떤 액체의 양을 설명할 때도 몇 리터니 몇 파인트니 말하지 말고, 지금 우리가 앉아 있는 이 방 몇 개를 채우면 되는지 이야기하라. 6미터라고 이야기하기보다 이 천장 높이의 1.5배라고 말하는 편이 낫다. 몇 미터니 몇 킬로미터니 하며 단위를 말하는 대신 여기서 요 앞 역까지의 거리, 여기시 당신이 즐겨 찾는 길 어디까지라고 말하는 게 더 명확하지 않겠는가?

전문용어는 피하라
만약 당신이 변호사, 의사, 엔지니어 등의 전문직 종사자라면, 일반인과 말할 때 극도로 조심하라. 사람들 앞에서 이야기할 때는 평범한 말로 세부적인 정보를 전하라.

극도로 조심하라고 했다. 이러한 측면에서 실패한 수백 건의 연설을 나는 들어봤기 때문이다. 화자는 자신의 전문 분야에 대해 일반 대중의 지식이 상당히 부족하다는 사실을 전혀 의식하지 못하는 경우가 많다. 그러니 어떤 일이 벌어지겠는가? 화자는 청중이 이해하지 못하는 말과 경험을 계속해서 늘어놓고 표현하지만 자신에게나 의미 있는 말이 될 뿐이었다. 청중이 듣기에는 장마철의 진흙탕만큼이나 불분명했다.

그럼 어떻게 이야기해야 했을까? 우선 인디애나주 전 상원의원이 한 대중연설에 관한 충고를 주의 깊게 들어보라.

가장 어수룩해 보이는 사람을 골라 그 사람이 여러분의 주장에 흥미를 느끼게 하는 방식으로 연설하는 것도 좋은 방법입니다. 명확한 사실과 명쾌한 논리만 있다면 가능합니다. 더 좋은 방법은 부모와 함께 온 아이들이 알아들을 수 있게 이야기하는 겁니다.

스스로에게, 원한다면 청중에게도 말해보십시오. 아이들도 이해하고 기억할 수 있도록 설명하겠다고요. 나중에 그 아이가 여러분이 했던 말을 그대로 이야기할 수 있도록 하겠다고요.

내 수업을 들었던 한 의사가 발표 시간에 "횡격막 호흡은 내장 기관의 연동운동에 도움이 되고 건강상 큰 혜택을 줍니다"라고 말하는 걸 들은 적이 있다. 그는 그 한 문장으로 해야 할 말을 다 했다는 듯 다른 주제로 넘어가려 했다. 나는 그를 제지하고, 수업을 듣고 있는 학생들에게 횡격막 호흡이 다른 호흡과 어떻게 다른지 알고 있느냐, 연동운동은 무엇인지 아느냐고 물었다. 그 대답을 지켜보던 의사는 깜짝 놀랐다. 그래서 그는 다시 이야기로 돌아가 다음과 같이 설명했다.

횡격막은 가슴 밑바닥을 형성하는 얇은 근육으로 폐 아래, 복강의 천장 사이에 있습니다. 활동이 없거나 가슴 호흡을 할 때는 뒤집힌 세면기처럼 휘어져 있습니다.

복식호흡을 하면 숨이 이 근육을 아래로 내려보내 평평한 모양이 되고, 이때 배 근육이 여러분의 벨트를 내리누르는 듯한 느낌이 들게 합니다. 이렇게 횡격막이 아래에 주는 압력은 복강 위쪽의 기관들, 즉 위장, 간장, 췌장, 비장, 태양신경총(명치) 등을 마사지해줍니다.

여러분이 다시 숨을 내쉴 때 위장과 내장은 횡격막으로 인해 위로 올라가며 다시 한번 마사지를 받게 됩니다. 이 마사지가 배설작용에 도움이 됩니다.

많은 사람이 내장기관이 약화되면서 건강이 나빠집니다. 깊은 횡격막 호흡을 통해 위와 내장을 적절하게 운동시키면 소화불량, 변비, 자가중독 등의 문제를 없앨 수 있습니다.

명료한 연설로 유명한 링컨의 비결

링컨은 누구나 즉시 이해할 수 있도록 명료하게 표현하는 걸 매우 좋아했다. 의회에 보낸 첫 번째 메시지에서 그는 '사탕발림sugar-coated'이라는 표현을 사용했는데, 링컨의 친구였던 인쇄업자 데프리스 씨는 그 표현이 일리노이 거리 연설에는 적합할지 모르지만 중요한 문서에 싣기엔 다소 격이 떨어지는 표현이 아니냐며 의문을 표했다. 그러자 링컨은 이렇게 대답했다. "글쎄 데프리스, 사람들이 '사탕발림'이라는 표현을 이해하지 못할 때가 되면 그 표현을 바꾸지. 그렇지 않다면 그냥 내버려두게."

한번은 녹스 대학의 총장 걸리버 박사에게 자신이 어떻게 해서 '쉬운 낱말' 사용에 열정을 가지게 되었는지 설명했다. 그 말은 다음과 같다.

저는 어린 시절부터 누군가 이해할 수 없는 말을 하면 화를 내곤 했습니다. 제 인생을 돌아보면 다른 그 어떤 것에도 그렇게까지 화를 낸 적은 별로 없었습니다. 하지만 이해할 수 없는 말은 항상 제 신경을 건드렸고, 지금도 여전히 그렇습니다. 어렸을 때 저는 아버지가 이웃 사람들과 이야기 나누는 걸 우연히 들은 적이 있었습니다. 그분들의 이야기가 무슨 의미였을까 생각하느라고 제 조그만 침실에서 늦은 밤까지 잠을 이루지 못했던 일이 기억나네요. 저는 그런 생각에 빠지면 그 의미를 이해하기 전까지는 아무리 애를 써도 잠을 잘 수가 없었습니다. 이해했다 해도 어린아이가 알아들을 수 있을 정도의 쉬운 말로 다시 말할 수 있을 때까지 만족하지 않았습니다. 그것은 제게 일종의 열정이었고, 아직도 그 열정이 남아 있습니다.

열정이라고? 그렇다. 열정이라 해도 좋다. 뉴 세일럼 학교 교장이었던 멘토 그레이엄Mentor Graham도 확인해주었다. "링컨이 어떤 생각을 표현하는데 셋 중 무엇이 최선인지를 두고 몇 시간이나 고민하는 걸 여러 번 보았습니다."

사람들이 명확하게 표현하지 못하는 가장 흔한 이유는 표현하고자 하는 바를 자기도 잘 모르기 때문이다. 막연한 인상! 분명하지 않고 모호한 생각! 그들의 생각은 실제로 성에가 낀 카메라처럼 온통 뿌옇다. 링컨이 그랬던 것처럼 모호함에 대해 경각심을 가져야 한다. 그다음 링컨의 방법으로 해결하면 된다.

시각에 호소하라

4장에서 말했듯이 뇌에서 눈으로 가는 신경은 귀와 뇌를 연결하는 신경보다 몇 배나 더 많다. 과학적인 근거에 따르면 우리는 귀보다 눈을 사용할 때 25배는 더 집중한다.

'백문이 불여일견'이라는 동양 속담도 있다.

명확하게 설명하고 싶다면 당신의 요점을 머리에 시각화하라. 내셔널 캐시 레지스터 컴퍼니 사장이었던 고故 존 패터슨John H. Patterson이 사용했던 방법이다. 그는 『시스템 매거진System Magazine』에 기고한 글에서 직원들에게 연설할 때 사용하는 방법을 이렇게 말했다.

나는 말에만 의존해서는 다른 사람을 이해시키거나 관심을 끌지 못한다고 생각한다. 극적인 보충 자료가 필요하다. 그래서 가능하면 올바른 방식과 잘못된 방식을 보여주는 그림을 제시한다. 말보다는 도표가 훨씬 그럴 듯하고, 도표보다는 그림이 더 낫다. 주제를 제시하는 가장 이상적인 방법이 있다면, 모든 하위 범주는 그림으로 그리고 언어는 그 사이를 연결하는 데만 사용하는 것이다. 사람을 상대할 때는 말보다 그림이 훨씬 효과적이라는 사실을 나는 일찍부터 알고 있었다.

작고 괴상한 그림도 대단히 효과적이다. 나는 만화 혹은 '도표 언어'라는 체계를 가지고 있다. 원을 그리고 그 안에 달러 표시를 넣으면 적은 돈을 의미한다. 달러 표시가 된 가방이라면 큰돈을 의미한다. 달같이 둥근 얼굴만 가지고도 많은 표현을 할 수 있다. 일단 원을 그리고 몇 개의 선으로 눈, 코, 입, 귀를 표시한다. 이 선들을 조금만 비틀면 여러 가지 표현이 가능하다. 시대에 뒤떨어진 사람을 그리고 싶으면 입 가장자리를 아래쪽으로 구부린다. 시대의 첨단을 걷는 사람이라면 반대로 위로 올린다. 그림은 평범해 보이지만, 가장 훌륭한 만화가라고 해서 가장 예쁜 그림을 그리는 것은 아니다. 어떻게 생각을 표현하고 그와 대비되는 것을 표현하느냐가 더 중요하다.

돈이 그려진 커다란 가방과 작은 가방을 나란히 놓으면 올바른 방식과 잘못된 방식을 대비시킬 수 있는 자연스러운 그림이 된다. 하나는 많은 돈을 가져다주지만, 다른 하나는 그렇지 못하다는 의미를 쉽게 파악할 수 있기 때문이다. 여러분이 말을 하는 동시에 이런 그림을 빠르게 그린다면 사람들은 집중할 수밖에 없다. 여러분이 하는 일을 주시하게 되고, 따라서 여러분이 지적하고 싶은 요점 또한 계속해서 볼 수밖에 없다. 그리고 다시 한번 말하지만, 재미있는 그림은 사람을 기분 좋게 만든다.

나는 예전에 화가를 고용해서 함께 상점을 돌아다니며 잘못된 것들을 스케치하게 했다. 그 스케치를 그림으로 만든 다음 사람들을 불러 그림을 보여주며 무엇이 잘못되었는지 지적했다. 얼마 후엔 환등기라는 게 있다는 말을 듣자마자 구매한 후 그림을 스크린에 투사했다. 그랬더니 그림을 종이 위에 그려서 보는 것보다 훨씬 효과적이었다. 그다음에는 영화가 나왔다. 내가 소지한 영사기가 아마 최초의 영사기 중 하나가 아닐까 싶다. 우리 회사에는 수많은 필름과 6만 개 이상의 컬러 슬라이드를 관리하는 부서가 따로 있다.

모든 주제나 모든 상황을 시각화하지는 못할 것이다. 하지만 할 수만 있으면 그렇게 하라. 이런 도구는 사람들의 주의를 집중시키고, 관심을 자극하며, 요점을 두 배는 명쾌하게 알아듣게 해준다.

록펠러, 동전을 퍼내다

록펠러 역시 『시스템 매거진』 칼럼에서 콜로라도 철강회사의 재정 상태를 명료하게 설명하기 위해 시각 자료를 이용했던 경험을 털어놓았다.

나는 콜로라도 철강회사 직원들이, 록펠러 가문은 회사에 지배력을 행사하면서 엄청난 이익을 챙겨간다고 믿고 있다는 사실을 알게 되었다. 수많은 사람에게서 그와 같은 말을 들었다. 나는 이들에게 정확한 상황을 설명해야 했다. 록펠러 가문이 콜로라도 철강회사와 관계를 맺은 14년간 단 한 번도 주식에 대해 이익 배당금을 받지 않았다는 사실을 보여주었다.

한번은 회의 중, 실재적인 예를 들어 회사의 재정 상태를 설명했다. 테이블에 동전을 쌓아둔 다음 일단 노동자의 임금이라고 이야기하면서 움푹 퍼냈다. 기업의 첫 번째 의무는 당연히 임금 지급이니까. 그러고는 좀 더 많은 동전을 고위 간부 임금이라며 들어냈다. 남아 있는 동전은 감독자들의 수수료였다. 주주를 위한 동전이라고는 하나도 남아 있지 않았다. 그런 후에 나는 물었다. "여러분, 이게 공정합니까? 우리 모두가 파트너인 기업에서 이 세 파트너가 수입을 모두 가져가는 게 말입니다. 많든 적든 간에 세 파드니가 진부 다 가져가고, 네 번째 파트너는 아무것도 가져가지 못하는 게 공정하다고 생각합니까?"

설명이 끝난 후 한 사람이 임금이 인상되어야 한다는 발언을 했다. 나는 물었다. "파트너 중 하나는 한 푼도 얻지 못하는데, 여러분이 더 많은 임금을 원하는 건 공정한가요?" 그는 공정치 못한 것 같다고 인정했다. 그 이후로는 임금 인상을 요구하지 않았다.

시각적인 호소는 명확하고 구체적이어야 한다. 석양을 배경으로 두드러져 보이는 사슴의 뿔처럼 또렷하게 보여야 한다. 예를 들어보자. '개'라는 말로 정확한 그림을 떠오르게 하기는 힘들다. 코커스패니얼인지, 스코치테리어인지, 세인트버나드인지, 포메라니안인지 알게 뭔가? 하지만 '불도그'라고 하면 머리에 선명한 이미지가 떠오른다. 이 낱말은 훨씬 덜 포괄적이기 때문이다. '얼룩무늬 불도그'라고 하면 좀 더 선명한 그림이 떠오르는가? '말'이라고 하는 것보다는 '검은 셰틀랜드'라고 말하는 게 좀 더 분명하지 않은가? '가금류'라는 낱말보다는 '다리 하나가 부러진 하얀 밴텀 수탉'이라고 부르는 게 훨씬 더 명확한 이미지를 불러오지 않는가?

중요한 아이디어는 표현을 바꿔 재진술하라

나폴레옹은 반복이야말로 수사법에 있어서 유일히게 중요한 원리라고 선언한 적이 있다. 그는 자신에게 명확한 아이디어라고 해서 다른 사람에게도 쉽게 이해되는 건 아님을 알고 있었다. 새로운 아이디어를 이해하려면 그 아이디어에 대해 생각할 시간이 필요하다. 요컨대 새로운 아이디어는 반복해서 말해야만 한다. 하지만 같은 표현이어서는 안 된다. 사람들은 같은 말을 똑같이 반복하면 싫어한다. 그럴 만도 하다. 하지만 같은 아이디어를 다양한 표현을 사용해 이야기한다면 듣는 사람은 그것을 되풀이해 이야기하는 게 아니라고 생각하는 경향이 있다.

구체적인 예를 들어보자. 브라이언은 이렇게 말했다.

> 사람들에게 주제를 이해시키려면 자신이 먼저 주제에 대해 이해하고 있어야 한다. 주제를 분명하게 알고 있을수록 다른 사람들에게 더 분명하게 이해시킬 수 있다.

여기에서 두 번째 문장은 첫 번째 문장의 재진술이다. 하지만 이 문장을 말할 때 브라이언은 자신이 같은 문장을 반복하고 있는지조차 몰랐다. 다만 주제를 좀 더 명확하게 표현했다고 느꼈을 뿐이다.

성공대화론을 강의할 때마다 재진술이라는 원리를 좀 더 잘 이용했다면 훨씬 더 명확하고 인상적일 수 있었던 발표를 많이 봤다. 초보자들은 이 원리를 완전히 무시하다시피 하기 때문이다. 얼마나 안타까운 일인가!

일반적인 예와 구체적인 사례를 이용하라

요점을 명확하게 이해시키는 가장 확실하면서도 쉬운 방법은 일반적인 예와 구체적인 사례를 이용하는 것이다. 둘의 차이는 무엇일까? 용어 그대로 하나는 일반적이고 다른 하나는 구체적인 것이다.

이 둘 사이의 차이를 구체적인 사례로 알아보자. 이런 진술이 있다고 하자. "놀라울 정도로 수입이 많은 전문직 종사자들이 있습니다."

이 진술은 명확한가? 화자가 무슨 의도로 이런 말을 했는지 분명히 이해할 수 있는가? 그렇지 않다. 화자 자신도 이런 주장이 다른 사람들에게 어떤 생각을 불러일으킬지 확신하지 못할 것이다. 오자크산의 시골 의사라면 소도시 가정의는 5천 달러의 수입을 올릴 것이다. 성공한 광산 엔지니어라면 같은 전문직에 종사하면서도 1년에 10만 달러를 버는 사람을 생각할 것이다. 이대로라면 이 진술은 너무나 애매하고 모호하다. 좀 더 구체적으로 만들어야 할 필요가 있다. 화자가 밀하는 진문직이 이떤 것인지, '놀라울 정도로 많다'라는 말이 어느 정도인지 좀 더 세부적으로 표현할 필요가 있다.

미국 대통령보다 더 많은 돈을 버는 변호사, 프로 권투 선수, 작곡가, 소설가, 극작가, 화가, 배우, 가수 들이 있다.

자, 이제 좀 더 명확해지지 않았는가? 하지만 아직도 개성이 없다. 일반적인 예만 있지 구체적인 사례가 없다. 그는 '가수'라고 말했지, 로사 폰셀Rosa Ponselle, 키르스텐 플라그스타Kirsten Flagstad, 릴리 퐁스Lily Pons라고 하지 않았다(이들 모두 20세기 초 유명한 오페라 가수들이다 – 옮긴이).

그래서 아직도 이 진술에는 모호한 구석이 있다. 구체적인 사례가 필요하다. 화자는 청중을 위해 그렇게 해야 하지 않겠는가? 구체적인 예를 들면 더 명확해지지 않겠는가? 다음 문단처럼 말이다.

위대한 변호사 새뮤얼 운터마이어Samuel Untermyer와 맥스 스튜어Max Steuer는 1년에 무려 백만 달러를 법니다. 프로권투 헤비급 챔피언 잭 뎀프시Jack Dempsey의 연봉은 50만 달러로 알려져 있습니다. 젊고 경험이 일천한 흑인 권투 선수 조 루이스Joe Louis는 아직 20대인데도 50만 달러 이상을 벌어들입니다. 어빙 빌린Irving Berlin은 레그타임 음악을 작곡해 해마다 50만 달러 이상을 벌고 있다고 합니다. 극작가 시드니 킹즐리Sidney Kingsley는 연극용 대본 인세로 매주 1만 달러를 벌어들입니다. 작가 H. G. 웰스Wells는 자서전에서 책을 통해 3백만 달러를 벌었다고 털어놓았지요. 화가 디에고 리베라Diego Rivera는 그림으로만 해마다 50만 달러 이상을 벌고 있습니다. 배우 캐서린 코넬Katharine Cornell은 주당 5천 달러나 되는 영화 출연료를 거부했지요. 오페라 가

수 로렌스 티벳Lawrence Tibbet과 그레이스 무어Grace Moore는 연간 수입이 25만 달러에 달한다고 보도되었습니다.

자, 이제 화자는 정말 분명하게 자신이 말하고자 하는 걸 전달하고 있지 않은가?

구체적으로 말하라. 이렇게 해야 청중에게 분명한 인상을 주며, 그들을 설득하고 흥미를 끌 수 있다.

야생 염소처럼 굴지 마라

윌리엄 제임스 교수는 교사를 상대로 한 강연에서 하나의 강의에 단 하나의 주제만 전달할 수 있다고 한 적이 있다. 그리고 강의 하나는 한 시간 분량이라고 했다.

얼마 전 나는 시간이 3분밖에 주어지지 않았는데도 11개의 주제를 이야기하겠다고 서두를 꺼내는 사람을 본 적이 있다. 그러려면 16.5초마다 새로운 주제를 다뤄야 한다. 믿을 수 없는 이야기다. 그렇지 않은가? 조금이라도 생각이 있는 사람이라면 누가 보더라도 그렇게 머저리 같은 일은 꿈조차 꾸지 않을 것이다. 물론 내가 극단적인 사례를 든 것이기는 하다. 하지만 그 정도까지는 아니겠지만 거의 모든 초보자가 이러한 실수를 저지른다. 관광객에게 단 하루 만에 파리의 모든 관광지를 구경시켜주겠다는 가이드나 마찬가지다. 물론 할 수는 있다. 미국 자연사 박물관도 열심히 달리면 30분 안에 주파할 수 있다. 하지만 명확함과 즐거움은 포기해야 한다. 많은 연설가가 명확한 의미 전달에 실패하는 이유는 정해진 시간 안에 자신이 원하는 주제를 모두 말하겠다는, 세계신기록을 세우고야 말겠다는 열망을 포기하지 않기 때문이다. 그런 화자는 한 주제에서 다음 주제로 마치 야생 염소처럼 빠르고 민첩하게 건너뛴다.

강좌의 발표 시간에 하는 연설은 시간상의 압박 때문에 짧아야 한다.

그러니 그 시간에 맞게 발표문을 준비하라. 예를 들어 당신이 노조라는 수제로 이야기한다면 왜 노조가 등장했는지, 이제까지 어떤 일을 성취했는지, 단점은 없는지, 기업 내 분쟁은 어떻게 해결했는지를 3분에서 6분 사이에 모두 이야기하려 하지 마라. 그래선 안 된다. 그러려고 애쓰는 순간 연설 내용에서 명확한 개념은 사라져버린다. 당신의 말은 혼란스럽고, 흐릿하고, 불충분해 개요조차 제대로 전하지 못했다는 느낌만 들 것이다.

한 단계씩 밟아 나가며, 적절한 양의 예를 들어 설명하는 게 지혜롭지 않겠는가? 당연하다. 그러한 연설은 단 하나의 인상만 남긴다. 명확하다. 그래서 듣기 편하다. 기억하기 쉽다.

관련 주제의 여러 단계를 다루어야 한다면 마지막에 간략하게 요약하는 게 좋다. 이 장의 마지막에 나오는 요약을 보며 얼마나 도움이 되는지 스스로 생각해보라. 요약 부분을 읽으니 이제까지 제시했던 메시지들이 더 분명하고 이해하기 쉽게 다가오지 않는가?

의미를 명확히 하는 법

1. 의미를 명확하게 전달하기는 대단히 중요하면서도 힘든 일이다. 예수는 비유를 들어 가르치셨다. "내가 그들에게 비유로 말하는 이유는 그들이 보아도 보지 못하고, 들어도 듣지 못하고 깨닫지도 못하기 때문이다."

2. 예수는 사람들이 이미 알고 있는 것으로 모르는 것을 명확하게 설명하셨다. 예수는 천국을 누룩에, 진주를 사는 상인에, 바다에 던지는 그물에 비유하시며 "가라, 너도 그리하라"라고 하셨다. 알래스카의 크기를 알려주고 싶다면 제곱킬로미터로 말하지 마라. 알래스카에 들어갈 수 있는 주가 몇 개인지를 말하라. 청중이 익숙한 도시의 인구를 기준으로 알래스카의 인구 규모를 설명하라.

3. 일반적인 청중에게는 전문용어를 삼가라. 링컨처럼 어린아이라도 이해할 수 있는 쉬운 말로 연설하라.

4. 말하고자 하는 내용을 자신의 머릿속에서 한낮의 태양처럼 환히 비치게 만들어라.

5. 시각에 호소하라. 가능하면 보이는 물건, 그림, 삽화 등을 이용하라. 명확하게 말하라. '개'라고 하지 말고 '오른쪽 눈에 얼룩이 있는 폭스테리어'라고 말하라.

6. 중요한 아이디어는 다시 진술하라. 하지만 똑같은 말로, 똑같은 표현으로 반복하지는 마라. 문장을 다르게 구성하여 듣는 사람들이 눈치채지 못하도록 하라.

7. 추상적인 진술은 일반적인 예와 구체적인 사례로 명확하게 만들어라.

8. 많은 요점을 한 번에 말하려 하지 마라. 짧은 연설에서는 중요한 아이디어 한두 개도 제대로 다루기 힘든 법이다.

9. 요점을 간략하게 요약하며 끝내라.

✦

공명 개발하기 2

어렸을 때 비어 있는 통에 머리를 넣어본 경험이 있는가? 소리를 내면 근사한 효과음이 귓가에 맴돌던 걸 기억하는가? 그런 효과는 바로 '공명' 때문에 생긴다. 여러분이 내는 소리는 통 위쪽의 공기에 전달되며 여러 번 증폭된다. 통 모양의 드럼, 관을 가진 나팔, 공명판이 있는 피아노, 잘 말린 나무로 만든 바이올린 등 모든 악기는 작은 소리가 적절한 탄력성을 가진 매개체에 전해지면서 강화되고 커지도록 만들어졌다. 그 매개체는 공기일 수도 있고 나무나 금속일 수도 있다.

사람의 목소리도 비슷한 원리로 전달된다. 성대에서 약하게 웅웅거리는 소리가 첫소리다. 그 소리가 가슴을 진동하게 만들고 후두, 입, 코의 공기구멍을 조금씩 열기 시작한다. 이 공기구멍에서 작은 소리가 강화되어 웅장한 힘을 얻는다. 우리가 성대에서 내는 최초의 소리는 몇 걸음만 떨어져도 들을 수 없을 만큼 미약해, 인간이 내는 소리의 특징을 찾아볼 수 없다. 가슴의 공명은 대체로 자연스럽게 일어나지만, 두강head cavity은 우리가 의지로 통제할 수 있기에 잘 사용하면 아름답고 강력한 효과를 낼 수 있다. 내가 아는 어떤 연설가는 밋밋한 어조와 공허한 목소리를 타고났지만 세심한 연구와 끈기 있는 연습 끝에 두강을 충분히 이용하게 되었고, 지금은 울림이 깊은 목소리로 커다란 강당을 장악하고 있다. 훌륭한 대중연설가가 되려면 공명을 세내로 사용하는 법, 특히 입과 코를 잘 이용하는 법을 숙지해야 한다.

진동하는 공기는 후두를 떠나서 열린 목을 지나, 입천장 뒤쪽의 부드러운 부분에 도달한다. 아치 모양 아래에서 숨의 일부는 입으로 들어가고, 다른 부분은 이 막의 뒤에 있는 통로를 통해서 코로 올라간다.

비강은 구강보다 크고 모양과 표면은 바위 속 동굴 내부처럼 불규칙하고 다양하다. 동굴에서 큰 소리로 이야기하거나 소리를 질러본 경험이 있는가? 아마 이제껏 들어보지 못한 반향에 깜짝 놀랄 것이다. 이와 비슷한 방식으로 코와 머릿속의 동굴처럼 생긴 희한한 공간에서 밝고 풍부한 성질이 목소리에 더해진다. 이것을 '두성'이라고 부른다.

동시에 입천장 아래에서 입으로 들어간 공기는 완전히 다른 변화를 겪는다. 입천장 뒤쪽을 통해 비강에 들어갔던 공기와 마찬가지로 양이 늘어나는 것은 물론, 유연한 혀와 움직이는 입술에 의해 그 흐름이 변화된다. 이렇게 나온 소리가 바로 모음이다. 그래서 우리는 입의 움직임만으로도 모음을 배운다. 성대는 필요 없다. 혀의 형태와 입의 모양에 따라 모음이 결정된다. 따라서 입은 모음의 방이다. 물론 자음이라 불리는 소리의 장애물도 입에서 만든다.

5장에서 보았듯이, 사람이 호흡을 통제하며 어조를 유지할 때는 자동적으로 흉강이 울린다. 손을 가슴 위쪽에 얹으면 느낄 수 있다. 낮고 깊은 소리에서 더욱 강하게 느껴진다. 성인 남성의 목소리에서 느낄 수 있는 울림이다. 입으로 내는 소리 하나하나에 깊은숨을 넣어 가슴의 공명으로부터 도움을 받으라.

코를 공명하기 위해서는 특별한 훈련을 해야 한다. 우선 코의 공명과 '비음'을 구별해야 한다. 비음은 소리가 코를 자유롭게 통과하지 못할 때 난다. 엄지와 검지로 콧구멍을 막고 말해보라. 듣기에 별로 좋지 않은 콧소리를 느꼈는가? 이번에는 소리가 코에서 자유롭게 흘러 나가지만, 손으로 콧구멍을 막았을 때의 느낌을 기억하고 말해보라. 듣기에 좋지 않은 소리는 나지 않는다. 그 소리가 코의 공명이다. 공명을 개발하는 훈련 방법은 아래와 같다.

1. 깊이 숨을 들이마신다. 부드럽게 숨이 빠져나가는 소리와 더불어 조금씩 숨을 내쉰다. 반복한다. 숨이 빠져나갈 때 갑자기 입술을 닫고 코로 빠져나가는 숨은 지속되게 하라. 그러면 허밍의 자음인 '므' 소리가 만들어진다.

2. 깊이 숨을 들이마신다. 허밍을 하며 '므' 소리를 낸다. 그런 다음 허밍을 멈추지 않고, 입술을 열고 혀의 끝을 입 천장 앞 단단한 부분까지 들어 올려 '느' 소리가 나오게 만든다. '므'와 '느'를 번갈아 가며 발음하라, 공명의 흐름을 계속 유지하여 '미~님'처럼 들리는 소리가 나오게 하라. 계속 반복하라. 공기의 흐름이 어디에서 느껴지는지 주목해보라.

3. 위의 내용을 실천하면서 '므'와 '느' 소리 가운데 모음 '이'를 집어넣으라. '미~니~미~니'처럼 들리는 소리가 나도록 하라. 소리가 입안에서 공명하고, 코의 허밍도 아무런 방해 없이 계속되게 하라. 이 허밍 소리가 중요하다. 듣지만 말고 느끼도록 하라.

4. 3을 반복한다. 공명의 흐름을 멈추지 않은 채 '이'를 '아'로 바꾸어, '미니~아'처럼 들리게 한다. 두강에서 들리는 허밍 소리와 앞니 위쪽 바로 뒤에서 '아' 소리가 울려 퍼지는 것을 동시에 느껴야 한다.

- 이 내용은 R.J. 휴즈^{Hughes} 교수가 기고한 것이다.

13장

인상적이고 설득력 있게 말하는 법

사람들의 생각을 바꾸는 방법을 안다면 성공한 것이나 다름없다.
성공한 변호사, 상점 주인, 정치인, 목사 모두 그 방법을 알고 있다.

프랭크 크레인Frank Crane (영화감독, 영화배우)

말로 사람을 움직이는 것이
지금처럼 중요하고, 유용하며, 두루 인정받는 능력이었던 적이 없다.

조지 커즌George Nathaniel Curzon (옥스퍼드 대학교 명예총장)

자기 의견과 지식에 만족하면 영원히 무지하게 된다.

앨버트 허버드Elbert Hubbard (작가, 철학자)

다른 사람들이 단조롭고 재미없게 말하는 주제를
대중연설가는 힘차고 흥미롭게 말할 수 있어야 한다.

키케로Cicero (고대 로마의 정치가)

청중 앞에서 연설하는 것만큼 사람의 잠재력을 빠르게 끌어내는 것은 없다. 주목
을 받고, 감정을 고조시키고, 청중의 이성에 호소하고, 자신감과 확신을 드러내고,
야망을 품는 일련의 과정을 통해 모든 면에서 더 나은 사람이 된다. 반대로 어떤
사람이 청중 앞에서 갑자기 자기 생각을 이야기해야 할 때 그 사람의 능력은 검증
대 위에 놓인다. 자신을 표현하려는 과정 속에서 지적 수준, 판단력, 인간성, 인격
그리고 지금의 그를 만든 모든 것이 고스란히 파노라마처럼 펼쳐지기 때문이다.

오리슨 스웨트 마든Orison Swett Marden (작가, 호텔 경영인)

노스웨스턴 대학교 총장 월터 딜 스콧Walter Dill Scott은 다음과 같은 사실을 언급하면서 심리학적으로 중요한 발견이라고 말했다. "머리에 떠오르는 모든 생각은 이를 반박하는 생각이 없는 한 사실로 간주된다. 만약 어떤 사람에게 어떤 생각을 주고 그것에 상충하는 생각이 떠오르지 않게 막을 수만 있다면, 처음에 제시한 생각이 사실이라고 굳이 설득할 필요도 없다. '미국 타이어는 좋다'라는 문장을 읽게 하고, 그에 상충된 생각이 떠오르지 않는 한 미국 타이어는 좋다고 믿게 될 것이다."

스콧 박사가 말한 건 바로 암시의 힘이다. 이는 대중연설, 아니 개인적인 대화에서도 매우 강력한 영향력을 미치는 메커니즘이다.

동방박사가 별을 따라 예수가 태어난 베들레헴에 도착하기 무려 300년 전, 아리스토텔레스는 인간이 자기가 세운 논리대로 움직이는 이성적인 동물이라고 가르쳤다. 그는 인간을 무척 훌륭한 인격체로 보았다. 그러나 순수한 이성에 입각해 행동하는 것은 아침 식사 전에 낭만적인 생각에 빠지기가 쉽지 않듯 무척 어려운 일이다. 우리의 행동 대부분은 암시의 결과이기 때문이다.

암시는 근거나 예시 없이도 어떤 생각을 받아들이게 한다. 내가 "로열 베이킹파우더는 정말 순수해"라고 말하고 입증하려는 노력도 하지 않는다면 나는 암시 방법을 사용한 것이다. 반면 내가 제품 분석 결과를 내놓고 유명 셰프의 의견을 추가한다면 내 주장을 입증하려 애쓰는 것이다.

사람을 잘 다루기로 소문난 이들은 주장보다 암시에 더 많이 의존한다. 오늘날의 판촉 활동이나 광고 역시 주로 암시에 기반을 두고 있다.

어떤 것을 믿기란 어렵지 않다. 오히려 의심하는 게 더 어려운 법이다. 우리가 어떤 문제를 지적하고 의문을 제기하기 위해서는 경험과 지식과 생각이 필요하다. 어린아이에게 산타클로스는 굴뚝으로 내려온다고 하고, 미개인에게 천둥은 신이 노여워해서 내는 소리라고 해도 그 이야기를 믿는 이유는 아직 충분한 지식이 없기 때문이다. 인도에 사는 수백만 명은 갠지스강을 신성시하면서 뱀은 신이 모습을 바꾸어 나타난 것이고, 소를 죽이는 건 사람을 죽이는 행위와 맞먹는 잘못이며, 따라서 소를 먹는 건 식인 행위나 마찬가지라고 진심으로 믿는다. 이 말도 안 되는 것을 믿는 이유는 입증된 사실이어서가 아니라 사람들 뇌리에 깊이 자리 잡은 암시 때문이고, 이들에게는 이 암시에 의문을 제기할 만한 지능, 지식, 경험이 부족하기 때문이다.

우리는 '저 가련하고 어리석은 사람들!'이라며 비웃는다.

하지만 당신이나 나나 면밀하게 실펴보면 우리가 가진 내부분의 의견이나 소중한 믿음, 신앙, 기반으로 삼은 삶의 원칙 모두 이성보다는 암시의 결과라는 사실을 알게 된다. 비즈니스 분야에서 구체적인 예를 들어보도록 하겠다. 우리는 애로우 칼라 앤드 셔츠, 로열 베이킹파우더, 하인츠 피클, 골드메달 밀가루, 아이보리 비누를 최고까지는 아니지만 업계를 주도하는 제품으로 여기고 있지 않은가? 왜 그럴까? 이렇게 판단하는 충분한 근거가 있는가? 근거라고? 대부분 근거가 없다. 이 브랜드 제품을 경쟁사 제품과 꼼꼼하게 비교한 적이라도 있는가? 아니, 그렇지 않다! 우리는 아무런 근거도 없이 그냥 그렇게 믿고 있다. 편견과 선입견을 가진 채 반복된 주장을 하는 것일 뿐 논리는 없다. 우리의 의견은 대부분 이렇게 형성된 것이다.

인간은 이성적인 동물이기보다 암시의 동물이다. 이를 부인할 수는 없다. 여기 미국이라는 요람에서 쌔근쌔근 자고 있는 아이를 한 힌두교 가족이 인도 브라마푸트라강 부근으로 데리고 가서 키웠다고 하자. 아이는 아기 때부터 소는 신성하다고 배울 것이다. 그리고 길거리에서 소를 보면 입을 맞출지도 모른다. 소고기 스테이크를 맛있게 뜯고 있는 '기독교의 개들'을 두려움에 찬 눈빛으로 보고 있을지도 모른다. 원숭이신, 코끼리신, 나무신, 돌신 앞에서 절하고 있을 수도 있다. 우리의 믿음은 이성적인 추론으로만 형성되지 않는다. 거의 암시와 지리적 환경에 의해 만들어진다.

우리가 매일같이 어떻게 암시의 영향을 받고 있는지 쉬운 예를 들어 설명해보겠다. 당신은 커피가 몸에 해롭다는 이야기를 여러 번 들었다. 그래서 커피를 조금 자제해야겠다 마음먹었다고 해보자. 당신은 단골 레스토랑에 저녁을 먹으러 간다. 판매 수완이 조금 모자란 종업원이 "커피 드시겠어요?"라고 물을 것이다. 그러면 당신은 마음속으로 커피를 마실까 마시지 말까 하며 갈등한다. 자제력이 승리했다고 하자. 지금 당장 입맛을 만족시키느니 소화가 잘되길 바라면서 말이다. 하지만 종업원이 이렇게 묻는다고 하자. "커피 안 드실 건가요?" 당신은 "안 마셔요"라고 말하기 쉽다. 종업원이 당신 머리에 입력시킨 부정적인 생각이 부정적인 행동으로 이어지는 것이다. 교육을 제대로 받지 못하고 분별력이 모자란 판매직원이 이렇게 부정적인 태도로 고객을 맞이하는 걸 보지 않았는가? 하지만 종업원이 이렇게 묻는다면 어떨까? "커피를 지금 드시겠어요? 아니면 나중에 드시겠어요?" 무슨 일이 벌어질까? 종업원은 미묘하게 당신은 당연히 커피를 원한다고 기정사실화해버렸다. 종업원은 당신의 관심사를 '언제' 커피를 마셔야 할까로 집중시켜버린 것이다. 따라서 다른 고려 사항은 이제 머리에 없다. 반박할 생각도 없다. 그러면 커피를 주문해야겠다는 생각이 행동으로 이어지기 쉽다. 결과는 어떨까? "지금 주세요"라고 말한다. 사실은 커피를 마실 생각이 전혀 없었는데도 말이다. 나도 이런 경험을 한 적이 있다. 이 글을 읽고 있는 당신도 그럴 것이다. 이와 비슷한 일은 하루에도 여러 번 일어난다. 백화점 직원들은 "가지고 가시겠어요?"라고 묻도록 교육받는다. "보내드릴까요?"라고 물었다가는 배송료가 붙어 비싸게 느껴지기 때문이다.

머릿속에 떠오르는 생각은 대부분 사실로 받아들여질 뿐만 아니라 행동으로 옮겨지기도 쉽다. 예를 들어 알파벳 철자 하나를 떠올리기만 해도 당신은 그 철자에 맞추어 입술 근육을 조금 움직인다. 삼킨다는 생각만 해도 삼키는 행동을 할 때 사용하는 근육을 조금 움직인다. 그 움직임을 느끼지 못할 수도 있지만 근육 운동을 기록하는 섬세한 장치를 이용하면 알 수 있다. 당신이 생각하는 그것을 행동으로 옮기지 않는 이유는 다른 생각, 즉 그에 대한 무용성, 비용, 수고, 불합리함, 위험 등등이 동시에 떠오르면서 그러한 충동을 상쇄하기 때문이다.

열정이라는 우리의 전략

따라서 사람들에게 우리의 믿음을 받아들이게 하거나 사람들을 우리의 제안에 따라 행동하게 하려면 그들의 마음속에 우리의 생각을 심고, 이와 반대되는 생각이 떠오르지 않게 해야 한다. 이런 것에 능한 사람들은 설득력은 물론 경영 능력도 탁월함을 드러낸다.

누군가가 열정적으로 말할 때 그 주제를 반박할 만한 생각이 떠오르지 않았던 적이 있었는가? '전염성 있는' 열정이란 그런 것이다. 열정은 비판 능력을 약화시킨다. 깊은 인상을 남기는 게 목적이라면 생각보다는 감정을 자극하는 편이 훨씬 더 효과적이다. 뜨거운 감정은 냉정한 사고보다 훨씬 강하다.

감정을 불러일으키기 위해서는 반드시 진심이어야 한다. 진심이 없다면 연설의 핵심은 사라져버린다. 아무리 미사여구를 늘어놓아도, 아무리 그럴듯한 그림을 보여주더라도, 아무리 목소리가 아름답더라도, 아무리 제스처가 우아하더라도, 진정성을 담아 이야기하지 않는다면 공허하고 겉만 번지르르한 장식품에 불과하다. 청중에게 깊은 인상을 남기고 싶다면 자신부터 감동해야 한다. 당신의 정신은 눈을 통해 빛나고, 목소리를 통해 전달되며, 태도를 통해 청중에게 전달된다.

사람들이 이미 믿고 있는 것에 당신의 생각을 비유하라

한 무신론자가 성공회 신부 윌리엄 페일리William Paley 앞에서 하느님은 없다고 선언하고는 자신의 주장을 반박해보라고 했다. 페일리는 조용히 시계를 꺼내 케이스를 연 다음 그 내부장치를 보여주며 이렇게 말했다.

이 레버와 바퀴와 스프링이 스스로 만들어지고 조립되어 어느 날 갑자기 돌아가기 시작했다고 말한다면 당신은 제 지능에 의심을 품지 않을까요? 물론 그러시겠지요. 하지만 밤하늘의 별을 보세요. 별 하나하나의 정확한 경로와 움직임이 보이지 않습니까? 태양 주변을 도는 지구와 다른 행성들은 물론이고, 그 주변의 모든 것이 하루에 160만 킬로미터(최근 계산 결과에 따르면 지구는 하루에 약 260만 킬로미터를 움직인다-편집자) 이상씩 움직이고 있습니다. 각각의 별은 각각의 세계를 가지고 있는 또 다른 태양이며 우리 태양계처럼 우주 공간을 달리고 있습니다. 하지만 어떤 충돌도, 어떤 소란도, 어떤 혼란도 없습니다. 조용하고 효율적으로 완벽히 통제되고 있습니다. 이런 일이 우연히 일어났다고 믿는 편이 쉬울까요? 아니면 누군가가 이렇게 만들어놓았다고 믿는 편이 쉬울까요?

대단히 인상적이다. 그렇지 않은가? 페일리는 어떤 방법을 사용했는가? 한번 살펴보자. 우리가 10장에서 살펴보았던 바와 같이 그는 일단 공통 관심사로부터 출발해 상대방을 '네'라고 대답하게 함으로써 동의하게 했다. 그런 다음에 우리가 시계공이란 존재를 믿는 것처럼 믿음을 갖는 것은 단순하면서도 필연적이라는 사실을 보여주었다.

"하느님이 없다고요? 정말 바보 같은 사람이군요. 자신이 무슨 이야기를 하는 줄도 모르시죠?"라며 처음부터 상대 의견을 반박하며 시작했다면 어떤 일이 벌어졌을까? 의심의 여지 없이 말싸움이 벌어졌을 것이다. 말싸움이란 아무리 열렬하더라도 쓸모가 없기 마련이다. 결국 무신론자는 자기 생각을 지키기 위해서 목숨을 걸고서라도 싸우겠노라는 불경한 열의만 다잡고 자리에서 일어날 것이다. 왜 그럴까? 미국의 심리학자 대니얼 로빈슨Daniel Robinson 교수가 지적했듯이 그것은 그 사람이 가꾼 소중한 의견이었으며, 그의 신성하고 중요한 자존심이 위협받았기 때문이다.

자존심은 근본적으로 폭발성이 있으므로 상대의 자존심을 거스르지 않고 우리를 위해 움직이게 하는 편이 훨씬 현명하지 않을까? 그렇다면 어떤 방법이 있을까? 페일리처럼 우리가 제시하는 게 이미 상대방이 믿고 있는 어떤 것과 매우 유사하다는 사실을 보여주면 된다. 그러면 상대는 우리의 제안을 받아들이기 쉬운 상태가 되고 우리 말에 반박하고 반대해야겠다는 생각을 접게 된다.

페일리는 인간 심리가 작동하는 방식을 잘 이해하고 있었다. 하지만 대부분의 사람은 타인의 믿음이라는 성채에 힘께 들이기는 능력이 부족하다. 사람들은 그 성채를 정복 대상으로만 생각하고, 오로지 정복하기 위해 성에 맹공격을 퍼붓고, 반드시 쓰러뜨려야 한다고 생각한다. 그러면 어떻게 될까? 교전이 시작되는 순간 도개교는 들어 올려지고, 커다란 문이 닫힌 후 걸쇠가 채워지며, 궁수들은 화살을 멀리 쏘아 올려 전쟁의 서막을 알린다. 이미 말했듯이 그러한 싸움은 거의 항상 무승부로 끝난다. 어느 쪽도 상대방에게 어떤 것도 납득시키지 못한다.

성 바울의 기지

우리가 지금 옹호하고 있는 이 지혜로운 방법은 새로운 게 아니다. 이미 오래전 성 바울이 사용했던 방법이다. 그 유명한 아레오파고스 연설에서 아테네인들에게 사용한 이 방법은 워낙 능수능란하고 세련된 나머지 1900년이 지난 지금까지도 우리의 찬탄을 자아낸다. 그는 배울 만큼 배운 사람이었고, 기독교인으로 귀의한 다음에는 뛰어난 웅변으로 최고의 대변인 역할을 했다. 하루는 바울이 아테네에 갔다. 페리클레스 시대 이후여서 아테네는 이제 영광을 뒤로 한 채 점차 쇠락해가던 때였다. 성경에서는 이 시대를 이렇게 말한다.

> 모든 아테네 사람과 거기에 살고 있는 외국 사람들은, 무엇이나 새로운 것을 말하고 듣는 일로만 세월을 보내는 사람들이었다.

라디오도, 전보도, 통신사도 없던 시절이었다. 아테네 사람들은 매일 오후 뭐 새로운 게 없나 목말라하고 있었다. 그때 바울이 도착했다. 새로운 사람이었다. 사람들은 그의 주변으로 몰려들었다. 모두가 호기심 가득한 표정으로 흥미로워했다. 그를 아테네의 아레오파고스 언덕으로 데려가며 이들은 말했다.

> 당신이 말하는 이 새로운 교훈이 무엇인지 우리가 알 수 있겠소?
> 당신은 우리 귀에 생소한 것을 소개하고 있는데 도대체 그것이 무엇인지 알고 싶소.

다시 말해서 이들은 연설을 청했고, 바울로서는 마다할 이유가 없었다.

사실 그럴 요량으로 아테네에 왔으니 말이다. 약간은 초조해하면서 아마도 나무 그루터기나 돌 위에 올라섰을 것이다. 처음 시작할 때는 아무리 유능한 연설가라도 그러기 마련이다. 양손을 문지르고, 목청을 가다듬고는 말을 하기 시작했을 것이다.

하지만 그는 사람들이 '새로운 교훈… 생소한 것들'이라고 말하는 방식에 전적으로 찬성하지 않았다. 그것은 독이나 마찬가지다. 바울로서는 이런 낱말로 연상되는 것들을 사라지게 해야만 했다. 그것들은 적대적이고 상충하는 의견이 무럭무럭 자라나는 비옥한 토양이기 때문이다. 그는 자신의 신앙을 그저 생소하고 이질적인 것으로 제시하고 싶지 않았다. 그는 자신의 신앙을 아테네 사람들이 이미 알고 있는 것과 연관시키고자 했다. 어떻게 해야 할까? 그는 잠시 생각에 잠겼다. 곧 근사한 계획이 떠올랐다. 역사에 길이 남을 그의 연설은 이렇게 시작한다.

아테네 시민 여러분, 내가 보기에 여러분은 여러 모로 강한 신앙심을 갖고 계십니다.

몇몇 번역본에는 "여러분은 모든 면에서 종교심이 많습니다"라고 되어 있다. 하지만 나는 위에 있는 번역이 더 낫고 더 정확하다고 생각한다. 실제로 아테네 사람들은 많은 신을 숭배했다. 그리고 이를 종교적이라고 생각했다. 그들은 많은 신을 섬긴다는 사실을 자랑스러워하기도 했다. 그래서 바울은 그것을 칭찬함으로써 그들을 기쁘게 했다. 그러자 그들은 바울에게 호감을 느끼기 시작했다. 대중연설의 규칙 중 하나는 사례를 들어 진술을 뒷받침하는 것이다. 바울이 그렇게 했다.

여러분이 예배하는 대상을 살펴보는 가운데, '알지 못하는 신에게'라고 새긴 제단도 보았습니다.

그것은 이들이 미신을 믿는다는, 다시 말해 대단히 종교적이라는 것을 입증한다. 이들은 신 중 하나라도 무시하는 죄를 짓게 될까 봐 두려워 미지의 신을 위한 제단을 세운 것이다. 일종의 포괄 보험 계약과도 같은 것으로 의도치 않게 무시하거나 간과할지도 모르는 신들을 위한 자리까지 마련한 것이다. 바울은 이 특정한 제단을 언급하면서 아첨이 아니라 관찰에 근거해 진심으로 그들을 인정했다.

자, 이제 이 도입부의 정점을 보자.

여러분이 알지 못한 채 예배하는 그 대상을 여러분에게 알려드리겠습니다.

'새로운 교훈… 생소한 것들'이라고? 전혀 그렇지 않다. 그는 아테네인들이 의식하지 못한 채 이미 숭배하고 있는 하느님에 관한 몇 가지 진실을 설명하려 했다. 이들이 이미 열정적으로 받아들이고 있는 것에 언급한 것이야말로 바울의 놀랄 만한 기지다.

그는 구원과 부활에 관한 기독교 교리를 설파하며 그리스 시인의 시구절을 몇 마디 인용하고는 연설을 끝냈다. 연설은 2분도 채 걸리지 않았다. 몇몇 청중은 야유를 보냈지만, 대부분 달랐다.

이 일에 관해서 당신의 말을 다시 듣고 싶소.

지나가면서 하는 말이긴 하지만, 2분 스피치의 장점 중 하나가 바로 바울의 경우처럼 다시 해달라고 요청받을지도 모른다는 것이다. 한 필라델피아 정치인은 연설할 때 기억해야 할 주된 규칙은 짧게 할 것, 빨리할 것이라고 한 적이 있다. 성 바울은 이 연설에서 둘 다를 충족시켰다.

바울이 아테네에서 사용했던 방법을 오늘날 분별력 뛰어난 기업인들이 자신의 세일즈와 광고에 사용하고 있다. 예를 들어 최근에 내가 받은 구매 권유 편지 한 구절을 보자.

올드 햄프셔 본드의 종이는 시중에서 가장 싼 종이보다 한 장당 0.5센트밖에 비싸지 않습니다. 올드 햄프셔 종이로 고객이나 잠재고객에게 1년에 10통의 편지를 쓴다 해도 추가 비용은 한 번의 차비만큼도 되지 않는 셈입니다. 고객에게 5년에 한 번 좋은 시가 한 대를 선물하는 것보다 경제적입니다.

누가 1년에 한 번 차비를 지불하거나, 10년 동안 두 번 하바나 시가를 제공하는 것에 반대하겠는가? 아무도 없다. 올드 햄프셔 본드의 종이를 사용했을 때 추가 비용이 그 정도라면 엄청나게 비싸다며 반박하고픈 생각이 전혀 떠오르지 않는 게 당연하지 않은가?

적은 것은 많아 보이게, 많은 것은 적어 보이게 하라

비슷한 방식으로 많은 양을 오랜 기간에 걸쳐 분산시키거나, 매일 하는 사소한 지출과 비교해 얼마 되지 않아 보이게 할 수 있다. 예를 들어, 한 보험회사 사장은 판매부서 앞에서 연설하면서 다음과 같은 방식으로 보험 비용이 낮다는 걸 제시해 판매사원들에게 깊은 인상을 주었다.

30세 이하의 남자가 구두를 스스로 닦으면서 매일 5센트씩 절약해 그 돈으로 보험을 들면 그가 사망했을 때 가족에게 천 달러를 남겨줄 수 있습니다. 34세 흡연자가 담배에 쓰는 하루 25센트를 보험에 넣는다면 가족과 더 오래 살 수 있을 뿐 아니라 3천 달러 이상의 유산을 남겨줄 수 있습니다.

적은 양은 이 과정을 정확하게 뒤집어서 말하면 된다. 합쳐서 상당한 금액으로 보이게 하는 것이다. 한 전화 회사 임원은 뉴욕 사람들이 전화를 빨리 받지 않아 얼마나 많은 시간을 허비하고 있는지를 다음과 말해 청중을 놀라게 했다.

> 100건당 7건은 전화를 받기까지 1분이 넘게 지체되고 있습니다. 매일 같이 28만 분이 이런 식으로 허비되고 있습니다. 6개월 동안 뉴욕의 전화 대기시간을 합하면 콜럼버스가 미국을 발견한 이래 모든 영업일을 합한 것과 같습니다.

숫자를 인상적으로 표현하라

숫자나 양은 그 자체만으로는 인상적이지 않다. 이들은 반드시 구체적인 사례와 함께 제시되어야 한다. 가능하면 경험 속에, 특히 최근의 경험이나 감정과 통합시키는 게 좋다. 예를 들어 앨더만 람베스^{Alderman Lambeth}는 런던 자치구 참사회에서 근로 조건을 이야기하며 이 방법을 사용했다. 그는 연설 도중 갑자기 말을 끊고 청중이 침묵하는 동안 시계를 꺼내 1분 12초간 들여다보았다. 사람들은 불편해하며 몸을 꼬고 화자를 의심의 눈초리로 쳐다보았다. '왜 저러는 거야?', '저 친구 갑자기 정신이 나간 거야?' 다시 연설을 시작하며 그는 이렇게 말했다. "여러분은 72초라는 시간도 가만히 있지 못하고 안절부절못하시는군요. 72초는 노동자가 벽돌 하나를 놓는 데 걸리는 평균 시간입니다."

이 방법은 효과적이었을까? 그렇다. 확실히 효과적이어서 세계 각지로 급속도로 퍼져나갔고, 신문으로 인쇄되어 해외로까지 알려졌다. 얼마나 강력했던지 영국의 건축노동자 노동조합이 '우리의 존엄성에 대한 모독'이라며 파업을 선언할 정도였다.

다음 중 어떤 진술이 요점을 더 힘 있게 전달할까?

1. 바티칸에는 1만 5천 개의 방이 있다.
2. 바티칸에는 방이 너무 많아 40년을 묵어도 매일 다른 방에서 잘 수 있다.

다음 중 어떤 것이 영국이 제1차 세계대전 중 지출한 엄청난 양의 돈을 좀 더 인상적으로 표현하는가?

1. 영국은 제1차 세계대전 중에 대략 70억 파운드, 달러로는 340억 달러를 지출했다.

2. 영국은 필그림Pilgrim(1620년 메이플라워호를 타고 미국에 가서 정착한 영국인들) 선조들이 처음 플리머스 바위 위에 상륙한 이래로 1분당 34달러를 계속 사용한 만큼을 제1차 세계대전 중인 4년 반 동안 지출했다. 놀라운 사실은 실제로는 그보다 훨씬 더 많다는 것이다. 영국은 1492년 콜럼버스가 미국을 발견한 이래로 1분당 34달러를 세계대전에 썼다. 아니, 실제로는 그보다 더 많다. 영국은 노르망디 공작 윌리엄이 1066년 영국을 정복한 이래로 1분당 34달러를 세계대전에 썼다. 아니, 실제로는 그보다 더 많다. 영국은 예수가 태어난 이래로 1분당 34달러를 세계대전에 썼다. 이것이 340억 달러의 규모다. 이는 예수가 탄생한 이후 약 10억 분의 시간이 지났다는 뜻이다.

재진술의 효과

재진술은 누군가가 우리의 주장에 적대적이고 도전적으로 반박하지 못하도록 사전에 차단하는 또 다른 수단이다. 유명한 아일랜드 연설가 대니얼 오코넬Daniel O'Connell은 이렇게 말했다.

"정치적 진실을 열 번 제시한다 해도 대중은 그것을 받아들이지 않습니다." 그는 대중을 상대로 많은 연설 경험이 있는 사람이었기에 그의 주장은 고려할 만한 가치가 있다. 그는 계속해서 말했다. "지속적인 반복이 필요합니다. 그래야 비로소 사람들 마음에 정치적 진실을 새길 수 있습니다. 인간은 똑같은 것을 반복해서 들으면 자기도 모르게 그것을 진실이라고 믿어버립니다. 그리고 마침내 그 사실이 마음 한구석에 조용히 자리 잡았다는 걸 알게 되고 더는 의심하지 않습니다. 이런 과정은 마치 종교적 신앙을 가지게 되는 것이나 다름없습니다."

전 캘리포니아 주지사 하이럼 존슨Hiram Johnson도 오코넬의 말을 믿었다. 그는 일곱 달에 걸쳐 쉴 새 없이 캘리포니아를 오가며 늘 똑같은 말로 연설을 마치곤 했다.

> 이것만 기억해주세요. 여러분, 저는 차기 캘리포니아 주지사가 될 겁니다. 그렇게 되면 윌리엄 헤린William F. Herrin과 서던 퍼시픽레일로드 컴퍼니는 반드시 쫓아내겠습니다. 안녕히 주무십시오.

감리교 운동을 창시했던 존 웨슬리의 어머니 역시 오코넬의 말을 믿었던 것 같다. 그래서 왜 아들들에게 똑같은 말을 20번씩이나 되풀이하느냐고 남편이 그녀에게 물었을 때 이렇게 대답했다. "19번이나 반복해서 이야기했는데도 아이들이 교훈을 얻지 못했기 때문이에요."

우드로 윌슨도 오코넬의 말을 진실이라고 믿었다. 그래서 그는 연설할 때마다 이 방법을 이용했다. 마지막 두 문장은 표현만 바꾼 반복이라는 점에 주목하라.

> 여러분도 아시겠지만 지난 수십 년간 대학생들은 제대로 교육받지 못했습니다. 여러분도 아시겠지만 현재의 교육으로는 누구도 가르칠 수 없습니다. 여러분도 아시겠지만 현재의 가르침으로는 누구도 교육할 수 없습니다.

지금까지 재진술 방법을 칭찬해왔지만, 초보자들이 사용할 때는 위험한 도구가 될 수도 있다. 표현력이 풍부하지 않으면 재진술은 아무런 장식이 없어 너무 뻔한 반복으로 전락해버리기 때문이다. 치명적인 일이다. 이를 파악하는 순간 청중은 자리에서 몸을 뒤틀고 시계를 찾기 시작할 것이다.

일반적인 예와 구체적인 사례를 들어라

하지만 일반적인 예와 구체적인 사례를 사용한다면 이런 위험을 피할수 있다. 이러한 예들은 흥미로워 쉽게 관심을 끌기 때문에 깊은 인상을 남기고, 청중을 설득하는 데도 대단히 유용하다. 또 반박하려는 생각을 사전에 차단하는 데도 도움이 된다.

예를 들어 미국의 목사이자 저술가인 뉴얼 드와이트 힐리스Newell Dwight Hillis는 연설 도중 다음과 같이 선언했다. "불복종은 노예가 되는 길이고, 복종은 자유를 향한 길입니다." 이런 말은 충분히 설명하지 않는 한 명확하거나 깊은 인상을 남기지 못하기 때문에 그는 말을 계속 이어나갔다. "불이나 물 혹은 염산의 법칙에 불복하면 결과는 죽음뿐입니다. 색의 법칙을 따르면 화가는 예술성을 얻습니다. 웅변의 법칙에 복종하면 웅변가는 힘을 얻습니다. 철의 법칙에 순종해야 도구를 발명할 수 있습니다."

이러한 예들은 도움이 된다. 깊은 인상을 남긴다. 그렇지 않은가? 이번에는 구체적인 사례를 이용해 생명력과 활력을 불어넣어 보기로 하자. "색채의 법칙에 따라 레오나르도 다빈치Leonardo da Vinci는 〈최후의 만찬〉을 완성할 수 있었습니다. 웅변의 법칙을 따랐기 때문에 헨리 워드 비처는 그 유명한 리버풀 연설을 할 수 있었습니다. 철의 법칙에 순종함으로써 사이러스 매코믹Cyrus McCormick은 수확기를 발명할 수 있었습니다."

더 낫지 않은가? 사람들은 연설하는 사람이 이름과 날짜를 제시하면 좋아한다. 원한다면 스스로 찾아볼 수 있기 때문이다. 이런 식으로 이야기하면 화자가 솔직하고 정직해 보인다. 따라서 신뢰를 얻고 깊은 인상을 남길 수 있다.

예를 들어 내가 "많은 부자는 소박하게 산다"라고 말했다고 하자. 별로 인상적이지 못하다. 문장이 너무 모호하기 때문이다. 그렇지 않은가? 생각이 종이에서 펄쩍 뛰어 올라 당신의 미간을 강타하지 못한다. 머리에서 금방 지워지고 만다. 명쾌하지도, 재미있지도, 설득력 있지도 않다. 호화롭게 사는 부자에 대한 신문 기사를 읽었던 기억이 떠오르며 그 주장에 반박하고 싶다는 생각도 든다.

부자들이 검소하게 살고 있다고 생각한다면 어떻게 그런 결론에 도달했을까? 구체적인 사례를 보았기 때문일 것이다. 따라서 사람들을 나처럼 생각하게 만들려면 그런 사례를 제시해야 한다. 내가 본 것을 다른 사람에게 보여줄 수 있다면 같은 결론에 도달할 가능성도 크다. 굳이 설득할 필요도 없지 않겠는가?

구체적인 사례를 제시해 다른 사람을 나와 같은 결론에 도달하게 하는 방법은 내가 결론을 만들어놓고 믿게 하는 것보다 두 배, 세 배 혹은 다섯 배나 더 힘이 세다. 예를 들어보자.

- 존 록펠러는 브로드웨이 26번가에 있는 사무실 가죽 소파에서 매일 낮잠을 잤다.
- 사업가 J. 오그던 아머Ogden Armour는 매일 밤 9시에 잠자리에 들고 아침 6시에 일어났다.
- 한때 세상에서 가장 많은 기업을 운영했던 조지 베이커George F. Baker는 칵테일이라고는 마셔보지도 못했고, 담배도 죽기 몇 년 전에야 피우기 시작했다.
- 캐시 레지스터 컴퍼니 사장 존 패터슨은 술담배를 멀리했다.
- 한때 미국 최대 은행의 은행장이었던 프랭크 밴더리프는 하루에 두 끼만 먹었다.
- 미국 최고 임상학자 루이스 버질 하만Louis Virgil Hamman은 우유 한 잔과 옛날식 생강 웨이퍼로 점심을 때웠다.
- 은행가 제이컵 시프Jacob Schiff의 점심은 우유 한 잔이었다.
- 철강왕 앤드루 카네기가 즐겨 먹던 음식은 크림을 얹은 오트밀이었다.

- 『새터데이 이브닝 포스트』와 『레이디스 홈 저널』의 발행인 사이러스 커티스 Cyrus H. Curtis는 자신이 가장 좋아하는 음식으로 베이크드 빈스(가장 싼 통조림 중 하나)를 꼽았다.

이렇게 특정한 사례들은 당신의 마음에 어떤 영향을 미치는가? 부자들이 소박하게 산다는 진술을 극적으로 보여주는가? 그 사실을 마음에 새겨주는가? 이 이야기를 들으면서 반박하고 싶다는 생각이 사라졌는가?

축적의 원리를 이용하라

하지만 한두 가지 구체적인 사례만 가지고 원하는 효과를 얻을 수 있으리라 기대해선 안 된다. 필립스는 『효과적인 연설』에서 이렇게 말했다.

반드시 맨 처음 받은 느낌을 강화하는 일련의 인상이 계속 이어져야 한다. 머리에서 그 생각이 떠나지 못하도록 반복해서 집중하게 만들어야 한다. 인상에 인상이 쌓이면서 그 생각이 두뇌 깊숙이 뿌리 박힐 때까지 계속되어야 한다. 그러면 그 생각은 비로소 그의 일부가 되며, 아무리 시간이 흘러도, 어떤 사건이 일어나도 사라지지 않는다. 이것을 축적의 원리라고 한다.

앞서 검소한 부자가 많다는 구체적인 사례들이 축적의 원리를 어떻게 이용했는지 그 배치를 주의 깊게 음미해보라. 또 이 원리가 3장의 필라델피아 연설에서 필라델피아가 미국 최고의 산업중심지임을 증명히는 데 어떻게 사용되었는지 주목하라. 페리 서스턴Perry Thuston 상원의원이 인간은 불의와 억압이라는 폐해를 무력을 통해서만 극복해왔다는 주제에 이 원리를 어떻게 사용하고 있는지 다음 문단을 통해 살펴보라. 이러한 구체적인 사례에서 3분의 2가 생략되었다면 그 결과는 어땠을까?

인류와 자유를 위한 전쟁이 무력을 사용하지 않고도 이긴 적이 있었습니까? 거짓, 불의 그리고 억압이라는 바리케이드를 힘이 아닌 다른 어떤 것으로 돌파해본 적이 있습니까?

주저하는 왕을 그 위대한 마그나카르타(1215년 영국 존 왕이 국민의 권리와 자유를 인정한 문서)에 서명하게 만든 것은 힘이었습니다. 미국 독립선언문에 생명력을 불어넣고 노예해방 선언이 효력을 갖게 해준 것도 바로 힘입니다. 바스티유의 쇠창살을 맨손으로 때려 부수고 수 세기에 걸친 왕실의 범죄를 단 한 시간 만에 보복할 수 있게 해준 것도 힘입니다. 독립전쟁 중 벙커힐에서 혁명의 깃발을 나부낄 수 있게 해주었던 것도, 포지계곡에서 피에 물들고 눈으로 얼어붙은 발로 버틸 수 있게 해주었던 것도, 남북전쟁의 격전지 채터누가에서 폭격으로 뒤덮인 언덕을 올라가게 했던 것도, 구름 덮인 룩아웃산을 공격할 수 있었던 것도, 셔먼 장군을 바다로 진군하게 한 것도, 셰리든 장군이 기병대를 몰아간 것도, 그래서 결국 애퍼매톡스(미국 버지니아주 중부 도시로 남군 총사령관 리 장군이 1865년 4월 9일 북군 총사령관 그랜트 장군에게 항복한 곳)에서 그랜트 장군에게 승리를 안겨주고, 북군을 구하고, 성조기의 별 개수를 지켜내고(미국 성조기에 달린 별의 개수는 주의 개수와 비례한다. 남북전쟁이 남군의 승리로 끝났더라면 별의 수는 대폭 줄어들었을 것이다 – 옮긴이), '검둥이'를 인간으로 만들어준 것도 모두 힘이었습니다.

생생한 비유를 활용하라

오래전 일이다. 브루클린 YMCA에서 강좌를 듣던 한 수강생이 발표 중에 바로 전년도에 화재로 인해 많은 집이 불탔다고 말했다. 그러고는 이 불탄 집들을 나란히 줄을 세우면 아마 뉴욕에서 시카고에 이를 것이라고 하고, 그 화재로 사망한 사람들을 1킬로미터 간격을 두고 일렬로 세우면 역시 시카고에서 브루클린에 이를 것이라고 했다.

그가 언급했던 숫자는 거의 듣자마자 잊었다. 하지만 10년이 지난 지금, 아무런 노력도 하지 않았는데도 맨해튼에서 일리노이주 쿡 카운티까지 불타는 건물이 죽 늘어서 있는 광경이 떠오른다.

왜 그럴까? 귀에 남은 인상은 오래 유지하기 어렵다. 너도밤나무의 미끄러운 껍질을 때리는 진눈깨비처럼 그냥 굴러떨어져 버린다. 하지만 눈에 남은 인상은 어떨까? 나는 몇 년 전 다뉴브강둑에 있는 한 오래된 집에 포탄이 박혀 있는 걸 본 적이 있다. 나폴레옹의 포병대가 1805년 울름전투 때 발사했던 포탄이었다. 시각적 인상은 마치 그 포탄과 같다. 이 인상은 머리에 박힌다. 붙어서 잘 떨어지지 않는다. 마치 나폴레옹이 오스트리아군을 몰아냈듯 모든 반대되는 생각들을 몰아내버린다.

앞서 윌리엄 페일리가 시계공이라는 존재를 활용해 무신론자에게 했던 대답이 잊히지 않는 이유는 이야기의 상당 부분이 시각적인 것에 기대 있기 때문이다. 에드먼드 버크도 미국 식민지에 대한 영국의 과세를 비판할 때 이러한 기법을 이용해 전망을 내놓았다. "우리는 지금 양의 털을 깎고 있는 게 아니라 늑대의 털을 깎고 있습니다."

전문가를 동원해 주장을 떠받쳐라

어린 시절 중서부에서 살 때 양들이 지나다니는 입구에 막대기를 걸쳐놓고 양들을 관찰하며 시간을 보내곤 했다. 처음 몇 마리가 막대기 위로 깡충 뛰어 지나가고 나면 막대기를 치웠다. 그런데 나머지 양들도 마치 아직도 막대기가 있는 양 모두 열심히 뛰어 그 입구를 지나갔다. 이들이 그렇게 뛰었던 이유는 앞에 녀석들이 그렇게 뛰어 문을 지나갔기 때문이다. 양만 그런 게 아니다. 우리 인간 역시 다른 사람이 하는 일을 하려는 경향, 다른 사람이 믿고 있는 바를 믿으려는 경향, 특히 유명한 사람의 증언이라면 의심의 여지 없이 받아들이려는 경향이 있다.

미국 은행협회 뉴욕 지부에서 만난 수강생은 이런 방식으로 절약을 주제로 발표했다. 자기에게 유리한 방향을 잘 잡은 것이다.

제임스 힐James J. Hill이 말했습니다. "당신이 성공할지 알고 싶다면 간단하게 테스트할 수 있습니다. 저축할 수 있습니까? 그렇지 않다면 포기하세요. 틀림없이 실패할 겁니다. 실패는 여러분이 지금 생생하게 살아 있는 만큼이나 확실합니다."

제임스 힐을 인용한 것은 제임스 힐이 직접 와서 연설한 것 다음으로 효과적인 방법이었다. 그의 말은 인상적이었다. 반대되는 생각마저 사전에 차단했기 때문이다.

전문가의 말을 인용할 때는 다음 네 가지를 염두에 두어야 한다.

첫째, 정확하게 인용하라

다음 중 어떤 말이 더 인상적이고 설득력 있는가?

1. 통계에 따르면 시애틀은 세계에서 가장 건강한 도시다.
2. 연방정부의 공식 사망률 통계에 따르면 지난 15년간 시애틀의 연간 사망률은 천 명당 9.78명이다. 시카고는 14.65명, 뉴욕은 15.83명, 뉴올리언스는 21.02명이다.

'통계에 따르면'으로 시작하는 말에 주의하라. 누가 그 통계를 만들었고, 왜 만들었는가? "숫자는 거짓말을 하지 않는다. 하지만 거짓말쟁이는 숫자를 조작한다."

통상적인 문구인 '당국에 따르면'과 같은 표현은 모호하다 못해 우스꽝스럽기까지 하다. 대체 '당국'이 누구인가? 한두 가지만이라도 대라. 그들이 누구인지 모른다면 그들이 했다는 말을 어떻게 확신할 수 있겠는가?

확실하게 하라. 그래야 신뢰를 얻을 수 있다. 그래야 청중도 당신이 말하는 바를 제대로 알았다고 느낀다. 시어도어 루스벨트도 모호한 말로는 사람들을 믿게 할 수 없다고 생각했다. 우드로 윌슨 행정부에 재직 중일 때 켄터키주 루이빌 연설에서 그는 이렇게 말했다.

> 윌슨 씨가 선거 전 연설이나 강연에서 했던 약속을 잘 지키지 않다 보니, 심지어 그의 친구들 사이에서도 그가 약속을 지키지 않는 걸 농담거리로 삼을 정도였습니다. 반면 윌슨 씨의 지지자 중 한 명은 윌슨 씨가 일관성이 없다는 비난에 이렇게 말했습니다. "저희 정책은 선거에서 승리하기 위한 것입니다. 그리고 저희는 이겼습니다." 여러분은 이 말을 62대 의회 세 번째 회의 기록 4,618페이지에서 보실 수 있습니다.

둘째, 대중적인 사람의 말을 인용하라

사람의 호불호는 생각보다 훨씬 더 신념과 관련 있다. 한번은 변호사 새뮤얼 운터마이어Samuel Untermyer가 카네기홀에서 열린 사회주의 토론에서 야유를 받았다. 그는 충분히 예의를 차려 말했고, 내가 보기엔 모두 사실이었으며, 아무런 해를 끼치지도 않았고, 충분히 침착해 보였다. 하지만 청중 대부분은 사회주의자들이었다. 그들은 새뮤얼 운터마이어를 경멸했다. 그가 구구단을 인용했다 해도 맞는지 의심했을 것이다.

반면 앞서 언급했던 제임스 힐이라면 대단히 적절하다. 그 구레나룻을 기른 철도 건설자는 미국 은행원들 사이에서 인기가 있었기 때문이다.

셋째, 지역 유력인사의 말을 인용하라

당신이 디트로이트에서 연설하고 있다면 디트로이트 사람의 말을 인용하라. 청중은 고개를 들고 당신이 말하는 문제에 관심을 가지기 시작할 것이다. 스포캔(미국 워싱턴주의 도시)이나 샌안토니오처럼 먼 곳에 사는 알지도 못하는 사람의 말보다는 훨씬 더 관심을 끌 것이다.

넷째, 자격 있는 사람의 말을 인용하라

다음과 같은 질문을 스스로 던져보라. 이 사람은 정말 이 주제에 대해 권위자로 인정받고 있는가? 왜 그럴까? 편견을 가진 관찰자에 불과하진 않을까? 이기적인 목적을 가진 사람은 아닌가?

브루클린 상공회의소에서 한 수강생이 '전문화'라는 주제로 발표하며 영리하게도 앤드루 카네기를 인용했다. 청중으로 참석한 기업인들은 이 철강왕에게 한없는 존경심을 품고 있었기 때문이다. 카네기의 평생에 걸친 경험과 관찰을 통한 통찰은 사업상의 성공이라는 주제에 더없이 적절했다.

저는 어떤 분야에서 특출나게 성공하려면 그 분야의 장인이 되어야 한다고 믿습니다. 저는 자신이 가진 역량을 여기저기 분산해야 한다는 주장을 믿지 않습니다. 제 일천한 경험으로도 여러 문제에 관심을 두어 많은 돈을 번 사람은 한번도 보지 못했습니다. 적어도 제조업 분야에서는 한 명도 없습니다. 성공한 사람들은 한 분야를 선택한 후 그 길을 고수한 분들이었습니다.

인상적이고 설득력 있게 말하는 법

❧

"머리에 떠오르는 모든 생각은 이를 적극 반박하는 생각이 없는 한 사실로 간주된다." 그렇다면 청중에게 감명을 주고 설득하기 위해 연설하는 우리는 두 가지를 해야 한다. 첫째, 우리의 생각을 제시한다. 둘째, 우리의 생각을 무효화할 수도 있는 다른 생각이 전혀 떠오르지 않게 만든다. 이를 성취하는 데 도움이 될 만한 여덟 가지 방법을 제시한다.

1. 다른 사람을 설득하기 전에 자기 자신부터 설득하라. 전염성 있는 열정으로 말하라.

2. 당신이 설득하려는 것은 그들이 이미 믿고 있는 것과 대단히 유사하다는 사실을 보여주어라. (예: 페일리와 무신론자, 아테네의 성 바울, 올드 햄프셔 본드 종이)

3. 당신의 생각을 재진술하라. (예: 하이럼 존슨, "저는 차기 캘리포니아 주지사가 될 겁니다…." 우드로 윌슨, "당신도 아시겠지만… 현재의 교육으로는 누구도 가르칠 수 없습니다….") 수치를 말할 때는 사례와 함께 제시되어야 한다. 예를 들어 영국은 제1차 세계대전에 340억 달러를 썼다. 예수가 태어난 이래 1분당 34달러를 써야 이만큼이 된다.

4. 일반적인 예를 이용하라. (예: 힐리스, "불복종은 노예가 되는 길이고, 복종은 자유를 향한 길입니다.")

5. 구체적인 사례를 들고 구체적인 경우를 인용하라. (예: "많은 부자는 소박하게 산다. 프랭크 밴더리프는 하루에 두 끼만 먹었다.…")

6. 축적의 원리를 이용하라. "경험에 경험이 쌓이면서 그 생각이 두뇌 깊숙이 뿌리 박힐 때까지 계속되어야 한다." (예: "주저하는 왕을 그 위대한 마그나 카르타에 서명하게 만든 것은 바로 힘이었습니다.…")

7. 생생한 비유를 활용하라. 귀에 남기는 인상은 쉽게 사라지지만, 눈에 남기는 인상은 벽에 박힌 포탄처럼 계속해서 남는다. (예: 브루클린에서 시카고까지 늘어선 불타는 건물들)

8. 권위 있는 전문가의 말로 당신의 진술을 강화하라. 루스벨트가 인용문에서 말했듯이 정확하게 인용하라. 유명한 사람, 그 지역 사람, 자격이 있는 사람의 말을 인용하라.

루스벨트의 공명 훈련법

시어도어 루스벨트가 첫 정치 유세를 할 때였다. 유세를 시작한 지 얼마 지나지도 않아 목소리에 힘이 빠지기 시작했다. 그는 목소리 훈련 전문가를 고용해서 함께 기차를 타고 유세장을 찾아다녔다. 역과 역 사이를 지날 때 루스벨트는 '딩-동, 싱-송, 홍-콩'을 발음했다. 코로 'ng' 소리를 내면서 코의 공명을 개발하려는 의도였다. 코의 공명은 목소리를 맑게 하며 멀리까지 전달해준다. 청중과 어느 정도 거리를 둔 곳에서 연설할 때 필요한 자질이다.

당신도 루스벨트처럼 훈련해보라. 다음과 같은 효과를 거둘 수 있다.

1. 코의 공명을 연습할 수 있다. 종이 울리는 소리가 두강을 관통하여 비강을 통해 나오도록 하라. 앞에서 언급했듯이 숨을 깊게 들이마실 때 경험했던 열린 느낌으로 발음하라.
2. 혀끝의 힘과 민첩성을 향상할 수 있다. 어떤 훈련인지 가물가물하다면 6장을 다시 읽어보라.
3. 밝고 공명이 풍부한 소리를 낼 수 있다.
4. 팔세토 기법으로 연습하면 어조도 밝아진다(7장을 참고하라).

14장

청중의 흥미를 끄는 법

모든 의사소통에는 관심의 한계가 있다. 세상이 당신에게 관심을 보일 때는 말이나 글로 그 한계선을 넘었을 때다. 그 선을 넘을 자신이 없다면 아예 포기하는 게 낫다. 세상은 당신과 아무런 상관이 없을 테니 말이다.

H. A. 오버스트리트(『인간 행동에 영향을 미치는 법』 저자, 심리학자)

늘 할 말이 있어야 한다. 사람들은 할 말이 있는 사람과 할 말이 없으면 절대 입을 열지 않는 사람의 말에는 귀를 기울인다. 말하기 전에 당신이 무슨 말을 하려는지 인지하라. 당신이 갈피를 못 잡는다면 청중은 더 그럴 것이다. 생각을 질서 있게 배치하라. 아무리 간결해도 시작과 중간과 끝이 있는 게 좋다. 명확하게 말하라. 어떤 것이든 청중이 분명히 이해할 수 있게 말하라. 논란의 여지가 있는 이야기라면 상대방의 주장을 예측하라. 농담에는 진지하게 답하고, 진지한 이야기에는 농담으로 답하라. 어떤 청중이 왔을지 예상하라. 그들을 지루하게 두지 마라.

제임스 브라이스James Bryce(정치가, 경제학자)

당신이 중국의 어느 부잣집에 초대를 받아 만찬을 즐기고 있다고 하자. 그 집에서는 닭 뼈나 올리브씨를 어깨너머로 던져 바닥에 버리는 것이 예의다. 그 행동은 주인에게 보내는 찬사이기 때문이다. 이는 그가 부자이며 식사 후 깨끗이 청소해줄 하인이 많다는 사실을 인정하는 행동으로 주인도 매우 좋아한다.

이런 부잣집에서는 푸짐하게 잘 차린 맛있는 음식을 많이 남겨도 전혀 개의치 않는다. 반면 중국 어떤 지역의 가난한 사람들은 목욕물도 아껴 써야 한다. 물을 데우는 데 비용이 많이 들어 사람들은 상점에서 뜨거운 물을 산다. 이들은 목욕한 다음 그 물을 샀던 상점에 가서 되팔고, 그 물은 두 번째 고객이 목욕하고 난 다음까지도 여전히 시장에서 가치가 있다. 물론 가격이 조금 내려가긴 한다.

이제껏 읽은 중국인들의 생활이 흥미로운가? 그 이유는 무엇인가? 매우 평범한 일상에 매우 특이한 면들이 있기 때문이다. 만찬이나 목욕과 같은 흔한 사건에 낯선 행위가 숨어 있기 때문이다. 우리가 흥미를 느끼는 지점이 바로 이런 부분이다. 익숙하면서도 새로운 싯 말이나.

다른 예를 들어보자. 지금 당신이 읽고 있는 이 책 종이는 아주 평범하지 않은가? 이런 종이라면 수도 없이 보아왔을 것이다. 여기까지는 재미도 없고 지루하게 들린다. 하지만 종이에 관해 놀라운 사실로 당신의 관심을 사로잡아보겠다. 당신이 보는 이 종이는 단단한 고체처럼 보인다. 하지만 실제로는 거미줄에 더 가깝다. 물리학자가 아니더라도 이 종이가 원자로 구성되었다는 것 정도는 알고 있을 것이다. 원자는 얼마나 작은가? 12장에서 우리는 물 한 방울에 들어 있는 원자의 수를 헤아리면, 원자를 물방울 크기로 확대했을 때 지중해를 가득 채울 만큼이라고 배웠다. 그 개수는 전 세계의 풀잎을 모두 합쳐야 할 정도로 많다. 그렇다면 종이를 만드는 원자는 무엇으로 구성되어 있을까? 전자와 양성자라는 훨씬 더 작은 물질로 구성되어 있다. 이 전자들은 원자핵 주변을 회전한다. 둘 사이의 거리는 비율로 따지면 지구와 달 사이의 거리만큼 떨어져 있다. 전자는 초당 1만 6천 킬로미터 정도의 속도로 달리고 있다(최근 계산 결과에 따르면 수소 원자 내에서 핵을 도는 전자의 속도는 광속의 130분의 1로, 초속 2,200킬로미터이다-편집자). 따라서 당신이 쥐고 있는 종이를 구성하는 전자들은 당신이 이 문장을 읽기 시작한 순간부터 지금까지 대략 뉴욕과 도쿄 사이의 거리를 움직였다.

불과 2분 전만 해도 당신은 이 종이가 무미건조하고 죽은 것이라고 생각했을 것이다. 하지만 사실 이 종이는 신의 미스터리 중 하나다. 폭풍 같은 에너지의 집합체로 달리 보일 것이다.

종이에 관심이 생겼다면 그 까닭은 종이에 대한 새롭고 신기한 사실을 알았기 때문이다. 사람들의 흥미를 돋우는 비결이 바로 여기에 있다. 이 비결을 알고 있으면 일상적인 대화에도 큰 도움이 된다. 완전히 새로운 것은 흥미롭지 않다. 흔한 것 또한 매력이 없다. 우리는 흔한 것에서 새로운 이야기를 듣고 싶어 한다. 예를 들어 당신이 부르주 대성당이나 〈모나리자〉 같은 예술품을 묘사해서는 일리노이 농부의 관심을 사로잡지 못한다. 농부들에게는 너무 생소한 이야기다. 그들이 오래전부터 가져왔던 관심사와는 아무런 관련이 없기 때문이다. 하지만 "네덜란드 농부들은 해수면 아래에 농지를 만들어 경작하고, 울타리 역할을 하도록 도랑을 파고, 문 역할을 하도록 다리를 놓는다"라고 말하면 귀를 쫑긋 세울 것이다. 또 네덜란드 농부들은 겨울철이 되면 집에서 소와 가족이 함께 지내고, 소들이 레이스 커튼 사이로 눈 내리는 걸 바라본다고 말하면 아마 입을 다물지 못하고 들을 것이다. 소와 울타리야 이미 알고 있는 것이지만 새로운 양념이 등장했기 때문이다. "레이스 커튼이라니! 소한테 커튼씩이나! 정말 말도 안 돼!" 농부는 이렇게 소리 지르고는 다른 친구에게 이 이야기를 들려주고 싶어 안달이 날 것이다.

이번에는 뉴욕시 수강생이 했던 발표를 보자. 당신의 흥미를 돋우는지 살펴보라. 흥미를 끈다면 그 이유는 무엇일까?

황산이 당신에게 미치는 영향

대부분의 액체는 파인트, 쿼트, 갤런, 배럴 등의 단위로 측정합니다. 우리는 흔히 와인 몇 쿼트, 우유 몇 갤런, 당밀 몇 배럴 이런 식으로 이야기합니다. 새로운 유정이 발견되면 하루당 생산량이 몇 배럴이라는 식으로 말하지요. 하지만 워낙 많이 제조되고 소비되다 보니 측정 단위가 톤인 유일한 액체가 있습니다. 바로 황산입니다.

황산은 여러모로 우리의 일상과 관련이 깊습니다. 황산이 없다면 여러분은 말과 마차의 시대로 돌아가야 할 겁니다. 등유와 휘발유를 정유하는 데 황산이 널리 사용되고 있기 때문이지요. 여러분의 사무실, 저녁 식탁, 밤길을 환히 밝혀주는 전기도 황산 없이는 존재할 수 없습니다.

아침에 일어나 샤워할 때 여러분은 니켈로 도금한 수도꼭지를 틉니다. 이 수도꼭지를 만드는 데도 황산이 필요합니다. 그러고 보니 에나멜을 칠한 욕조 마감에도 사용되는군요. 여러분이 사용하는 비누도 아마 황산으로 처리한 구리스나 기름으로 만들어졌을 겁니다. 여러분이 쓰는 수건도 여러분이 쓰기 전에 황산을 먼저 만나야 합니다. 셀룰로이드 빗은 황산 없이는 아예 만들 수조차 없습니다. 여러분의 면도날도 단련 과정을 거친 후 황산 용액으로 씻어냈겠지요.

여러분은 속옷을 입고 단추로 겉옷을 채웁니다. 표백제와 염료에도 황산이 사용됩니다. 단추 제조업자 역시 황산 없이는 단추를 만들지 못합니다. 제혁업자는 신발을 만드는 데 황산을 이용하고, 신발에 광을 내는 데도 황산을 사용합니다.

아침 식탁에 앉습니다. 컵과 접시가 전부 하얀색이 아니라면 황산의 도움이 필요합니다. 금박이나 색을 사용한 장식에도 황산이 사용되기 때문입니다. 스푼, 나이프, 포크 모두 황산으로 세척해야 도금이 됩니다.

여러분이 먹는 빵의 원료가 되는 밀은 인산 비료를 사용하지 않고는 재배하기 힘듭니다. 인산 비료를 만드는 데도 황산이 필요합니다. 메밀 케이크와 함께 시럽을 먹는다면 그 시럽을 제조하는 데도 필요합니다.

황산은 이렇게 온종일 여러분에게 영향을 줍니다. 어딜 가든 황산의 영향을 피할 수 없습니다. 황산이 없으면 전쟁을 할 수도, 평화롭게 살 수도 없습니다. 이처럼 인간의 일상에 필수인 황산이 우리 대부분에게 낯선 물건이란 사실이 신기할 정도입니다. 하지만 그것이 현실입니다.

세상에서 가장 재미있는 세 가지

세상에서 가장 재미있는 세 가지를 꼽으라면 당신은 무엇을 들겠는가? 섹스, 재산, 종교가 아닐까? 섹스를 통해 우리는 생명을 만들고, 재산을 통해 생명을 유지하며, 종교를 통해 다음 세상에서도 계속 살아갈 수 있길 갈망한다.

하지만 우리의 관심은 나의 섹스고, 나의 재산이며, 나의 종교다. 우리의 관심은 온통 나를 중심으로 돌아간다.

우리는 페루 사람들이 유언장을 어떻게 쓰든 전혀 관심이 없다. 하지만 연설 제목이 "내 유언장을 작성하는 법"이라면 사정이 달라진다. 마찬가지로 호기심 때문이 아니라면 우리는 힌두교에 별 관심이 없다. 하지만 우리에게 내세의 끝없는 행복을 보장해줄 종교라면 그렇지 않다.

영국 최대 신문 소유주였던 노스클리프 경은 사람들이 무엇에 관심을 가지느냐는 질문에 한 단어로 대답했다. 바로 '나'였다.

당신은 자기가 어떤 사람인지 알고 싶은가? 자, 여기 당신의 자아를 있는 그대로 볼 수 있게 하는 방법을 소개하려 한다. 어떤 공상을 하고 있는지 살펴보는 것이다. 공상이란 무엇일까? 제임스 하비 로빈슨 교수는 저서 『정신의 발달 과정』에서 이렇게 말했다.

우리는 깨어 있는 시간 내내 생각하고 있는 것처럼 보인다. 깨어 있을 때뿐만 아니다. 대부분은 잠자는 동안에도 계속 생각하고 있다. 하지만 왜 그런지 잠자는 동안에는 바보 같은 생각을 한다. 어떤 실재적인 문제에 방해받지 않는 한 공상에 빠져든다. 공상은 자연스러우면서도 우리가 가장 좋아하는 종류의 사고다. 희망과 두려움, 무의식적인 욕망, 성취나 좌절, 좋음과 싫음, 사랑과 미움 그리고 분노에 의해 공상의 흐름은 결정되고 우리는 그 흐름에 몸을 맡긴다. 우리에게 자기 자신만큼 흥미로운 것은 없다. 통제되고 지시되지 않는 모든 생각은 자연스럽게 세상에서 가장 사랑하는 '나'를 중심으로 돌아간다. 다른 사람에게 나타나는 이런 경향을 지켜보고 있노라면 재미도 있지만 우스꽝스럽다. 우리는 이런 사실을 보고도 못 본 척 너그럽게 넘기는 법을 알고 있지만, 일단 이 문제에 천착하면 마치 정오의 태양처럼 열정이 활활 불타오른다.

공상은 우리 성격의 근원을 보여준다. 감추어지고 잊혀진 경험이 만든 본성이 공상에 투영되기 때문이다. 공상은 자기 확대와 자기 합리화라는 지속적인 경향성을 가지고 우리의 모든 생각에 영향을 미친다.

따라서 당신의 청중은 사업상의 문제를 생각하지 않을 때면 대부분 자기 자신에 대해 생각하고 정당화하는 데 쓰고 있다는 사실을 기억하라. 평범한 사람이라면 이탈리아가 미국에 진 전쟁 빚을 어떻게 갚을까보다 요리사가 일을 그만두면 어쩌나에 훨씬 더 관심이 있다. 남미에 혁명이 일어나건 말건, 아침에 면도날이 잘 들지 않는 게 훨씬 더 골칫거리다. 아시아에서 지진이 일어나 50만 명이 죽든지 말든지, 자신의 치통이 더 고통스럽다. 역사상 가장 위대한 위인 열 명에 대한 이야기보다 자기를 칭찬하는 이야기에 더 귀를 쫑긋 세운다.

대화를 잘하는 방법

사람들이 대화를 잘하지 못하는 이유는 자기가 관심 있어 하는 이야기만 하려 들기 때문이다. 하지만 그것은 다른 사람들에게는 정말이지 지루한 일이 아닐 수 없다. 과정을 반대로 해보라. 다른 사람이 이야기를 주도하게 만들고 그의 관심사, 그의 사업, 그의 골프 성적, 그의 성공, 혹은 자녀에 대해 이야기하게 하라. 그런 다음에는 열심히 귀 기울여 들으라. 그러면 그들은 상당히 기뻐할 것이다. 그 결과 당신은 대화를 잘하는 사람이 된다. 당신이 말을 거의 하지 않아도 전혀 상관없다.

미국의 정치학자이자 커뮤니케이션 이론가 해럴드 드와이트 라스웰 Harold Dwight Lasswell은 얼마 전 대중연설 강좌 종강 파티에서 대단히 훌륭한 연설을 했다. 그는 테이블 전체를 돌며 한 사람 한 사람에 대해 이야기했다. 이 강좌에 처음 들어왔을 때 그가 어떻게 말했고 어떻게 향상되었는지, 그들이 했던 다양한 연설을 떠올리고 그들이 토론했던 주제를 언급했다. 그들 중 몇몇 사람의 특징은 과장되게 흉내 내어 폭소를 유발했다. 그런 주제라면 실패할 리 없다. 하늘 아래 그만큼 그들의 관심을 끌 주제는 없다. 드와이트는 인간 본성을 너무나도 잘 알고 있었던 것이다.

2백만 명의 독자를 끌어모은 아이디어

몇 년 전 『아메리칸 매거진』은 놀라운 성장을 보였다. 갑작스러운 판매 부수 증가는 출판계에서도 화제가 되었다. 비결은 무엇이었을까? 존 시달 John M. Siddall과 그의 아이디어가 바로 비결이었다. 내가 시달을 처음 만났을 때 그는 『아메리칸 매거진』에서 '재미있는 사람들' 란을 맡고 있었다. 그를 위해 기사도 몇 개 써주었던 적이 있다. 언젠가 그와 오랜 시간 이야기를 나누었는데 그는 이렇게 말했다.

> 사람들은 이기적입니다. 그들은 주로 자기 자신한테만 관심이 있지요. 정부가 철도를 국유화해야 한다는 것에는 별 관심이 없어요. 하지만 어떻게 해야 남들보다 앞서 나갈 수 있는지, 어떻게 하면 더 많은 월급을 받을 수 있는지, 어떻게 해야 건강을 유지할 수 있는지 알고 싶어 안달이 나 있지요. 만약 제가 이 잡지의 편집장이라면 저는 그들에게 치아 관리법, 샤워하는 법, 여름에 시원하게 지내는 법, 높은 지위에 올라가는 법, 직원들을 잘 다루는 법, 집을 사는 법, 기억하는 법, 문법을 틀리지 않고 글을 쓰는 법 등을 알려줄 겁니다. 사람들은 항상 사람 사는 이야기에 관심 있어 하니까요. 그래서 부동산 투자로 백만 달러를 번 부자 이야기를 들려주려 합니다. 유명한 은행가와 기업 총수에게 어떻게 권력과 부를 축적했는지 이야기해달라고 할 예정입니다.

이런 말을 나눈 직후, 시달은 편집장이 되었다. 당시 『아메리칸 매거진』은 그리 많이 팔리는 잡지도 아니었고, 거의 실패일로를 걷고 있었다. 시달은 내게 말했던 일을 추진하기 시작했다. 반응은 어땠을까? 압도적이었다. 판매 수치가 20만, 30만, 40만, 50만으로 치솟기 시작했다. 마침내 대중이 원하는 바를 발견했던 것이다. 얼마 안 가 한 달에 백만 부가 나갔고, 곧 150만, 200만까지 늘어났다. 판매고는 거기에서 멈추지 않았고, 몇 년 동안 계속해서 성장했다. 시달은 독자들의 이기심에 호소해 성공을 거두었던 것이다.

콘웰 박사가 백만 명이 넘는 청중의 관심을 끈 방법

"내 인생의 다이아몬드"가 세상에서 가장 인기 있는 강연이 된 이유는 무엇일까? 그것은 우리가 지금까지 이야기한 바로 그런 이유 때문이다. 내가 방금 언급했던 대화에서도 시달은 이 강연에 대해 이야기했다. 내 생각에는 이 강연의 엄청난 성공과 『아메리칸 매거진』의 성공 사이에는 커다란 유사점이 있어 보인다.

『내 인생의 다이아몬드』를 읽어보라. 사람들에게 어떻게 하면 앞서갈 수 있고, 어떻게 하면 지금 주어진 환경에서 유리하게 자신을 변화시킬 수 있는지 알려준다.

콘웰 박사는 연설하러 가는 곳마다 모든 청중을 그 이야기의 주인공으로 만들었다. 이것은 대단히 중요하다. 어떤 지역에 가든 연설은 새롭고 신선했다. 계속 내용을 바꿔가며 연설하는 지역을 언급했기 때문이다. 그로 인해 그 지역과 청중은 그의 연설에서 중요한 요소가 되었다. 콘웰 박사가 이런 말을 들려주었다.

서는 어떤 마을이나 도시를 방문할 때면 가능한 한 약속했던 시간보다 일찍 갑니다. 그래야 우체국장, 이발사, 호텔 관리인, 학교 교장 선생님, 교회 목사님들을 뵐 수 있으니까요. 공장이나 상점에 들어가 사람들과 이야기를 나누고 그 지역 상황에 공감하면서 과거에 그 지역에서 어떤 일이 있었는지 살펴봅니다. 이들에게 어떤 기회가 있었고, 무엇을 놓쳤는지를 생각해봅니다. 모든 마을에는 다 실패의 역사가 있기 마련이니까요. 그러고는 강연에 가서 그 지역 상황에 맞는 주제로 이야기합니다. '내 인생의 다이아몬드'의 아이디어는 늘 같습니다. 다이아몬드는 우리의 것이고 모든 사람은 주어진 환경 아래 자기 능력과 주변인들을 활용해 더 많은 걸 만들 기회가 있다는 겁니다.

언제나 주목받는 연설 재료

어떤 물건이나 이념을 주제로 길게 이야기하면 사람들은 지루해한다. 하지만 사람에 관한 이야기라면 늘 관심을 사로잡을 수 있다. 하루에도 미국 전역의 뒷마당 울타리 너머로, 찻잔을 사이에 두고, 저녁 식탁 너머로 수백만 건의 대화가 오고 간다. 그 화제의 대부분은 무엇일까? 바로 사람이다. 누가 이렇게 말했다더라, 누구누구 부인이 그런 일을 했다더라, 그녀가 이렇게 저렇게 하는 걸 보았다더라, 그는 정말 죽여주더라 등등….

나는 미국과 캐나다 학교 학생들 앞에서 연설할 기회가 많았다. 그리고 얼마 지나지 않아 아이들의 관심을 유지하기 위해서는 사람에 관한 이야기를 해야 한다는 사실을 깨달았다. 강연이 일반적이고 추상적인 개념으로 접어들자마자 쟈니는 안절부절못하며 몸을 비비 꼬았고, 토미는 다른 친구를 향해 얼굴을 찌푸렸으며, 빌리는 복도 너머로 무언가를 던졌다.

물론 아이들이기 때문에 그럴 수 있다. 하지만 전쟁 중 육군에서 시행했던 지능 검사에 따르면 놀랍게도 미국인 중 49퍼센트의 정신연령은 13세 정도밖에 안 된다고 한다. 따라서 아이들이나 좋아하는 이야기를 한다고 해서 잘못될 가능성은 없다. 수백만 명이 즐겨 읽는 잡지 『더 아메리칸』, 『코스모폴리탄』, 『새터데이 이브닝 포스트』도 모두 그런 이야기로 가득 차 있다.

한번은 파리에 있는 미국 기업인을 대상으로 하는 수업에서 '성공하는 법'을 주제로 수강생들에게 발표를 시킨 적이 있다. 대부분은 뻔한 덕목을 내세우고 설교와 훈계를 늘어놓아 듣는 사람들을 지겹게 만들었다. 최근 미국에서 가장 유명하다는 기업인 중 한 명도 라디오에서 똑같은 주제로 이야기하면서 똑같은 실수를 저지르고 있었다.

그래서 나는 잠시 수업을 멈추고 이렇게 말했다.

훈계를 듣고 싶어 하는 사람은 없습니다. 아무도 좋아하지 않아요. 재미있어야 한다는 사실을 잊지 마세요. 그렇지 않으면 아무도 여러분 말에 주의를 기울이지 않을 테니까요. 그리고 세상에서 가장 재미있는 것 중 하나는 미화된 형태의 뒷담화라는 것도 기억하세요. 그러니 당신이 알고 있는 두 사람에 대해 이야기해주세요. 한 사람은 어떻게 성공했고, 또 한 사람은 왜 실패했는지 이야기해주세요. 그러면 즐겁게 듣습니다. 자, 잘 기억했다가 이용해보세요. 그리고 이런 이야기가 장황하고 추상적인 훈계보다 말하기도 훨씬 쉽습니다.

그날 밤 사람 이야기를 해보라는 제안을 듣고는 어떤 수강생은 대학 시절 친구들 이야기를 털어놓았다. 두 친구 중 한 명은 여러 상점에서 셔츠를 산 다음 어떤 셔츠가 세탁이 잘되는지, 얼마나 오래 입을 수 있는지, 가격 대비 효율이 높은지 낮은지 일목요연하게 보여주는 도표를 만들고 정리할 정도로 매우 보수적인 친구였다. 그는 항상 돈 생각만 했다. 하지만 공대를 졸업한 후 그는 자만심에 젖어 밑바닥부터 시작해 차근차근 승진해야겠다는 생각을 하지 않았다. 졸업 후 세 번째 동창 모임 때도 여전히 셔츠에 대한 도표를 만들며 자신에게 뭔가 놀랄 만한 일이 생기길 기다리고 있었다. 하지만 그런 일은 일어나지 않았다. 그로부터 25년이 지났고, 삐뚤어지고 불만으로 가득 찬 이 친구는 여전히 보잘것없는 일이나 하며 살고 있다.

그러고 나서 이 수강생은 모두의 기대를 뛰어넘고 성공한 다른 한 친구를 소개하며 이 실패한 친구와 대비시켰다. 이 친구는 붙임성이 좋았다. 모든 사람이 그를 좋아했다. 나중에 큰일을 하겠다는 야망이 있기는 했지만, 처음에는 제도공으로 시작했다. 하지만 언제나 기회가 오길 기다리고 있었다. 당시 버펄로에서 전 미국 스포츠 박람회가 개최될 거라는 발표가 있었다. 그는 자신의 공학적 재능이 그곳에 가면 빛을 발할 수 있으리라 생각했다. 그래서 필라델피아의 일을 그만두고 버펄로로 갔다. 싹싹한 성격이었던 그는 얼마 지나지 않아 버펄로에서 정치적으로 상당히 영향력 있는 친구를 사귀었다. 둘은 사업상 파트너가 되어 당장 사업을 추진했다. 특히 한 전화회사를 위해 많은 일을 했다. 결국 그 전화회사는 많은 돈을 주고 그를 스카우트했다. 오늘날 그는 백만장자이자 금융회사 웨스턴 유니언의 대주주가 되었다.

그 수강생의 발표 내용을 대강 기록해보았다. 사실은 훨씬 더 재미있고 세세한 내용으로 가득 찬 반짝반짝 빛나는 이야기였다. 그는 쉬지 않고 이야기했다. 평소에는 3분 스피치 소재도 찾지 못했던 수강생이었는데 말이다. 이야기를 마치며 자신이 30분 동안이나 떠들었다는 사실을 깨닫고는 깜짝 놀라며 신기해했다. 발표가 너무 재미있다 보니 듣는 사람들에게도 훨씬 짧게 느껴졌다. 그 수강생에게는 진정한 승리의 순간이었다.

이 사례가 많은 사람들에게 도움이 될 것이다. 평범한 이야기라도 흥미로운 사람들이 소재라면 훨씬 더 매력적이다. 화자는 인물의 몇 가지 요점만 추려서 강조하고 구체적인 사례를 들어 설명해야 한다. 이런 말하기 방식은 청중의 관심을 끌고 유지하는 데 실패할 수 없다.

가능하다면 노력에 관한 이야기가 좋다. 싸워서 승리한 이야기라면 더 좋다. 우리는 싸움에 엄청나게 관심이 많다. 세상이 사랑하는 것은 분쟁이다. 세상은 두 남성이 한 여성을 두고 싸우는 이야기를 보고 싶어 한다. 소설이나 잡지 기사 혹은 영화나 드라마를 보더라도 그렇지 않은가? 모든 장애물을 뛰어넘어 위대한 영웅이 여주인공을 두 팔에 안는 순간, 관객은 벌써 모자와 코트를 주섬주섬 집어 든다. 그리고는 5분만 지나도 청소부들만 남아서 빗자루 손잡이 이야기나 하며 잡담을 한다.

거의 모든 잡지나 소설들이 이런 공식을 따르고 있다. 독자들을 영웅이나 여주인공처럼 느끼도록 만든다. 어떤 것을 열렬히 갈망하게 하고 뭔가를 얻기 불가능한 것으로 설정한다. 그러고는 주인공이 그것을 얻기 위해 어떻게 싸우는지, 어떻게 획득하는지 보여준다.

사업하는 사람이든 전문직 종사자든 힘든 장애물과 싸워 승리를 거두는 사람에 대한 이야기는 언제나 용기를 주고, 항상 흥미롭다. 한 잡지 편집자는 사람의 진실한 내면 이야기는 언제나 재미있다고 말한 적이 있다. 노력하고 고난에 맞서 싸운 사람의 이야기는 (그렇지 않은 사람도 있는가?) 올바르게 이야기만 한다면 호소력이 있다. 의심의 여지가 없는 사실이다.

구체적으로 말하라

대중연설 강좌 수강생 중 철학박사 한 명과 영국 해군에서 청춘을 다 보낸 거칠고 투박한 친구 한 명이 있었다. 세련된 학자는 대학교수였고, 7대양을 항해한 친구는 자그마한 동네 이삿짐센터 주인이었다. 이상하게 들릴지 모르겠지만 대학교수의 이야기보다 이삿짐센터 주인의 이야기가 훨씬 더 인기가 있었다. 왜 그랬을까? 대학교수는 아름다운 언어로, 교양이 풍부한 세련된 태도로, 논리적으로 명확하게 이야기했다. 하지만 그의 이야기는 핵심적인 요소 하나가 빠져 있었다. 바로 구체성이다. 그의 이야기는 지나치게 모호하고 일반적이었다. 반면에 작은 밴으로 이사를 돕는 이삿짐센터 주인은 추상적이고 일반화시켜 말할 정도로 머리가 뛰어난 사람이 아니었다. 그는 이야기를 꺼내자마자 하고픈 말로 곧장 진입했다. 그는 분명하고 구체적으로 말했다. 이러한 특성이 힘차고 신선한 표현과 더해져 그가 한 발표는 많은 관심을 끌었다.

교육 수준과는 아무 상관 없이 사람은 구체적이면서도 명확하게 말한다면 누구나 말을 잘할 수 있다. 이는 너무나 중요한 자질이어서 당신이 잊지 않도록 몇 가지 예를 들어보려 한다.

마르틴 루터는 어릴 때 '고집이 세고 다루기 힘들었다'라고 말하는 게 좋을까 아니면 '그의 선생이 오전에만 회초리를 15번 들 정도였다'라고 이야기하는 편이 좋을까? '고집 세고 다루기 힘든' 같은 말은 그다지 관심을 끌지 못한다. 하지만 몇 번 두들겨 맞았는지 세는 건 쉽지 않은가?

예전이라면 전기를 쓸 때 아리스토텔레스가 말했듯 '나약한 사람들의 피난처'인 일반적인 이야기를 중심으로 기술했다. 하지만 오늘날의 전기는 구체적인 사실로 독자에게 그 사람을 짐작하게 만든다. 예전이라면 홍길동 씨는 '가난하지만 정직한 부모' 밑에서 태어났다고 말한다. 하지만 요즘에는 "홍길동 씨 아버지는 덧신을 살 돈이 없어서 눈이 오면 신발에 마대를 묶어 신발이 눈에 젖어서 차가워지지 않게 했다. 하지만 이런 가난에도 불구하고 단 한 번도 우유에 물을 타서 팔거나 병든 말을 건강한 말이라고 속여 팔지 않았다"라고 쓴다. 여기까지 읽은 독자들은 그의 부모가 '가난했지만 정직했다'라고 느낀다. 그렇지 않은가? 그리고 "그저 가난했지만 정직했다"라고 쓰는 것보다 훨씬 더 재미있지 않은가?

현대의 전기작가가 사용하는 방법이 효과가 있다면 현대의 연설가에게도 마찬가지로 효과가 있을 것이다.

예를 하나 더 들어보자. 나이아가라폭포에서 매일같이 엄청난 잠재적 동력이 낭비되고 있다고 말한다고 가정하자. 그래서 당신이 그렇게 말한 후 "만일 그 동력을 생필품을 구매하는 데 사용한다면 많은 사람에게 옷을 입히고 밥을 먹일 수 있다"라고 덧붙였다고 하자. 흥미로운가? 그렇지 않다. 훨씬 더 나은 방법을 보여주겠다. 『데일리 사이언스 뉴스 불리틴*Daily Science News Bulletin*』에 실린 에드윈 슬로손*Edwin E. Slosson*의 글이다.

이 나라에는 가난하고 영양이 모자라는 수백만 명의 사람들이 있다. 하지만 여기 나이아가라에서는 매시간 25만 개의 빵이 버려지고 있다. 60만 개의 신선한 달걀이 매시간 절벽 아래로 떨어져 커다란 소용돌이 속에서 오믈렛이 되고 있다. 1,200미터나 되는 옥양목을 베틀에서 열심히 짠 다음 계속 쏟아 버리는 모습을 상상해보라. 그것이 바로 나이아가라폭포다. 그 폭포수가 책이라면 아마 한두 시간이면 카네기 도서관을 가득 채울 것이다. 혹은 이리호에서 커다란 백화점 하나가 매일 같이 떠내려와 50미터 아래로 떨어지며 백화점 물건들이 산산조각 난다고 생각해보라. 누군가에게는 대단히 흥미롭고 재미있으면서 돈도 들지 않는 구경거리가 될 것이다. 하지만 누군가에게는 이 구경거리가 너무 호화롭고 사치스럽게 느껴질 수도 있다. 폭포수를 활용해 전기를 만들어내야 한다는 사람들이 이런 논리를 따른다.

그림을 그리게 하는 낱말들

청중의 관심을 끄는 방법 중에 가장 중요하지만 유감스럽게도 항상 무시당하는 한 가지가 있다. 대부분의 화자는 이런 방법이 있는 줄조차 모른다. 한 번도 생각해보지 않았을 수도 있다. 바로 그림을 그리게 해주는 낱말을 이용하는 것이다. 청중의 귀를 사로잡는 연설가는 그들의 눈앞에 선명한 이미지가 둥둥 떠다니게 만든다. 반면 모호하고 상투적인 상징은 청중을 졸게 만든다.

상징은 어디든 있어 공기만큼이나 자유롭게 떠다닌다. 그러니 연설이나 대화 중에 마구 써도 좋다. 그만큼 재미있고 설득력 있는 연설이 될 것이다. 예를 들어보자.『데일리 사이언스 뉴스 불리틴』에 실렸던 나이아가라폭포 글에서 그림으로 된 낱말을 찾아보자. 그것들은 마치 오스트레일리아의 수많은 토끼 떼처럼 문상마나 생생하게 뛰어올라 이리지리 길주한다. "25만 개의 빵, 절벽 위로 떨어지는 60만 개의 달걀, 소용돌이 속 거대한 오믈렛, 1,200미터의 옥양목, 카네기 도서관, 책, 둥둥 떠내려오는 백화점, 박살, 아래의 바위, 폭포…."

우리가 영화관 스크린에 펼쳐지는 멋진 풍경에서 눈을 떼지 못하듯이 이런 그림 같은 이야기를 무시하기란 거의 불가능하다.

허버트 스펜서Herbert Spencer는 이미 오래전에 그의 유명한 소논문 「글쓰기의 철학Philosophy of Style」에서 또렷한 그림을 연상시키는 낱말이 우월하다고 말한 바 있다.

우리는 일반화시켜 생각하는 게 아니라 구체적으로 생각한다. 우리는 다음과 같은 문장은 피해야 한다. "한 민족의 풍속, 관습, 오락거리가 잔인하고 야만적이면 법적인 처벌도 그만큼 엄격하다." 대신 이렇게 써야 한다. "전투, 투우, 검투사의 싸움을 좋아하는 사람들은 누군가를 처벌할 때도 그들의 목을 매달고, 불태우고, 사지를 찢어 죽인다."

그림을 그리게 하는 표현들은 사과 주스 옆에 벌이 꼬이듯 성경과 셰익스피어 작품에 득시글거린다. 예를 들어 평범한 작가라면 '이미 완벽한 것을 고쳐보려 노력하는 행위처럼 부질없고 쓸모없는 짓'이라고 표현했을 걸 셰익스피어는 어떻게 표현했을까? "금에 금박을 입히고, 백합에 색을 칠하고, 제비꽃에 향수를 뿌리는 행위"라는 그림 같은 표현으로 영원히 남을 만한 문장을 만들었다.

오랜 세대에 걸쳐 우리에게 전해져온 수많은 속담이 거의 다 시각적이라는 사실을 알고 있는가? "남의 집 금송아지가 내 집 송아지만 못하다", "엎친 데 덮친 격이다", "말을 물가에 데리고 갈 수는 있으나 물을 먹일 수는 없다". 몇 세기에 걸쳐 살아남아 이제는 다소 진부한 느낌마저 드는 직유에서도 그림 요소를 발견할 수 있다. "여우처럼 교활한", "문에 박힌 못처럼 꼼짝 않는"(door nail은 못을 박고 튀어나온 부분을 구부려 더 이상 못으로 기능하지 못하는 데서 유래한 말로 완전히 끝나버렸다는 의미로 쓰인다 - 옮긴이), "팬케이크처럼 납작한", "바위처럼 단단한" 등이 그러한 말이다.

링컨은 시각적 표현을 많이 사용한 것으로 유명하다. 백악관 책상에 올라온 길고 복잡하고 형식적인 보고서에 짜증이 날 때마다 무색무취한 표현이 아니라 잊혀지지 않는 그림 같은 표현으로 그 서류들에 화를 냈다. "말을 사라고 보낸 사람에게 말 꼬리에 달린 털이 몇 개인지까지 보고받고 싶지는 않습니다. 말의 특징만 알려달란 말입니다."

대조는 흥미를 자아낸다

영국의 역사가이자 휘그당원이었던 토머스 매콜리는 그림과 같은 표현뿐 아니라 균형 잡힌 문장을 사용했다. 그는 청중의 관심을 사로잡는 극단적인 대조로 찰스 1세를 비판했다.

> 우리는 그가 대관식에서 한 맹세를 어겼다고 비난했다. 그랬더니 그는 결혼 서약을 지켰을 뿐이라고 말했다. 우리는 그가 국민을 고위성직자가 가하는 무자비한 고통에 처하게 했다고 비난했다. 그랬더니 그는 어린 아들을 무릎에 앉혀놓고 입을 맞추었을 뿐이라고 주장했다. 우리는 그가 권리청원을 지키기로 약속해놓고 그 조항을 위반했다고 비난했다. 그랬더니 그는 아침 여섯 시에 기도를 듣는 것에 익숙해졌을 뿐이라고 말했다. 그가 지금 전 세대에 인기 있는 이유는 그의 반다이크 풍 옷차림과 잘생긴 얼굴, 뾰족한 수염과 더불어 이런 태도 때문일 것이다.

관심은 전염된다

우리는 지금까지 청중의 흥미를 자아내는 재료가 무엇인지 검토해보았다. 하지만 여기에서 언급한 모든 제안을 포함해 적절한 규칙과 절차까지 모두 따른다 해도 여전히 시시하고 재미없는 이야기가 될 수도 있다. 사람의 관심을 사로잡는 일은 그만큼 어려운 일이라 섬세한 감정을 필요로 한다. 증기기관차를 운전하는 것과 달라서 어떤 정확한 규칙을 정할 수 없다.

기억하라. 관심은 전염된다. 화자가 기분이 좋지 않으면 청중도 그 사실을 느낀다. 얼마 전 볼티모어에서 열렸던 강좌에서 한 온화한 신사가 일어나 체서피크만에서 이렇게 계속 쏨뱅이를 잡는다면 얼마 안 가서 이 종은 멸종될 것이라고 경고했다. 그는 그 주제를 통감하고 있었다. 그는 그 주제에 진심을 다했다. 말하는 방식과 태도 모든 것에 진정성이 있었다. 그가 자리에서 일어나기 전까지 나는 체서피크만에 쏨뱅이라는 물고기가 있는지도 몰랐다. 대부분의 사람이 그랬을 것이고, 그 물고기에 관심도 없었을 것이다. 하지만 이 사람이 말을 다 끝내기도 전에 우리는 그의 관심사를 공유했다. 모두가 한마음으로 국회에 청원서를 제출해 법으로 쏨뱅이를 보호해야겠다고 생각하고 있었다.

한번은 이탈리아 주재 미국 대사였던 리처드 워시번 차일드^{Richard Washburn Child}에게 글을 잘 쓰는 비결이 무엇인지 물어본 적이 있다. 그는 이렇게 대답했다. "저는 사는 게 정말 재미있어서 잠시도 가만히 있을 수 없습니다. 사람들에게 그냥 그 이야기를 들려주면 됩니다." 그런 작가나 화자의 이야기라면 흥미를 느끼지 않을 수 없다.

최근에 런던에 강연을 들으러 간 적이 있다. 연설이 끝난 후 연회에서 영국의 유명한 소설가 E. F. 벤슨^{Benson}이 그 연설의 첫 부분보다 뒤쪽이 훨씬 좋았다고 말했다. 이유를 물었더니 그는 이렇게 대답했다. "연설하는 사람이 마지막 부분에서 좀 더 즐거워하는 것처럼 보였거든요. 열정과 관심은 언제나 말하는 사람으로부터 시작되는 법이니까요."

모두가 그렇다. 기억하라.

청중의 흥미를 끄는 법

1. 우리는 일상적인 것들을 비집고 나오는 비일상적인 것에 관심을 가진다.

2. 우리의 가장 큰 관심사는 자기 자신이다.

3. 다른 사람에게 그의 관심사에 관해 말하게 하고 귀 기울여 듣는 사람이야말로 대화를 잘하는 사람이다. 말을 많이 하거나 적게 하는 것과는 아무 상관없다.

4. 미화된 형태의 뒷담화는 언제나 관심을 끌고 청중을 붙잡아둔다. 화자는 몇 가지 요점만 말하고, 사람들이 관심 가질 만한 이야기를 예로 들면 된다.

5. 명확하고 구체적으로 말하라. "가난하지만 정직했다"라는 식으로 말하지 마라. 마르틴 루터는 어릴 때 "고집 세고 다루기 힘들었다"라고 말하지 마라. "그의 교사가 오전에만 회초리를 15번 들었다"라고 구체적으로 말하라. 그래야 당신의 주장이 명확한 인상을 주고 관심을 끈다.

6. 머리에 그림을 그리게 만드는 낱말을 사용하라. 눈앞에 선명한 이미지들이 둥둥 떠다니게 하는 그런 낱말들을 사용하라.

7. 가능한 한 균형 잡힌 문장을 쓰고 생각을 대조하라.

8. 관심은 전염된다. 화자가 기분이 좋지 않으면 청중도 그 사실을 느낀다. 규칙을 기계적으로 따르기만 해서는 관심을 얻을 수 없다.

멀리까지 목소리를 보내는 방법

길거리나 커다란 강당에서 누군가에게 이야기를 잘 전달하려면 어떻게 해야 할까? 꼭 고함을 지를 필요는 없다. 그저 목소리를 정확하게 사용하면 된다. 올바른 어조라면 소곤거려도 먼 구석자리에서도 잘 들린다. 아래의 훈련법대로 해보면서 목소리를 멀리까지 보내는 법을 익혀라.

1. 바닥을 내려다보지 마라. 그렇게 하는 사람들은 십중팔구 아마추어다. 보는 사람도 짜증이 난다. 소통하려는 의지가 없어 보이기 때문이다. 듣는 이와 말하는 이 사이에는 메시지를 주고받으려는 의지가 있어야 한다. 고개를 숙이면 어조도 바닥을 향하기 마련이라 말이 청중을 향해 둥실둥실 떠갈 수 없다.

2. 성악가 슈만하잉크는 이렇게 말했다. "호흡은 목소리의 동력이다." 호흡을 의식적으로 조절하지 않고서는 그 무엇도 이루어낼 수 없다. '호흡 없이 부르는 노래'는 '연료 없이 움직이는 차'만큼이나 황당한 말이다. 호흡 없이 말하는 것도 마찬가지다. 언제나 가슴에 여분의 숨을 남겨서 말을 튕겨 보낼 도약판 역할을 하도록 하라. 상점이나 사격 연습장에 가면 아래에서 쏘는 물줄기를 따라 오르락내리락하는 작은 공을 볼 수 있다. 말은 그 공처럼 올라갔다 내려갔다 해야 한다. 아래에서 쏘는 물줄기는 호흡이다. 당신의 말은 바람을 타고 하늘을 나는 연과 같아야 한다. 그러니 깊이 호흡하고, 폐 아래쪽이 갈비뼈 쪽으로 팽창해서 아치 모양의 횡격막을 내리누르고 평평하게 만드는지를 느껴보라. 말을 시작할 때는 단번에 호흡을 다 써버리지 마라. 가능한 한 조금씩 써야 한다. 5장의 내용에 따라 호흡을 조절하라.

3. 목, 입술, 턱을 이완하라(각각 4장, 9장, 10장을 보라). 수축한 어조는 진동이 부족해 널리 퍼져나가지 못한다.

4. 강철에 망치질을 하면 기분 나쁜 소음만 나온다. 가까이 있으면 귀가 먹을 것만 같다. 하지만 이 소리는 멀리 가지 못한다. 이에 반해 오케스트라나 록 밴드의 음악은 멀리서도 크게 잘 들린다. 차이는 무엇일까? 간단하다. 밴드의 악기들은 순수하고 조화로운 소리를 낸다. 다시 말하면 공명이 있는 소리다. 하지만 망치 소리는 아무런 공명도 없고 지루하면서 듣기 싫은 소음에 불과하다. 몇 년 전 나는 나팔수 바로 옆에서 그가 내는 소리를 들은 적이 있다. 나팔수가 같은 양의 호흡으로 크게 소리치듯이 몇 번 나팔을 불었다면, 그 소리는 멀리까지 울리지 않았을 것이다. 하지만 그는 숨을 나팔로 보내어 악실樂室을 공명하게 만든 다음 그 음파를 멀리까지 보냈다.

어떤 목소리는 앞줄에서 크게 들리지만 뒤에서는 거의 들리지 않는다. 공명이 없기 때문이다. 공명이야말로 남은 호흡과 함께 소리를 멀리 실어 나르는 수단이다. 4장, 9장 10장에서 배웠던 목소리 훈련을 반복하라.

라디오를 들을 때 연주되는 곡조를 허밍으로 따라 하며, 손을 펼쳐 머리에 대고 앞뒤에서 오는 진동을 느껴보라. 코, 입술, 뺨, 가슴에서도 진동을 느끼는가? 자연스럽게 공명하기 위해서는 공기를 들이마실 때 머리로 느꼈던 그 열린 감각으로 말하라.

5. 모음은 분명하게 발음하라. 말의 정수는 모음이다. 목소리를 멀리 보내는 것도 모음의 진동이나. 따라서 모음을 무시하거나 긴과해서는 안 된다. 자유롭고, 열린 상태로, 정확하게 발음하라. 모음을 소리 내어 연습해보라. 발음할 때는 턱의 힘을 풀고 아래로 떨어뜨려라.

이번에는 입술의 유연성을 연습한다는 기분으로 발음해보자. 모음을 내는 데 가장 중요한 것은 입술을 올바르게 사용하는 기술이다.

6. 연설할 때 목소리의 높낮이는 즉흥적으로 음계를 오르락내리락하듯 자연스러워야 한다. 이 원리는 7장에서 다루었다. 소리의 높낮이를 자연스럽게 바꾸면 당신의 목소리는 좀 더 개성 있고 듣기에도 분명해진다.

7. 멀리까지 목소리를 보내기 위해서는 음량이 필요하다. 하지만 목소리가 크다고 해서 반드시 음량이 큰 건 아니다. 자기 말에 진심을 담지 않고, 관심도 없는 사람의 말은 마음과 영혼에 진심을 담아 이야기하는 사람만큼 말을 멀리 보내지 못한다. 말을 멀리까지 보내려면 마음이 텅 비어 있지 않고 가득 채워져 있어야 한다.

의사는 진찰실에 들어오는 환자의 목소리에 주목한다. 그의 활력을 반영하기 때문이다. 아프고 피곤한 사람이 강한 목소리를 낼 수는 없다. 따라서 말하기 전에 휴식을 취하라.

소프라노 넬리 멜바는 이렇게 경고했다. "아름다운 목소리는 건강한 몸에서만 나올 수 있습니다. 건강은 모든 종류의 성공에 없어서는 안 되는 요소입니다. 신선한 공기, 소박하고 몸에 좋은 음식, 하루에 8~9시간의 수면은 가수에게 필수입니다. 가수의 후두는 신체 조건을 반영하기 때문입니다."

15장

청중을 행동하게 만드는 법

유능한 연설가는 맹목적인 충동에 따라 말하지 않는다. 그들은 행동 심리를 신중하게 연구하고, 그에 따라 연설을 자기 마음대로 이끌어간다.

아서 에드워드 필립스(『효과적인 연설』 저자)

모든 사업상의 대화는 분명한 목적이 있다. 난로를 팔기 위해서든, 공장의 정책을 표결에 부치기 위해서든, 상대를 내가 원하는 대로 설득하는 것이다. 따라서 마치 전단지나 길거리 광고판이 그렇듯 사람들의 관심사에 호소해야 한다. 치밀하게 준비하고 계획한 이야기는 잘 만들어진 광고와 마찬가지로 효과적이다.

『성공을 위한 비즈니스 대화 *How To Talk Business to Win*』

현대의 청중은 화자에게 무엇을 바라는가? 첫째, 진정성 있어야 한다. 둘째, 자신이 하는 말의 가치를 알아야 한다. 셋째, 확신이 있어야 한다. 넷째, 쉬운 언어로 핵심을 짚어야 한다.

록우드 소프Lockwood-Thorpe(『오늘날의 대중연설』 저자)

인생의 목표는 지식이 아니라 행동이어야 한다.

토머스 헨리 헉슬리Thomas Henry Huxley(동물학자)

위대한 사람의 특징은 행동한다는 것이다.

세인트 엘모 루이스St. Elmo Lewis(광고·영업의 대가)

우리는 대개 다른 사람의 논리보다 스스로 발견한 논리에 더 쉽게 설득된다.

파스칼Pascal(수학자, 철학자)

말을 잘하는 것은 인간의 삶에서 이루어야 할 숭고한 목표 중 하나다.

뉴얼 드와이트 힐리스Newell Dwight Hillis(목사, 저술가)

당신이 원한다면 지금 가지고 있는 재능을 두 배, 세 배 끌어 올릴 수 있다고 할 경우 어떤 재능을 택하겠는가? 아마 다른 사람을 설득해서 내 마음대로 행동하게 만드는 능력을 선택하지 않을까? 그러면 더 많은 권력, 더 많은 이익, 더 많은 쾌락을 얻을 수 있을 테니 말이다.

성공에 꼭 필요한 말하기 능력을 계속 그대로 방치한 채 살아갈 것인가? 그저 본능에만 의지하며 대충 때우는 식으로 살아도 괜찮을까? 좀 더 합리적인 방법으로 이러한 능력을 계발할 수는 없을까?

물론 있다. 당장 그 문제를 논의해보자. 상식적이고, 나도 자주 사용했으며, 다른 사람에게 가르쳐서 성공으로 이끈 방법이기도 하다.

첫 단계는 관심과 시선을 끄는 것이다. 주의를 끌지 못하면 사람들은 당신이 어떤 말을 해도 전혀 귀담아듣지 않을 것이다.

이 방법에 관해서는 9장과 14장에서 상세히 다루었으므로 다시 한번 복습해보길 바란다.

두 번째 단계는 청중으로부터 신뢰를 얻는 것이다. 그렇게 하지 못하면 당신이 어떤 말을 해도 믿지 않을 것이다. 수많은 광고, 수많은 비즈니스 레터, 수많은 사업체가 실패하는 이유가 여기 있다. 많은 이들이 자기 자원을 효과적으로 활용하지 못하고 역량을 발휘하지 못하는 것도 바로 이 때문이다.

신뢰를 얻기 위해서는 신뢰할 만한 사람이 되어라

신뢰를 얻는 가장 좋은 방법은 신뢰할 만한 사람이 되는 것이다. 세계 최고의 은행가 J. P. 모건은 신뢰를 얻는 데 가장 중요한 것은 인격이라고 말했다. 인격은 청중의 신뢰를 얻는 데 있어서도 가장 중요한 요소다. 나는 유창하고 재치 있게 말하는 사람보다 어눌하게 말하지만 더 성실한 사람이 성공하는 걸 수없이 보아왔다.

내 강좌에 대단히 멋진 수강생이 있었다. 그런 외모에 더해 감탄할 만한 지적 능력과 언어 능력도 있었다. 하지만 그가 발표를 끝내면 사람들은 이렇게 말하곤 끝이었다. "똑똑하군." 그는 겉으로 보기에는 인상적이었지만 결코 깊은 인상을 남기지는 못했다. 반면 같은 조에 한 보험사 대표가 있었다. 작은 키에 때로는 적절한 단어를 찾느라 말을 더듬기도 하고, 선택한 단어도 교양과는 거리가 멀어 보였다. 그러나 그의 눈은 진정성으로 빛났고 목소리 역시 진정성으로 떨렸다. 수강생들은 그의 말에 귀 기울였고, 그를 믿었고, 그에게 집중했다. 왜 그런지는 수강생들도 알 수 없었다.

영국 철학자 토머스 칼라일Thomas Carlyle은 다음과 같이 말했다.

아무리 미라보Mirabeau, 나폴레옹, 번스Robert Burns, 크롬웰일지라도 진정성을 가지고 있지 않았다면 어떤 일도 해내지 못했을 것이다. 진정성에 기반한 성실함은 영웅의 첫 번째 특징이다. 그들은 자신이 진실하다고 말하지 않는다.

의식적인 진정성은 천박한 허영이며 지나친 자만에 불과하다. 위대한 이의 진정성은 말로도, 의식적으로도 설명하기 어렵다.

몇 년 전 당시 뛰어난 연설가였던 이가 사망했다. 젊은 시절 그에게는 낙관적인 희망이 있었다. 그는 자신이 위대한 일을 해낼 것이라 믿었다. 하지만 그는 그러지 못했다. 그는 머리에 비해 마음이 부족했다. 그는 돈이 된다면 언제든 자기 재능을 내다팔았다. 일시적으로나마 유리한 지위를 확보하거나 금전적인 이익을 가져다준다면 어떤 목적을 위해서도, 어떤 편에 서서라도 연설을 했다. 결국 진정성이 부족하다는 평판을 얻고 경력은 만신창이가 되어버렸다.

웹스터가 말했듯이 마음은 그렇지 않으면서 억지 공감을 표시해선 안 된다. 그래 봐야 아무런 효과가 없다. 진정성이 없기 때문이다.

인디애나주의 유명한 연설가 앨버트 비버리지Albert J. Beveridge는 이렇게 말했다.

대중에게 가장 큰 영향을 미치는 요소는 종교입니다. 자아 보존의 법칙만큼이나 본능적이지요. 종교는 사람의 지성과 성격 등 모든 것에 영향을 미칩니다. 아직 채 무르익지 않은 생각으로 사람들에게 큰 영향을 미치고 싶다면, 종교라는 공감 요소를 자기 생각과 함께 섞어 제시할 것을 추천합니다.

링컨은 사람들에게 공감할 수 있는 능력이 있었다. 하지만 그가 뛰어난 연설을 하는 경우는 극히 드물었다. 그를 '웅변가'라고 불러도 좋을지 의심스러울 정도였다. 더글러스 판사와의 논쟁에서 링컨은 품위나 유창성, 수사법 등 모든 면이 모자랐다. 사람들은 더글러스를 '작은 거인'이라 불렀다. 링컨은 뭐라고 불렀을까? '정직한 에이브'였다.

더글러스는 매력적인 성품의 소유자였다. 정신력과 활력도 대단했다.

하지만 그는 모든 면에서 잘하려고 하다 보니 위태로워 보였고, 원칙보다는 정책을, 정의보다는 편의를 숭시했다. 그것이 결정적으로 그의 실패 원인이 되었다.

링컨은 어땠을까? 그가 말을 시작하면 뭔가 소박한 기운이 풍겨 나와 말의 힘을 배로 증가시키곤 했다. 사람들은 그의 말을 듣고 나면 그가 정직하고 진실한 사람이며 예수 같은 성품을 가진 사람임을 느낄 수 있었다. 법 지식으로만 보자면 링컨보다 유능한 사람은 허다했다. 하지만 배심원에게 링컨보다 더 많은 영향력을 행사할 수 있는 사람은 드물었다. 그는 자기 자신을 위한 일에는 별로 관심이 없었다. 반면 정의와 진리를 수호하는 일에는 몇천 배 많은 관심이 있었다. 사람들은 그가 말을 꺼내자마자 그 사실을 느낄 수 있었다.

자신의 경험을 말하라

청중의 신뢰를 얻는 두 번째 방법은 자기 경험을 근거로 신중하게 이야기하는 것이다. 어떤 주장을 들으면 사람들은 질문하고 싶어진다. 이때 당신이 들었던 소문이나 책 내용을 말한다면 벌써 구닥다리 느낌이 든다. 하지만 당신이 직접 체험하고 겪었던 이야기라면 다르다. 사람들은 그런 걸 좋아하고 믿는다. 게다가 그 특정한 주제에서만큼은 당신을 최고 권위자로 인정한다.

내 말이 옳은지 확인하려면 뉴스 가판대에서 아무 신문이나 들고 읽어보라. 자기 경험을 바탕으로 한 기사들로 가득할 것이다. 또는 발표 당시 엄청난 반향을 불러일으킨 엘버트 허버드의 「가르시아에게 보내는 편지ᴬ *Message to Garcia*」를 읽어보라. 글 전체에 생생한 경험이 살아 숨 쉰다.

도입부를 제대로 시작하라

많은 화자가 처음부터 청중의 주의를 사로잡지 못하는 이유는 도입부를 제대로 시작하지 못하기 때문이다.

도입부, 즉 'introduction'이라는 낱말은 라틴어에서 유래한 것으로, '안쪽으로'를 의미하는 '인트로intro'와 '이끈다'는 의미의 '두케레ducere'가 결합한 것이다. 따라서 도입부에서는 화제 안으로 청중을 이끌고 들어가 계속 듣고 싶게 만들어야 한다. 다시 말해 도입부에서는 청중에게 화제와 화자 스스로를 '팔아야' 한다. 가능한 한 짧은 시간 안에 팔수록 좋다.

그런데 실제로도 과연 그런가? 십중팔구는 형편없다. 빈약하고 충분치 못하다. 변명의 여지가 없다. 예를 들어 어떤 유명한 연설가가 아일랜드 시인 W. B. 예이츠William Butler Yeats를 소개했다. 그의 소개 후 예이츠가 등장해 시를 낭송할 예정이었다. 이 행사가 있기 3년 전 예이츠는 노벨 문학상을 받았다. 이는 문인에게 수여되는 최고의 영예다. 하지만 그날 모인 청중 열 명 중 아홉 명은 이 문학상을 들어본 적도 없고, 그 상의 중요성에 대해서도 모를 것이 분명했다. 따라서 그 연설가는 다른 것은 다 빼먹더라도 이 상이 어떤 상인지, 문학계에서 어떤 의미가 있는지를 먼저 소개했어야 했다. 그런데 그는 이런 사실은 완전히 무시한 채, 신화와 그리스 시를 오가며 갈팡질팡했다. 청중에게 깊은 인상을 남기려고 도를 넘어 애쓰고 있음을 의식하지 못하고 있었다.

전 세계적으로 유명한 연설가였고, 천 번도 넘게 무대에 서봤겠지만 다른 화자를 소개하는 데 있어서는 완전히 실패했던 것이다. 이 정도의 인물도 이렇게 어처구니없는 실수를 저지르는데 평범한 사람이라면 어떻겠는가?

당신이 예이츠라면 어떻게 할 것인가? 겸손과 예의를 갖추어 자신을 소개해줄 사람에게 가서 청중에게 꼭 언급해야 할 몇 가지 사실을 알려주어도 되겠냐고 물어라. 그는 당연히 당신의 제안에 감사해할 것이다. 그러고 나서 꼭 언급되었으면 하는 것들, 왜 당신이 그곳에 그 주제를 가지고 이야기하러 왔는지와 청중이 알아야 하는 간단한 사실들, 청중을 당신 이야기에 집중하게 만들어줄 사실들을 말하라. 물론 당신을 소개할 사람도 한 번만 들어서는 그중 반은 잊어버리고, 반은 헷갈려할 것이다. 따라서 한두 문장 정도 미리 문서로 작성해서 건네주는 것도 좋은 방법이다. 그가 당신을 소개하기 전 그 문서를 본다면 도움이 되지 않겠는가?

푸른 잔디와 히커리 나무 재

어느 가을, 나는 뉴욕의 여러 YMCA에서 대중연설 강좌를 진행하고 있었다. 뉴욕에서 가장 유명한 판매 조직 중 한 곳에 소속된 잘 나가는 세일즈맨이 내 강좌를 수강하고 있었는데 어느 날 저녁 그는 씨앗이나 뿌리 없이 푸른 잔디를 재배할 수 있다는 터무니없는 이야기를 했다. 그에 따르면 히커리 나무 재를 경작이 끝난 땅에 뿌려두었더니 짠! 하고 푸른 잔디가 나왔다는 것이다. 그는 히커리 나무재에서 푸른 잔디가 자랐다고 굳게 믿고 있었다.

나는 웃으며 그의 이야기를 반박했다. 그게 사실이라면 당신은 금세 백만장자가 될 것이라고 했다. 푸른 잔디 씨앗이 한 자루에 몇 달러는 될 텐데 이제 씨앗이 없어도 된다니 말이다. 그러고는 이 발견으로 그가 역사상 뛰어난 과학자로 자리매김할 것이라고도 말했다. 살아 있든 죽었든 어떤 사람도 그와 같은 기적을 행한 적이 없었고 살아 있지 않은 물체에서 생명을 얻을 수 있는 사람은 그 누구도 없으니 말이다.

나는 매우 차분하게 말했다. 그의 오류가 너무나 명백했고 터무니없는 수상이어서 굳이 강조해가며 논박할 필요조차 없다고 생각했기 때문이다. 내가 말을 끝내자 수강생 모두가 그의 주장이 엉터리라고 생각했다. 하지만 그는 그렇지 않았다. 그는 조금도 자기 주장을 의심하지 않았다. 정말이지 더없이 진지했다. 그는 자리에서 벌떡 일어나 자신이 틀리지 않았다고 말했다. 그는 이론을 말하는 게 아니라 개인적 경험을 말하고 있는 것이라며, 스스로 무슨 말을 하는지도 잘 알고 있다고 했다. 그는 했던 말을 확장해 추가 정보를 제시하고, 근거들도 마구 가져다 댔다. 그의 목소리에는 확신과 진정성이 담겨 있었다.

나는 다시 한번 그가 하는 말이 사실일 가능성은 털끝만큼도 없다고 말했다. 그는 다시 한번 자리에서 일어나 5달러를 걸고 미국 농무부에 물어보자고 제안했다.

나는 그가 순식간에 수강생 서너 명을 자기 생각 쪽으로 끌어들이는 것을 목격했다. 이들이 속아 넘어간 게 너무도 놀라워서 왜 그의 주장을 믿게 되었냐고 물었다. 그랬더니 돌아온 답은 그의 진정성 때문이라는 것이었다. 그들이 제시한 유일한 이유였다.

그렇다. 진정성의 힘은 믿을 수 없을 정도로 강력하다. 특히 일반 대중 사이에서는 더욱더 그렇다. 독립적으로 생각할 수 있는 사람은 그리 많지 않다. 그 능력은 에티오피아의 토파즈만큼이나 희귀하다. 우리는 감정이 있는 사람이다 보니 화자의 감정에 영향을 받는다. 그래서 화자가 어떤 것을 진정으로 믿고 확고하게 이야기하면, 아무리 먼지와 재만으로 푸른 잔디를 만들어낼 수 있다고 주장하더라도 추종자가 생기기 마련이다. 뉴욕시의 교양 있고 성공한 기업인들 사이에서도 그랬다.

청중의 관심과 주의 그리고 신뢰를 얻었다면 이제 연설을 시작해보자. 세 번째 단계는 사실을 진술하고 청중에게 알리는 것이다.

주장의 장점을 청중에게 알리기

이것이야말로 연설의 핵심이다. 주어진 시간 대부분을 여기에 할애해야 한다. 당신이 12장에서 배웠던 명료함, 13장에서 배웠던 깊은 인상을 남기는 법과 확신을 주는 법을 전부 여기에 적용해야 한다.

당신의 준비가 빛을 발하는 시점도 바로 이 지점이다. 제대로 준비하지 않은 티가 두드러지게 나타나는 지점도 바로 여기다.

여기가 바로 최전선이다. 포슈 장군은 다음과 같이 말했다. "전쟁터는 공부할 기회를 주지 않는다. 이미 알고 있는 걸 적용할 뿐이다. 따라서 지식을 완벽하게 터득하고, 빠르게 적용해야 한다."

실제로 사용할 소재보다 수십 배는 더 많이 꿰차고 있어야 한다. 『거울 나라의 앨리스』에서 백기사는 여행을 준비하면서 모든 만일의 사태에 대비한다. 그는 밤에 쥐가 괴롭힐까 봐 쥐덫을 준비하고, 길잃은 벌 떼를 만날까 봐 벌집도 가져간다. 백기사가 이런 식으로 대중연설을 준비했다면 훌륭한 연설가가 되었을 것이다. 누가 이의를 제기해도 이미 준비한 엄청난 정보에 압도될 테니 말이다. 백기사라면 자신의 주제를 철저하게 알고 있고, 철저하게 준비해서 실패할 가능성이 전혀 없었을 것이다.

패터슨이 이의에 대처한 방법

만약 어떤 비즈니스 집단에 영향을 미칠 만한 제안을 해야 한다면, 그들을 가르치려 들지 말고 그들에게서 배울 생각부터 해야 한다. 그 사람들이 무슨 생각을 하고 있는지 확인해야 한다. 그렇지 않으면 요점에서 완전히 벗어난 이야기만 하고 돌아올 수도 있다. 사람들에게 자기 생각을 표현하게 하라. 그리고 그들의 이의 제기에 성실하게 답하라. 그러면 사람들은 좀 더 평온한 상태가 되어 당신 말에 귀 기울일 것이다. 미국 캐시 레지스터 컴퍼니 초대 사장이었던 존 패터슨이 이런 상황에서 어떻게 대처했는지 살펴보자. 다음은 그가 『시스템 매거진』에 기고했던 기사에서 발췌한 내용이다.

금전등록기 가격을 인상해야 했다. 하지만 대리점과 판매 관리인들은 반대했다. 이들은 사업을 계속하려면 제품 가격을 동결해야 한다고 했다. 나는 그들 모두를 데이턴으로 불러 회의를 했다. 가격 인상 문제를 의제에 올렸다. 그리고 연단에 서 있는 내 뒤로 커다란 종이와 기록할 사람을 두었다.

나는 사람들에게 가격 인상에 반대하는 이유를 말해달라고 했다. 그러자 반대 의견이 기관총 소리처럼 쏟아졌다. 반대 의견이 나올 때마다 나는 큰 종이에 모두 기록하게 했다. 첫날은 반대 의견을 모으는 것만으로 끝났다. 나는 반대 의견을 제시하라는 말 외엔 어떤 말도 하지 않았다. 회의가 끝나자 가격을 동결해야 하는 이유가 최소 백 개는 모였다. 모든 이유가 다 나온 듯했고, 청중 사이에서는 어떤 변화도 허용하지 않겠다는 굳센 결의가 엿보였다. 그렇게 그날 회의를 끝냈다.

다음 날 아침, 나는 반대 의견을 하나하나씩 짚어가며 각각이 왜 올바르지 못한 의견인지 도표를 이용해 설명했다. 사람들은 모두 설득되었다. 왜 그랬을까? 반대 의견을 모두 제시했고, 논의는 그 의견을 중심으로 전개되었기 때문이다. 미결된 부분은 하나도 없었다. 우리는 모든 문제를 그 자리에서 해결했다.

하지만 단지 분쟁의 요점을 해결하는 것만으로는 충분치 않다. 대리점 관리인 모임은 모든 사람이 새로운 열의로 가득 찬 상태에서 끝나야 하기 때문이다. 논의가 진행되며 등록기 문제는 초점에서 조금씩 멀어져 가고 있었다. 이렇게 끝내서는 안 되었다. 우리에게는 극적인 클라이맥스가 필요했다. 회의가 끝나기 직전, 백여 명이 한 명씩 무대를 가로질러 행진하게 했다. 한 사람 한 사람 그들이 든 깃발에는 최신 등록기 일부와 새로운 기능이 그려져 있었다. 마지막 사람까지 지나가고 우리는 모두 함께 일종의 대단원을 완성했다. 기계 모습이 완전히 무대 위에 그려졌고, 회의는 대리점 관리인들이 발을 구르며 열광적으로 환호하며 끝났다!

한 욕망과 다른 욕망이 싸우게 하라

네 번째 단계는 사람을 행동으로 이끄는 동기에 호소하는 것이다. 이 세상과 세상의 모든 것은 우연히 작동하는 게 아니고 인과율이라는 불변의 법칙에 따라 움직인다.

세상은 질서정연하게 만들어져 있고

원자들은 박자를 맞춰 행진한다.

이제까지 일어난 것 혹은 앞으로 일어날 일들은 모두 그 전에 있던 어떤 것의 논리적이고 필연적인 결과이고, 그 결과는 이후에 일어날 일들의 논리적이고 필연적인 원인이 된다. 이 법칙은 메디아나 페르시아의 법처럼 쉽게 바뀌는 게 아니다. 지진이나 요셉의 색동옷, 기러기의 울음소리, 질투, 구운 콩의 가격, 코이누르 다이아몬드(세계에서 제일 비싼 다이아몬드) 그리고 시드니라는 아름다운 항구가 존재하는 것처럼 이 법칙 또한 실재한다. 자판기에 동전을 넣으면 껌이 나오는 것처럼 당연한 일이다. 이 법칙을 깨달으면 미신이 왜 말도 안 되고 멍청한 것인지 완전히 이해할 수 있다. 고작 13명이 한 테이블에 앉아 있다고(명화 〈최후의 만찬〉에서 앉은 사람들의 숫자로 서양에서 13은 불길한 숫자로 인식된다 - 옮긴이), 혹은 거울을 깼다고 해서 어떻게 자연의 법칙이 멈추거나 조금이라도 영향을 받아 변하겠는가?

우리가 의식하거나 의도적으로 행하는 모든 행동의 이유는 무엇인가? 욕망이다. 정신병원에 감금된 사람들만이 여기에 적용받지 않고 살아간다. 우리를 움직이게 하는 것은 많지 않다. 우리는 놀라울 정도로 밤낮을 막론하고 얼마 되지도 않는 열망에 매시간 지배받고 있다.

그렇다면 욕망의 동기가 무엇인지 알고, 이 동기에 충분히 호소할 수만 있다면 우리에게는 엄청난 힘이다. 현명한 연설가라면 바로 그 동기를 찾으려 한다. 그렇지 못한 사람들은 마구잡이로 아무런 계획도 없이 자신이 가야 할 길을 찾아 헤맨다.

예를 들어 어린 아들이 몰래 담배를 피운다는 사실을 아버지가 알았다고 하자. 아버지는 화가 나 씩씩거리면서 아이를 야단치고, 흡연이 백해무익하다고 경고하며, 그 해로운 습관을 당장 그만두라고 명령한다.

하지만 아이가 건강에 관심이 없다면 어떨까? 그저 담배 맛이 좋아서,

담배 피우는 게 그럴듯해 보여서라면 어떨까? 아버지의 노력은 허사가 될 것이다. 아버지가 아들의 동기에 영향을 미칠 만큼 지혜롭게 대처하지 못했기 때문이다. 아버지는 자기 자신의 동기로만 호소했을 뿐, 아이 입장에서는 전혀 생각하지 않았다.

만일 아이가 진심으로 학교 육상부에 가입하길 원하고 100미터 달리기에서 누구보다 뛰어난 성적을 기록하길 바란다면, 아버지는 자기감정만 쏟아놓지 말고 흡연은 네가 그토록 원하는 육상에 방해가 된다고 설명하는 쪽을 택했어야 한다. 그러면 아버지는 아들에게서 자신이 원하는 행동을 얻어낼 수 있었을 것이다. 부드러운 방법으로 완벽하게 말이다. 이것이야말로 강한 욕망을 약한 욕망과 싸우게 함으로써 바라는 바를 성취하는 현명한 방법이다. 세상에서 가장 큰 스포츠 경기 중 하나인 옥스퍼드케임브리지 조정 경주에도 이런 일이 적용된다. 노를 잡는 선수들은 훈련 기간 내내 담배를 끊는다. 경주에 승리하는 것에 비하면 다른 욕망은 부차적일 뿐이기 때문이다.

오늘날 인류가 직면하고 있는 가장 심각한 문제 중 하나가 곤충과의 싸움이다. 몇 년 전 일본 정부가 워싱턴 호수 주변을 장식하라고 벚나무를 보내주었는데, 그 나무를 통해 복숭아순나방이 들어왔다. 이 나방은 동부 몇몇 주에 퍼져 과일 작물을 위협했다. 농약을 뿌려도 소용이 없었다. 할 수 없이 정부는 일본에서 나방의 천적 곤충을 수입해와야 했다. 그러고는 이 나방을 잡아먹으라고 풀어놓았다. 농업 전문가도 해충과 맞서 싸우기 위해 다른 해충을 이용한다.

사람들을 행동하게 만드는 데 능란한 사람도 이와 비슷한 전략을 사용한다. 그런 사람은 사람들의 한 가지 동기를 다른 동기와 맞서 싸우게 한다. 이 방법은 매우 합리적이면서도 간단해 모두가 이런 방법을 쓰고 있다는 착각마저 들 정도다. 하지만 그렇지 않다. 이 방법이 극히 드물게 사용되고 있음을 보여주는 사례는 흔히 볼 수 있다.

나는 최근 어떤 도시에서 열린 오찬 모임에 참석한 적이 있다. 당시 이웃 도시 컨트리클럽에서 골프 경기가 열리고 있었는데 경기에 참석하겠다는 사람이 얼마 되지 않았다. 클럽 회장은 기분이 좋지 않았다. 자기가 주관하는 일인데 망치기 일보 직전이었기 때문이다. 그의 명성에도 금이 가는 일이었다. 그래서 그는 좀 더 많은 회원에게 참석을 독려했다. 하지만 안타깝게도 호소 방식에 문제가 있었다. 그는 인간 본성에 제대로 호소하지 못했다. 단지 자기감정을 풀어놓았을 뿐이다. 흡연하는 학생의 아버지처럼 듣는 사람의 욕망을 고려해 말해야 한다는 사실을 전혀 깨닫지 못했다.

그렇다면 그는 어떻게 호소해야 했을까? 상식을 활용했어야 했다. 다른 사람에게 말하기 전에 자신과 먼저 조용히 대화를 나누었어야 했다. 이런 식으로 스스로에게 물었어야 했다. "왜 사람들이 골프 경기에 참석하지 않겠다는 거지? 몇몇 사람이야 시간이 없어서겠지. 기차 요금이나 부대 요금이 비싸서 참석하지 않는 사람도 있을 거야. 어떻게 하면 더 많은 사람이 참석할 수 있게 할까? 취미 활동은 시간 낭비가 아니고, 일벌레가 반드시 성공하는 것도 아니며, 기분전환을 통해 다른 사람이 6일에 걸쳐서 할 일을 5일이면 할 수 있게 될 거라고 이야기해야겠군. 물론 다들 알고 있겠지만 다시 한번 상기시킬 필요가 있어. 경기를 즐기는 비용은 경기로 누릴 수 있는 것들에 비하면 아무것도 아니라고 강조해야겠어. 건강과 기쁨에 투자하자는 의미라고 이야기해줄 필요도 있고. 상상력을 자극해서 골프장의 녹색 잔디를 밟고 서풍을 얼굴에 맞는 자신을 떠올리게 하는 거야. 그리고 돈 버느라 아무것도 못 하고 뜨거운 도시에서 하루하루를 보내는 사람들을 딱하게 여기도록 하는 거야."

"당신이 참석해주었으면 좋겠어요"라고 호소하는 것보다 이런 식의 이야기가 훨씬 더 성공 가능성이 크다고 생각하지 않는가?

우리의 행동을 규정하는 욕망

자, 그렇다면 우리를 인간답게 행동하게 하는 기본적인 열망은 무엇일까? 이 욕망을 잘 이해하고 이용하는 게 성공의 필수 요소라면 그것을 알아보고 싶지 않은가? 그곳에 불을 비추어 하나하나 해부하듯 조사하고 분석해야 하지 않겠는가?

지금부터 이 장의 나머지 부분을 인간의 기본적인 열망에 대해 이야기하고 토론하는 데 할애하겠다. 이렇게 하는 게 그 열망을 당신의 뇌리에 깊게 새겨두는 방법이라는 것에 동의하리라 믿는다.

인간의 동기 중 가장 강한 동기는 무엇일까? 그렇다. 이익을 위한 욕망이다. 이 욕망이 없다면 당장 내일부터 수억 명의 사람이 아침에 일찍 일어나려 하지 않을 것이다. 이 강렬한 욕망에 대해 더 이야기할 필요가 있을까?

금전적 동기보다 더 강한 것은 자기 보호 욕망이다. 모든 건강식품 광고는 자기 보호 욕망에 호소한다. 예를 들어 어느 도시가 깨끗한 기후를 광고할 때, 식품 제조업자가 자기 회사 제품이 천연재료로 만들었을 뿐만 아니라 활력을 준다고 할 때, 특허 약품 판매업자가 자신이 파는 약은 이런저런 병을 없애준다고 할 때, 낙농 조합에서 우유가 비타민이 풍부하고 생명 유지에 꼭 필요하다고 할 때, 금연 단체에서 담배의 3퍼센트는 니코틴이며 한 방울의 니코틴만으로도 개를 죽이고 여덟 방울이면 말도 죽일 수 있다고 할 때, 이들은 모두 생명을 보존하려는 우리의 타고난 욕망에 호소하는 것이다.

이 호소를 좀 더 강화하려면 개인적인 차원으로 내려가야 한다. 예를 들어 암이 증가한다는 사실을 밝히려고 일반 통계를 인용하는 것은 별로 좋은 방법이 아니다. 당신의 이야기를 듣고 있는 사람과 직접 연결해보라. 예를 들면 이런 식이다. "이 방에 서른 분이 계시는군요. 의학적 통계에 의하면 여기 30명이 45세까지 살아 있다면 여러분 중 세 명은 암으로 사망

하실 겁니다. 여기 앉아 계신 이분일 수도 있고, 저기 신사분 혹은 저기 숙녀분일 수도 있겠지요."

돈에 대한 욕구만큼이나 강한 욕망은 남에게 인정받고, 존중받고 싶은 욕망이다. 실제로 많은 사람들이 돈에 대한 욕망보다 이 욕구가 훨씬 더 강하기도 하다. 바로 자존심 이야기다.

얼마나 많은 범죄가 이 자존심을 지키려는 과정에서 저질러졌던가! 오랫동안 중국의 수없이 많은 어린 소녀들이 비명을 지르면서도 발을 꽁꽁 싸매 더는 자라지 못하게 하는 고통을 기꺼이 감수했다. 예뻐 보이려는 욕구 때문이었다. 지금 이 순간에도 중앙아프리카의 수천 명에 달하는 원주민 여성들이 입술에 나무로 만든 원반을 넣고 생활한다. 믿기 힘든 이야기이겠지만 이 원반은 당신이 아침에 먹을 걸 올려놓았던 접시만 하다. 이 부족의 여자아이는 여덟 살이 되면 입술 바깥쪽을 찢고 거기에 원반을 삽입한다. 시간이 지나면서 그 원반을 점점 더 커다란 원반으로 교체한다. 그리고 이 소중한 장식을 위한 공간이 부족하다 싶으면 이도 다 뽑아버린다. 이 부속물로 인해 소녀들은 알아들을 수 있는 소리를 내는 게 불가능해진다. 부족 사람들도 이들이 무슨 이야기를 하는지 이해하지 못한다. 하지만 이들은 참는다. 심지어 말 못하는 상태마저도 견딘다. 이 모든 게 아름다워 보이고, 찬탄의 대상이 되고, 더 많은 존중을 받기 위해서다. 즉 자존심을 지키기 위해서다.

굳이 중앙아프리카까지 가서 확인할 필요도 없다.

> 대령의 부인과 주디 오그래디도 피부 아래에서는 자매와 같다.
>
> (사람은 겉모습만 다를 뿐 속은 같다며 인종주의를 비판하고 있는 키플링의 시 일부를 인용했다-옮긴이)

그러므로 세련된 방식으로 자존심에 호소한다면 TNT만큼이나 강력한 힘을 얻는다.

왜 책을 읽는지 자문해보라. 좀 더 나은 인상을 주고자 하기 때문인가? 남들 앞에서 훌륭하게 연설하는 데에서 내적 만족을 경험하기 때문인가? 대중연설가라는 직함에 자연스레 따라붙는 권력, 리더십, 영예를 가지고 싶었던 건 아닌가? 한 잡지 편집자는 판매촉진 편지에서 자존심과 이익에 호소하는 게 가장 효과적이라고 말했다.

링컨은 이 동기에 호소해 승소한 적도 있다. 1847년 테이즈웰 카운티에서 있었던 소송이다. 스노우라는 성을 가진 형제가 케이스 씨에게서 소두 마리와 쟁기를 샀다. 형제는 아직 미성년자였지만 케이스 씨는 이들에게서 2백 달러 약속 어음을 받았다. 어음이 만기가 되어 돈을 받으러 갔을 때 그는 비웃음만 사고 말았다. 그는 링컨을 고용했고, 링컨은 이들을 법정에 세웠다. 스노우 형제는 자신들이 미성년자이고 케이스 씨는 그 사실을 알면서도 어음을 받았다고 주장했다. 링컨은 그들의 주장을 모두 인정했고, 미성년자 법안이 타당하다고도 말했다. "그렇습니다. 신사 여러분, 저도 그렇게 생각합니다." 그는 제기되는 문제마다 순순히 그렇다고 대답했다. 마치 사건을 포기한 것 같았다. 하지만 자신이 말할 차례가 되자 그는 12명의 배심원을 앞에 두고 이렇게 말을 꺼냈다. "배심원 여러분, 이 소년들이 수치와 불명예로 삶을 시작하도록 내버려 두시겠습니까? 인격에 대해 가장 올바른 판단을 했던 사람은 다음과 같은 말을 남겼습니다."

신이시여, 누구에게나 명예란
영혼을 빛내주는 보석과도 같습니다.
누가 내 지갑을 훔쳐 간다면 그저 쓰레기를 가져가는 것일 뿐,
아무 의미도 없습니다.
한때는 내 것이었지만 이제는 다른 이의 것이며 앞으로 수많은 이들의 손을
거칠 노예와 같은 것이지요.

하지만 누가 내 명예를 훔쳐 간다면

저는 참으로 가난해질 것입니다.

- 셰익스피어, 『오셀로』

그러고는 이 소년들이 상대 변호사의 지각 없는 조언을 듣지 않았더라면 수치를 무릅쓰고 이런 악행을 저지르지 않았을 것이라고 지적했다. 법을 다루는 고귀한 직업을 가졌음에도 돈에 눈이 멀어 정의를 증진하기보다 훼손하는 역할을 하고 있다고 말하면서 링컨은 몸을 돌려 상대편 변호사를 맹렬히 비난했다. 그러고는 계속해서 말을 이어나갔다. "자 배심원 여러분, 이제 여러분은 이 소년들을 바로 잡을 권한을 갖고 계십니다." 누가 감히 이 명백한 사기 행각을 감싸기 위해 자기 이름에 먹칠을 하고 싶겠는가? 링컨의 항변은 늘 이런 식이었다. 그는 사람들의 자존감에 호소했다. 배심원단은 따로 논의하는 절차도 생략한 채 그 자리에서 바로 빚을 갚아야 한다고 표결했다. 이 사례에서 링컨은 자존감뿐 아니라 배심원의 정의감에도 호소했다. 정의감 역시 우리 모두에게 있는 욕망이다. 우리는 길거리에서 다 큰 소년이 어린아이를 괴롭히는 광경을 보면 멈추어 서서 아이 편을 들어주려 한다.

인간은 감정의 동물이다. 우리는 편안함과 쾌락을 추구한다. 우리는 커피를 마시고 실크 양말을 신고 극장에 가며 바닥이 아닌 침대에서 잠을 잔다. 이것이 우리에게 좋은 것이라고 생각해서가 아니다. 그렇게 하는 편이 우리를 유쾌하게 하기 때문이다. 인락과 쾌락을 증진하는 걸 제안하라. 그러면 당신은 청중을 행동하게 만드는 강력한 버튼을 누른 것이나 다름없다.

시애틀은 미국의 어느 도시보다 사망률이 낮으며 시애틀에서 태어난 아이가 기대수명 역시 가장 높다고 광고할 때, 어떤 동기에 호소하는 중인가? 바로 애정이라는 동기다. 세상의 많은 행동이 이것에 기인한다. 애국심도 이 애정이라는 동기에 기반을 두고 있다.

때로는 다른 방법이 모두 실패해도 애정이라는 동기에 호소해서 상대의 행동을 이끌어낼 때도 있다. 뉴욕의 유명한 부동산 중개사 조셉 데이 Joseph P. Day는 이 방법을 이용해서 자기 인생에서 가장 커다란 거래를 성사시켰다. 다음은 그의 경험담이다.

전문적인 지식만으로 모든 거래를 성사시킬 수는 없습니다. 제 인생에서 가장 커다란 거래를 성사시켰을 때 저는 전문적인 지식을 전혀 사용하지 않았습니다. 저는 브로드웨이 71번가에 있는 미국 철강회사 건물을 앨버트 헨리 게리에게 매각하는 협상을 하고 있었습니다. 그의 사무실은 항상 그 건물에 있었지요. 저는 협상이 잘 끝났다고 생각했습니다. 그런데 그때 게리 씨가 조용하지만 단호한 목소리로 이렇게 말하더군요.

"데이 씨, 이 근처의 훨씬 더 현대적인 건물에서 제안을 받았어요. 그 제안이 저희 목적에 좀 더 부합하는 것 같습니다. (나무로 만든 가구들을 가리키며) 이 건물은 좀 구닥다리지요. 너무 낡고 오래됐어요. 제 동료 몇몇은 이 건물보다는 다른 건물이 우리에게 더 적합할 것 같다고 하더군요."

5백만 달러짜리 거래가 눈앞에서 사라질 판이었습니다! 저는 잠시 아무 말도 하지 않았습니다. 게리 씨도 더는 말을 않더군요. 그는 자신이 결정한 걸 통보한 셈이었습니다. 팽팽한 긴장감 속에 침묵만이 이어졌습니다. 저는 대답하기보다는 이렇게 질문했습니다.

"게리 씨, 뉴욕에 오셔서 첫 사무실은 어디였나요?"

"바로 여기지요. 아니, 저쪽 방이었나?"

"철강회사는 어디서 만드셨지요?"

"오, 바로 여기 이 사무실에서였지요." 그는 대답하며 상념에 잠기는 듯했습니다. 그러고는 묻지도 않았는데 이렇게 말하더군요. "젊은 중역들은 이보다는 훨씬 더 세련된 사무실을 원했지요. 이런 낡은 가구에는 만족하지 못했어요. 하지만 그 친구들은 이제 다 떠나고 아무도 없네요."

그것으로 판매 협상은 끝난 셈이었습니다. 그리고 다음 주에 우리는 정식으로 거래를 마쳤습니다.

물론 저는 그가 염두에 두었던 건물에 대해 알고 있었고, 두 건물의 구조적 장점을 비교해서 이야기할 수도 있었습니다. 그랬다면 게리 씨와 논쟁을 벌였겠지요. 뭐 어느 건물이 건축적으로 장점이 있는지를 가지고 게리 씨 혼자 고민했을 수도 있었을 테고요. 하지만 우리는 그러지 않았습니다. 저는 그의 감정에 호소했거든요.

종교적인 동기

우리에게 엄청난 영향력을 행사하는 또 다른 강력한 동기가 있다. 이를 종교적인 동기라 하겠다. 내가 말하는 종교는 어떤 특정한 종파의 특정 교리를 의미하는 게 아니다. 나는 그저 예수가 가르친 아름답고 영속적인 진실들을 이야기하고 싶다. 정의, 용서, 자비와 이웃을 내 몸과 같이 섬기고 사랑하는 마음 모두를 종교적인 동기라고 부르겠다.

어떤 사람도 자신을 악하고 불친절하고 속 좁은 사람이라고 소개하고 싶진 않을 것이다. 바로 여기에 호소하는 것이다. 인간의 영혼에는 어떤 고귀함이 내포되어 있다. 우리는 그 사실에 자부심을 느낀다.

오랫동안 C. S. 워드Ward는 YMCA 국제위원회 의장으로서 더 많은 YMCA 건물을 세우기 위해 기금 조성 캠페인에 모든 시간을 쏟아부었다. 더 많은 부와 권력을 얻으려는 목적으로 지역 YMCA에 수천 달러를 기부하는 사람은 거의 없을 것이다. 많은 사람이 사회에 조금이라도 도움이 되었으면 하는 마음으로 기꺼이 지갑을 연다.

워드 씨는 도시 북서쪽에 건물을 세울 목적으로 한 유명한 경영인을 만났다. 그 사람은 단 한 번도 교회나 사회사업과는 관련을 맺어본 적이 없는 사람이었다. 그런 그가 YMCA 건물 기금 조성 캠페인에 참여하기 위해 멀쩡한 자기 사업을 일주일씩이나 떠나 있을 수 있을까? 말도 안 되는 이야기였다. 하지만 그는 결국 캠페인 첫날 회의에 참석했고, 고귀함과 이타주의에 호소하는 워드 씨의 말에 깊은 감명을 받아 한 주 내내 열정적으로 기금 조성 캠페인에 참여했다. 욕설과 불경스러운 말을 내뱉는 것으로 유명했던 이 사람은 한 주가 가기도 전에 그 캠페인이 성공하길 바라며 열심히 기도하고 있었다.

한 무리의 사람들이 철도회사 최고 경영자 제임스 힐을 찾아갔다. 그가 운영하는 기업의 북서쪽 철로를 따라 YMCA를 설립하고 싶었기 때문이다. 많은 돈이 필요했다. 힐이 워낙 빈틈없는 사업가라는 사실을 알고 있었던 그들은 그의 이익 동기에 호소하는 어리석은 전략을 택하고 말았다. YMCA를 통해 노동자들이 행복하고 만족해하면 그의 자산 가치도 덩달아 오를 거라는 식으로 이야기를 했다.

힐은 대답했다. "당신들은 여기에 YMCA를 지어야 하는 진정한 이유를 언급하지 않았군요. 정의로운 일에 앞장서고 기독교적 성품을 세우려는 열망 말입니다."

1900년, 몇몇 개척 지역을 놓고 벌어졌던 오랜 분쟁으로 아르헨티나와 칠레는 전쟁을 코앞에 두고 있었다. 전함을 건조하고, 무기를 모으고, 많은 세금을 걷는 등 이 문제를 해결하기 위해 피 흘릴 준비를 단단히 하고 있었다. 1900년 부활절에 한 아르헨티나 주교는 예수 그리스도의 이름으로 열렬히 평화를 호소했다. 이번에는 안데스산맥을 건너 칠레의 주교가 같은 메시지로 응답했다. 주교들은 이 마을 저 마을을 돌아다니며 평화와 형제애를 호소했다. 처음에는 여성들만이 그들의 이야기를 귀담아들었다. 마침내 이 호소는 전 국민을 들뜨게했다. 밀어닥치는 탄원서와 여론으로 양 정부는 분쟁 조정에 나섰고, 군대를 감축하기 시작했다. 국경의 요새는 해체되었고, 대포를 녹여서 커다란 예수상을 만들었다. 그래서 오늘날 안데스산맥에는 문제가 제기되었던 국경지를 내려다보며 십자가를 지고 있는 예수상이 우뚝 서게 되었다. 주춧대에는 이렇게 쓰여 있다. "이 산이 무너지고 가루가 될 때까지 칠레와 아르헨티나인들은 예수의 발아래서 맹세한 신성한 약속을 잊지 않을 것이다."

종교적 감정과 신념에 호소하면 이렇게 엄청난 일도 가능하다.

청중을 행동하게 만드는 법

✦

1. 흥미를 돋우며 주의를 끌라.
2. 스스로 신뢰할 만한 사람이 되어 자신감을 얻으라. 당신이 성실하게 준비한 도입부를 가지고 주제를 말할 자격을 얻어, 당신이 직접 경험하고 배운 바를 말한다면 신뢰감을 높일 수 있다.
3. 당신 제안의 장점을 청중에게 이해시키고, 그들의 이의 제기에 답변하라.
4. 사람을 행동하게 만드는 동기에 호소하라. 즉, 이익에 대한 욕망, 자기 보호, 자존심, 쾌락, 애정 그리고 정의, 자비, 용서, 사랑과 같은 종교적 이상에 대한 동기 등이다. 이 방법을 현명하게 사용한다면 연설자에게 도움이 될 뿐만 아니라, 전단이나 광고를 만들고 비즈니스 인터뷰를 하는 데도 도움이 될 것이다.

이 책에서는 내가 설명한 내용이 성공적으로 적용되었는지 살펴보라. (아서 던의 『과학적 판매와 광고*Scientific Selling and Advertising*』에서 따온 내용이다.)

첫째, 저자는 인간 본성에 영향을 미치는 동기의 중요성을 강조하고 동기에 호소할 과학적 방법이 있으며 그것에 대해 즉시 논의하겠다고 선언함으로써 당신의 관심을 끌었는가?

둘째, 이 방법이 상식에 입각한 것이고 이 방법으로 수천 명이 넘는 수강생들을 가르쳐왔다고 하면서 당신의 신뢰를 얻었는가?

셋째, 사실을 분명하게 전달하고 당신에게 이 방법의 효과와 장점에 대해 알려주었는가?

넷째, 이 방법을 이용하면 당신이 더 많은 영향력과 이익을 얻을 수 있다고 확신하게 했는가? 이 장을 읽은 후 당신은 이 방법을 사용하기로 했는가? 다시 말해, 저자는 당신을 행동하도록 만들었는가?

❖

더 분명하게 말하는 법

『뉴욕타임스』 기획 기사에 따르면 제1차 세계대전 때 육군 장교에 지원했던 일곱 명 중 한 명은 '발음이 형편없거나, 목소리가 작거나, 불완전한 어법' 때문에 임용되지 못했다고 한다. 이런 약점은 생각보다 많은 이들에게 있고, 인생을 살아가는 데 큰 걸림돌이 되기도 한다. 낯선 사람과 대화하던 중 다시 한번 이야기해달라고 요청받은 적은 없는가? 혹은 어떤 화자의 말이 이해하기 힘들어서 짜증이 난 적은 없는가? 분명한 발음은 듣기에 좋을 뿐만 아니라 말하는 이의 교양과 품위를 확실하게 드러낸다.

누구나 연습으로 발음을 개선할 수 있다. 심지어 귀가 멀었더라도 훈련을 하면 입술, 뺨, 혀의 근육을 효과적으로 개선하는 일이 가능하다. 그렇다면 정상적인 청력을 지닌 사람이 그런 훈련을 하면 어떤 결과를 얻게 될까?

가장 처음 배울 소리는 입술을 오므려 만드는 자음이다. 다섯 음이 있는데 [p], [b], [m], [w], 그리고 [wh]다. 이 소리들을 낼 때는 당신의 생각보다 더 오랫동안 입술을 바짝 눌러서 오랫동안 붙여야 한다. 마치 두 자음이 붙어 나온다고 생각하며 과장된 소리를 내보라.

copy	cop‑py
big	bbig
moving	mmoving
weather	wweather
white	whwhite

마지막 소리 [wh]는 예전에는 [hw]로 쓴 적도 있었다. 그렇게 발음해보라. [h] 소리를 먼저 낸 뒤 입술을 오므려 [w] 소리를 내는 것이다. 그렇게 하면 소리를 분명하게 낼 수 있다.

감각을 한 곳에 집중하라. [m]와 [b]를 발음할 때 입술 한가운데의 압력을 느껴보라. 위아래 입술을 모두 사용하라. 윗입술만 사용한다면 거울을 보면서 해보라. 이소리를 낼 때 주저하지 말고 입술을 약간 앞으로 밀어야 한다. 입이 작은 확성기라고 생각하라. 아주 쉽게 입술 모양을 만들 수 있다.

다음 자음은 혀가 입천장과 만나며 내는 소리다. [t], [d], [th], [n], [l], [sh], [z], [ch], [j], [r], [k], [g], [ng]. 편의상 다음과 같이 분류할 수 있다.

1. [t], [d], [th], [n], [ch], [j], [z]
2. [k], [g], [ng]
3. [l], [s], [sh], [r]

첫 번째 그룹의 소리를 정확하고 쉽고 빠르게 내는 게 중요하다. 그러기 위해서는 혀로 입천장을 꾹 누르는 연습을 꾸준히 해야 한다. 많은 사람이 혀를 좀처럼 사용하지 않는다. 그래서 'certainly'를 'cer'nly'로 'mountain'을 'moun'n'으로 성의 없이 발음한다. 혀를 똑바로 뻗는 것만으로도 말소리가 더 분명해진다. 이 소리들을 빠르고 쉽게 내려면 혀를 마치 연필이라 생각하고 최대한 좁힌 다음 혀끝만 사용하면 된다. 혀가 위쪽으로 올라가 입천장 전체를 때려서는 안 된다. 앞니 바로 뒤 입천장 부분을 건드려야 한다. 그보다 뒤에 닿아도 안 된다.

『카루소와 노래의 기교Caruso and Art of Singing』를 쓴 푸치토Fucito와 바이어Beyer는 이렇게 조언했다. "카루소의 완벽한 발음은 혀와 입술의 유연성 덕분이다. 혀와 입술의 유연성을 향상시킬 수 있는 연습으로는 tra, tre, tro, tru, bra, bre, bri, bro, bru를 계속 발음하는 것이다."

이들은 특히 [l] 발음 훈련을 중요시했다. 혀끝을 입천장에 대고, 입술은 내밀고, 턱에서 힘을 빼고 발음해보라.

lul, lul, lul, lul, lul, lul, lul.

[l], [n], [m] 소리는 노래하는 자음이라고도 한다. 자연스럽게 노래하듯이 발음해야 하기 때문이다.

16장

말을 잘하고 싶다면 표현력을 개선하라

세상 사람들이 당신 이야기에 조금이라도 관심을 갖게 하기 위해서는
즐거운 자극, 즉 명확하고, 힘차고, 아름다운 문체가 필요하다.

우드로 윌슨(제28대 미국 대통령)

설교의 내용이 무엇이든 설교자 자신이 들어 있어야 한다. 명확성, 논리성, 쾌활함,
진정성 등은 설교자 언어의 특징이기 전에 그 사람의 특성이어야 한다.

필립스 브룩스Phillips Brooks(성직자, 작가)

말을 잘하는 사람은 평범한 사람보다 독서량이 많다. 이들은 의식적인 노력 없이
도 많은 생각과 낱말을 흡수한다. 작가의 스타일과 취향이 그들의 말과 생각에 스
며든다. 독서는 어휘를 확장하는 가장 효과적인 방법이다.

윌리엄 조지 호프먼William George Hoffman(『직장인을 위한 대중연설Public Speaking for Business Men』 저자)

사람들은 신문에서 흔히 볼 수 있는 평범하고 재미없는 말은 원치 않는다.
사람들은 암시와 연상, 아름다움과 힘으로 가득 찬 말을 원한다.

루퍼스 쇼트Rufus Choate(법조인)

세계 최고 문학 작품에 흠뻑 빠져라.
그러면 그 작품에 쓰인 낱말을 당신도 사용할 수 있게 된다.

린 해럴드 허프Lynn Harold Hough(성직자, 노스웨스턴 대학 총장)

직장도 없고 돈도 없는 어느 영국인이 일자리를 찾아 필라델피아 거리를 돌아다니고 있었다. 그는 필라델피아의 유명한 기업인 폴 기번스^{Paul Gibbons}를 찾아가 면담을 요청했다. 기번스는 이 낯선 사람을 신뢰할 수 없다는 눈으로 바라보았다. 일단 그의 외모가 마음에 들지 않았다. 옷은 낡고 지저분한 데다 궁상맞아 보였다. 기번스는 호기심 반, 동정심 반으로 그 사람과의 면담을 허락했다. 처음에는 그저 잠깐 이야기만 들어주고 끝낼 생각이었다. 하지만 그 잠깐이 몇 분이 되고, 몇 분이 한 시간이 되었는데도 대화가 끝나지 않았다. 결국 기번스는 당시 딜론 리드 앤드 컴퍼니의 필라델피아 지부장 롤런드 테일러^{Roland Taylor}에게 전화를 걸어 그를 소개하며 대화를 마쳤다. 필라델피아에서 제일가는 금융업자 중 한 명인 테일러는 이 낯선 사람을 점심 식사에 초대했고, 그가 원하는 자리를 하나 마련해주었다. 누가 보더라도 외모나 분위기만으로는 패배자 같은 느낌을 주었던 사람이 어떻게 그렇게 짧은 시간 안에 유력인사들과 친분을 맺을 수 있었을까?

비결은 한 단어로 표현할 수 있다. 어휘력이다. 사실 그는 옥스퍼드 대학교를 졸업한 사람으로 사업차 미국에 왔다가 일이 제대로 안 풀리는 바람에 오도 가도 못하는 신세가 되었다. 그러나 그는 모국어를 워낙 정확하고 아름답게 구사하는 사람이어서 그와 이야기를 나누는 사람들은 한결같이 그의 남루한 신발, 닳아버린 코트, 수염을 깎지 않아 덥수룩한 얼굴 따위는 곧 잊어버렸다. 그의 어휘력은 최고 기업가 무리에 들어갈 수 있는 여권 같은 것이었다.

이 사람의 사례는 다소 특별할 수 있다. 하지만 아주 기본적이면서도 근본적인 진실을 보여준다. 우리는 매일같이 우리가 하는 말로 평가받는다. 말은 우리의 품위를 드러낸다. 분별 있는 사람이라면 우리가 어떤 사람들과 어울리며 친구로 지내는지 알 수 있을 것이다. 우리의 말은 교육과 교양 수준을 보여준다.

우리는 오직 네 가지 방법으로 세상과 접촉하고 그 네 가지로 사람들을 분류하고 평가한다. 바로 무엇을 하는가, 어떻게 보이는가, 무엇을 말하는가, 그리고 어떻게 말하는가다. 많은 사람이 학업을 마친 다음에는 어휘를 풍부하게 하고, 미묘한 의미 차이를 이해하고, 정확하고 분명하게 말하고자 하는 노력을 하지 않고 살아간다. 사람들은 사무실과 길거리에서 낡아빠지고 진부한 표현을 습관적으로 사용한다. 그런 말이 자신의 개성이나 특징을 보여주지 못하는 것은 당연한 일이다. 계속해서 발음이나 문법을 틀리게 사용하는 것 또한 놀랍지 않다. 심지어 대학을 졸업한 사람이 "ain't", "he don't", "between you and I"라고 말하는 걸 들은 일도 있다. 대학 학위를 가진 사람도 그러는데 경제적인 이유 등으로 대학을 졸업하지 못한 사람은 오죽하겠는가?

몇 년 전 오후, 내가 로마 콜로세움 앞에 멍하니 서 있을 때 한 사람이 자신을 영국 식민지 출신이라고 소개하고는 로마에서 어떤 경험을 했는지 이야기해주었다. 3분도 지나지 않아 그는 "you was", "I done" 같은 표현을 쓰기 시작했다. 그는 그날 아침에 일어나서 신발을 잘 닦고 옷을 말끔하게 차려입고는 오늘 만나는 사람들에게 존중받아야겠다고 생각했을지도 모른다. 하지만 신발을 잘 닦고 말끔하게 옷을 차려입기보다는 문장을 깔끔하게 구사하고 격조 있는 표현을 쓰는 편이 훨씬 더 존중받을 수 있다. 여성에게 말을 걸며 모자를 들어 올리지 않았다고 창피해하지 말고, 잘못된 문법을 사용하거나 듣기에 안 좋은 표현을 쓰지 않는 것에 더 신경 써야 한다. 어떤 말을 어떻게 사용하느냐에 따라 그 사람의 모든 게 밝혀지고, 위치가 정해지는 법이다. 그 낯선 사람의 형편없는 언어구사력은 세상을 향해 끊임없이 누구라도 알아들을 수 있게 "나는 교양이라곤 전혀 없어요"라고 외치고 있었다.

30년 동안 하버드 대학교 총장을 역임한 찰스 엘리엇Charles W. Eliot 박사는 이렇게 단언했다. "사람을 신사 숙녀로 만드는 데 필요한 단 하나의 교육은 정확하고 품위 있는 모국어 사용입니다." 이것은 중요한 선언이다. 마음에 되새겨보라.

자, 그렇다면 어떻게 아름답고 정확하게 말할 수 있을까? 다행히 그 방법은 어렵지 않다. 마술도 아니다. 이미 공공연한 비밀이다. 링컨은 놀라울 정도로 이 방법을 잘 사용했다. 어떤 미국인도 그렇게 단정하며 비길 데 없는 음악 같은 글을 쓰지 못할 것이다. "with malice towards none, with charity for all"(누구에게도 적의를 품지 않으며, 모두에게 자비를 품는다) 같은 표현을 보라. 게으르고 배우지 못한 목수였던 아버지, 특별한 재능이라고는 없었던 평범한 어머니에게서 자라난 링컨이 어떻게 이런 언어 능력을 타고났을까? 링컨이 언어 능력을 타고났다는 증거는 없다. 그가 상원의원에 당선되었을 때 워싱턴의 공식 기록은 '결함'이라는 형용사로 그의 교육 정도를 묘사했으니 말이다. 그는 평생 12개월도 채 학교에 다니지 못했다. 그의 멘토는 누구였을까? 켄터키의 숲에서는 자카리아 버니Zachariah Birney

와 케일럽 헤이즐Caleb Hazel이었고, 인디애나주의 피전 크릭에서는 아젤 도시Azel Dorsey와 앤드루 크로퍼드Andrew Crawford였다. 모두 순회 교사로 개척 지역을 떠돌면서 학생들이 있는 곳이면 어디든지 가서 읽기, 쓰기, 셈을 가르치고 그에 대한 대가로 햄과 옥수수, 밀을 얻어 근근이 살아가던 사람들이다. 링컨은 이들에게서 약간의 영감만 받았을 뿐이고 교육에 대해서는 거의 도움을 받지 못했다.

일리노이주 제8사법 구역에서 만난 농부, 상인, 변호사, 소송인들도 언어구사력이 신통치 않기는 마찬가지였다. 링컨은 자신과 비슷하거나 열등한 사람들과 어울리느라 시간을 낭비하지 않았다. 그는 당대 최고의 지성을 가진 사람, 시대를 대표하는 시인, 가수들과 친분을 맺었다. 그는 로버트 번스Robert Burns, 조지 고든 바이런George Gordon Byron, 로버트 브라우닝Robert Browning의 시를 처음부터 끝까지 외울 수 있었다. 특히 바이런의 시집 중한 권은 사무실에, 또 한 권은 집에 두고 탐독했다. 사무실에 있는 바이런의 책은 워낙 많이 읽어서 아무렇게나 펼쳐도 늘 〈돈 후안〉이 실린 페이지가 펼쳐졌다고 한다. 대통령이 되고, 남북전쟁으로 인해 건강이 나빠지고, 얼굴에 깊은 주름이 파여도 시간을 내 잠자리에서 토머스 후드Thomas Hood의 시를 읽곤 했다. 때로는 한밤중에 잠에서 깨 책을 펼치고 시를 읽다가 감동적이거나 멋진 구절을 발견하면 아침에 일어나 잠옷과 슬리퍼만 신은 채 조용히 방을 빠져나와 비서에게로 가서 시를 읽어주었다. 백악관에 있을 때도 셰익스피어 문학 작품의 긴 구절을 외워서 낭송하고, 때로는 배우들의 연기를 비판하며 자기 나름의 해석을 덧붙이곤 했다. 그는 당대 최고의 배우 제임스 헨리 해켓James Henry Hackett에게 이런 편지를 보냈다. "저는 셰익스피어의 희곡을 몇 편 읽었습니다. 평범한 독자 치고는 꽤 본 편입니다. 『리어왕』, 『리처드 3세』, 『헨리 8세』, 『햄릿』 그리고 특히 『맥베스』를 보았지요. 특히 『맥베스』에 필적할 만한 연극은 없다고 생각합니다. 정말 훌륭하지요!"

링컨은 시를 매우 좋아했다. 사적 모임이나 공적 모임에서 시를 낭송했을 뿐만 아니라 심지어 직접 시를 짓기도 했다. 여동생 결혼식에서는 자신이 쓴 긴 시를 낭송한 적도 있었다. 중년 이후에는 직접 쓴 시로 노트 한 권을 가득 채우기도 했다. 하지만 워낙 수줍음이 많았던 사람이라 가장 가까운 친구에게조차도 보여주지 않았다.

루서 로빈슨Luther Robinson은 『문인, 링컨Lincoln as a Man of Letters』에서 이렇게 쓰고 있다. "이 모든 걸 독학으로 공부한 링컨은 자신을 교양으로 가득 채웠다. 천재성이라고 해도 좋고 재능이라고 해도 좋을 이 성취 과정은 에프라임 에머턴Ephraim Emerton 교수가 에라스무스의 교육 방법론에 대해 묘사한 바와 같다. '그는 더는 학교에 다니지 않았다. 하지만 이제까지 항상 훌륭한 성과를 거두었던 방법으로 독학했다. 즉, 지치지 않는 에너지로 쉬지 않고 공부하고 복습했던 것이다.'"

인디애나주 피전 크릭 농장에서 하루에 31센트를 받으며 옥수수를 벗기고 돼지나 잡던 그는 훗날 게티즈버그에서 이제껏 인간이 했던 모든 연설 중에서 가장 아름다운 연설을 한다. 게티즈버그에서는 무려 17만 명이 싸웠고 7천 명이 전사했다. 하지만 링컨과 같은 공화당 상원의원이었던 찰스 섬너Charles Sumner는 링컨 사망 직후, 전쟁에 대한 기억은 잊히겠지만 링컨의 연설은 남을 것이며 언젠가는 이 연설 때문에 게티즈버그 전투가 기억될 것이라고 말했다. 이 예언은 결국 사실로 판명되었다. 우리 세대에서도 그렇지 않은가? '게티즈버그' 하면 전투만큼이나 연설이 떠오르지 않는가?

에드워드 에버렛은 무려 두 시간이나 게티즈버그에서 연설했다. 하지만 그 내용은 이미 잊힌 지 오래다. 링컨은 2분도 채 안 되는 시간 동안 연설했다. 한 사진사가 링컨의 연설 모습을 사진으로 담으려 했지만 사진기를 설치하기도 전에 연설이 끝나버렸을 정도였다.

링컨의 연설은 훌륭한 연설의 예로서 영원히 부식되지 않는 동판에 새겨져 옥스퍼드 대학교 도서관에 전시되어 있다. 대중연설 수강생이라면 모두가 외워야 하는 연설문이다.

87년 전 우리 선조는 모든 인간이 평등하게 창조되었다는 전제하에 자유에서 잉태한 새로운 국가를 이 대륙에 세웠습니다.

지금 우리는 대규모 내전을 벌이면서, 그렇게 만들고 헌신하면서까지 지키려고 했던 이 나라가 과연 오래 살아남을지를 시험하고 있습니다. 우리는 바로 그 전쟁의 격전지에 모였습니다. 우리는 이 땅의 일부를 조국을 위해 목숨을 바친 이들의 영원한 안식처로 봉헌하기 위해 이곳에 모였습니다. 전사자를 기리는 것은 마땅히 해야 할 일입니다.

하지만 더 넓은 의미에서 보면 우리는 이곳을 바칠 수도, 신성시할 수도, 거룩하게 할 수도 없습니다. 전쟁의 용사들이 이미 이곳을 신성하게 만들었기 때문에 우리의 미약한 힘으로는 더하거나 감할 수 없습니다. 세상 사람들은 우리가 여기 이 땅에서 하는 말을 주목하거나 기억하지 않을 겁니다. 하지만 용사들이 이 땅에서 한 일만큼은 절대 잊지 못할 겁니다. 이곳에서 싸웠던 그들이 훌륭하게 발전시킨 미완의 과제에 매진하는 것은 살아 있는 우리의 몫입니다. 우리는 선조들이 모든 것을 바친 위대한 과업에 헌신해야 합니다. 명예롭게 죽은 이들이 모든 것을 바친 대의에 헌신해야 합니다. 그분들의 숭고한 희생과 헌신이 절대 헛되지 않도록 굳게 결의합시다. 하느님의 보호 아래 이 나라는 노예해방과 같은 새로운 자유의 탄생을 이루어낼 겁니다. 그리고 인민의, 인민에 의한, 인민을 위한 정치가 지상에서 영원히 사라지지 않도록 우리 모두 다 같이 노력합시다.

이 연설의 마지막 부분, 인류 역사에 영원히 남을 부분은 링컨이 직접 썼다고 알려져 있다. 하지만 정말 그럴까? 그의 법률 사무소 동료였던 윌리엄 헌던이 게티즈버그 연설이 있기 몇 년 전에 링컨에게 시어도어 파커

Theodore Parker의 연설을 건네주었다. 링컨은 그 연설을 읽고 "민주주의는 인민의, 인민에 의한, 인민을 위한 직접적인 자율 정부다"라는 구절에 밑줄을 쳤다. 시어도어 파커는 대니얼 웹스터에게서 그 표현을 빌려왔을 수 있다. 웹스터는 그보다 약 4년 전 그 유명한 로버트 영 헤인Robert Young Hayne과의 논쟁에서 '인민을 위한, 인민에 의한, 인민에 책임을 지는 인민의 정부'라는 표현을 썼다. 그런데 웹스터도 이 표현을 제임스 먼로James Monroe 대통령에게서 빌려왔을 수 있다. 먼로 대통령도 30여 년 전 이미 똑같은 표현을 사용했다. 그렇다면 제임스 먼로는 누구에게서 이 표현을 가져왔을까? 먼로가 태어나기 5백 년 전 위클리프 성경Wycliffe's Bible 번역본 서문에 "이 성경은 인민의, 인민에 의한, 인민을 위한 정부를 위한 것이다"라고 썼다. 위클리프가 살았던 시대보다 훨씬 전, 예수가 태어나기 4백 년 전 클레온Cleon은 아테네 시민들 앞에서 '인민의, 인민에 의한, 인민을 위한' 통치자에 대해 이야기했다. 클레온이 어디에서 이 이야기의 영감을 얻었는지는 이제 너무도 먼 이야기라 알 수 없다.

하늘 아래 새로운 것은 그리 많지 않다! 위대한 연설자들조차 책을 통해 혹은 책을 읽은 사람들의 이야기를 통해 영감을 얻지 않는가!

책, 그것에 비밀이 있다! 어휘력을 풍부하게 증진시키고 싶은 사람이라면 문학이라는 바다에 풍덩 빠져야 한다. 존 브라이트는 이렇게 말했다. "도서관에서 항상 느끼는 유일한 안타까움은 인생이 너무 짧아 내 앞에 펼쳐져 있는 엄청난 과거를 온전히 즐길 수 없다는 점이다." 브라이트는 15세에 학교를 그만두고 방적 공장에 취직했다. 그 후 다시는 학교에 다닐 기회가 없었지만 그는 당대 가장 훌륭한 연설가가 되었고, 뛰어난 언어구사력으로 이름을 날렸다. 그는 바이런과 존 밀턴John Milton, 윌리엄 워즈워스William Wordsworth, 존 그린리프 휘티어John Greenleaf Whittier 그리고 셰익스피어와 셸리Pecy Bysshe Shelley의 시를 읽고, 공부하고, 노트에 옮겨 적고, 외웠다. 그는 해마다 밀턴의 『실낙원』을 읽으며 어휘력을 풍부하게 쌓았다.

영국의 장관 찰스 제임스 폭스Charles James Fox는 표현력을 개선하기 위해 셰익스피어의 작품을 소리 내어 읽었다. 글래드스턴은 자기 서재를 '평화의 신전'이라 부르며 1만 5천여 권의 장서를 모았다. 그리고 아우구스티누스St. Augustins, 버틀러 주교Bishop Butler, 단테Alighieri Dante, 아리스토텔레스Aristoteles, 호메로스Homeros를 읽으며 많은 도움을 받았다고 고백했다. 호메로스의 『일리아스』와 『오디세이아』에 푹 빠져들었다. 심지어 호메로스의 시와 그가 살았던 시대에 대한 책을 여섯 권이나 쓰기도 했다.

영국 정치가 소 윌리엄 피트는 그리스어나 라틴어로 된 책을 한두 쪽 보면서 영어로 번역해보곤 했다고 한다. 그는 이 일을 10년 동안 매일같이 했더니 결국 "미리 계획하지 않아도 잘 정돈된 말로 내 생각을 옮기는 능력을 갖게 되었다"라고 했다.

데모스테네스Demosthenes는 투키디데스Thucydides의 역사 책을 여덟 번이나 필사했다고 한다. 투키디데스의 장엄하면서도 인상적인 표현을 자신의 것으로 만들기 위해서였다. 그 결과는 어땠을까? 2천 년 후, 자신의 스타일을 어떻게 개선해볼까 골몰하던 우드로 윌슨이 데모스테네스의 책들을 연구했다. 영국 총리를 역임한 H. H. 애스퀴스Asquith는 버클리 주교Bishop Berkeley의 책을 읽으며 자기 스타일을 다듬었다.

시인 알프레드 로드 테니슨Alfred Lord Tennyson은 매일같이 성경을 공부했다. 톨스토이도 성경을 읽고 또 읽어 웬만한 문장은 외우고 있었다. 예술 평론가 존 러스킨John Ruskin의 어머니는 성경에서 길이가 긴 문장들을 아들에게 날마다 꾸준히 외우게 하고, 매년 창세기부터 요한계시록까지 발음하기 힘든 이름을 포함한 모든 음절을 소리 내어 읽게 했다. 이렇게 훈련한 결과 러스킨은 자신만의 취향과 스타일을 갖게 되었다.

R. L. S.는 영어권에서 가장 사랑받는 이니셜로 로버트 루이스 스티븐슨Robert Louis Stevenson은 소설가들의 소설가다. 그는 어떻게 그토록 매력적인 문체를 개발할 수 있었을까? 다행히 이에 관해 직접 했던 말이 남아 있다.

특히 책이나 어떤 구절을 읽으며 즐거울 때가 있다. 특정한 것을 적절하게 말했다든지, 효과가 훌륭하다든지, 어떤 탁월한 힘이나 눈에 띄는 문체를 발견하는 경우다. 그럴 때마다 나는 당장 자리에 앉아 그 특징을 따라 해본다. 필시 성공하지 못한다. 나도 그럴 걸 안다. 그러면 다시 시도한다. 다시 실패하고, 언제나 그렇다. 하지만 이 쓸모없어 보이는 싸움에서 나는 사실 리듬, 조화, 구성을 연습한 셈이다.

나는 그렇게 열심히 윌리엄 해즐릿William Hazlitt, 찰스 램Charles Lamb, 윌리엄 워즈워스, 토머스 브라운Thomas Browne, 대니얼 디포Daniel Defoe, 너새니얼 호손Nathaniel Hawthorne, 몽테뉴Montaigne를 흉내 냈다.

좋든 싫든 간에 그것이 글쓰기를 배우는 방식이다. 도움을 받았든 그렇지 않든 간에 나는 그렇게 글쓰기를 배웠다. 키츠John Keats도 그렇게 글쓰기를 배웠다. 문학에 있어서 키츠보다 더 섬세한 운율감을 가진 시인은 없다.

이러한 모방에 있어서 주목할 점은 아무리 열심히 베껴도 그 빛나는 원본을 도무지 따라 할 수 없다는 것이다. 아무리 노력해도 완벽히 베낄 수 없다. 실패할 수밖에 없다. 그런데 아주 오래된 속담에 따르면, 실패만이 성공으로 가는 유일한 길이다.

충분한 이름들이 언급되었다. 이야기도 구체적이다. 이제 모든 비밀은 풀렸다. 링컨은 성공한 변호사가 되길 원하는 한 젊은이에게 이렇게 쓴 적이 있다. "책을 가까이하고, 열심히 읽고, 공부하세요. 공부, 공부, 공부야말로 답입니다." 그렇다면 어떤 책을 읽어야 할까? 일단 아널드 베넷의 『하루 24시간 어떻게 살 것인가』로 시작하자. 찬물을 정수리에 들이붓는 것처럼 정신이 번쩍 들 것이다. 이 책은 모든 주제 중에서 당신이 가장 관심 있어 할 주제인 당신에 관해 알려준다. 당신이 매일 얼마나 많은 시간을 낭비하는지, 그 낭비를 어떻게 멈출 수 있는지, 그래서 그 남은 시간은 어떻게 활용할 것인지에 대해 말한다. 겨우 103쪽밖에 되지 않는다. 한 주면 충분히 읽을 수 있다. 아침마다 20쪽씩 찢어서 바지 뒷주머니에 넣고 다녀라. 그리고 신문을 보는 20분 혹은 30분 중 10분을 아껴서 이것들을 읽으라.

"저는 신문을 보는 대신 타키투스Tacitus와 투키디데스Thucydides, 뉴턴Charles Thomas Newton과 유클리드Euclid를 읽습니다. 그랬더니 훨씬 더 행복해지더군요." 토머스 제퍼슨의 말이다. 당신도 제퍼슨의 예를 따라 신문 읽는 시간을 최소한 절반으로 줄이면 시간이 지날수록 더 행복하고 지혜로워질 것이다. 어쨌든 한 달 정도는 시도해보라. 그렇게 줄인 시간을 오랜 시간이 지나도 훌륭하다고 인정받는 책에 할애하라. 그런 책들을 20쪽씩 들고 다니며 엘리베이터나 버스가 오기 전, 음식이 나오기 전, 약속 시간을 기다리며 읽는 건 어떨까?

20쪽을 다 읽고 나면 또 20쪽을 찢는다. 책을 다 읽고 나면 고무줄로 책을 묶어놓는다. 이런 식으로 책을 난도질해서 메시지를 머리에 넣어두는 편이 읽지도 않은 채 서재에 곱게 모셔두는 것보다 훨씬 낫지 않겠는가?

『하루 24시간 어떻게 살 것인가』를 다 읽은 다음에 같은 저자의 책을 또 읽고 싶다면 『인간 기계The Human Machine』를 읽어보라. 사람을 전략적으로 다루는 방법을 알게 될 것이다. 평정심과 침착함도 개발할 수 있다. 이 책은 내용도 훌륭하지만 문체 때문에라도 추천한다. 당신의 어휘력을 풍부하고 세련되게 만들어줄 것이다.

도움이 될 만한 다른 책들로는 미국 최고의 소설가 프랭크 노리스Frank Norris의 『문어The Octopus』와 『구덩이The Pit』가 있다. 앞의 책은 캘리포니아 밀밭에서 일어나는 혼란과 인간 비극을 다루었고, 뒤의 책은 시카고 상품 거래소에서 물건을 사고파는 사람들 사이에서 일어나는 싸움을 그렸다. 토머스 하디Thomas Hardy의 『테스』는 정말 아름다운 이야기다. 뉴얼 드와이트 힐리스의 『사회에 미치는 한 인간의 가치A Man's Value to Society』, 윌리엄 제임스 교수의 『선생님이 꼭 알아야 할 심리학 지식』(부클북스, 2016)도 읽을 만한 가치가 있는 책이다. 앙드레 모루아^{André Maurois}의 『아리엘, 셸리의 일생^{Ariel, A Life of Shelley}』, 바이런의 『차일드 해럴드의 순례』(민음사, 2022), 로버트 루이스 스티븐슨의 『당나귀와 함께한 세벤 여행』(뮤진트리, 2020)도 도서 목록에 넣어야 한다.

에머슨을 매일 들고 다니며 읽으라. 특히 그의 유명한 첫 에세이 『자기 신뢰^{Self-Reliance}』(현대지성, 2021)를 빼놓아서는 안 된다. 다음과 같은 힘찬 문장에 귀 기울여보라.

마음속에 감추고 있는 확신을 말하라. 그러면 그것이 보편적인 의미가 될 것이다. 가장 깊숙한 곳에 있는 게 항상 가장 널리 퍼지기 때문이다. 우리가 처음에 한 생각은 최후 심판의 나팔 소리가 되어 우리에게 되돌아올 것이다. 이러한 마음의 소리는 우리 모두에게 친숙하다. 모세, 플라톤, 밀턴의 가장 뛰어난 점은 책과 전통을 외면하고, 남들의 말을 모방하지 않고, 자기 스스로 생각하는 바를 말했다는 것이다. 사람은 자신의 마음 깊은 곳에서 번쩍거리며 지나가는 빛줄기를 발견하고 관찰하는 법을 배워야 한다. 음유시인이나 현자에게서 나오는 광채보다 자기 마음속에서 샘솟는 한 줄기 빛이 더 중요하다. 하지만 사람들은 그것이 자기 생각이라는 이유만으로 그 생각을 중요하게 여기지 않고 무시해버린다. 그러고는 천재들이 남긴 작품에서 스스로 거부해버렸던 생각을 발견한다. 어색하면서도 장엄한 모습으로 그 생각은 우리에게 되돌아온다. 위대한 예술 작품이 우리에게 전하는 가장 감동적인 교훈은 바로 이것이다. 다른 무수한 목소리가 반대 의견을 낼지라도 유쾌하면서도 굳건한 자세로 자신의 자발적인 느낌에 따르라고 가르친다. 그렇게 하지 않는다면 내일 어떤 낯선 사람이 우리가 늘 생각하고 느껴왔던 바로 그것을 아주 그럴듯하게 말할 것이다. 그러면 우리는 부끄럽게도 다른 사람으로부터 자기 자신의 의견을 받아들여야 할 것이다.

누구나 어떤 것을 배울 때 질투는 무지에서 나오고 모방은 자살행위라는 확신이 들 때가 있다. 또한 좋든 나쁘든 자신을 있는 그대로 받아들여야 할 때가 있다. 이 세상은 좋은 것들로 가득 차 있지만, 자신에게 주어진 경작지를 자신의 노동으로 돌보지 않으면 단 한 알의 옥수수도 얻을 수 없다. 자기 안에 깃든 힘은 본래 새롭다. 그래서 사람은 자신이 무엇을 할 수 있을지 모른다. 직접 해봐야만 알 수 있다.

그러나 아직 최고의 저자들은 언급하지 않았다. 누구일까? 영국을 대표하는 배우 헨리 어빙 경은 최고의 책 100권을 추천해달라는 요청을 받고는 이렇게 답했다. "100권을 추천하기에 앞서 먼저 두 권을 추천하고 싶습니다. 성경과 셰익스피어요." 헨리 경이 옳았다. 이 위대한 샘물을 만끽하라. 오래 그리고 자주 마셔라. 신문 따위는 집어 던지고 이렇게 말하라. "셰익스피어여, 이리 와서 로미오와 줄리엣 이야기를 들려주오. 맥베스와 그의 야심을 들려주시오."

이런 노력의 대가로 무엇을 얻게 될까? 스스로 의식하지 못해도 서서히 그리고 분명하게 당신의 언어는 아름다움과 세련미를 갖추게 될 것이다. 책 속에서 만난 동료들의 영광과 아름다움과 위엄이 점차 당신에게 투영될 것이다. 괴테는 이렇게 말했다. "당신이 읽는 책이 당신을 말해준다."

내가 제시한 도서 목록은 약간의 의지와 세심한 시간 관리만 있다면 누구나 읽을 수 있다. 에머슨의 에세이는 문고판으로도 나와 있고, 셰익스피어 희곡은 한 권에 5센트밖에 하지 않는다.

마크 트웨인이 어휘력을 늘린 비결

소설가 마크 트웨인은 사람들을 즐겁게 하는 유창한 표현을 어떻게 개발했을까? 젊은 시절 그는 미주리에서 네바다까지 답답할 정도로 느리고, 육체적으로도 고통을 주는 승합마차를 타고 여행한 적이 있다. 화물에 무게당 요금을 매겼음에도 불구하고 승객과 말들을 위한 음식과 물까지 실어 나르느라 조금이라도 더 화물을 실었다가는 목숨마저 위태로울 지경이었다. 그렇지만 마크 트웨인은 위험한 고갯길을 오르거나, 이글이글 타는 듯한 사막을 가로지르거나, 강도와 인디언이 출몰하는 땅을 지날 때도 늘 웹스터 사전을 옆에 끼고 있었다. 그는 언어의 장인이 되고 싶었고, 특유의 용기와 상식을 가지고 장인이 되는 일에 착수했다.

대 윌리엄 피트와 소 윌리엄 피트 경도 둘 다 사전을 두 번씩이나 읽으며 처음부터 끝까지 모든 단어를 익혔다. 브라우닝도 날마다 사전을 들여다보았는데, 공부도 되고 재미도 있었기 때문이다. 링컨의 전기를 쓴 니콜레이Nicolay와 헤이Hay에 따르면 링컨은 "어스름한 저녁까지, 다시 말해 글자가 보일 때까지 사전을 읽곤 했다". 이러한 사람들은 예외적인 인물이 아니다. 뛰어난 작가나 연설가 모두 같은 과정을 밟았다.

우드로 윌슨은 영어에 아주 능숙했다. 그의 글 중, 예를 들어 독일을 상대로 한 전쟁 포고문 같은 글은 의심할 여지 없이 문학계에서 훌륭한 글로 남을 만하다. 윌슨은 자신이 단어 정리하는 법을 어떻게 익혔는지를 다음과 같은 글로 남겼다.

> 아버지는 가족 누구라도 부정확한 표현을 사용하면 참지 못하셨지요. 말실수라도 하면 그 자리에서 바로 고쳐주었고, 낯선 단어가 등장하면 자세하게 설명해주셨지요. 대화 중에도 그 낯선 낱말을 사용하라고 격려해주셨습니다. 그래야 기억에 남을 수 있다고요.

탄탄한 문장 구성력과 단순한 언어의 아름다움으로 찬사를 받는 한 뉴욕의 연설가는 최근 대화 중에 자신이 진실하면서도 예리한 단어를 선택하는 능력을 갖게 된 비결을 털어놓았다. 그는 대화를 나누거나 책을 읽는 중에 낯선 단어를 발견할 때마다 메모지에 기록하고 잠자리에 들기 전에 사전을 펼쳐 그 단어를 자기 것으로 만든다고 했다. 낮 동안 이런 식으로 새로운 단어를 모으지 못했다면, 제임스 페르날드James Fernald의 『동의어, 반의어, 전치사Synonyms, Antonyms and Prepositions』를 한두 쪽 공부하며 몇 단어에 대해 정확한 의미를 파악하고 동의어를 완벽하게 외우고 잔다. 하루에 새로운 낱말 하나를 익히는 게 그의 신조였다. 1년이면 365개의 새로운 표현을 습득하는 것이다. 이 새로운 낱말들을 주머니에 들어갈 만한 작은 수첩에 기록해두었다가 이따금 시간이 나면 수첩을 들여다본다. 그에 따르면 세 번 정도 사용하면 그 단어는 완전히 자기 것이 된다.

당신이 사용하는 낱말에 숨겨져 있는 이야기들

사전을 낱말의 의미를 파악하는 데만 사용하지 말고 낱말의 어원을 찾는 데도 활용해보라. 낱말의 정의와 함께 역사와 기원이 정리된 사전도 많다. 당신이 매일 사용하는 낱말들이 재미없고 무미건조한 소리라고 생각하지 마라. 그 속에는 짙은 색채의 풍부한 로맨스가 깃들어 있다. 예를 들어 "잡화점에 설탕 가져다 달라고 전화하세요"(Telephone the grocer for sugar)라는 말은 다양한 언어와 많은 문화권에서 빌려온 낱말들로 이루어져 있다. 텔레폰telephone은 두 개의 그리스어로 구성되어 있다. '멀리'라는 의미의 텔레tele와 '소리'라는 의미의 폰phone이다. 그로서grocer는 라틴어에서 파생된 프랑스어로 '도매'로, '전반적으로 다 파는 사람'이라는 의미의 그로시어grossier에서 왔다. 슈거sugar도 프랑스어에서 왔는데, 이 프랑스어는 스페인어에서, 또 이 스페인어는 아랍어에서, 아랍어는 페르시아어에서 왔다. 페르시아어 셰이커shaker라는 말은 '사탕'을 의미하는 산스크리트어인 카카라carkara에서 왔다.

당신은 회사에서 일하거나 회사를 소유할 수 있다. 컴퍼니company는 동료를 의미하는 고대 프랑스어 컴퍼니언companion에서 유래된 말이다. '함께'라는 의미의 컴com과 '빵'이라는 의미의 파니스panis가 합쳐진 단어다. 따라서 당신의 직장동료는 함께 빵을 먹는 사람이다. 회사는 실제로도 함께 빵을 얻기 위해 노력하는 사람들의 집단이다. 회사에서 당신이 받는 월급, 샐러리salary는 사실 소금을 살 돈이라는 의미다. 로마 시대 병사들은 소금을 살 얼마간의 돈을 따로 받았는데, 하루는 한 익살스러운 군인이 자신이 받는 수입 전체를 살라리움salarium이라고 불렀다. 일종의 속어였지만 오랜 시간이 지나면서 훌륭한 영어가 되었다. 당신은 지금 손에 책book을 쥐고 있다. 책의 문자 그대로의 의미는 밤나무beech다. 아주 오래전 앵글로색슨족이 밤나무로 만든 목판에 글을 썼기 때문이다. 당신 주머니에 있는 달러는 말 그대로 계곡이라는 뜻이다. 달러가 처음 만들어진 곳은 16세기 성 요하힘 '탈러Thaler', 다시 말해 골짜기였기 때문이다. 이 '탈러'가 변해 '달러'가 되었다.

문지기를 뜻하는 재니터janitor와 1월을 의미하는 재뉴어리January는 로마에 살던 에트루리아 대장장이 이름에서 유래됐다. 그는 문 걸쇠와 자물쇠를 잘 만들던 사람으로 사후 이교도의 신으로 추앙받았다. 두 개의 얼굴을 가지고 있어서 양쪽을 보며 문을 여닫는 데 능한 신으로 여겼던 것이다. 그래서 한 해가 끝나고 다른 한 해가 열리는 달을 'January', 다시 말해 야누스Janus의 달이라고 부르게 되었다. 그러니까 문지기와 1월을 말할 때, 우리는 예수가 태어나기 천 년 전에 제인Jane이라는 아내와 함께 살았던 대장장이에게 경의를 표하는 셈이다.

7월인 줄라이July는 줄리어스 시저Julius Caesar의 이름을 딴 것이다. 아우구스투스 황제도 뒤질세라 다음 달인 8월August을 자신의 달로 만들었다. 당시 8월은 30일까지밖에 없어서 자신의 이름을 딴 달이 줄리어스의 달보다 짧은 게 싫었던 아우구스투스는 2월에서 하루를 빼 8월로 옮겼다. 달력에서 이 허영심의 흔적을 아직도 볼 수 있다. 낱말의 역사는 정말 재미있다.

커다란 사전에서 다음 낱말의 유래를 찾아보라. atlas, boycott, cereal, colossal, concord, curfew, education, finance, lunatic, panic, palace, pecuniary, sandwich, tantalize. 그리고 그 낱말에 숨어 있는 이야기를 읽어 보라. 아마 그 낱말들이 두 배는 다채롭고, 두 배는 흥미로울 것이다. 그러면 당신도 즐겁게 그 낱말들을 사용할 수 있게 된다.

한 문장을 104번 고쳐 쓰기

당신 생각의 미묘한 부분까지 표현하기 위해 정확하게 말하려고 노력하라. 결코 쉬운 일이 아니다. 경험 많은 작가들에게도 쉽지 않다. 패니 허스트Fanny Hurst는 때로 문장을 50번에서 100번까지 고쳐 쓸 때도 있다고 말했다. 이 대화를 하기 며칠 전에는 한 문장을 104번이나 고쳐 썼다고 한다. 『코스모폴리탄Cosmopolitan Magazine』에서 이야기 한 편당 2천 달러를 지불할 정도로 인정받는 작가인 그녀도 이렇게 여러 번 퇴고한다. 마블 허버트 어너Mabel Herbert Urner는 단편 소설의 한두 문장을 삭제하느라 오후 시간 전부를 보낸다고 털어놓은 적이 있다.

미국 건국의 아버지 모리스Gouverneur Robert Morris는 소설가 리처드 하딩 데이비스Richard Harding Davis가 올바른 낱말을 찾기 위해 얼마나 쉬지 않고 노력했는지 이렇게 이야기했다.

그의 소설에 나오는 표현은 그가 생각할 수 있는 모든 표현 중에서 가혹한 평가를 거쳐 가장 적절하다고 판단된 것들만 살아남은 것입니다. 구절, 단락, 쪽, 심지어 전체 이야기를 쓰고 또 쓰고 한 거지요. 그가 사용한 원리는 제거의 원리입니다. 만일 대문 안으로 들어가는 마차를 묘사하고 싶으면 일단 처음에 길고 정교하게 묘사합니다. 아직은 어떤 디테일도 생략하지 않습니다. 아마 세상에서 가장 눈썰미가 예리한 사람이 묘사한 마차라는 생각이 들 겁니다. 그러고는 그토록 묘사하려고 애쓰며 기록한 세부사항들을 하나씩 하나씩 지워나갑니다. 하나씩 지우고 난 후에는 스스로 묻습니다. "그림이 남아 있나?" 머리에 그림이 남아 있지 않다 싶으면 지금 막 생략한 내용을 다시 복원합니다. 그러고는 다른 내용을 지워봅니다. 이런 식으로 계속 반복하는 것이지요. 이런 엄청난 노력 끝에 독자에게는 순식간에 머리에 휙 스쳐 지나가는 선명한 그림으로 떠오르게 만드는 겁니다. 모든 디테일이 완벽한 채로 말입니다. 그의 이야기와 로맨스들은 끊임없이 그런 그림들로 유쾌하게 장식되어 있습니다.

이 책을 읽는 대부분의 독자는 지금 언급한 저자들만큼 부지런히 낱말을 찾기에는 시간이 부족하고 그럴 의향마저도 없을 수 있다. 이 사례들을 인용한 이유는 당신에게 적절한 어휘력과 표현이 매우 중요하다는 사실을 보여주기 위해서였다. 당신이 어휘력을 키우는 데 좀 더 관심을 두었으면 하는 바람이다. 물론 연설 중에 미묘한 의미 차이를 주기 위해 적당한 낱말을 찾느라 말을 더듬으면서 어색한 순간을 보내는 것은 바람직하지 않다. 하지만 일상적인 대화에서는 정확한 표현을 사용하고 연습해 추후에 그러한 표현이 무의식적으로 튀어나올 수 있어야 한다.

밀턴은 8천 개의 낱말을 구사했고, 셰익스피어는 1만 5천 개의 낱말을 사용한 것으로 알려져 있다. 표준 사전에는 45만 개 정도의 낱말이 실려 있다. 하지만 통계에 따르면 평범한 사람은 대략 2천 개의 단어만으로도 충분하다고 한다. 몇 개의 동사, 낱말들을 이어줄 접속사, 소수의 명사 그리고 혹사당하는 몇 개의 형용사들로 생활한다. 만약 평범한 사람이 너무 게으르거나, 일에 몰두하다 보니 말을 정확하고 정교하게 구사하기 위한 연습 시간이 없었다면 결과는 어떨까? 예를 들어보겠다. 한번은 콜로라도의 그랜드 캐니언 부근에서 잊을 수 없는 나날을 보낸 적이 있다. 어느 날 오후 한 여성이 애완용 차우차우, 오케스트라 연주곡, 어떤 사람의 성향, 그랜드 캐니언이라는 전혀 다른 주제에 하나의 형용사만 쓰는 걸 들었다. 모두 'beautiful'(아름답다, 멋지다, 훌륭하다 등)이었다.

어떻게 말했어야 했을까? 로제Peter Mark Roget의 『동의어 사전Roget's Thesaurus』

에는 다음과 같은 낱말들이 '아름답다'의 동의어로 나열되어 있다. 당신은 그녀가 각각의 상황에서 어떤 형용사를 썼어야 한다고 생각하는가?

아름다운beautiful, 황홀한beauteous, 멋진handsome, 예쁜pretty, 사랑스러운lovely, 우아한graceful, 품위 있는elegant, 고상한exquisite, 섬세한delicate, 앙증맞은dainty.

말쑥한comely, 금발에, 푸른 눈이라 아름다운fair, 매우 좋은goodly, 보기에 좋은bonny, 잘생긴good-looking, 호감을 주는well-favored, 모양 좋은well-formed, 비율 좋은well-proportioned, 매력적인 몸매를 가진shapely, 균형 잡힌symmetrical, 조화로운harmonious.

똑똑한bright, 똑똑해 보이는bright-eyed, 홍조를 띤rosy-cheeked, 밝은 얼굴의rosy, 혈색 좋은ruddy, 꽃다운blooming, 만개한in full bloom.

날씬한trim, 말끔한trig, 단정한tidy, 깔끔한neat, 단정하고 똑똑해 보이는spruce, 일류의smart, 활력 넘치는jaunty, 옷을 잘 입은dapper.

훌륭한brilliant, 빛나는shining, 반짝이는sparkling, 빛을 발산하는radiant, 화려한splendid, 눈부시게 빛나는resplendent, 현혹적인dazzling, 불타는 듯한glowing, 반짝반짝 빛나는glossy, 있어 보이는sleek, 풍요로운rich, 외모가 빛나는gorgeous, 최고의superb, 외모가 화려한magnificent, 품위 있어 보이는grand, 성격이 좋은fine.

예술적인artistic, 심미적인aesthetic, 그림 같은picturesque, 멋진 특성이 있는pictorial, 매혹적인enchanting, 매력적인attractive, 상황이나 장소에 잘 어울리는becoming, 장식과 같은ornamental.

완벽한perfect, 흠 없는unspotted, 티 없는spotless, 흠잡을 데 없는immaculate, 온전한undeformed, 흉이 없는undefaced.

괜찮은passable, 외모가 내놓을 만한presentable, 참아줄 만한tolerable, 나쁘지 않은not amiss.

이 낱말들은 모두 『동의어 사전』에서 가져온 것들이다. 이 책은 정말이지 매우 유용하다. 개인적으로도 글을 쓸 때마다 항상 이 사전을 곁에 두고 본다. 일반 사전보다 이 『동의어 사전』을 열 배는 더 많이 사용한다.

이 책을 만드느라 로제가 몇 해 동안 얼마나 힘들게 보냈을지 짐작이 간다. 하지만 당신은 값싼 넥타이 하나 살 돈으로 이 책을 책상 위에 두고 평생 참조할 수 있다. 도서관 서가에 보관해야 할 책이 절대 아니다. 끊임없이 이용해야 하는 도구 같은 것이다. 글을 쓰거나 말할 때 표현을 다듬어야겠다 싶을 때마다 이 책을 펼쳐라. 편지나 업무 보고서를 쓸 때도 마찬가지다. 매일 이 책을 사용하라. 그러면 당신의 어휘력은 두 배, 세 배 늘어날 것이다.

낡은 표현은 피하라

정확하게 표현하는 것도 중요하지만 신선하면서도 독창적인 표현을 써보려고 노력하라. 당신이 본 그대로 '있는 그대로'의 사물을 묘사해보라.

예를 들어, 노아의 홍수 직후 한 독창적인 사람이 '오이처럼 차가운'이라는 표현을 처음 사용했다. 당시로써는 대단히 훌륭하고 신선한 표현이었다. 그 말은 벨사살^{Belshazzar}(신바빌론 제국의 마지막 왕, BC 556~539)의 그 유명한 연회 때까지 여전히 살아서 식후 연설에 사용되기도 했다. 하지만 지금 자신이 독창적이라고 자부하는 사람이라면 누구도 이 표현을 사용하려 들지 않을 것이다.

여기 차가움을 표현하는 몇 개의 직유를 예로 들어놓았다. '오이'같이 진부한 표현보다는 더 신선하고 받아들이기 쉽지 않은가?

개구리처럼 차가운

밤새 다 식은 물주머니만큼 차가운

화약 꽂을대만큼 차가운

무덤처럼 차가운

그린란드의 얼음산만큼 차가운

진흙처럼 차가운

거북이처럼 차가운

흩날리는 눈처럼 차가운

소금처럼 차가운

지렁이처럼 차가운

새벽처럼 차가운

가을비처럼 차가운

기분에 따라 달라지겠지만 차갑다는 느낌을 전달할 수 있는 당신만의 직유를 만들어보라. 남들과는 다르게 말해보겠다는 용기를 가져라. 여기 한번 써보라.

_____처럼 차가운

_____처럼 차가운

_____처럼 차가운

_____처럼 차가운

한번은 미국에서 가장 많은 돈을 받고 잡지에 소설을 연재하는 캐슬린 노리스Kathleen Norris에게 어떻게 자신만의 문체를 발전시켰는지 물어본 적이 있다. 그녀는 이렇게 답했다. "고전 시와 고전 산문들을 읽었지요. 그리고 내 책에서 진부하고 판에 박은 표현들은 제거하려고 애썼습니다."

어느 잡지 편집자는 한 이야기에서 두세 개의 진부한 표현이 발견되면 더는 그 글을 읽느라 시간을 낭비하지 않고 저자에게 바로 돌려보낸다고 했다. 독창적인 표현을 사용하지 못하는 사람이라면 독창적인 생각도 하지 않을 것이라 여겼기 때문이다.

말을 잘하고 싶다면 표현력을 개선하라

1. 우리는 오직 네 가지 방법으로 세상과 접촉하고 그 네 가지로 사람들을 분류하고 평가한다. 바로 무엇을 하는가, 어떻게 보이는가, 무엇을 말하는가, 그리고 어떻게 말하는가이다. 우리는 우리가 하는 말에 의해 판단되고 평가된다. 30년 동안 하버드 대학교 총장을 역임한 찰스 엘리엇은 이렇게 선언했다. "사람을 신사 숙녀로 만드는 데 필요한 단 하나의 교육은 정확하고 품위 있는 모국어 사용입니다."

2. 당신이 어떤 단어를 어떻게 사용하는가는 주변에 어떤 친구가 있느냐를 보여준다. 따라서 링컨처럼 최고의 문학가들을 가까이하라. 가능하면 링컨이 그랬듯 자주 셰익스피어나 그 밖의 위대한 시인, 문인 들과 함께 저녁 시간을 보내라. 그렇게 하다 보면 필연적으로 정신은 풍요로워지고, 훌륭한 친구들에 필적할 정도로 말에 품격이 더해질 것이다.

3. "저는 신문을 보는 대신 타키투스와 투키디데스, 뉴턴과 유클리드를 읽습니다. 그랬더니 훨씬 더 행복해지더군요." 토머스 제퍼슨의 말이다. 그를 따라 해보는 건 어떨까? 당장 신문을 완전히 끊기보다 지금 보는 시간의 절반 정도로 빨리 읽어 버릇하라. 그렇게 절약한 시간을 고전을 읽는 데 투자하라. 고전을 20~30쪽씩 찢어 주머니에 넣고 다니며 시간이 날 때마다 읽으라.

4. 항상 곁에 사전을 두고 읽으라. 낯선 낱말들을 찾아보라. 그 말을 실제로 적극 사용하면서 기억하라.

5. 당신이 사용하는 낱말이 어떻게 파생되었는지 공부하라. 낱말의 역사는 결코 지루하거나 무미건조하지 않고 이야기로 가득 차 있다. 예를 들어 '월급'을 뜻하는 샐러리salary는 '소금 살 돈'을 뜻하는 단어에서 유래했다. 로마 시대 병사들은 소금을 살 돈을 따로 받았는데, 하루는 한 익살스러운 군인이 자

신이 받는 수입 전체를 살라리움^{salarium}이라는 속어로 부른 것에서 나왔다.

6. 진부하고 낡은 낱말은 사용하지 마라. 정확하고 엄밀하게 말하라. 『동의어 사전』을 늘 책상 위에 두고 가능하면 자주 들추어보라. 눈에 매력적인 모든 것을 '아름답다'라는 한 단어로만 표현하지는 마라. 『동의어 사전』을 조금만 더 뒤져보면 좀 더 정확하고, 신선하고, 아름답게 표현할 수 있는 단어를 찾을 수 있다.

7. '오이처럼 차가운' 같은 진부한 표현은 지양하라. 신선한 표현을 추구하라. 자신만의 직유를 만들어보라. 남들과는 다르게 말해보겠다는 용기를 가져라.

❖

복습

1. 시 한 편을 고르고 아래의 네 가지 원칙에 유의하면서 소리 내어 읽어보라.

   (1) 반드시 횡격막 호흡을 한다.

   (2) 반드시 폐에 숨을 남겨두어 낱말이 도약판처럼 딛고 튀어 나갈 수 있게 한다.

   (3) 목을 열고 완전히 자유롭게 이완시킨다.

   (4) 코의 공명을 이용한다.

2. 팔세토 기법으로 시를 읽으며 밝은 목소리를 내려고 노력하라(7장의 목소리 훈련을 보라).

3. 혀의 끝부분에 주의를 기울이며 소리 내 시를 읽으라. 혀가 부드럽고 탄력 있게 앞니의 뒤편을 때리는지 확인하면서 활기 찬 목소리로 속도감 있게 낭송하라.

4. 허밍으로 시를 읊어보라. 11장에서 다룬 내용을 떠올리면서 머리의 윗부분과 뒷부분, 가슴, 비강, 얼굴에서 공명과 진동을 느끼며 읽으라. 허밍을 하면서 숨을 들이마실 때와 같이 차갑고, 열려 있고, 받아들이는 느낌을 갖도록 노력하라.

5. 작가가 시를 쓰면서 느꼈던 행복한 감정이 목소리에 가득 묻어나게 읽어보라. 아름다운 시를 읽는 것은 밝고 매력적인 어조 계발에서 최고의 방법이다.

   이 책에 요약해서 제시한 목소리 훈련법을 이따금 연습하는 것만으로는 바람직한 결과를 얻을 수 없다. 날마다 열심히 연습해야 한다. 당신은 노력한 만큼만 얻을 수 있다. 노력보다 더 얻거나 모자랄 수는 없다.

데일 카네기 성공대화론

1판 1쇄 발행 2022년 10월 5일
1판 9쇄 발행 2025년 3월 13일

지은이 데일 카네기
옮긴이 임상훈
발행인 박명곤 **CEO** 박지성 **CFO** 김영은
기획편집1팀 채대광, 이정미, 백환희, 이상지
기획편집2팀 박일귀, 이은빈, 강민형, 박고은
기획편집3팀 이승미, 김윤아, 이지은
디자인팀 구경표, 유채민, 윤신혜, 임지선
마케팅팀 임우열, 김은지, 전상미, 이호, 최고은

펴낸곳 (주)현대지성
출판등록 제406-2014-000124호
전화 070-7791-2136 **팩스** 0303-3444-2136
주소 서울시 강서구 마곡중앙6로 40, 장흥빌딩 10층
홈페이지 www.hdjisung.com **이메일** support@hdjisung.com
제작처 영신사

ⓒ 현대지성 2022

"Curious and Creative people make Inspiring Contents"
현대지성은 여러분의 의견 하나하나를 소중히 받고 있습니다.
원고 투고, 오탈자 제보, 제휴 제안은 support@hdjisung.com으로 보내 주세요.

현대지성 홈페이지

"인류의 지혜에서 내일의 길을 찾다"
현대지성 클래식

현대지성 클래식 살펴보기